Kornelia Rappe-Giesecke

Supervision

Gruppen- und Teamsupervision
in Theorie und Praxis

2. überarbeitete und erweiterte Auflage

Mit 5 Abbildungen und 12 Tabellen

Springer-Verlag

Berlin Heidelberg New York
London Paris Tokyo Hong Kong
Barcelona Budapest

Prof. Dr. phil. Kornelia Rappe-Giesecke

Dipl.-Supervisorin
Evangelische Fachhochschule Hannover
Zentrale Einrichtung Weiterbildung
Blumhardtstraße 2

30625 Hannover

ISBN 3-540-57400-X Springer-Verlag Berlin Heidelberg New York

Die Deutsche Bibliothek – CIP-Einheitsaufnahme
Rappe-Giesecke, Kornelia: Supervision: Gruppen- und Teamsupervision in Theorie und Praxis; mit 12
Tabellen / Kornelia Rappe-Giesecke. – 2., überarb. und erw. Aufl. – Berlin ; Heidelberg ; New York ;
London ; Paris ; Tokyo ; Hong Kong ; Barcelona ; Budapest: Springer 1994
    Zugl.: Kassel, Gesamthochsch., Diss. u. d. T.: Rappe-Giesecke, Kornelia: Gruppensupervision als Kata-
lysator der Veränderung von Individuum und Institution
    1. Aufl. u. d. T.: Rappe-Giesecke, Kornelia: Theorie und Praxis der Gruppen- und Teamsupervision
    ISBN 3-540-57400-X (Berlin ...)

Satz: Ulrich Kunkel Textservice, 74934 Reichartshausen, Baden
26/3130 – 5 4 3 2 1   – Gedruckt auf säurefreiem Papier

Vorwort zur ersten Auflage

Diese Arbeit über Gruppen- und Teamsupervision ist das Ergebnis langjähriger empirischer Forschungen an Supervisionsgruppen und Balint-Gruppen und eigener praktischer Erfahrungen als Diplom-Supervisorin in freier Praxis. Begonnen hat meine Beschäftigung mit diesen Gruppen in dem von der Deutschen Forschungsgemeinschaft (DFG) geförderten Projekt zur „Erforschung interaktioneller Vorgänge in ausbildungs- und berufsbegleitenden Supervisions- und Balintgruppen" an der Gesamthochschule Kassel.[1] Dieses Projekt begleitete den neu eingerichteten Studiengang Diplom-Supervision und leistete einen Beitrag zur Entwicklung eines Supervisionskonzepts. Mit der Unterstützung der DFG, für die ich mich an dieser Stelle bedanken möchte, begann ich mit den Vorarbeiten für eine Dissertation über diese Gruppen. Nach Beendigung des Projekts wurde meine Dissertation mit einem großzügigen Promotionsstipendium des Evangelischen Studienwerkes Villigst gefördert. Der Fachbereich Sozialwesen der Gesamthochschule Kassel hat die hier vorliegende Arbeit unter dem Titel „Gruppensupervision als Katalysator der Veränderung von Individuum und Institution" als Dissertation anerkannt. Ich danke den beiden Gutachtern, Prof. Dr. Lothar Nellessen und Prof. Dr. Eugen Mahler und den weiteren Prüfern Prof. Dr. Peter Kutter und Prof. Dr. Waltraut von Hackewitz, daß sie sich mit meinen Ideen auseinandergesetzt haben, obwohl ihnen mein systemtheoretischer Ansatz fremd gewesen sein muß.

PD. Dr. Dr. Ulrich Rosin und Prof. em. Dr. Dieter Eicke haben mir ihre Balint-Gruppen ohne Vorbedingungen für meine Untersuchungen zur Verfügung gestellt und sie immer wieder aus der Innenperspektive des Balint-Gruppenleiters heraus kommentiert. Jeder, der sich einmal mit empirischen Daten in diesem sensiblen Bereich beschäftigt hat, weiß, wie unersetzlich ein solches Entgegenkommen ist.

Ein glücklicher Umstand für meine Arbeit war es auch, daß mein Mann in den vorangegangenen Jahren ein Analyseinstrumentarium zur Untersuchung institutioneller Kommunikation entwickelt hatte, das mir half, die mir manchmal ungeheuer werdende Komplexität meines Themas zu bewältigen.

Meiner engeren und weiteren Familie möchte ich am Schluß danken, denn ohne sie wäre dieses Buch nicht zustande gekommen. Meinem Mann danke ich für die Diskussionen über seine und meine Arbeit und für seine Hilfe im Haushalt. Meinen Kindern danke ich dafür, daß sie mich immer wieder von der Arbeit abgehalten, mich ins volle Leben zurückgeholt haben und mir so

---

[1] Das Projekt fand im Zeitraum von 1976 bis 1981 statt und wurde von Prof. Dr. Dieter Eicke und Prof. Dr. Adrian Gaertner geleitet.

VI

Distanz zu meiner Arbeit verschafft haben. Alle drei haben mir geholfen, meine Zeit konzentriert und diszipliniert zu nutzen und mich immer wieder nach dem Wesentlichen zu fragen.

Werther, im Januar 1990   Kornelia Rappe-Giesecke

Vorwort zur zweiten Auflage

Nicht nur meine beiden Kinder sind in der Zwischenzeit größer und autonomer geworden, auch dieses „Kind" hat ein Eigenleben entwickelt, ist mir zuweilen fremd geworden und erscheint mir dann doch wieder ganz vertraut.

Als ich mich 1978 entschloß, aus meiner alltäglichen Praxisroutine auszusteigen und das hinter meiner Arbeit liegende Konzept von Supervision zu rekonstruieren, habe ich nicht geahnt, welche enormen Folgen diese Entscheidung für mich haben würde. Die Zug- oder Gestaltschließungszwänge – konversationsanalytisch oder gestalttheoretisch ausgedrückt – bewirkten, daß ich Lücken, die meine Praxis ließ, mehr ahnend als wissend, daß es in die richtige Richtung geht, überbrückte. Das Programm Institutionsanalyse war damals mehr konstruiert, als daß es das Ergebnis fundierter empirischer Untersuchungen darstellte. Dieses Programm bildete die Schnittstelle zwischen meinem damals noch eher reflektierenden und psychoanalytisch abstinenten Vorgehen bei der Supervision und dem neuen, eher aktiv-strukturierenden und eingreifenden Verhalten, wie ich es in der Organisationsentwicklung kennenlernte. Die Weiterentwicklung gerade dieses Programms und die Beantwortung der Frage, wie man das psychoanalytische Paradigma und das der Organisationsentwicklung miteinander verbinden kann, hat mich in der folgenden praktischen Arbeit und in meinen weiteren Forschungen beschäftigt.

Durch diese Arbeit wurden aber nicht nur neue Probleme produziert, sondern, sehr zum Nutzen für meine Praxis, auch einige gelöst. Die Möglichkeit, aus kritischen Situationen auszusteigen, Metastandpunkte einnehmen zu können, wirkt sich, wenn man emotional sehr verwickelt wird, entlastend und befreiend aus. Zu wissen, in welchen Settings sich ein erfolgreicher Supervisionsprozeß entwickeln kann und in welchen nicht, erspart allen Beteiligten eine Menge an Ärger und Enttäuschung. Die oft fälschlicherweise als zu befolgende Norm verstandenen „Normalformen" der Arbeit, die wir rekonstruiert haben, ermöglichen dem Supervisor und der Supervisorin eine Diagnose über den weiteren Ablauf des Supervisionsprozesses und führen entweder zu einer begründeten Intervention an einer bestimmten Stelle des Ablaufs oder zum ruhigen Abwartenkönnen der weiteren Entwicklung. Erst das Wissen darüber, was der normale Ablauf einer Supervisionssitzung ist, ermöglicht es, Abweichungen zu erkennen, die dem Supervisor und der Supervisorin wichtige Informationen zum Verstehen des Prozesses liefern.

Eine weitere Folge dieser Veröffentlichung für mich war, daß ich zunehmend für die Ausbildung von SupervisorInnen engagiert wurde: als Dozentin in verschiedenen Instituten und als Lehrsupervisorin. Die Klarheit, mit der man mit Hilfe dieses Konzepts Phänomene beschreiben und bewerten kann, die Nachvollziehbarkeit methodischer Entscheidungen, die Prognostizierbarkeit des weiteren Ablaufs und die Möglichkeit, hochkomplexe berufliche Interaktionssituationen mit Hilfe des Modells zu analysieren und die verschiedenen Ebenen auseinander zu halten, wurde von den Ausbildungskandidaten und -kandidatinnen als hilfreich und produktiv empfunden. Diese systematische und im positiven Sinne theoretische Herangehensweise ist dem Lernen an Einzelfällen und Vignetten überlegen. Daß dieses sehr differenzierte und damit auch komplizierte Supervisionskonzept eigentlich nur in der alten Form der Erfahrungstradierung, der face-to-face-Interaktion zwischen Lehrenden und Lernenden zu vermitteln ist, haben mir die Kommentare von Ausbildungsteilnehmern und -teilnehmerinnen, die das Buch zuvor gelesen hatten, gezeigt. Die im Mittelalter und noch in der frühen Neuzeit vorherrschende Ansicht, man könne nicht aus Büchern lernen, trifft hier für den Teil der Supervisionspraxis zu, in der nicht der Verstand, sondern das Gefühl als Wahrnehmungsinstrument genutzt wird. Damit sind wir dann an den Grenzen dieses Mediums angelangt.

Mir hat dieses Buch und seine Folgen die Möglichkeit eröffnet, als Professorin für Supervision, auf der ersten Stelle mit dieser Denomination in Deutschland, dieses Konzept als Ganzes lehren und mit den Studenten und Studentinnen in direktem Kontakt weiter entwickeln zu können.

Für meine Profession, die Supervision, hat diese Veröffentlichung einen katalysatorischen Effekt gehabt: Für manche erwies sie sich als Matrix, auf deren Hintergrund sie ihre eigene Supervisionskonzeption deutlicher beschreiben und abgrenzen konnten, andere übernahmen die grundlegenden Ideen dieser Konzeption. Die Definition von Supervision als Beratung, die die Psychodynamik und die Soziodynamik professioneller Beziehungen analysiert, hat sich, denke ich, durchgesetzt, wie auch die Idee, mit verschiedenen Programmen, also Methoden in verschiedenen Settings zu arbeiten. Damit hat sich mein Wunsch erfüllt, einen Beitrag zur Weiterentwicklung dieser Profession zu leisten.

Meinen Kollegen und Kolleginnen, meinen Studenten und Studentinnen, meinen Lehrsupervisanden und -supervisandinnen, den Fortbildungsteilnehmern und -teilnehmerinnen möchte ich an dieser Stelle für ihre Fragen, ihre konträren Positionen und ihre Anregungen danken, die mich zur beständigen Überprüfung und Weiterentwicklung meiner Konzeption verleiteten. Von ihnen und von meinen Rezensenten und Rezensentinnen erhielt ich dann auch das während der Zeit des „einsamen" Schreibens so herbeigesehnte feed-back über die Dinge, die ihnen verständlich oder unverständlich, annehmbar oder unannehmbar, begrüßens- oder ablehnenswert erschienen sind.

Werther 1993   Kornelia Rappe-Giesecke

Inhaltsverzeichnis

X

1 Einleitung

1.1 Supervision auf dem Weg zu einer eigenständigen Profession

Als ich 1989 die Einleitung zu diesem Buch schrieb, war gerade die Deutsche Gesellschaft für Supervision (DGSv) gegründet worden, und die Supervision stand noch unter dem Legitimationsdruck zu begründen, wieso sie überhaupt eine eigenständige Methodik oder gar Profession für sich beansprucht. Nach dem eigenen Beruf gefragt, mußte man den meist erstaunten Zuhörern erklären, was Supervision ist und womit sie nichts zu tun hat.

Diese Situation hat sich in den letzten Jahren grundlegend geändert. Supervision ist zur selbstverständlichen Begleitung professionellen Handelns im sozialen, therapeutischen, erziehenden, pflegenden und beratenden Bereich geworden. Angehörige dieser Berufsgruppen suchen aus den folgenden Motiven Supervision:

Die häufigste Ursache ist der Wunsch nach *Entlastung* und danach, Formen für sich zu suchen und zu finden, um besser mit den belastenden und auszehrenden Ereignissen in der Interaktion mit KlientInnen, PatientInnen usw. umgehen zu können. Supervision dient in diesem Fall der Prävention von burn-out-Syndromen, die Fengler (1991) unter anderem als Folgen der gestiegenen Ansprüche sieht, die KlientInnen an sie oder die Professionellen an sich stellen und die oft auch struktureller Natur sind, wie die Auswirkungen des Pflegenotstandes auf das Pflegepersonal oder die Zunahme psychischer Auffälligkeiten bei Schülern, die von Lehrern ganz andere Qualifikationen erfordern als die, die sie in der regulären Lehrerausbildung erwerben.

Supervision wird von Professionellen, die nicht so stark unter existentiellem Druck leiden wie die eben beschriebenen Gruppen, häufig gesucht, um sich *weiterzubilden, um ihre Arbeit zu optimieren.* Die Kenntnis der eigenen, meist nicht bewußt zugänglichen Maximen des professionellen Handelns, das Wissen über die eigenen, zunächst verborgenen oder unbewußten Motive im Umgang mit KlientInnen und KollegInnen, das Wissen um die Wirkung der eigenen Persönlichkeit – jenseits der Rolle – auf andere und über die typischen Schwierigkeiten, in die man immer wieder auf Grund dieser Maximen, Motive und Eigenarten gerät, ist eine gute Voraussetzung, um produktiver, souveräner und offener im Umgang mit Menschen zu werden. Wenn dazu noch das Erkennen und Erfahren der Auswirkung institutioneller Rahmenbedingungen und des eigenen Rollenhandelns auf die Interaktion kommt, dann trägt Supervision zur bewußteren Handhabung der Psychodynamik und der institutionellen Dynamik in den beruflichen Beziehungen bei.

Die *Optimierung der Zusammenarbeit* von KollegInnen, Vorgesetzten und MitarbeiterInnen und zwischen verschiedenen Abteilungen oder anderen Subsystemen einer Organisation ist ein Motiv, das häufig Teams und Führungskräfte Supervision suchen läßt. Der/die SupervisorIn ist hier als neutrale/r Dritte/r gefragt, der/die keine eigenen Interessen verfolgt, um einen Ausgleich herzustellen, um alle Positionen zu würdigen und ihren rationalen Kern zu finden. In der Supervision können dann entweder Voraussetzungen geschaffen werden, um faktische Änderungen herbeizuführen oder um Änderungen an der Einstellung zueinander und zur Arbeitsaufgabe zu bewirken.

Diese Arbeit an der Optimierung der Kooperation setzt voraus, daß keinerlei existentielle Probleme wie Entlassungen, strukturelle Änderungen etc. bevorstehen. In diesem Falle wäre eher eine *Krisenintervention* angezeigt, die den SupervisandInnen hilft zu klären, was auf sie zukommt, was sie unternehmen oder nicht unternehmen können, wie sie sich gegebenenfalls trennen können und wie destruktive gruppendynamische Phänomene, die sich bereits als Reaktion auf die Ereignisse eingestellt haben, verstanden und eventuell sogar produktiv gehandhabt werden können.

Optimierung der Arbeit oder Umgang mit Krisen ist Gegenstand der Supervision von Einzelnen, Teams und größeren Einheiten, wie sie noch vorwiegend im Non-Profit-Bereich praktiziert wird. Zunehmend wird jedoch auch in der Wirtschaft Supervision, wenn auch unter anderem Namen, angeboten. So spricht man dort von „Coaching" und nicht von Leitungssupervision.[1]

Supervision hat sich nicht nur auf dem *Markt der Trainings- und Weiterbildungsangebote* etabliert, sondern auch im Gefüge der Berufsverbände von BeraterInnen, TrainerInnen und TherapeutInnen. Seit 1989 gibt es den zur Zeit schon auf tausend Mitglieder angewachsenen Berufsverband, die DGSv, deren Attraktivität und Einfluß beständig zunimmt. Sie hat sich in den ersten Jahren mit der Normierung der Supervisionsausbildung beschäftigt und wendet sich nunmehr der Standardisierung der Supervisionspraxis, den ethischen Fragen dieses Berufes und der Abgrenzung bzw. der Kontaktaufnahme zu den angrenzenden Berufsverbänden zu, also der Außenpolitik. Berufspolitische Interessen und die notwendige inhaltliche Auseinandersetzung um die Unterschiede dieser neuen Methode zu den bestehenden Beratungsformen werden hoffentlich beide präsent sein bei der Einordung der Supervision in die bestehende Verbandslandschaft.

Nicht nur die Deutsche Gesellschaft für Supervision entwickelt sich, auch die Zahl der Supervisorenausbildungen unterschiedlicher Ausrichtung, von denen es Mitte der siebziger Jahre noch fünf bis sieben Ausbildungsgänge gab, ist auf über dreißig angestiegen. Langfristig werden damit natürlich die Chancen der AbsolventInnen abnehmen, sich auf dem Markt behaupten zu können. Die Regulation des Angebotes an AbsolventInnen und der Nachfrage des Marktes ist eine Aufgabe, die am Ende der „Gründungsphase" jeder Profession gelöst werden muß.

Nicht nur die Institutionalisierung der Supervision ist vorangeschritten, sondern auch die inhaltliche Diskussion um Methoden, Standards und Konzepte. In den Jahren von 1990 bis jetzt ist, im Vergleich zu früher, eine wahre Flut von Veröffentlichungen erschienen. Meine erste Literaturliste, die ich Mitte der siebziger Jahre erstellt hatte, paßte noch auf eine Schreibmaschinenseite. Handbücher, Monographien, Aufsätze und zwei eigene Zeitschriften sind erschienen, die eine Öffentlichkeit geschaffen haben, in der die für die Professionalisierung notwendige inhaltliche Auseinandersetzung stattfinden kann.

Die Supervision hat sich also weitgehend von ihren Wurzeln, der Praxisanleitung in der Sozialarbeit und der Selbsterfahrung und Therapie gelöst und zu einer eigenständigen Identität gefunden.

---

[1] So widmete die Zeitschrift „Manager Seminare" ihr Heft 10 (1993) der Frage „Wie Führungskräfte laufen lernen?" und welche Rolle dabei Coaching bzw. Supervision spielen kann.

1.2 Wesen, Ziele und Selbstverständnis von Supervision

Supervision ist ein Kind der Mitte dieses Jahrhunderts, das zwei bis dahin getrennte Formen des Lernens miteinander verbunden hat: *Selbsterfahrung und Instruktion.* Instruktion ist ein Begriff aus der Kommunikationswissenschaft, der die Wissensvermittlung von ExpertInnen an Lernende und Laien bezeichnet. Instruktion ist ein sehr altes Muster der Erfahrungstradierung und Qualifizierung Professioneller.[2] Als die neuen Professionen entstanden, deren Arbeitsinstrumentarium das eigene Gefühl und die innere Wahrnehmung sind, reichte diese traditionelle Wissensvermittlung nicht mehr aus, denn Instruktion setzt voraus, daß man von einem außenstehenden beobachtenden Standpunkt aus die Dinge betrachtet und beschreibt und daß prinzipiell jeder von diesem Standpunkt aus das gleiche sieht. Auf eine einfache Formel gebracht bedeutet dies, daß man therapeutisches Handeln nicht in Vorlesungen lernen kann. Also brauchte man eine Lernform, in der Selbsterfahrung gemacht werden konnte. Das Nebeneinander dieser beiden Arten von Wissensvermittlung – durch Instruktion und durch Selbsterfahrung – ist heute noch in jeder TherapeutInnen- und BeraterInnenausbildung zu finden.

Im therapeutischen Bereich hat Michael Balint als erster versucht, diese beiden Perspektiven und Settings miteinander zu verbinden. Selbsterfahrung in der professionellen Rolle kombiniert mit der Vermittlung von Wissen über die Psychodynamik professioneller Beziehungen war der Gegenstand seiner „training-cum-research"-Gruppen. In der Praxisanleitung für SozialarbeiterInnen begleiteten erfahrene KollegInnen die jungen bei ihren ersten Praxiserfahrungen, indem sie ihnen ihr berufliches Wissen weitergaben. Mit der Zeit kamen die mit der Einsozialisierung in die neue professionelle Rolle verbundenen Identitätsprobleme in den Blick und ein Stück Selbsterfahrung wurde in die Praxisanleitung integriert. Aus diesen Anfängen sind die Prototypen einer neuen Form von Beratung und Qualifizierung Professioneller geworden: Die Balintgruppenarbeit, die Supervision und die Organisationsentwicklung. Sie alle versuchen mehr oder weniger bewußt, Instruktion und Selbsterfahrung miteinander zu verbinden, wobei sie die beiden Anteile allerdings unterschiedlich gewichten. Nun fällt jedem und jeder erfahrenen GruppenleiterIn gleich ein, welche Rollenkonflikte sich aus der Verbindung von Expertentum und Selbsterfahrung ergeben. Wie verträgt sich die für die Selbsterfahrung konstitutive Abstinenz mit Wissensvermittlung? Kann so etwas in einem Setting integriert werden? Ich denke ja. Und zwar durch deutlich markierten Perspektivenwechsel. So kann man nacheinander klären, welches *Erleben* in Teammitgliedern z.B. durch die Art und Kultur ihrer Dienstbesprechung ausgelöst wird und welche Gruppendynamik sich dabei entfaltet. Man kann danach überlegen, welche Vor- und Nachteile diese Art, Besprechungen zu organisieren hat, und welche eine *optimalere Form* sein könnten, bei der die negativen gruppendynamischen Begleiterscheinungen vermieden werden können und die Arbeits- und Kooperationsfähigkeit aller verbessert werden könnten.

Was sich auf der einen Seite als Gratwanderung darstellt, macht auf der anderen Seite die Überlegenheit dieser Kombination gegenüber der tradititionellen Aufteilung in Selbsterfahrung und Instruktion aus. Reine Selbsterfahrung – wie wir durch die Teamsupervision in den frühen siebziger Jahren wissen – greift zu kurz, sie vernachlässigt die Tatsache, daß man es mit Professionellen, mit Rollenträgern zu tun hat, die Teil einer über-

---

[2] Mit diesem Thema beschäftigt sich Michael Giesecke (1991) in seiner historischen Fallstudie über die Durchsetzung neuer Kommunikationstechnologien.

geordneten Organisation sind. Man kann zwar erfassen, wie die einzelnen die Institution erleben, Therapie und Selbsterfahrung aber haben keine Konzepte, um institutionelle Strukturen erfassen zu können. Auf der anderen Seite haben sich sehr deutlich die Grenzen der klassischen Fort- und Weiterbildungsveranstaltungen gezeigt, die in der Regel weder die subjektiven noch die objektiven Bedingungen der Umsetzbarkeit allgemeiner Konzepte systematisch berücksichtigen können. Sie stellen meist nicht in Rechnung, daß methodisches Handeln, Person und Institution zusammenpassen müssen.

Supervision integriert noch zwei weitere, bisher unverbundene Bereiche: *Die Analyse der emotionalen und der institutionellen Komponente beruflicher Interaktion.* Die Aufgabe von Supervision habe ich in diesem Sinne so definiert:

Supervision ist eine Institution, deren erste Funktion es ist, die Psychodynamik von professionellen Beziehungen, seien es Beziehungen zwischen Professionellen und ihren Klienten oder zwischen den Professionellen, z.B. Teammitgliedern, zu analysieren. Zweitens hat Supervision die Funktion, die Rollenhaftigkeit dieser Beziehungen zu untersuchen. Sie fragt nach den Auswirkungen der Institution, in der Professional und Klient oder Professional mit Professional zusammenkommen, auf deren Beziehungen. Und drittens vermittelt Supervision beide Analyseebenen und klärt das Zusammen- bzw. Gegeneinanderwirken von psychischen und institutionellen Strukturen in professionellen Beziehungen.

Aus dieser Definition wird leicht ersichtlich, daß man verschiedene Perspektiven auf den Supervisionsgegenstand braucht. Diejenige auf den Supervisanden oder die Supervisandin in seiner oder ihrer *beruflichen Rolle* und seinen oder ihren beruflichen Beziehungen zu KlientInnen, diejenige auf ihn oder sie und den/die KlientIn als *psychische Systeme*, als Individuen, weiterhin die Perspektive auf Professionals als *Mitglieder einer Institution* und – wenn es sich um ein Team handelt – des Subsystems einer Organisation und als *Mitglied einer Gruppe im psychodynamischen Sinn.* Monokausale Erklärungsversuche reichen in der Regel nicht aus, um professionelle Konflikte oder Beziehungen verstehen zu können. Weder haben Konflikte ihre Ursachen ausschließlich im persönlichen oder emotionalen Bereich, noch liegt es allein an den institutionellen Rahmenbedingungen, beides wirkt zusammen und beeinflußt sich gegenseitig. So werden mangelnde Klarheit in den institutionellen Strukturen, wie z.B. undurchsichtige Formen der Kontrolle und der Ausübung von Fach- und Dienstaufsicht, nicht abgeklärte Zuständigkeiten und Kompetenzbereiche von den Beteiligten zunächst *erlebt*: Sie fühlen sich mißbraucht, hintergangen, abgewertet oder überlastet. Die Probleme werden personalisiert und psychologisiert. Bleibt man auf dieser Ebene, betreibt man Suboptimierung. Das hinter den Symptomen liegende Problem, die Unklarheit in den institutionellen Strukturen bleibt unangetastet, man kuriert am Symptom herum. Man sollte also in Rechnung stellen, daß das Erleben von einzelnen oder eine bestimmte gruppendynamische Situation im Team durchaus von institutionellen Strukturen hervorgerufen sein kann. Wechselwirkungen zwischen diesen beiden Ebenen können aber auch so aussehen, daß institutionelle Rahmenbedingungen durch die Psychodynamik des Teams oder auch des Klientensystems überformt werden. So weiß man z.B., daß Institutionen, die professionell mit Süchtigen umgehen, Gefahr laufen, selbst süchtige Strukturen zu entwickeln.[3] Berater sollten also in der Lage sein, beide Perspektiven einzunehmen, um einen Kooperationskonflikt auf

---

[3] Hegenscheidt-Renartz (1986) zeigt diese Überformung der Strukturen der Institution durch das Klientensystem sehr schön am Beispiel der Teamsupervision in einer Suchtklinik.

beiden Ebenen angehen zu können und die real vorhandene Komplexität beruflicher Interaktion auch den Beteiligten deutlich werden zu lassen.

Akzeptiert man diese Aufgabenstellung der Supervision, so müssen die SupervisorInnen in beiden Bereichen Kenntnisse haben. Sie sollten über *Wissen über die Psychodynamik* menschlicher Beziehungen in Dyaden, Gruppen und Großgruppen und über die interne Struktur und Dynamik von Individuen verfügen, das aber nicht nur durch Instruktion erworben wurde, sondern auch durch eigene Erfahrung, durch Selbsterfahrung. Unerläßlich ist natürlich auch das *Wissen über Organisationen*, über ihre Strukturen, ihre Abläufe und ihre typischen Probleme. Dazu gehören einerseits die schon 1970 von Fürstenau geforderten sozialwissenschaftlichen Kenntnisse, andererseits Vertrautheit mit der Organsiationsstruktur der zu beratenden Institution, z.B. eines Krankenhauses in staatlicher Trägerschaft oder die Vertrautheit mit den konstitutiven Problemen von Weiterbildungseinrichtungen in der Trägerschaft von freien Vereinen.

Nun kann man einwenden, daß die Erhöhung der Komplexität, die durch die Bearbeitung beider Bereiche in der Supervision entsteht, zu einer Desorientierung und Überforderung aller führen würde. Ich denke, man kann diese beiden Ebenen in der Supervision bearbeiten, und zwar nacheinander, aber nicht gleichzeitig. Mit einem deutlich markierten Perspektivenwechsel, oder, wie ich es nenne, Programmwechsel ist es möglich, nacheinander die emotionale Situation, die durch einen bestimmten Konflikt ausgelöst wird und seine institutionell-strukturellen Anteile zu bearbeiten.

Supervisoren sollten also mehrere Programme zur Verfügung haben, wenn sie möglichst viel von der Komplexität ihres Gegenstandes erfassen wollen. Allerdings muß die Auswahl der Perspektiven begründet werden, und es muß verbindliche und kontrollierbare Regeln für den Programmwechsel in der Supervisionsarbeit geben. Ein vom Supervisor, von der Supervisorin initiierter beständiger Wechsel der Perspektiven kann in der Tat zum Instrument der Willkür werden und zur Desorientierung aller Beteiligten führen. Auch die SupervisandInnen können den Perspektivwechsel als Instrument des Widerstands gegen die Supervisionsarbeit nutzen. Daß die SupervisorInnen in ihrem Verstehensprozeß zwischen den Perspektiven hin und her wechseln, ist unproblematisch und auch notwendig, kritisch wird es erst, wenn der Perspektivenwechsel sozial verbindlich werden soll. In diesem hier vorgestellten Modell von Supervision wird das Problem, daß man mehrere Programme braucht, um der Komplexität des Gegenstandes gerecht zu werden, so gelöst: Ich begründe zunächst, welche Programme ich ausgewählt habe und warum sie miteinander kompatibel sind, beschreibe dann im nächsten Schritt die drei Programme und im vierten die Bedingungen des Wechsels zwischen ihnen.

Das erste Programm ist die *Fallarbeit*, das auf der Methode der Balintgruppenarbeit basiert und die Psychodynamik der Professional-Klient-Beziehung erfaßt. Das zweite Programm heißt *Selbstthematisierung*, es greift Methoden der Gruppenanalyse und Gruppenselbsterfahrung auf. In diesem Programm kann man die psychodynamischen Beziehungen in der Supervisionsgruppe und im Team, sofern es Konflikte hat, die nicht institutioneller, sondern gruppendynamischer Natur sind, thematisieren. Das dritte Programm, die *Institutionsanalyse*, hat ihre Wurzeln in der angewandten Gruppendynamik und in der Organisationsentwicklung. Hier können alle professionellen Beziehungen unter der Perspektive ihrer Rollenhaftigkeit untersucht werden. Je nach Setting und Aufgabe bzw. Ziel der Supervision können verschiedene Programme miteinander kombiniert angewendet werden. Die diesem Konzept inhärente Flexibilität ermöglicht es, daß die Methoden den Bedürfnissen des Klientels angepaßt werden und es nicht, wie häufig, umgekehrt der Fall ist. Die Auswahl des Programms oder der Programmkombination richtet sich in diesem Modell nach der Aufgabe, die gemeinsam von SupervisorIn und SupervisandInnen vor Anfang des eigentlichen Prozesses erarbeitet und formuliert wird.

Die *Aufgabenbezogenheit* dieser Konzeption unterscheidet sie von rein prozeßbezogenen Supervisionsformen. Jene beginnen den Supervisionsprozeß ohne eine Diagnose zu stellen und folgen ihm deutend und kommentierend. Hier erarbeiten beide Parteien im Sinne der Aktionsforschung eine Diagnose und geben sich einen möglichst klaren Auftrag, dessen Erfüllung immer wieder kontrolliert und gegebenfalls korrigiert werden kann. Vor allem für die aus der Therapieszene kommenden SupervisorInnen bedeutet es eine Umstellung, dem Prozeß nicht mehr deutend zu folgen, sondern ihn aktiv zu strukturieren, was schon bei der Herstellung der Rahmenbedingungen der Supervisionsarbeit notwendig ist. Der Supervisor und die Supervisorin haben die Verantwortung für das Setting, das so beschaffen sein muß, daß die Supervision einen erfolgreichen Verlauf zu nehmen verspricht. Die meiste Arbeit liegt vor Beginn des eigentlichen Prozesses, so z.B. eine Diagnose zu stellen, um überhaupt zu einem klaren Auftrag zu kommen. OrganisationsberaterInnen können so etwas in der Regel. Was sie wiederum nicht gelernt haben, ist es, zu berücksichtigen, welche psychodynamischen Prozesse durch die Arbeit in verschiedenen Settings und mit verschiedenen Personengruppen ausgelöst werden und wie man diesen Prozeß begleiten und steuern kann. Der *Wechsel zwischen aktiver Strukturierung und dem Prozeß verstehend zu folgen* ist, denke ich konstitutiv für Supervision und stellt die Anforderung an den Supervisor und die Supervisorin, beides zu können. Diese Aufgabenbezogenheit hat zum einen zur Folge, daß die Beratungs- und Supervisionsprozesse kürzer werden, zum anderen erfordert sie eine grundsätzliche Umstellung für den Supervisor und die Supervisorin, die nicht mehr an der Defizienz des Klientensystems ansetzt, sondern an dessen Ressourcen, wie es auch Fürstenau fordert.[4] Dieser Gedanke leitet über zum Selbstverständnis von SupervisorInnen.

Meine oberste Maxime ist es, mich überflüssig zu machen, indem ich dem System helfe, seine *Selbstregulationsfähigkeit* zurückzugewinnen bzw. zu verstärken. Das Vertrauen darein, daß das System schon genug Ressourcen hat, um sich selbst zu steuern, das heißt die ihm gestellte Aufgabe zu lösen und die Arbeitszufriedenheit seiner Mitglieder zu sichern, ist eine Grundlage für den Supervisionsprozeß. Oft besteht ein großer Teil der Arbeit zunächst darin, diese blockierten Ressourcen freizulegen. Der Supervisor und die Supervisorin bewirken viel durch ihre Vorbildfunktion, durch die Art und Weise, wie sie Dinge verstehen, wie sie Probleme lösen und wie sie die Kommunikationsprozesse so organisieren, daß alle Beteiligten einbezogen werden. Die SupervisandInnen können auch beobachten, wie der/die SupervisorIn die ihnen gestellte Aufgabe löst, welche Methodik er/sie dabei verwendet und was daran auf die eigene Arbeitssituation zu übertragen ist. Je mehr das Supervisionssetting in seiner Aufgabenbezogenheit und in seiner zeitlichen Begrenztheit dem Arbeitsalltag der SupervisandInnen angepaßt ist, desto mehr können sie in der Supervision exemplarisch lernen und für ihren Arbeitsalltag verwenden. Hier wird deutlich, wie wichtig es ist, daß das Selbstverständnis der Supervision dem des Klientensystems entspricht: Auch die Supervision ist ein organisiertes Sozialsystem, eine Institution, die bestimmte Aufgaben hat, die sie zu lösen hat, die bestimmte Rollen hat, die sich in gewisser Weise von ihrer Umwelt abgrenzt, aber auch Kontakt zu ihr aufnimmt: Das Supervisionssystem typisiert sich darüber hinaus aber auch

---

[4] Vgl. dazu Fürstenaus psychoanalytisch-systemischen Ansatz der Entwicklungsförderung (1992).

noch als ein psychisches und biogenes System, eine Gruppe. In der Supervision entwickeln sich wie in jeder Selbsterfahrungs- und Therapiegruppe psychodynamische Prozesse, die Themen wie Abhängigkeit, Unabhängigkeit, Rivalität, Sexualität und Trennung abhandeln. Diese beiden Typen von Selbstthematisierung sind, wie ich im folgenden noch entwickeln werde, wichtig, um das zentrale Erkenntnisinstrument der Supervision, die *Spiegelung*, einsetzen zu können. Spiegelung meint, daß sich die Beziehungsmuster aus anderen Systemen zwischen den SupervisandInnen in der Supervision wiederholen und abbilden können. In diesem Konzept gehören dazu die Rollenbeziehungen zwischen den SupervisandInnen und die emotionalen bzw. gruppendynamischen Beziehungen. Supervision wirkt also nach meinem Verständnis nicht allein durch die Person des Supervisors/der Supervisorin, sondern das gesamte Supervisionssystem wirkt als Katalysator von Veränderungen im Klientensystem. Um im Bild zu bleiben: Der/die SupervisorIn sollte sich nicht zum Motor des Prozesses machen oder machen lassen, also die Verantwortung für Veränderungen des Supervisandensystems übernehmen, denn dann entwickelt sich eine für beide Seiten unerfreuliche und destruktive Psychodynamik, sondern sich eher als ein oder eine wohlwollende/r InspekteurIn verstehen, der/die neugierig nach den Funktionsweisen dieses Gefährts fragt und es zum Fahren auffordert.

1.3 Die Ausdifferenzierung der Supervisionssettings

Die Vorformen der Supervision oder der beruflichen Beratung, wie man bei manchen vielleicht besser sagt, aus denen sich die Supervision als Beratungssystem entwickelt hat, waren die Praxisanleitung in der Sozialarbeit, die Balintgruppenarbeit, die Ausbildungssupervisionen und manche Formen der prozeßbezogenen Organisationsentwicklung.

Noch heute entsteht leicht eine Irritation, wenn Supervision im Zusammenhang mit Beratungs- und Therapieausbildungsgängen gebraucht wird. Gemeint ist dann, daß AusbildungskandidatInnen von erfahrenen KollegInnen bei ihren ersten Behandlungsversuchen, die sie durchführen, kontrolliert werden. Hier steht das Erlernen einer Methode, wie z.B. der psychoanalytischen Therapie oder der Gestalttherapie, im Vordergrund und nicht das Verstehen der Psycho- und Soziodynamik des beruflichen Handelns. Pühl macht in seinem Handbuch (1990) die wie ich finde treffende Unterscheidung zwischen *Ausbildungs- und Fortbildungssupervision*. Diese Differenzierung wird selbst in der Literatur zur Supervision häufig nicht gemacht, was zur Verwirrung über das, was Supervision eigentlich ist, beiträgt.[5]

Praxisanleitung und Ausbildungssupervision sind in erster Linie durch die Maximen und Regeln der professionellen Technik, die sie vermitteln sollen, bestimmt, und nicht durch eine eigenständige Supervisionskonzeption. Erst die von Michael Balint entwickelte Methode der „training-cum-research"-Gruppen, die nunmehr unter dem Namen Balintgruppe bekannt ist, kann man als ein eigenständiges Supervisionsverfahren bezeichnen.[6] Balint untersuchte die Psychodynamik von Arzt-Patient-Beziehungen an konkreten

---

[5] Diese klare Unterscheidung, die Pühl (1990) in seinem Handbuch trifft, wird oft in der Literatur nicht gezogen, so z. B. bei Scobel (1988), der diese Form zur Supervisionsform schlechthin macht, und auch bei den systemisch arbeitenden SupervisorInnen.

[6] Vgl. dazu Balint, E. (1959) und Balint, M. (1955) und (1968).
Eine Konzeption, die der Funktion von Ausbildungssupervision Rechnung trägt und sehr ausdifferenziert ist, hat Lieb (1993) für die Ausbildung von VerhaltenstherapeutInnen entwickelt.

Fällen aus der Praxis der Gruppenmitglieder, die meistens niedergelassene Ärzte waren. Er arbeitete aber zunächst mit seiner Frau zusammen in Gruppen von SozialarbeiterInnen. Die dort praktizierte Form der Falleinbringung durch ein Gruppenmitglied und der Fallbearbeitung durch die Gruppe unter der Anleitung des Supervisors/der Supervisorin wurde von vielen Supervisionskonzepten übernommen. Es zeigte sich, daß die Fallarbeit nicht nur geeignet war, ÄrztInnen Psychotherapie zu vermitteln, damit sie in die Lage kamen, eine ganzheitliche Medizin zu praktizieren, was Balints Anliegen war, sondern daß Fallarbeit auch mit Mitgliedern anderer Professionen möglich war.

Da die Organisationsentwicklung[7] schon immer mit wechselnden Settings gearbeitet hat, waren dort auch schon früh der Supervision vergleichbare Formen und Methoden entwickelt worden, z.B. Einzelberatung oder Teamberatung.[8]

Aus allen diesen Verfahren entwickelten sich zunächst die Einzel- und die Gruppensupervision, die anfangs noch sehr stark auf die Psychodynamik professioneller Beziehungen fixiert waren. Bei den Versuchen, die Gruppensupervisionsmethode auf Teams anzuwenden, entdeckte man den institutionellen Aspekt und so entwickelte sich die Teamsupervision. Die nächste Differenzierung, die stattfand, war die Herausbildung der Leitungsberatung oder Leitungssupervision. SupervisorInnen kamen zu der Auffassung, daß man auch mit der Leitung arbeiten sollte, weil sich in Teamsupervisionen z.B. herausstellte, daß die Teamprobleme eigentlich Leitungsprobleme waren und diese Probleme im Rahmen dieses Settings nicht bearbeitbar waren, weil die Leitung entweder im Team „untertauchte" oder weit weg und nicht erreichbar irgendwo in der Organisation saß. Auch im „Sozialmanagement" war das Bewußtsein gewachsen, daß es im non-profit-Bereich genau wie in der Wirtschaft auch um Führung und Personalentwicklung geht. Heute findet man Leitungssupervision unter den Bezeichnungen Leitungsberatung oder den in der Wirtschaft eher gebräuchlichen Begriff „Coaching".

Die Teamsupervision erfuhr in der letzten Zeit denke ich die stärksten Veränderungen. „Teamsupervision mit ChefIn oder ohne?" entstand als Frage und fand ihre Antwort im stärkeren Einbinden der Supervision in die Organisation, was Gespräche mit LeiterInnen, kamen sie nun als Teilnehmer für die Supervision in Frage oder nicht, nötig machte. Dreieckskontrakte zwischen Team, Leitung und SupervisorIn, Rückkopplungsgespräche mit der nächsten Führungsebene, der Wechsel zur Moderation oder zur Verhandlungsberatung zwischen Team und Leitung wären dem/der sich früher noch als abstinent verstehenden SupervisorIn undenkbar erschienen. Dies gehört nun zu meiner täglichen Praxis genauso wie der Wechsel von Teamsupervision zu Teamentwicklung, einer Methode der Organisationsentwicklung. Überhaupt sind die Grenzen zwischen OE und Supervision zur Zeit fließend und werden von beiden Seiten kräftig überschritten. Supervision ist oft der erste Schritt hin zu einer OE-Maßnahme, das System taut an einer Stelle auf, sei es das Team oder der/die supervisierte LeiterIn. Der/die OrganisationsentwicklerIn entwirft dann gemeinsam mit dem betreffenden Subsystem Verfahren und Strategien, um an der Aufgabe des Gesamtsystems zu arbeiten, vorausgesetzt, die Organisation hat Interesse an einer Veränderung. Im Rahmen von laufenden OE-Prozessen kann Supervision auch

---

[7] Organisationsentwicklung kürze ich im folgenden mit „OE" ab.

[8] Zu den früheren Methoden der Organisationsentwicklung vgl. French/Bell (1973), Sievers (Hrsg.) (1977), Nevis, E.C. Organisationsentwicklung im Wandel der Zeit: 1930–1990. In: Fatzer, G. (Hrsg. 1993, S. 381–403) und Argyris, C. Eingeübte Inkompetenz – ein Führungsdilemma. In: Fatzer, G. (Hrsg. 1993, S. 129–144).

gezielt eingesetzt werden, um strukturelle Veränderungen zu verstärken, zu begleiten oder abzumildern.

Die dem Laien vermutlich verwirrend vorkommende Anzahl von Supervisionsangeboten entsteht dadurch, daß in allen diesen Settings mit unterschiedlichen Methoden gearbeitet werden kann. Die verschiedenen therapeutischen Schulen haben ein auf ihrer Persönlichkeitstheorie und ihrer Therapiemethode aufbauendes Supervisionskonzept mehr oder weniger gelungen entwickelt, und die Kombinierbarkeit verschiedener Methoden tut dann ein übriges, um die Anzahl von Supervisionsangeboten in die Höhe schnellen zu lassen.

Die beiden hier beschriebenen Settings: Gruppen- und Teamsupervision haben – von dieser Entwicklung erfaßt – in der täglichen Supervisionspraxis inzwischen einen sehr unterschiedlichen Stellenwert erhalten. Während noch vor zehn bis zwanzig Jahren Gruppensupervisionen einen großen Teil der Tätigkeit ausmachte, hat heute die Teamsupervision deren Platz eingenommen. In meiner Praxis sind frei zusammengestellte Gruppen, sogenannte „stranger-groups" eine Ausnahme, vielleicht unter anderem auch deshalb, weil es sehr mühsam ist, solche Gruppen nach gründlichen Erstinterviews zusammenzustellen und auch, weil die Teilnehmer in der Regel selbst zahlen müssen. Hingegen ist die Supervision von Teams „das tägliche Brot" der SupervisorInnen geworden. Oft entwickeln sich daraus – was zugegebenermaßen wohl auch meiner OE-Erfahrung geschuldet ist – Organisationsentwicklungsmaßnahmen. Der Wechsel zwischen verschiedenen Settings und Methoden, wie er für OE konstitutiv ist, ist oft sehr produktiv, hat aber auch seine Tücken. Eine psychoanalytische Maxime nutze ich deshalb auch bei der OE als Reflektionshilfe und frage mich: Könnte der Impuls, meine Methode oder das Setting zu wechseln, meine Gegenübertragungsreaktion auf das Klientel sein? Je nach dem, wie ich diese Frage beantworte, wechsele ich das Setting oder auch nicht oder trotzdem – in diesem Bewußtsein.

1.4 Neuere Forschungen und Veröffentlichungen

Das Angebot an Supervisionsliteratur hat sich in den letzten drei, vier Jahren explosionsartig erweitert. Zwei Handbücher sind gleichzeitig herausgekommen, ein von Pühl 1990 herausgegebenes, das psychoanalytisch orientierte Supervisionsansätze vorstellt, und ein von Fatzer 1990 herausgegebenes, das Supervision und Organisationsentwicklung in Verbindung setzt. In beiden Werken sind einige sehr gute Artikel zu finden, die Beiträge beziehen sich allerdings nicht auf ein gemeinsames Konzept, sondern die Autoren stellen ihre teilweise differierenden Ansichten über Supervision aus psychoanalytischer oder aus Sicht der OE dar.

Mit der Aufarbeitung der Geschichte der Supervision, die er allerdings einseitig in der Sozialarbeit verortet, beschäftigt sich Bellardi (1992). In diesem Buch befindet sich im übrigen das ausführlichste Literaturverzeichnis zur Supervision.

Es gibt zwei Monographien zu unserem Thema, eine ältere von Scobel (1988) und eine jüngeren Datums von Schreyögg (1992), die beide wie auch dieses Buch mit dem Anspruch auftreten, ein Supervisionskonzept zu beschreiben. Scobel löst diesen Anspruch nicht ein, er kombiniert eine modifizierte Form von Praxisanleitung mit einer jetzt schon veralteten Form von Teamsupervision. Wieso er diese beiden Formen auswählt und weshalb sie eine Antwort auf die Frage sind „Was ist Supervision?", den Titel des Buches, wird nicht reflektiert. Schreyögg kündigt ein integratives Supervisionskonzept an, ein „in sich konsistentes theorie- und methodenplurales Konzept" (S. 1), das man meines Erachtens bestenfalls als additiv bezeichnen kann. Integriert werden sollen Psychodrama und Gestalttherapie auf Grund gleicher anthropologischer Grundannahmen (S. 83). Sie problematisiert zwar, daß es sich dabei um originär therapeutische Verfahren handelt, zieht jedoch keine Konsequenzen daraus, außer anzugeben, welche Übungen für Supervision geeignet sind und welche nicht (S. 144). Ärgerlich wird es dann, wenn man sich ansieht, wie sie Teamsupervision nach ihrem integrativen Konzept betreiben will, da ist dann nur noch von Deuten die Rede (S. 492), und es wird ein äußerst dürftiges Phasenmodell von Themenformulierung über Deutung zu Umsetzung in Handeln angeboten. Der sehr hoch gehängte Anspruch schadet dem Buch, das zu bestimmten Themen sehr gute Zusammenfassungen zum Stande der momentanen Erkenntnis bietet. Es widerspricht leider auch in seiner Form – es ist bis zur Unlesbarkeit zergliedert – seinem integrativen Anspruch.

Erschienen sind in diesen Jahren auch Aufsatzsammlungen zur Methodik konstruktivistischer Supervision von Kersting (1992), zur psychoanalytisch orientierten Supervision von Pühl und Schmidtbauer (1991) und zur systemischen, aus der Familientherapie erwachsenen Supervision, herausgegeben von Brandauer (1991). Wie den Handbüchern liegt auch diesen Werken kein geschlossenes Supervisionskonzept zugrunde.

Auf ein bestimmtes Feld der Supervision beziehen sich Gerspach, der die Möglichkeit der Anwendung von Supervision für soziale Dienste untersucht (1991), Bardé und Mattke (1993), die Probleme und Möglichkeiten der Supervision von multiprofessionell zusammengestellten Teams in der Klinik untersuchen, und Bernler und Johnsson, die die Bedeutung von Supervision in der psychosozialen Arbeit erläutern (1993). Letzteres die Übersetzung eines etwas veralteten schwedischen Supervisionskonzepts von Anfang der achtziger Jahre. Mit dem spezifischen Thema Mann und Frau in der Supervision befaßt sich erstmals eine empirische Untersuchung von Erger und Molling (1991).

Zur Organisationsentwicklung erschienen in den letzten Jahren das eben schon erwähnte Handbuch von Fatzer (1990) und ein weiteres empfehlenswertes, ebenfalls von Fatzer herausgegebenes (1993), das den Stand der Entwicklung von OE in Amerika und Europa repräsentiert. Wimmer läßt in seinem Buch (1992), einem Kongreßbericht, die neuesten Ansätze zur OE im deutschsprachigen Raum zu Wort kommen.

Mit dem Thema Management in der OE befaßt sich ein von der Beratergruppe Neuwaldegg, von Königswieser und Lutz herausgegebener Band, der einen systemischen Ansatz vertritt (1990).

Darüber hinaus haben die Zeitschriften „Supervision", das neue „Forum Supervision", die Zeitschrift „Organisationsentwicklung" und das 1994 erstmals erscheinende Jahrbuch des Instituts für Supervision und OE und des Trias Netzwerkes eine Plattform für die Diskussion über Methodik von Supervision und OE offeriert.

Dieses Buch unterscheidet sich von den zuvor genannten dadurch, daß es ein integratives, in sich geschlossenes Konzept von Supervision für die Begleitung von Teams und Gruppen vorstellt. Diese Konzeption ruht auf praktischen Erfahrungen, im wesentlichen aber auf wissenschaftlichen Untersuchungen empirischen Materials. Es gründet sich auf eine wissenschaftliche Theorie, die *Kommunikationswissenschaft*, und wendet deren Methode, die *kommunikative Sozialforschung* auf den Gegenstand der Supervision an. Diese Theorie und damit auch das Supervisionskonzept erfassen ungleich mehr Komplexität als die bis jetzt genannten Supervisionsmethoden und sind ihnen auch dadurch überlegen, daß sie selbstreferentiell auf das eigene Forschungs- bzw. Beratungssystem angewandt werden.

Die kommunikationswissenschaftliche Theorie stellte mir eine – von meiner Praxis – unabhängige Beschreibungssprache zur Verfügung. Die meisten Supervisionsansätze versteht man nur, wenn man die Terminologie, die meist aus einer therapeutischen Disziplin kommt, kennt und sich auf sie einläßt. Diese Beschreibungen entziehen sich damit der wissenschaftlichen Überprüfbarkeit. Sie ermöglichen lediglich die Verständigung zwischen den Praktikern einer Richtung, aber schon nicht mehr zwischen verschiedenen Supervisionsschulen. Die kommunikationswissenschaftliche Terminologie hingegen können auch andere Supervisionskonzepte nutzen, um sich selbst zu beschreiben. Sie ermöglichen damit einen Vergleich zwischen den Konzepten. Das hier vorgestellte Supervisionskonzept erhebt den Anspruch, Supervision als eine eigenständige Methode zu konstituieren, die aus der Synthese des Alten, aus ihren Wurzeln, etwas Neues geschaffen hat und es im Hegelschen Sinne „dreifach aufhebt". Das Neue an diesem Beratungssystem besteht meines Erachtens darin, daß man sich immer wieder einpendeln muß zwischen zwei Polen, zwischen Selbsterfahrung und Instruktion, zwischen dem Beschreiben der Psycho- und der Soziodynamik, zwischen Strukturieren und dem Prozeß folgen, zwischen Selbst- und Fremdanalyse, zwischen Abweichung und idealem Ablauf. Es aushalten zu können, daß beides seinen Stellenwert hat, aber nicht gleichzeitig existieren kann, und daß die geschilderten Ambivalenzen und Paradoxien produktiv sind, macht dieses Konzept sehr komplex und auch schwer erlernbar, aber auch reizvoll und spannend.

1.5 Der Aufbau des Buches

Gruppen- und Teamsupervision werden in diesem Buch als *organisierte Sozialsysteme* aufgefaßt und beschrieben. Dies ist ein Terminus aus der Kommunikationswissenschaft,[9] der den alltagsweltlichen Begriffen Institution oder Organisation in etwa entspricht. Das Relevanzsystem, mit dem ich Organisationen und Institutionen in meiner Supervisionspraxis analysiere, wende ich in selbstreferentieller Weise hier auf die eigene Organisation, die Supervision an.

Supervision erscheint unter dieser Perspektive als ein selbststeuerndes System, das sich in einer komplexen Umwelt erhält, zu dieser Umwelt Kontakt aufnimmt und sich gleichzeitig von ihr abgrenzt und so seine Identität sichert. SupervisorIn und SupervisandInnen erscheinen als soziale Rollen, als Elemente dieses Systems.

Um dieses organisierte Sozialsystem zu untersuchen, kann man ein Analyseverfahren anwenden, daß die Kommunikation in Institutionen zum Gegenstand hat, das Verfahren der „Normalformrekonstruktion".[10] Es wurde von Michael Giesecke und mir im Projekt zur Erforschung von Supervisions- und Balintgruppen in Kassel entwickelt und wird an verschiedenen Stellen dieser Arbeit dann dargestellt. Das Ergebnis der Normalformrekonstruktion ist eine Beschreibung des zu untersuchenden organisierten Sozialsystems in seinen vier Dimensionen: der Komplexitäts-, Differenzierungs-, der dynamischen und der

---

[9] Vgl. Giesecke, M. (1988) ebenso wie Abschnitt 2.2.4 dieser Arbeit und die Anfänge der Kapitel 3 bis 6.

[10] Das Verfahren der Normalformrekonstruktion wird jeweils zu Beginn der Kapitel 3 bis 6 und in Kapitel 7 in diesem Buch erläutert. Ein ausführliche Darstellung der Methodik und von Beispielen der Normalformrekonstruktion findet sich in Giesecke und Rappe-Giesecke (1994).

selbstreferentiellen Dimension. In dieser Arbeit wird nun nicht das Untersuchungsverfahren mit seinen einzelnen Stadien dokumentiert, sondern es werden die Ergebnisse der
Untersuchung der vier Dimensionen dargestellt. Wie ich nun zu dieser Beschreibung gekommen bin, kann man anhand der Publikation: „Supervision als Medium kommunikativer Sozialforschung – Die Integration von Selbsterfahrung und distanzierter Betrachtung
in Beratung und Wissenschaft", die Michael Giesecke und ich (1994) verfaßt haben,
nachvollziehen. Dort wird geschildert, wie der Forschungsprozeß aussah, welche Irrwege
wir gegangen sind und welche Methoden, Theorien und Verfahren sich als produktiv herausgestellt haben. Diese Forschungen und die anderen Veröffentlichungen von uns, den
beiden Leitern Dieter Eicke und Adrian Gaertner und unseren Projektmitarbeitern H.
Müller, E. Bielke und A. Lieberich gehen als Vorstudien in diese Untersuchung ein.

Da es gemäß der Definition von Supervision darum geht, sowohl die soziale Struktur
als auch die psychische Ebene professioneller Kommunikation zu untersuchen, versteht
sich das hier vorgestellte Supervisionssystem selbst auch als ein psychisches System. Die
Menschen treten nicht nur als soziale Rollen auf, sondern emergieren auch als Individuen
mit einer bestimmten Biographie und einer einmaligen psychischen Struktur. Das Supervisionssystem erscheint unter dieser Perspektive dann als eine Gruppe im psychodynamischen Sinne, die einzelnen Beziehungen als dyadische oder familienähnliche Beziehungen. Diese beiden Perspektiven auf das Supervisionssystem werden in der folgenden
Untersuchung im Wechsel eingenommen.

Damit ist die grundlegende Perspektive, unter der dieses Buch geschrieben wurde, genannt, und ich möchte den Leser und die Leserin kurz in seine Gliederung einführen. Im
nächsten Kapitel werden die Ziele dieser Form von Gruppen- und Teamsupervision formuliert. Welche Wurzeln dieses Supervisionskonzept hat und welche Modifikationen die
ursprünglichen Methoden durch den Einbau in dieses Konzept erfahren haben, werden
genauso erläutert wie die Frage, warum gerade diese Methoden ausgewählt wurden und
warum sie miteinander kompatibel sind.

Wie man Supervision als Organisation beschreiben kann, erfährt der Leser und die
Leserin in den Kapiteln drei bis sechs.

Die Analyse der Komplexitätsdimension der Supervision entspricht in etwa dem, was
üblicherweise als Beschreibung des Settings bezeichnet wird. Dazu gehören die Analyse
der möglichen Rollen, die Mitglieder des Systems einnehmen können, der Aufgaben, die
diese Rollen haben, und dazu gehört auch die Analyse der Beziehungen zwischen den
Rollen. Zur internen Komplexität dieses Supervisionssystems gehört es auch, daß es drei
Subsysteme hat, die drei Programme, die nach bestimmten Regeln miteinander verbunden werden.

Welches die relevanten Umwelten des Systems Gruppen- und Teamsupervision sind
und wie sich diese System-Umwelt-Beziehungen gestalten, zeigt die Analyse der Differenzierungsdimension im vierten Kapitel.

Der Ablauf der Gruppenarbeit wird im Rahmen der dynamischen Dimension des Systems im fünften Kapitel untersucht. Die Prozesse in den drei Programmen und der hier
neu eingeführten „Vorphase der Problemdiagnose" werden als Modelle der Normalform
des Ablaufs modelliert.

Die Untersuchung der selbstregulativen Prozesse im Supervisionssystem füllt das
sechste Kapitel. Wie steuert das System seine Prozesse und wie erhält es seine Identität
aufrecht, wird hier ermittelt.

Die Datenbasis dieser Untersuchungen und das hier verwendete Untersuchungsverfahren wird im letzten, im siebten Kapitel vorgestellt.

Aus den Rückmeldungen auf dieses Buch habe ich erfahren, daß die kommunikationswissenschaftliche Terminologie und auch die systemischen Begrifflichkeiten auf manche Leser recht abschreckend wirken können. Ich kann den und die LeserIn nur bitten, sich auf diese vielleicht fremde Terminologie, die ich auch immer wieder in die in der Praxis geläufigen Begriffe übersetze, einzulassen und darauf zu vertrauen, daß die professionsfremde Metaperspektive doch einen großen Gewinn für die eigene Praxis bringen wird, wie ich immer wieder selbst feststellen konnte. Es ist außerdem kritisiert worden, daß ich stets nur die männliche Form der Pronomina und Nomen benutzt habe. Nach einer sehr korrekten Phase, wo ich ständig die weiblichen Formen hinzufügte, bin ich dazu übergegangen, dies rein gefühlsmäßig zu handhaben, einmal so und einmal so. Mir fällt es nach wie vor schwer, in rein wissenschaftlichen Passagen die weibliche Form hineinzunehmen, denn sie irritiert mich oft mehr, als daß sie etwas klärt. Die LeserInnen werden bemerkt haben, daß ich im Vorwort und der Einleitung diese neue Form gebrauche, während in den „alten Teilen" des Buches die traditionelle Form vorherrscht. Ich würde mir wünschen, daß bald sprachliche Formen entwickelt werden, die die Botschaft herüberbringen, aber gleichzeitig auch leserInnenfreundlich sind.

2 Ein neues Modell von Gruppensupervision und seine Wurzeln

2.1 Ziele und Ansprüche des Modells

In diesem Buch wird ein Modell von Gruppen- und Teamsupervision vorgestellt, das bewährte Supervisionsmethoden aufgreift und in einem Konzept integriert, das weitaus mehr Komplexität verarbeiten kann als die einzelnen Supervisionsmethoden.[1] Die Stärken der bewährten Methoden werden genutzt und ihre Schwächen, die darin bestehen, daß immer nur ein Aspekt der Supervisionsarbeit im Fokus der Aufmerksamkeit sein kann, kompensiert. Dieses Modell enthält sowohl die Perspektive auf die psychischen Prozesse in der Professional-Klient- bzw. -Patient-Beziehung, auf die psychischen Prozesse in der Supervisionsgruppe selbst als auch auf die sozialen Strukturen und Prozesse in der Professional-Klient-Beziehung, im Team und in der Supervisionsgruppe selbst. Arbeitet man mit diesem Konzept, so kann man flexibel auf die Anforderungen des jeweiligen Supervisionssettings und auf die zu bearbeitenden Probleme eingehen und braucht Probleme nicht auszugrenzen, weil man nicht über die zu ihrer Bearbeitung notwendigen Methoden und Verfahren verfügt.

Welches die grundlegenden Ziele dieses Supervisionsmodells sind, werde ich zuerst aufzeigen. Die Wurzeln dieses Modells, die bekannten Supervisionsmethoden, werden anschließend erläutert.

Bei einer Supervision von Gruppen und Teams mit diesem Konzept habe ich folgende Ziele:

- *Die Verbesserung der professionellen Kompetenz der einzelnen Supervisanden.* Dieses Ziel soll erreicht werden durch das Kennenlernen der unbewußten Anteile der Persönlichkeit des Supervisanden, die sich störend auf die Beziehung zu Klienten und Kollegen auswirken. Zur Erreichung dieses Ziels ist auch ein Kennenlernen der durch die berufliche Sozialisation erworbenen professionellen Deformationen in der Selbst- und Fremdwahrnehmung erforderlich (vgl. dazu Gosling 1979). Durch die Supervision sollen die Supervisanden zu beständiger Selbstreflexion und Selbstveränderung befähigt werden, die sie von der Supervision unabhängig machen.
- *Die Veränderung der „Selbstbeschreibung" des Teams.*[2] Dieses Ziel erreicht man durch die Rekonstruktion der oftmals ideologischen und dysfunktionalen Selbstbeschreibung und die Erarbeitung einer realitätsnahen und funktionalen Selbstbeschreibung. Die Veränderung betrifft die *Identität* des Subsystems der Organisation, dem die

---

[1] Daß diese Methoden miteinander kompatibel sind und weshalb dies der Fall ist, werde ich in Abschn. 2.3 erläutern.

[2] Wellendorf (1979) formuliert in der Darlegung seiner „Sozioanalyse" ein wie mir scheint strukturell identisches Ziel: das der „Selbstaufklärung der Institution" über sich selbst.

Supervisanden angehören, nicht die realen institutionellen Abläufe oder etwa die personelle Zusammensetzung des Subsystems. Der Supervisor greift nicht wie der Organisationsentwickler in die institutionellen Abläufe mit Umstrukturierungsmaßnahmen ein. Vermittelt über die Veränderung der Identität können sich dann in diesen Bereichen auch Veränderungen ergeben, die dann aber nicht mehr zum Auftrag des Supervisors gehören.

Das erste Ziel, die Verbesserung der professionellen Kompetenz des Supervisanden, ist nicht neu und kann sicher auch als konsensfähig gelten. Erläuterungsbedürftig hingegen erscheint mir das zweite Ziel, das sich auf den „institutionellen Aspekt" bezieht.

Üblicherweise wird in der Literatur in bezug auf Teamsupervision davon gesprochen, daß man die Kooperation und das Arbeitsklima verbessern und die Effektivität der Arbeit erhöhen will. Diese Ziele verhalten sich zu dem hier gesetzten so: Erst wenn man sich über den Ist-Zustand und den angestrebten Zustand des Systems verständigt hat, kann man klären, wie Kooperation verbessert, Zufriedenheit erreicht und Effektivität der Arbeit erhöht wird. Veränderung der Selbstbeschreibung umfaßt diese Ziele und zeigt, welches die Voraussetzungen zur Erreichung dieser Ziele sind.

Ich möchte den Begriff der Selbstbeschreibung hier noch näher definieren, eben weil er in die Diskussion neu eingeführt wird. Dazu muß ich auf die Theorie sozialer Systeme zurückgreifen, die ich erst noch darlegen werde. Die hier kurz zu skizzierenden Komponenten der Selbstbeschreibung werden vielleicht erst deutlich und verständlich, wenn man sich mit den Ausführungen über die Systemtheorie in Abschn. 2.2.4 befaßt hat.

Änderung der Selbstbeschreibung eines Systems bedeutet im Rahmen der hier vertretenen Sichtweise, daß über folgende Teile des Systems ein Verständigungsprozeß zwischen den Mitgliedern des Systems in Gang gesetzt wird:[3]

- Über *die bei den einzelnen vorliegenden Erwartungen* über Ziele und Funktionen des Systems, über den Ablauf der Prozesse, die der Erreichung dieses Ziels dienen, über die Rahmenbedingungen (das Setting), die für diese Prozesse die notwendige Voraussetzung bilden, über die typischen Rollen und über den Umgang mit Krisen im System.
- Man wird sich über die grundlegenden *Steuerungsmechanismen des Systems* verständigen müssen: Wie werden Prozesse im Team reguliert, wie werden sie rückgekoppelt und kontrolliert?
- Die Gruppenmitglieder werden sich mit der Frage beschäftigen, wie *Informationen im System verarbeitet werden* und welche Steuerungsmechanismen es hat, um diese Verarbeitung zu regulieren. Dazu gehört z.B. die Regelung, welche Informationen als informativ bewertet werden und weiter bearbeitet werden müssen und welche Informationen als redundant bewertet und vernachlässigt werden.
- *Die Selbstreflexion des Systems über seine latenten Strukturen* verstärkt entweder Systemstrukturen, deren Bestand zuvor gefährdet war, oder aber sie setzt an deren

---

[3] Diese Aufzählung orientiert sich an den Strukturen der „selbstreferentiellen Dimension von Systemen": der „Selbstrepräsentation", der „Selbstregulation", der „Selbstidentifizierung und -korrektur" und der „Selbstreflexion" (vgl. dazu Giesecke 1988, S. 37ff. und Abschn. 2.2.4 dieser Arbeit).

Stelle neue Strukturen, wenn sich die alten als dysfunktional oder als nicht kompatibel mit dem Ziel und der Funktion des Systems oder z.B. mit den typischen Rollen im System erwiesen haben.[4]

Änderung der Selbstbeschreibung bedeutet die Erstellung einer Diagnose über den momentanen Stand des Zusammenwirkens von: Zielen der Institution – Funktion der Institution für die Umwelt – typische Rollen und ihre Aufgaben – die in Aufgaben und Arbeitsabläufe umgearbeiteten Ziele der Institution – die Regelung der Beziehungen zwischen den Rollen – und ihre Identität. Diese Diagnose wird mit den von der Gruppe selbst oder von der vorgesetzten Organisation formulierten Vorstellungen über diesen Zusammenhang verglichen. In einem dritten Schritt wird dann von der Gruppe eine neue Selbstbeschreibung erarbeitet, und es werden die Bedingungen für ihre Durchsetzbarkeit geprüft.

Diese beiden Ziele der Verbesserung der professionellen Kompetenz der Supervisanden und der Veränderung der Selbstbeschreibung können nicht mit einem einzigen Konzept erreicht werden. Deshalb verfügt das Modell von Gruppensupervision, das ich hier vorstellen möchte, über drei Konzepte, oder wie ich es nennen möchte: *Programme:*

– *das Programm Fallarbeit,*
– *das Programm Institutionsanalyse,*
– *das Programm Selbstthematisierung.*

Die Verbesserung der professionellen Kompetenz soll durch Fallarbeit, also durch die Bearbeitung der psychodynamischen Vorgänge in der Beziehung zwischen Professional und Klient oder Patient erreicht werden. Das Programm Institutionsanalyse hat die Veränderung der Selbstbeschreibung zum Ziel. Selbstthematisierung hat die Funktion, Krisen, die bei der Arbeit in den beiden anderen Programmen entstehen, zu lösen. Dies soll erreicht werden, indem sich die Gruppe selbst zum Thema erhebt, sie reflektiert, welche Schwierigkeiten sie momentan hat und welche die Gründe für diese Schwierigkeiten sind.

Je nachdem, auf welches Ziel sich Gruppe und Supervisor zu Beginn des Gruppenprozesses geeinigt haben und wie die Zusammensetzung der Supervisionsgruppe aussieht, handelt es sich um ein Team oder um eine frei zusammengestellte Gruppe, deren Mitglieder verschiedenen Institutionen angehören, wird eine der drei Kombinationsmöglichkeiten der Programme ausgewählt.

Dieses Modell von Gruppen- und Teamsupervision enthält *drei Varianten:*[5]

– Die erste Kombinationsmöglichkeit: *Alle drei Programme werden angewendet.* Diese Variante ist indiziert bei Teamsupervisionen, die sich das Ziel gesetzt haben, sowohl die professionelle Kompetenz der Teammitglieder zu verbessern, also Fallarbeit zu machen, als auch das eigene Selbstverständnis als Team zu klären, also die Selbstbeschreibung zu verändern.

---

[4] Ein Beispiel für die Nichtkompatibilität von Aufgaben der Rollen und von Zielen des Systems wäre folgendes: Eine Gruppe von Sozialarbeitern und Soziologen kann nicht einzelne Klienten psychotherapeutisch behandeln, wenn es das Ziel des Systems, z.B. eines Projekts ist, eine Erhebung über die psychosoziale Situation in einem Stadtteil zu stellen.

[5] Mit den Varianten des Modells beschäftige ich mich auch in Kap. 3.5.

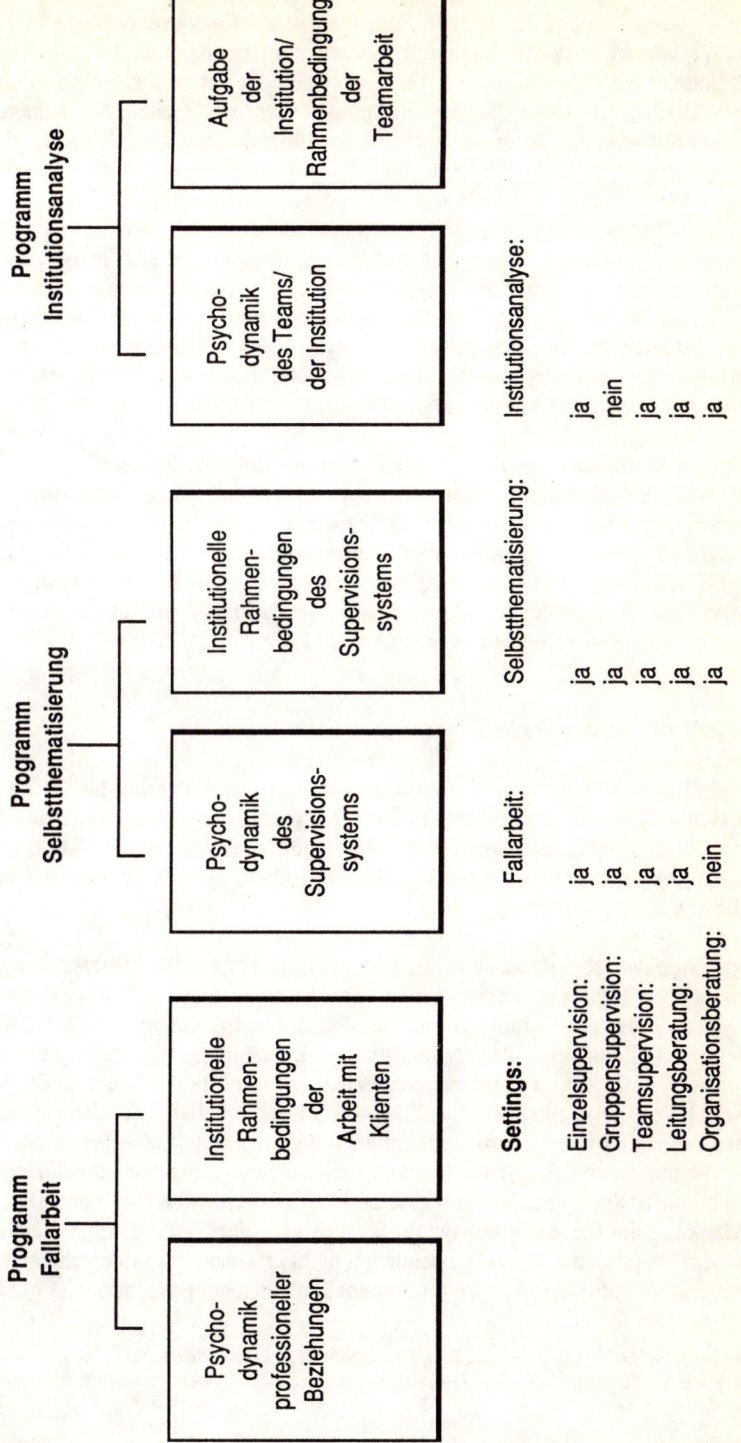

Abb. 1. Methoden der Supervision

- Die zweite Kombinationsmöglichkeit: *Fallarbeit und Selbstthematisierung*. Wenn das Ziel die Verbesserung der professionellen Kompetenz ist, dann ist diese Variante angezeigt, handelt es sich nun um ein Team oder eine frei zusammengestellte Gruppe. Fallarbeit allein ist in diesem Supervisionsmodell nicht vorgesehen. Selbstthematisierung ist ein notwendiger Reparaturmechanismus, über den das Modell verfügt und der angewendet wird, wenn es Probleme im unbewußten Gruppenprozeß gibt, also die Fallarbeit, wie man sagt, in den Dienst des Gruppenprozesses tritt.
- Die dritte Kombinationsmöglichkeit: *Institutionsanalyse und Selbstthematisierung*. Diese Variante ist für die Supervision von Teams gedacht, die sich lediglich mit der Veränderung ihrer Selbstbeschreibung befassen wollen. Auch hier gilt, daß Institutionsanalyse nur in Kombination mit Selbstthematisierung angewendet werden sollte. Gibt es Probleme bei der eher rationalen Analyse der Strukturen des Teams, dann können die Arbeitsschwierigkeiten, die emotionaler Natur sind, im Rahmen dieses Programms angegangen werden.

Diese Programme umfassen gemäß der Definition von Supervision zwei Bereiche: Die Analyse der Psychodynamik des jeweils untersuchten Systems und seiner institutionellen Rahmenbedingungen, seiner institutionellen Dynamik. In welchen Supervisionssettings diese Programme in welcher Kombination angewendet werden können, zeigt folgende Abbildung. Hier sind alle Supervisionssettings berücksichtigt, nicht nur die Gruppen- und Teamsupervision. Auch in der Einzelsupervision, der Leitungs- und Organisationsberatung kann man diese Programme verwenden.

2.2 Die vier Wurzeln des Modells

Dieses Modell von Gruppen- und Teamsupervision hat vier Wurzeln, die ich im Laufe meiner Forschungsarbeiten und meiner Praxis als Supervisorin unabhängig voneinander kennenlernte und zu integrieren versuchte. Ich möchte zunächst die vier Konzepte vorstellen, ihre Leistungen und ihre Grenzen charakterisieren, ehe ich detaillierter auf ihre Grundgedanken eingehe.

Die Balint-Gruppenarbeit lernte ich durch langjährige empirische Untersuchungen an Balint-Gruppen verschiedener Leiter kennen.[6] Die Leistung dieser psychoanalytisch orientierten Methode der Bearbeitung von Fällen – also von Erzählungen über problematische Professional-Klient- bzw. Professional-Patient-Beziehungen – besteht in der Analyse der Psychodynamik von professionellen Beziehungen und in den Ideen über die Veränderbarkeit berufsabhängiger Ich-Identität von Professionellen. Zu den besonderen Verdiensten der Balint-Gruppenarbeit gehört auch die systematische Arbeit mit den sog. Spiegelungsphänomenen, die inzwischen von den meisten Supervisionsmethoden übernommen worden ist (vgl. dazu Abschn. 5.2.2). Die Grenzen dieser Methode sind durch die Beschränkung auf die Analyse psychischer Prozesse gezogen, sie kann die sozialen Strukturen von Professional-Klient-Beziehungen nicht erfassen. Warum erscheint dies für die Fallsupervision notwendig? Diese professionellen Beziehungen sind meist in überge-

---

[6] Ich danke Prof. Dr. Eicke, PD Dr. Rosin, Prof. Dr. Gaertner, Dr. Luban Plozza, Prof. Dr. Argelander und Prof. Dr. Loch für die Möglichkeit, ihre Gruppenarbeit zu beobachten oder untersuchen zu können.

ordnete soziale Systeme eingebaut, wie z. B. Krankenhäuser oder Beratungsstellen, die das Setting, den organisatorischen Rahmen dieser Beziehung, vorstrukturieren. Sind diese institutionellen Bedingungen dysfunktional, so kann dies ein wesentlicher Faktor neben den psychischen Bedingungen, die in der Struktur der Individuen begründet sind, sein. Balint-Gruppenarbeit würde an der psychischen Verarbeitung eines unklaren oder dysfunktionalen Settings ansetzen und nicht an der Analyse des Settings selbst.

Konzepte der psychoanalytisch orientierten Gruppentherapie und -selbsterfahrung, von mir als Konzepte zur Analyse der Psychodynamik von Gruppen bezeichnet.

Psychoanalytisch orientierte Gruppentherapieformen lernte ich durch Hospitationen und durch empirische Untersuchungen von Tonbandaufzeichnungen dieser Gruppen kennen.[7] Ihre Leistung besteht darin, ein Relevanzsystem zu liefern, mit dem man psychische Prozesse in Gruppen analysieren kann und eine Anleitung zur Selbstthematisierung und Selbstreflexion von Gruppenprozessen zu geben. Die Gruppen werden vorwiegend als psychische Systeme und nicht als soziale aufgefaßt.[8] Nun ist die Supervision keine Gruppentherapie, denn sie hat eine ganz andere Funktion: Die Funktion einer Selbsterfahrungs- oder Therapiegruppe ist es, Individuen, die als überkomplexe und durch ihre biographischen Erfahrungen geprägte psychische Systeme gesehen werden, zu besserer Selbst- und Fremdwahrnehmung bzw. psychisch Kranken zu einer Heilung zu verhelfen. Die Funktion der Supervision ist es, Professionellen zu einem kompetenteren Umgang mit Klienten und Kollegen zu führen. Darin ist eine begrenzte Selbsterfahrung eingeschlossen, aber die Selbsttypisierung des Supervisanden ist nicht die eines überkomplexen psychischen Systems, das sich selbst in dieser Komplexität reflektieren will, oder eines Patienten, sondern die eines Individuums, dessen Komplexität dadurch reduziert wird, daß man nur diejenigen Anteile betrachtet, die bei der Ausübung einer professionellen Rolle relevant sind. Was kann die Gruppentherapie hier leisten? Bei der Analyse von Balint-Gruppensitzungen, die von D. Eicke geleitet wurden, bin ich auf Sitzungen gestoßen, in denen keine Fälle bearbeitet, sondern, wie wir es zunächst nannten, „Gruppendynamik gemacht wurde".[9] Er verwandte hier Methoden und Verfahren psychoanalytisch orientierter Gruppentherapien, um Probleme der Balint-Gruppe, die es verhinderten, sich auf die Fallarbeit zu konzentrieren, zu thematisieren und zu bearbeiten. Dabei hatte er die Funktionssetzung im oben beschriebenen Sinne geändert und die besondere Leistung dieser Methoden für die Supervision nutzbar gemacht. Diese Methode zur Selbstthematisierung von Gruppen habe ich in mein Konzept aufgenommen, um Probleme zu lösen, die in den beiden anderen Programmen nicht zu lösen sind.

Die *Organisationsentwicklung* und die *angewandte Gruppendynamik* lernte ich bei meiner Ausbildung zur Supervisorin und bei meiner Suche nach einem Konzept für Teamsu-

---

[7] Prof. Dr. Heigl-Evers, Prof. Dr. Heigl, Prof. Dr. Ohlmeier, PD Dr. Rosin und Dr. Sachsse danke ich für die Möglichkeit, ihre Gruppen beobachten und mit ihnen darüber diskutieren zu können.

[8] Eine Ausnahme bildet das Konzept der interaktionellen Gruppentherapie des Göttinger Modells (vgl. Heigl-Evers u. Heigl 1984b). Es hat die Interpenetration von sozialen und psychischen Strukturen im Blickpunkt.

[9] Die Methode wird in Rappe-Giesecke 1986 und in Abschn. 5.2 dargestellt.

pervision kennen.[10] Das Proprium der Organisationsentwicklung ist die Analyse und die Veränderung von sozialen Systemen, also von Organisationen und Institutionen im alltäglichen Sprachgebrauch. Man knüpft an die Ressourcen und Kompetenzen von deren Mitgliedern an, um Arbeitszufriedenheit einerseits und die Effektivität der Arbeit andererseits zu erhöhen. Teams kann man nun als Subsysteme solcher übergreifender Organisationen verstehen und analysieren: Das Verfahren der „Teamentwicklung" (vgl. dazu French u. Bell 1982, insbesondere S. 142–151) und die Methode der „Aktionsforschung" (vgl. French u. Bell 1982, S. 110–123) kann man für die Teamsupervision übernehmen, allerdings mit der Einschränkung, daß der Supervisor im Gegensatz zum Organisationsentwickler keinen Auftrag hat, praktisch verändernd in das System einzugreifen. Aus diesem Grunde wird in diesem Supervisionskonzept auch nur an der Identität und dem Selbstverständnis des Teams gearbeitet. Die Grenzen der Organisationsentwicklung liegen m. E. darin, daß sie sich nicht systematisch mit den psychischen Folgen sozialer Regelungen für die Rollenträger beschäftigen kann. Wie z.B. Hierarchien erlebt werden, seien sie nun funktional oder dysfunktional, kann eher mit Methoden und Verfahren der angewandten Gruppendynamik in Erfahrung gebracht werden, die Möglichkeiten bietet, Wahrnehmungseinstellungen, Kooperationsprobleme, Probleme des Umgangs mit Leitung und Führung und Probleme bei Entscheidungs- und Problemlösungsprozessen zu analysieren. Reichen diese Analysen nicht aus, um die psychischen Folgen sozialer Regelungen bei den Beteiligten zu bearbeiten, kann man in diesem Modell auf das Programm Selbstthematisierung, das psychische, insbesondere unbewußte Prozesse thematisieren hilft, zurückgreifen.

Soziologische Systemtheorien haben in diesen Ansatz zunächst als Untersuchungsverfahren Eingang gefunden. Die Idee, Supervisionsgruppen als soziale Systeme zu betrachten, entwickelte sich langsam bei unserer Untersuchung von Balint-Gruppen (vgl. dazu z.B. Giesecke u. Rappe-Giesecke 1983b). Nachdem eine umfassende Methodologie der Untersuchung von Kommunikation in Institutionen (Giesecke 1988) vorlag, war es naheliegend, die dort beschriebenen kommunikationswissenschaftlichen Untersuchungsmethoden auch auf dieses Supervisionsmodell anzuwenden, es als ein organisiertes Sozialsystem zu beschreiben. Der Vorteil hierbei ist, daß man ein von allen verwendeten Konzepten unabhängiges wissenschaftliches Begriffssystem und Analyseinstrumentarium hat und deshalb alle Konzepte mit dem „gleichen Maßstab messen" kann. Beschreibungen von Supervisionsmethoden sind meist in der gleichen Terminologie abgefaßt, die der Supervisor zur Erklärung seiner praktischen Erfahrungen benutzt. Daß kein von den üblichen Erklärungsmodellen unabhängiges Relevanzsystem benutzt wird, führt dann lediglich zu einer „Verdopplung des Wissens"[11] und dazu, daß Anhänger anderer Konzepte diese Systematisierungen praktischer Erfahrungen nicht nachprüfen und mit ihren eigenen vergleichen können.

Die Theorie sozialer Systeme bekam im Laufe meiner Arbeit aber auch noch eine Bedeutung für die praktische Supervisionstätigkeit. Ich benutzte die Begriffe zur Reflexion meiner Teamsupervisionen, zum Verstehen der institutionellen Vorgänge und zur Ana-

---

[10] Für die Einführung in dieses Gebiet und die Möglichkeit, an gruppendynamischen Seminaren teilzunehmen, danke ich Prof. Dr. L. Nellessen.

[11] Zu diesem Problem, das sich insbesondere auch bei der interdisziplinären Zusammenarbeit zwischen Praktikern und Forschern stellt, vgl. Giesecke 1983a.

lyse der Wiederholung oder Spiegelung dieser Vorgänge in der Supervision selbst. Damit ist die Theorie sozialer Systeme zum vierten Pfeiler dieses Modells geworden, mit deren Hilfe man neben der Analyse psychischer Vorgänge in der Professional-Klient-Beziehung, im Team und in der Supervision selbst auch die sozialen Prozesse in diesen Systemen bzw. Subsystemen von übergreifenden Systemen analysieren kann.

Nach dieser Einführung in die historische Entwicklung des Modells möchte ich die Grundgedanken der verwendeten Konzepte und der Theorie sozialer Systeme erläutern und zugleich beschreiben, wie sie durch die Integration in einem Modell modifiziert werden.

2.2.1 Balint-Gruppenarbeit

In den 50er Jahren entwickelte der Arzt und Psychoanalytiker M. Balint in London sog. „Training-cum-Research"-Gruppen, vorwiegend für Ärzte, aber zunächst auch für Sozialarbeiter, deren Ziel es war, den Professionellen psychotherapeutische Techniken zu vermitteln, und zwar durch Reflexion über deren Anwendbarkeit in ihrer praktischen Arbeit und nicht durch Vorträge oder andere Formen von Wissensvermittlung, wie sie für das Experte-Laie-Verhältnis typisch sind. Er entwickelte die Methode der „Fallarbeit", der Arbeit an problematischen Beziehungen zwischen Arzt und Patient, wie sie sich in seiner alltäglichen Praxis entwickeln. Die Intention des Begründers war es, diese Gruppen zu einem Instrument der Erforschung und Etablierung einer, die „Organmedizin" ablösenden, „ganzheitlichen Medizin" werden zu lassen (vgl. dazu Balint 1968, 1970).

Bei der Balint-Gruppenarbeit handelt es sich um eine Form von begrenzter Selbsterfahrung, die die Erkenntnisse der Zusammenhänge zwischen professioneller Rolle und Persönlichkeit des Rollenträgers zum Gegenstand hat. Balints Zielsetzung war es, „... eine begrenzte, jedoch wesentliche Umstellung in der Persönlichkeit des Arztes" (Balint 1976, S. 399) herbeizuführen. Diese Umstellung hielt er für unabdingbar, wenn die Ärzte zu einer „ganzheitlichen Sichtweise" vom erkrankten Menschen befähigt werden sollten. Die Berücksichtigung von Psyche und Soma in seiner „patientenorientierten Medizin" (Balint 1968, S. 136) erforderte den Erwerb psychotherapeutischer Fähigkeiten bei den Ärzten. Diese Kompetenz sollte in der Balint-Gruppenarbeit erworben werden, und zwar über den „vermeintlichen" Umweg der Erkenntnis der eigenen Persönlichkeit. Erkannt werden sollen die *„automatischen Verhaltensweisen"*, die nicht durch bewußte Absichten, sondern durch unbewußte Motive gesteuert werden (Balint 1976, S. 404). Die Diskrepanz zwischen Absichten und tatsächlichem Verhalten,[12] die Grenzen des einzelnen, seine blinden Flecken und seine immer wiederkehrenden Fehler sind diejenigen Aspekte der Persönlichkeit, die durch die Balint-Gruppenarbeit erkannt und verändert werden sollen (Balint 1976, S. 405).

Die von Balint beschriebene *Umstellung in der Persönlichkeit der Professionellen* soll auch in diesem Supervisionsmodell erreicht werden, allerdings übernehme ich nicht die von Balint gesetzte Funktion dieser Veränderung. Nicht die Befähigung zur Ausübung einer ganzheitlichen Medizin ist hier das Ziel, sondern die Verbesserung der professio-

---

[12] In der hier verwendeten systemtheoretischen Begrifflichkeit würde diese Diskrepanz als diejenige zwischen ideologischer und realitätsangemessener Selbstbeschreibung formuliert werden.

nellen Kompetenz der Supervisanden, sei sie nun beratender, erziehender, betreuender oder therapeutischer Natur. Auch innerhalb der klassischen Balint-Gruppenarbeit hat sich neben dieser engen Definition eine zweite etabliert, die „das gemeinsame Erforschen der Beziehung" (vgl. dazu Knoepfel 1980, insbesondere S. 60f.) nicht nur zwischen Arzt und Patient, sondern auch zwischen therapeutisch und beratend tätigen Professionellen und ihren Klienten als Ziel der Arbeit formuliert.

Die von Balint betonte und für die Selbsterfahrung in der professionellen Rolle – im Vergleich zu anderen Formen von Selbsterfahrung – bedeutsame Kenntnis der Wirkung der eigenen Persönlichkeit in Verbindung mit der beruflichen Rolle auf Klienten oder Patienten, die Kenntnis der *Wirkung der „Droge Arzt"* und der „apostolischen Funktion" des Arztes ist auch für andere Professionen bedeutsam. Mit der Wirkung der „Droge Arzt" meint Balint die Wirkung der Interaktion des Patienten mit dem Arzt auf den Verlauf der Krankheit des Patienten, nicht etwa die Wirkung eines vom Arzt erteilten Ratschlags oder eines verordneten Medikaments (Balint 1968, S. 133f.). Er weist nach, daß die oft unbewußt bleibende emotionale Einstellung des Arztes zu seinem Patienten meist einen stärkeren Einfluß auf das Befinden des Patienten ausübt als die anderen „Drogen", die der Arzt verschreibt. Der gravierende Unterschied zwischen beiden Drogen ist jedoch, daß der Arzt seine Wirkung meist nicht so gut kennt wie die Wirkungen, Nebenwirkungen und Risiken der verordneten Medikamente.[13] *Das Erkennen der Psychodynamik der Beziehungen,* die der Arzt zu den verschiedenen Patienten hat, und *das Erkennen der aus der Persönlichkeit des Arztes stammenden Anteile an dieser Psychodynamik* ist ein Ziel der Balint-Gruppenarbeit, das mit dem Kennenlernen der Droge Arzt umschrieben wird.

Mit der *„apostolischen Funktion des Arztes"* bezeichnet Balint (1968, S. 134) die Vorstellungen eines Arztes über den idealen Patienten und den idealen Ablauf einer Therapie. Verhalten sich Patienten abweichend von diesem Idealbild, so versuche der Arzt, sie entsprechend dieses Ideals zu sozialisieren, und, falls ihm dies nicht gelänge, werde er den Patienten vermutlich zu einem Kollegen oder Spezialisten überweisen, ihn für untherapierbar erklären oder eine kollusive Beziehung eingehen, in der der Arzt versucht, dem Patienten zu beweisen, daß er ein guter und tüchtiger Arzt ist, und der Patient dem Arzt zu beweisen versucht, daß alle seine Anstrengungen nutzlos sind (vgl. Balint 1976, S. 311). Balint beschreibt diese Haltung als *„missionarischen Eifer",* dessen Ziel die Bekehrung des Patienten zu den Vorstellungen des Arztes über Patientsein und über Krankheit ist (vgl. dazu Balint 1976, S. 311, 315; Rosen 1981, S. 367ff.). Das Ziel der Supervisionsarbeit sieht Balint darin, die Ärzte diesen missionarischen Eifer erst einmal erkennen zu lassen und dann die Vorstellungen des einzelnen über Krankheit, über Patienten und über die Funktion des Arztes bei der Heilung einer Krankheit zu analysieren. Die Motive für diesen Bekehrungseifer liegen darin, daß der Arzt aufgrund seiner spezifischen psychischen Struktur unfähig ist, auf bestimmte Typen von Patienten einzugehen und sich in sie einzufühlen.

Vorstellungen vom idealen Klienten oder Patienten haben auch andere Berufsgruppen, und alle Professionellen werden immer wieder Klienten in Professional-Klient-Beziehungen oder in ganze Institutionen einsozialisieren müssen. Die Erkenntnis, welche dieser Sozialisierungsbemühungen funktional sind und welche nur der Aufrechterhaltung des

---

[13] Vgl. dazu die Beispiele aus Supervisionssitzungen, die Balint im Kapitel zur „Apostolischen Funktion des Arztes" aufführt (Balint 1976, S. 289–320).

eigenen Gleichgewichts dienen, sollte auch ein Ergebnis der Fallsupervision in diesem Modell sein.[14]

Was Balint hier für die Ärzte für sinnvoll hält, kann auch als Leitlinie für die Fallsupervision mit Angehörigen anderer Professionen gelten:

> Wir hatten Vorbedingungen zu schaffen, daß ... sie [die Ärzte] ihre eigenen Methoden und Reaktionen auf ihre Patienten mit einigem Abstand sehen, Züge in ihrer eigenen Art des Umgangs mit Patienten erkennen lernten, die nützlichen unter ihnen verstehen und entwickeln konnten, während andere, die nicht so nützlich erschienen, wenn ihre dynamische Bedeutung [unbewußte] verstanden war, modifiziert oder sogar aufgegeben werden mußten (Balint 1976, S. 402).

Die hier beschriebene Form von *Selbsterfahrung* wird in der Balint-Gruppenarbeit aber nicht durch direkte Thematisierung der persönlichen Eigenarten des Supervisanden erreicht, sondern findet vermittelt über die Analyse der Psychodynamik der Professional-Klient-Beziehungen statt. Daß eine Veränderung der Supervisanden in diesem Sinne eine Veränderung der gesamten Persönlichkeit nach sich ziehen kann, die über die Optimierung des Zusammenspiels von beruflicher Rolle und Persönlichkeit hinausgeht, ist ein Effekt der Supervision, der nicht primär angestrebt, aber auch nicht unwillkommen ist. Verändert sich ein Element eines Systems, dann zieht dies auch Veränderungen bei den anderen Elementen nach sich. Die Auffassungen Balints über die Art der Abgrenzung der Selbsterfahrung in der Supervision von der Selbsterfahrung, wie sie in Therapien und Selbsterfahrungsgruppen praktiziert wird, wo man das Individuum in seiner gesamten Komplexität betrachtet, teile ich. Anders als Balint würde ich jedoch den Umgang mit den Manifestationen des *unbewußten Gruppenprozesses* in der Fallsupervision handhaben.[15] Sicher würde er auch sagen, daß der unbewußte Gruppenprozeß die Auswahl der Fälle, die vorgestellt werden, determiniert, allerdings soll in der klassischen Balint-Gruppenarbeit der unbewußte Gruppenprozeß, wie Argelander (1972, S. 99f.) es formuliert, „in den Dienst der Fallarbeit treten". Die unbewußte Thematik sollte auch möglichst latent bleiben, um ein Umkippen der Gruppe von einer Arbeitsgruppe zu einer Selbsterfahrungsgruppe zu vermeiden.

Ich habe an anderer Stelle Balints Arbeitsbedingungen charakterisiert, unter denen ein Verzicht auf die Bearbeitung der Gruppendynamik problemlos war.[16] Unter den Bedingungen heutiger Supervisionsarbeit erscheint es mir notwendig, gelegentlich von dieser Maxime abzuweichen und die Gruppendynamik direkt zu thematisieren.[17] Weder sind die Supervisanden mit dem Forschungseifer bei der Arbeit, wie es in den „Pionierzeiten"

---

[14] Eicke spricht in diesem Zusammenhang von den Mythen der Professionen. „Der Mythos der Sozialarbeiter ist vermutlich der der Gleichheit von Klient und Sozialarbeiter und der der Gleichheit der Sozialarbeiter untereinander" (Eicke 1983, S. 12).

[15] Vgl. Balints Ausführungen zum Umgang mit der Gruppenleiter-Arzt-Beziehung in Balint 1976, S. 410f.

[16] Es handelte sich um Gruppen, die er aufgrund von Auswahlinterviews mit potentiellen Mitgliedern zusammenstellte. Die Supervisanden waren niedergelassene Ärzte, die nicht in professionellen Abhängigkeiten zueinander standen und sich meist auch nicht persönlich vorher kannten. Balint konzentrierte seine Supervision auf die Erforschung von Aspekten der Professional-Klient-Beziehungen und verstand sie eher als Seminar denn als Selbsterfahrung für Professionelle (vgl. dazu auch Rappe-Giesecke 1986, 1988b).

[17] Diese Auffassung vertritt auch Kutter 1981, S. 107ff. Zur Modifizierung der Fallsupervision im Rahmen dieses Modells vgl. auch Abschn. 6.2 dieser Arbeit.

von Balint der Fall war, noch wird jeder Supervisor über das Charisma Balints und dessen Fähigkeit verfügen, die Supervisanden für das Ziel der Supervisionsarbeit so zu begeistern.

Innerhalb dieses Supervisionsmodells ist ein *Wechsel von der Fallarbeit zur Selbstthematisierung* der Gruppensituation möglich und vorgesehen für den Fall, daß die gruppendynamische Situation die Arbeit an den Professional-Klient-Beziehungen behindert. Anders ausgedrückt: Tritt die Fallarbeit in den Dienst der Gruppendynamik, dann kann man dieses Programm verlassen und zur direkten Thematisierung der gruppendynamischen Situation wechseln, zum „Programm Selbstthematisierung". Diese Notwendigkeit entsteht insbesondere dann, wenn die Supervisanden einem Team angehören und durch diese Rahmenbedingung eine Menge von Beziehungen zwischen den Supervisanden existieren, die über das für klassische Balint-Gruppenarbeit übliche Maß hinausgehen (s. hierzu Abschn. 3.4.2). Hat man durch Selbstthematisierung die interferierenden Beziehungen erkannt und bearbeitet, dann kann man zum Programm Fallarbeit zurückkehren, wo sich dann nur noch die für dieses Programm typischen und notwendigen Beziehungen einstellen.

Balint (1968, S. 125f.) betont die Unmöglichkeit, solche Veränderungsprozesse im Rahmen von Lehrer-Schüler- oder Experte-Laie-Beziehungen zu bewirken. Er spricht statt dessen von der Notwendigkeit, eine „. . . emotionell freie und freundschaftliche Atmosphäre . . ." (Balint 1976, S. 405) in der Balint-Gruppenarbeit aufzubauen, die das Erkennen von eigenem unliebsamen Verhalten ermöglicht. Der Leiter lehrt seines Erachtens durch sein Verhalten, durch seine Art des Zuhörens und des Umgehens mit emotionalen Problemen in der Gruppe selbst (Balint 1976, S. 409). Statt sich als allwissender Spezialist zu präsentieren, soll sich der Gruppenleiter ebenfalls als Lernender typisieren, der auf manchen Gebieten, z. B. dem der Psychodynamik menschlicher Beziehungen, mehr weiß als die Teilnehmer und auf anderen Gebieten weniger weiß, z. B. über ihre Profession (Balint 1968, S. 130f.).

Was bei Balint noch sehr wenig berücksichtigt ist, sind die Auswirkungen institutioneller Rahmenbedingungen auf die Professional-Klient-Interaktion. Dies ist nicht weiter verwunderlich, da er hauptsächlich mit niedergelassenen Ärzten arbeitete, die im Vergleich zu Angestellten von Organisationen ihre Rahmenbedingungen weitgehend selbst bestimmen können. Jedenfalls kann man Arztpraxen nicht als Subsysteme von Organisationen verstehen. Die Einbeziehung der institutionell vorgegebenen Bedingungen in die Besprechung von Professional-Klient-Beziehungen wird inzwischen von einigen Balint-Gruppenleitern vorgeschlagen und bildet in diesem Konzept von Fallsupervision einen integralen Bestandteil (vgl. dazu Rosin 1981, S. 64ff.; Rosin u. Baur-Morlock 1984; Petzold 1984, S. 11–21).

Nimmt man einmal an, daß ein Team aufgrund von gruppendynamischen und organisationsimmanenten Problemen eine völlig dysfunktionale Arbeitsteilung entwickelt hat, so kann diese Arbeitsteilung nicht ohne Auswirkungen auf die Professional-Klient-Beziehungen bleiben. Würde man, nachdem mehrmals Fälle gebracht wurden, die dieses Problem indirekt thematisierten, bei der Bearbeitung der Psychodynamik der jeweiligen Professional-Klient-Beziehung bleiben, so betriebe man m. E. „Suboptimierung".[18] Hier wäre ein Wechsel zum Programm der Institutionsanalyse angezeigt, in dessen Rahmen

---

[18] Zum Problem der Suboptimierung vgl. Nellessen 1984, S. 166–168.

die Probleme der Arbeitsteilung angegangen werden können. Hat man innerhalb der Gruppe eine Verständigung über die Bedingungen der Arbeit mit den Klienten und die Dysfunktionalität der Aufgabenverteilung in Gang gesetzt und die Möglichkeiten einer Veränderung dieser Situation besprochen, sofern sie im Zuständigkeitsbereich des Teams liegen, dann kann man zur Besprechung der Psychodynamik von Fällen zurückkehren.

Wie sich die Bedingungen der Fallsupervision im klassischen Setting der Balintgruppenarbeit von den Bedingungen der Fallsupervision im Rahmen der Beratung von Teams unterscheiden, zeigt die folgende Tabelle. Aus dieser Gegenüberstellung wird ersichtlich, daß man in der Teamsupervision die klassische Balintgruppenmethode nicht beibehalten kann, sondern, wie eben ausgeführt, die beiden anderen Programme hinzuziehen muß.[19]

Tabelle 1. Fallsupervision in der Balintgruppe und in der Teamsupervision

Klassische Balintgruppensitzung	Setting von Fallsupervision mit Teams
Freiwilligkeit der Teilnahme	Bei Teamentscheidung Freiwilligkeit für einzelne eingeschränkt
Leiter wählt Teilnehmer aus	keine Auslesemöglichkeit
Kontrakt mit Teilnehmern	Dreieckskontrakt mit Teilnehmern und Institution
Teilnehmer zahlen Honorar	Institution zahlt
Gruppe besteht aus Angehörigen einer Profession, die etwa statusgleich sind – egalitäre Beziehungen	verschiedene Professionen, verschiedene Hierarchiestufen, Leitung und Untergebene in einer Gruppe – starke Asymmetrien
Teilnehmer haben keine privaten Kontakte, sind beruflich voneinander unabhängig	berufliche Abhängigkeiten, private und informelle Kontakte
Eigenverantwortlichkeit für Patienten/Klienten	geteilte Verantwortung oder Verantwortung an höherer Stelle
Ein Falleinbringer, kein anderer kennt den Fall	mehrere Fallbetroffene, Falleinbringer nicht immer Fallbetroffener
Normalform des Ablaufs der Fallarbeit	modifizierte Ablaufform durch Klärung von Falleinbringer/Fallbetroffener
Klassische Spiegelungen der Prof.-Klient-Beziehung in der Gruppe	außerdem Spiegelung sozialer Strukturen des Teams in der Gruppe
Konzentration auf Psychodynamik der Prof.-Klient-Beziehung	zusätzlich Fokus auf institutionelle Rahmenbedingungen
Umgang mit Störungen am Fall abarbeiten	außerdem Störungen durch Thematisierung der Gruppendynamik klären
Schweigepflicht des Leiters und der Teilnehmer unproblematisch	Schweigepflicht nicht durchzusetzen

---

[19] Anhand empirischer Untersuchungen konnten wir nachweisen, welche Kosten es hat, wenn Balintgruppenarbeit unter diesen veränderten Settingbedingungen angewandt wird und der institutionelle Aspekt nicht beachtet wird. Vgl. Giesecke und Rappe-Giesecke (1994, insbes. Abschnitt 3.4, 7.2. und 7.3)

2.2.2 Gruppentherapie und Gruppenselbsterfahrung

Man kann davon ausgehen, daß die psychischen Prozesse in Therapie-, Selbsterfahrungs- und Supervisionsgruppen strukturell identisch sind, wenn es auch Variationen zu berücksichtigen gibt, die durch die Ziele der Arbeit, durch die Technik der Leitung, die bestimmte Phänomene verstärkt und andere vernachlässigt, sowie durch psychische Strukturen ihrer Mitglieder und den Grad ihrer Gestörtheit bestimmt werden.[20] Aus diesem Grunde kann man die Relevanzsysteme, die die Konzepte psychoanalytisch orientierter Gruppentherapien liefern, auch für die Analyse von Gruppenprozessen in der Supervision übernehmen.[21] Daß damit ihre Funktionssetzung, nämlich die Heilung von psychisch Kranken zu erreichen oder die Selbst- und Fremdwahrnehmung von als überkomplex aufgefaßten Individuen zu verbessern, nicht übernommen wird, habe ich schon im vorhergehenden Abschnitt erläutert. Die Selbstthematisierung steht hier im Dienst der Verbesserung der Kompetenz von Professionellen im Umgang mit Klienten und Kollegen und im Dienst der Erarbeitung einer realistischen Selbstbeschreibung eines Teams.

Ich kann hier auf die schon erwähnte Methode der Bearbeitung von Problemen der Balint-Gruppe selbst zurückgreifen, die Eicke unter Rückgriff auf seine Erfahrungen als Leiter von Therapiegruppen entwickelt hat.

Man kann nach Heigl-Evers u. Heigl (1984a; s. auch Pohlen 1972, S. 52ff.) *drei Typen von Gruppentherapiekonzepten* unterscheiden, denen offenbar auch unterschiedliche Theorien über die Gruppe zugrunde liegen: Diejenigen, in denen innerhalb einer Gruppe die Therapie eines einzelnen Mitglieds stattfindet, wobei die Gruppendynamik nicht beachtet wird, sondern lediglich der Verstärkung des Problems dient, das der Betreffende hat.[22] Davon zu unterscheiden ist der zweite Typus, in dem die Gruppe zu einer Art „Superperson" gemacht wird, so daß sich eine dyadische Situation zwischen Gruppe und Analytiker herstellen läßt.[23] Als dritten Typus nennen Heigl-Evers u. Heigl (1984a, S. 765) die Konzepte, die den *„Faktor Pluralität"* berücksichtigen. Sie nennen Foulkes als einen der Begründer dieser dritten Richtung: Er setzte der Komplexitätsreduktion, die den beiden ersten Typen zugrunde liegt, ein Konzept entgegen, das sowohl die Bedeutung der Gruppendynamik als auch die Bedeutung des individuellen Verhaltens und Erlebens hervorhob (Foulkes 1970, insbesondere S. 77 und 80).

Für den Gruppenleiter bedeutet diese auf die Pluralität der Gruppe gerichtete Sichtweise, daß er beim Verstehen der Vorgänge in der Gruppe beständig zwischen zwei Perspektiven hin und her wechseln muß: zwischen der auf *die intraindividuellen Prozesse* und der auf *die interindividuellen Prozesse*. Foulkes versteht die Gruppe als ein Netzwerk von Beziehungen, als eine *„Matrix"*, die sich aus den Netzen pathologisierender

---

[20] Vgl. hierzu Kutter 1980, 1986 und die Darstellung seiner Ideen in diesem Abschnitt.

[21] Die Gründe, warum ich mich für psychoanalytisch orientierte Konzepte entschieden habe und nicht z. B. für gestalttherapeutische oder psychodramatische, sind sicher überkomplex. Daß man als Supervisor hingegen sich irgendwann für eine Theorie der menschlichen Psyche und ihre Anwendung in Therapiekonzepten entscheiden muß, habe ich schon zu Anfang begründet. Mir „liegt" die Psychoanalyse am meisten, und ich finde ihre Theorien am ausdifferenziertesten und komplexesten.

[22] Als Vertreter dieser Richtung werden von Heigl-Evers u. Heigl (1984a, S. 765), Liebermann et al. (1972) sowie Wolf u. Schwartz (1962) genannt.

[23] Prominentester Vertreter dieser Richtung ist wohl Bion (1974) und in Deutschland Argelander (1963/64, 1972).

frühkindlicher Beziehungen, die die Gruppenmitglieder unbewußt in der Gruppe wieder zu etablieren suchen, bildet. Was aus dieser Vernetzung entsteht, ist mehr als die Summe der Netze, sondern etwas Drittes. Ich würde es als „psychisches System Gruppe" bezeichnen, Foulkes nennt es das „Eigentum der Gruppe", „. . . das nicht nur interpersonell, sondern transpersonell ist" (Foulkes 1970, S. 80).

Heigl-Evers u. Heigl erklären den Zusammenhang zwischen individuellem Verhalten und Gruppenprozessen so:

> Das soziale Interaktionsfeld wirkt ständig auf latente intrapsychische Konflikte ein, je nachdem mobilisierend und verstärkend oder immobilisierend abschwächend oder auch scheinbar ohne Effekt . . . Dieses so beeinflußte Verhalten des Konfliktträgers wirkt wiederum auf das soziale Interaktionsfeld, d. h. auf das Verhalten der Interaktionspartner zurück, es hat soziale oder interaktionelle Konsequenzen (Heigl-Evers u. Heigl 1975, S. 243).
> Die intrapsychischen pathogenen Konflikte werden also aufgrund der Beteiligung von mehreren oder vielen anderen und deren Reaktionen und Antworten zu interpersonellen Konflikten, zu Konflikten mit anderen umgeformt (Heigl-Evers u. Heigl 1975, S. 244).

Die Gruppe bildet „Normen" aus, die geeignet sind, die unbewußte Abwehr gegen das Manifestwerden dieser Konflikte zu stärken. Hingegen sind die Normen manifest und bewußtseinsfähig im Gegensatz zu den darunterliegenden pathogenen Mustern von Beziehungen (vgl. Heigl-Evers u. Heigl 1975, S. 244).

Schon allein aus dieser Begriffswahl wird deutlich, daß eine Therapie der Gruppe nicht allein mit einer Persönlichkeitstheorie auskommt, wie sie z. B. die Psychoanalyse in differenzierter Weise entwickelt hat, sondern auch eine Theorie sozialen Verhaltens braucht. Heigl-Evers u. Heigl (1984a, S. 766) weisen darauf hin, daß erst durch die Übernahme sozialpsychologischer Konzepte die Bildung von Gruppentherapiemodellen möglich war, die dem Faktor der „Pluralität" von Gruppen Rechnung tragen konnten.

Von Ezriel (1960/61, S. 515f.) übernehme ich die Idee, daß man alle Beiträge in einer Gruppe, auch wenn sie in ihrem manifesten Inhalt scheinbar überhaupt nicht aufeinander bezogen sind, als Beiträge zu einem gemeinsamen Gruppenthema ansehen kann, als Beiträge zu „*Gruppenspannung*", wie er es nennt. Die Analyse der Gruppensituation beinhaltet dann sowohl die Deutung der Gruppenspannung, man könnte auch sagen, die Deutung der „zentralen unbewußten Phantasie"[24], als auch die Deutung der Anteile der einzelnen Gruppenmitglieder an dieser gemeinsamen Phantasie (vgl. Ezriel 1960/61, S. 517f.). Die Beteiligung der Gruppenmitglieder an der Gruppenspannung sieht er als determiniert durch die lebensgeschichtlich erworbene psychische Struktur der einzelnen.

Diese Idee Ezriels verwende ich im Programm der Selbstthematisierung in diesem Modell so: Die Rekonstruktion des gemeinsamen Themas der Gruppe und der Beiträge der einzelnen zu diesem Thema ist ein Teil der Arbeitsaufgaben der Supervisionsgruppe bei der selbstreflexiven Verständigung über Störungen der Arbeit.

Eine Möglichkeit, die Beteiligung der Gruppenmitglieder an dem gemeinsamen Gruppenproblem zu typisieren, ist die „*Soziodynamische Grundformel*" Schindlers (1960/61). Er geht davon aus, daß sich die Gruppe ein gemeinsames Ziel setzt und sich damit

---

24 Zum Begriff der zentralen unbewußten Phantasie vgl. Heigl-Evers u. Heigl 1976.

gleichzeitig einen gemeinsamen Gegner aufbaut, der außerhalb der Gruppe sein kann, aber auch von einzelnen Mitgliedern der Gruppe repräsentiert werden kann. Es bildet sich dann eine Hierarchie in der Gruppe heraus, deren einzelne Positionen sich danach bestimmen, welches Verhältnis sie zum gemeinsamen Ziel und zum gemeinsamen Gegner haben. „Alpha" ist der Repräsentant des Ziels der Gruppe und steht dem Gegner der Gruppe gegenüber. Mit diesem Gruppenrepräsentanten sind die „Gamma-Individuen" identifiziert, sie lassen sich von ihm lenken. „Omega", das schwächste Mitglied der Gruppe, sucht beim Gegner Schutz vor der Gruppe und identifiziert sich mit ihm. „Omega" bildet den Gegenpol zu den „Gammas". Die „Beta-Position" ist die der „Spezialisten", die sich aus den affektiv bestimmten Auseinandersetzungen heraushalten. „Betas" sind meist durch den „Alpha" legitimiert, können aber auch in einer latenten Konkurrenz zu ihm stehen (Schindler (1960/61, S. 384).

Diese recht grob erscheinende Typisierung von Positionen innerhalb einer Gruppe kann bei vorsichtigem Gebrauch als Interpretationsraster für den Gruppenleiter sicher dazu beitragen, eine Differenzierung der Gruppe in Untergruppen vorzunehmen und auch die eigene Position des Leiters in diesem Gefüge zu bestimmen. Eine Anwendung der verschiedenen Analysetypen wie „Gamma-Analyse" oder „Omega-Analyse", die Schindler (1960/61, S. 385ff.) als Vorgehensweise für die Gruppentherapie beschreibt, kann m. E. in der Supervision nicht stattfinden.

Eine andere Typologie der Positionen von Gruppenmitgliedern schlägt Bennis vor, dessen Modell der Gruppenentwicklung ich auch noch zitieren möchte. Er unterscheidet zwischen *dependenten, kontradependenten, überpersonalen und kontrapersonalen* Typen von Gruppenmitgliedern:

> Der Dependenzaspekt umfaßt die charakteristischen Verhaltensweisen eines Mitglieds in bezug auf einen Führer oder eine Regelstruktur. Mitglieder, die Verfahrensregeln, eine Tagesordnung, einen Experten usw. angenehm finden, werden als abhängig (dependent) bezeichnet. Mitglieder, die angesichts autoritärer Strukturen aus der Fassung geraten, werden als kontradependent bezeichnet. Den personalen Aspekt bilden die charakteristischen Verhaltensweisen eines Mitglieds im Hinblick auf interpersonale Intimität. Mitglieder, die nicht ruhen, ehe sie nicht einen relativ hohen Grad an Vertraulichkeit in ihrer Beziehung zu allen anderen erreicht haben, werden als überpersonal, andere, die dazu tendieren, jede Intimität mit anderen zu vermeiden, werden als kontrapersonal bezeichnet (Bennis 1972, S. 273).

Als „konfliktbehaftet" werden Teilnehmer bezeichnet, die starr und zwanghaft auf die Gruppenprobleme Autorität und Intimität reagieren. „Konfliktfrei" oder „independent" werden solche Mitglieder genannt, die relativ flexibel auf diese Probleme reagieren können (Bennis 1972, S. 274).

Auch hinter dieser Modellierung steht wieder die Idee vom gemeinsamen Gruppenthema und den spezifischen Anteilen, die die einzelnen Gruppenmitglieder daran haben. Ich denke, daß Bennis' Modellierung der Gruppendynamik besonders für die Analyse von Teams geeignet ist, in denen der Umgang mit Autorität besonders problematisch ist. Man könnte auf dem Hintergrund dieser Konzeption Teams hinsichtlich ihrer Gruppenstruktur als überwiegend dependent, kontradependent, überpersonal oder kontrapersonal typisieren und sich entsprechend auf den Entwicklungsprozeß der Gruppe einstellen.

Mit dem *Entwicklungsprozeß von Gruppen* möchte ich mich nun beschäftigen. Bennis hat in Anlehnung an *Bions Grundannahmen* eine Abfolge von zwei großen Phasen des Gruppenprozesses mit entsprechenden Subphasen konstruiert (vgl. dazu Bion 1974). In der ersten *Phase, der „Dependenz"*, findet eine Auseinandersetzung mit dem Gruppenleiter statt. Man kann hier die Subphasen „Flucht", „Kampf" und „Katharsis" unterscheiden (Bennis 1972, S. 275–282). Diese Phase wird bei einer gelungenen Bearbeitung dieser Probleme abgelöst durch die *Phase der „Interdependenz"*, in der eine Auseinandersetzung zwischen den Gruppenmitgliedern stattfindet. Bennis (1972, S. 282–288) unterscheidet folgende Subphasen: „Harmonie", „Entzauberung" und „Konsensbildung". Bennis (1972, S. 283, 290f.) beschreibt die Subphasen recht differenziert nach der vorherrschenden „emotionalen Modalität", den „Themen", den „bestimmenden Rollen", der „Gruppenstruktur", der „Gruppenaktivität" und der „Gruppenentwicklung".

Ich meine, daß Bennis' Modellierung der ersten Phase, der Dependenz der Gruppenentwicklung, durchaus als Relevanzsystem bei der Beurteilung der Gruppenthemen und des Entwicklungsstandes übernommen werden kann, während die Begrifflichkeiten der zweiten Phase mir nicht so sehr einleuchten. Sandner (1978, S. 135, 157) kritisiert an Bennis' Modell, daß diese zweite Phase nicht wirklich über die der Abhängigkeit hinausgeht, jedenfalls nicht im psychoanalytischen Sinne von Abhängigkeit. Er meint, daß die Gruppen, die nach Bennis' Vorschlägen geleitet werden, nicht über die „präödipale Phase" hinauskommen.[25]

Ich möchte mich in diesem Falle auch eher Sandners Modell anschließen, dessen erste Phase auch die von Bennis beschriebene der Dependenz ist. Sandner orientiert sich in seinem Modell der Gruppenentwicklung an der von der Psychoanalyse rekonstruierten frühkindlichen Entwicklung und ihren durch die Vorherrschaft bestimmter Triebe gekennzeichneten Phasen.

Er unterscheidet *drei Phasen der Gruppenentwicklung:* die „präödipale" mit den Beziehungsmustern der Oralität und der Analität, die „ödipale Phase" und die „reflexiv-interaktionelle Phase" (Sandner 1978, S. 168–176). Die Subphasen der ersten Phase sind: „Kampf und Flucht" und „Abhängigkeit". In der zweiten Phase unterscheidet er zwischen „ödipale Rivalität und Ansprüche an den Gruppenleiter" und „Gruppenleiter als autoritäre Vaterfigur (die alles vorenthält); Rekrutierung der Teilnehmer für die Revolte gegen den Leiter". Die dritte Phase ist gekennzeichnet durch: „Die Teilnehmer sind hinsichtlich der Befriedigung ihrer Bedürfnisse auf sich selbst verwiesen" und „Selbständige (voneinander abgegrenzte) Individuen regeln ihre Beziehungen durch gegenseitige Übereinkunft" (Sandner 1978, S. 174f.).[26]

---

[25] Vergleiche zu diesem Problem auch Kutters Überlegungen zur „Leiter-Variable" (Kutter 1980, 1986).

[26] Darüber, wie sich die Beziehungen zwischen einer Leiterin und den Gruppenmitgliedern in den einzelnen Phasen darstellen, gibt es noch kaum Überlegungen. Gambaroff hat am Beispiel einer Frauenselbsterfahrungsgruppe mit einer weiblichen Leiterin beschrieben, welche spezifischen Probleme dort auftauchten. Sie spitzt sie auf die Frage zu, wie das „väterliche Element" in der Gruppe repräsentiert werden kann, das die Aufgabe hat, die Ablösung der Teilnehmerinnen von der in der Übertragung als Mutter erlebten Leiterin zu unterstützen und zu betreiben. Dieses Problem besteht vermutlich auch in gemischten Gruppen. Umgekehrt bedeuten diese Überlegungen für männliche Leiter natürlich auch, daß sie sich Gedanken darüber machen müssen, wie sie das „mütterliche Element" in ihren Gruppen repräsentieren können (vgl. dazu Gambaroff 1984, S. 154f.). Zu diesem Problem hat es in der Zeitschrift Gruppendynamik in letzter Zeit einige Artikel gegeben: Rost (1987) und Fenglers Replik auf diesen Aufsatz (Fengler 1988).

Ich möchte hier nicht die gesamte Abfolge der Subphasen erläutern, sondern verweise auf Sandners Ausführungen, die ich für sehr elaboriert, aber auch verständlich halte. Darstellen möchte ich hier seine Überlegungen zur *„psychosozialen Kompetenz"*, die ein Ergebnis der Gruppenentwicklung in diesem Sinne sein könnte. Gemeinsam mit Ohlmeier geht er davon aus, daß sowohl im privaten als auch im beruflichen Bereich sich gruppendynamische Situationen entwickeln, die sich nach den vorgenannten Phasen klassifizieren lassen (vgl. Ohlmeier u. Sandner 1984; Sandner 1986). In diesen Interaktionssituationen sind bestimmte „psychosoziale Kompetenzen" erforderlich, die in Gruppen durch die Nachsozialisationen von defizitärem Erleben und Verhalten erworben werden können. Ich zitiere die Tabelle, in der die Überlegungen zur psychosozialen Kompetenz kondensiert worden sind (Tabelle 2). Sie zeigt, welche Kompetenzen in den drei Phasen der Entwicklung von Gruppen gefordert sind von den Gruppenmitgliedern und wie sich das Nichtvorhandensein dieser Kompetenzen in Form von Abwehrmechanismen gegen die typischen, in der jeweiligen Phase vorherrschenden Gefühle äußert (vgl. Ohlmeier u. Sandner 1984, S. 819).

Ich denke, daß diese Übersicht deutlich macht, wie man eine Gruppenentwicklung unter psychoanalytischer Perspektive betrachten kann und welche Probleme die beiden Autoren als die grundlegenden Probleme der Gruppenentwicklung ansehen.

Diese Zusammenstellung von Entwicklungsmodellen und Theorien über die Psychodynamik einer Gruppe erscheint vielleicht recht willkürlich. Es handelt sich um Theorien, die mir einleuchten und die sich in meiner Praxis für die Erklärung von Gruppenprozessen bewährt haben. Kutter ermuntert in seinem Aufsatz über *Phasen des Gruppenprozesses* auch die Leiter dazu, sich mit mehreren Erklärungsmodellen vertraut zu machen:

> Hat ein Gruppenleiter genügend Modelle konzeptuell zur Verfügung, kann er ausprobieren, welches Modell zum Verständnis der gerade gegebenen Gruppe am besten paßt . . . (Kutter 1980, S. 202).

In zwei, für die Frage, wie sich die Psychodynamik einer Gruppe entwickelt, wesentlichen Aufsätzen, schreibt Kutter (1980, 1986), daß es seines Eachtens keine idealtypischen Gruppenverläufe gäbe, die in allen Gruppen wiederzufinden seien (vgl. dazu Kutter 1980, S. 206). Er benennt die verschiedenen Modelle der Gruppenentwicklung, wie sie von Bion, Battegay, Kutter und in Anlehnung an Entwicklungsstufen der Einzeltherapie von S. Freud, A. Freud und Fürstenau beschrieben worden sind.[27] In dem späteren Aufsatz nennt er drei idealtypische Verläufe: von der „Abhängigkeit über Protest zur neuen Ordnung" – von der „Regression und Katharsis zur Einsicht und Wandlung" – und „von der initialen Abhängigkeit zu relativer Unabhängigkeit" (Kutter 1986, S. 6). Er stellt fest, daß der Gruppenverlauf von *„vier Variablen"* abhängig ist:

---

[27] Vgl. Kutter 1986, S. 1f. Kutter nennt hier Bion (1974) und Battegay (1967), ebenso Fürstenau (1976), Freud (1968), Kutter (1971) und Freud (1912/13). Die von Freud in Totem und Tabu 1912/13 beschriebene Entwicklung der „Bruderhorde", die den „Gott-Vater" ermordet und sich an seine Stelle setzt, ist eine recht häufig benutzte Vorstellung zur Erklärung von Gruppenprozessen. In origineller Weise beschreibt Frank (1986) eine Form von Gruppentherapie, bei der er ein Setting organisiert, das die Wiederholung dieser phylogenetischen Entwicklung ermöglicht.

Als Ergebnis können wir festhalten: Es gibt keine idealtypischen Phasen des Gruppenprozesses, so sehr die verschiedenen Theorien dies auch anbieten mögen. Die Phasen des Gruppen-Prozesses sind vielmehr von verschiedenen Variablen abhängig, von denen neben der Gruppen-Variablen und der Teilnehmer-Variablen vor allem die Leiter-Variable und die Methoden-Variable eine richtungsweisende Rolle für den Ablauf des Gruppen-Prozesses spielen (Kutter 1980, S. 206).

Er charakterisiert diese Variablen so:

In wissenschaftlicher Perspektive können wir den Gruppenprozeß als Funktion von mindestens vier Variablen beschreiben (Kutter 1980), nämlich:

1. der Gruppen-Variablen, das ist die Gruppe als Ganzes [das Setting]
2. der Teilnehmer-Variablen, das sind die einzelnen Teilnehmer mit ihrer je individuellen Geschichte und Struktur,
3. der Leiter-Variablen und
4. der Methoden-Variablen, das ist die Technik, Strategie des Leiters.

Dazu kommt

5. die Zeit-Variable (Kutter 1986, S. 3).[28]

Tabelle 2. Psychosoziale Kompetenzen

Psychosoziale Kompetenz in bestimmten sozialen Situationen	Erforderliche psychosoziale Kompetenzen		Deutliche Anzeichen unzureichender psychosozialer Kompetenzen (rigide Abwehr)
	Zulassen bestehender Gefühle	Aktivitäten (flexible Abwehr)	
Präödipale Situation	Sehnsucht nach Fusion, Angst vor Individualitätsverlust (Zerstörung der Identität); Abhängigkeit vom Gruppenleiter	Abwechselnd und vorübergehend: Kampf, Flucht, Abhängigkeit	Verleugnung der Situation, rigide Abwehr, entweder: – Flucht oder – Kampf oder – Scheinharmonie
Ödipale Situation	Wunsch, allein den Gruppenleiter zu besitzen, Rivalität mit den anderen um den Gruppenleiter wegen sexuell-erotischer Wünsche ihm oder den anderen Teilnehmern gegenüber	Zurückstellen individueller Versorgungswünsche; Zusammenschluß mit Gleichrangigen gegen Gruppenleiter	Verleugnung von Rivalität, Angst vor dem Gruppenleiter, Beharren auf individueller Versorgung. Verleugnung sexuell-erotischer Wünsche
Reflexiv interaktionelle Situation	Eingeständnis der schmerzlichen Notwendigkeit, auf die eigenen Kräfte zu vertrauen, Auseinandersetzung mit Gleichrangigen und der Problematik der Geschlechtsidentität	Vorübergehender Wunsch nach idealen Verhältnissen und völliger Harmonie, zugleich: zunehmende Versuche der Beziehungsklärung zwischen den Teilnehmern und zwischen den Geschlechtern	Extremer Wunsch nach Anleitung durch den Gruppenleiter, übermäßige Aggressionsausbrüche (Kampf), übermäßige Passivität (Flucht)

---

[28] Sandner (1986, S. 102) nimmt auch mehrere Variablen an, die er „Feldkräfte" nennt, die die Entwicklung der Psychodynamik einer Gruppe beeinflussen. Er fügt noch hinzu, daß sich diese Variablen ändern, wenn die Gruppe im „Kraftfeld einer sie umgebenden Organisation oder Institution steht". Ich nehme an, daß Kutter dieses Moment auch mit der Gruppen-Variablen meint, halte Sandners Idee, auf die Modifizierung des Ablaufs durch den Einbau in eine Organisation hinzuweisen, für erwähnenswert.

Als Ergebnis einer wissenschaftlichen Untersuchung von zahlreichen Selbsterfahrungsgruppen mit Studenten, in der die Variablen relativ konstant gehalten werden konnten,
erwies sich die „Teilnehmer-Variable" als das bestimmende Moment für den Gruppenverlauf:

> Wir nehmen mit hoher Wahrscheinlichkeit an, daß die Gruppenverläufe ganz wesentlich von der Zu-
> sammensetzung der Gruppe, also von der Teilnehmer-Variable abhängen: In der Tat ließen sich bei
> Häufung von Borderline-Strukturen und narzißtischen Persönlichkeiten häufiger präödipale Konstella-
> tionen, bei Überwiegen von neurotischen Prozessen bei den Teilnehmern ödipale Interaktionsmuster
> feststellen (Kutter 1986, S. 6).

Die Einschätzung der Gruppenentwicklung nach den auch von Sandner vorgeschlagenen
Phasen – präödipal und ödipal – hält auch Kutter für praktikabel (vgl. dazu Kutter 1986,
S. 6).

Die bisher aufgeführten Konzepte hatten die Funktion, Gruppentherapie und Gruppenselbsterfahrung theoretisch zu fundieren und dem Leiter ein Relevanzsystem zur Steuerung der Prozesse in den Gruppen zur Verfügung zu stellen. Das folgende Konzept unterscheidet sich hiervon, weil es eines ist, das in Supervisionsgruppen angewandt wird und
dem Arbeitsgruppencharakter der Supervision Rechnung trägt. Ich meine das von Dieter
Eicke praktizierte Vorgehen, das ich als ein Konzept der *Selbstthematisierung von Gruppen* beschrieben habe. Dieses Konzept habe ich aus Transkriptionen von Balint-Gruppensitzungen, die Eicke geleitet hat, rekonstruiert und an anderer Stelle beschrieben.[29]
Die Theorie der Psychodynamik von Kleingruppen, die hinter diesem Konzept steht,
deckt sich weitgehend mit den eben skizzierten psychoanalytisch orientierten Konzepten.
Die für Balint-Gruppenleiter recht unorthodoxe Art des Umgehens mit der Gruppendynamik hat in Eickes Vorgehen die Funktion, die Bedingungen für die Fallarbeit wiederherzustellen, wenn durch das Interferieren des unbewußten Gruppenprozesses oder angrenzender Sozialsysteme eine reine Fallarbeit nicht mehr möglich ist oder zumindest als
Suboptimierung erscheinen muß.

Die Interferenz des unbewußten Gruppenprozesses äußert sich z. B. darin, daß die
Fallbearbeitung in den „Dienst der Bearbeitung von Gruppenproblemen" tritt. Ein den
Gruppenmitgliedern unbewußtes Problem beschäftigt sie derart, daß sie nicht mehr in der
Lage sind, ihre Aufmerksamkeit auf die im Fall geschilderten Beziehungen zu richten,
sondern sich verdeckt mit sich selbst beschäftigen. Die Thematisierung der problematischen Gruppendynamik soll das Ergebnis haben, daß sich die Gruppe in einer emotional
weniger belasteten Atmosphäre der Fallarbeit zuwenden kann.

Notwendig wird diese Einführung von Selbstthematisierungsmöglichkeiten m. E. – und
hier würde wohl auch Eicke zustimmen – immer dann, wenn es sich nicht um ein klassi-

---

[29] Vgl. Rappe-Giesecke 1986. Ich habe damals den Begriff Gruppendynamik oder Gruppendynamikschema benutzt, um dieses Vorgehen zu bezeichnen. Ich benutze diese Begrifflichkeit in dieser Arbeit
nicht mehr, weil mir in der Zwischenzeit deutlich geworden ist, daß sie Anlaß zu Mißverständnissen
gibt. Ich meine damit nicht die angewandte Gruppendynamik, sondern die unbewußte Dynamik, die
sich in einer Gruppe entwickelt, so wie sie Argelander 1963/64 (S. 451) definiert hat. Ich habe jetzt den
Begriff Selbstthematisierung gewählt, weil er semantisch weniger besetzt ist.

sches Balint-Gruppensetting handelt mit unabhängig voneinander arbeitenden, allein ver-
antwortlichen Praktikern. Dieses klassische Setting haben wir einmal so charakterisiert:

> Wir haben den Eindruck, daß in professionell homogenen Gruppen, die hinsichtlich des Geschlechts
> ausgewogen inhomogen sind, deren Teilnehmer im wesentlichen den gleichen beruflichen Status besit-
> zen und die außerhalb der Gruppe keine Kontakte untereinander haben, am wenigsten Verständigungs-
> probleme vorprogrammiert sind (Giesecke u. Rappe-Giesecke 1983, S. 114).

Die Beziehungen zwischen den Gruppenmitgliedern sollten prinzipiell egalitärer Natur
sein, dies wird am ehesten erreicht, wenn man unabhängig voneinander arbeitende, für
ihre Klienten selbst verantwortliche und darüber hinaus erfahrene Professionelle, die einen annähernd gleichen Status haben, wie dies bei Balints Arbeit mit niedergelassenen
Ärzten der Fall war, in einer Gruppe zusammenfaßt. Unter diesen Rahmenbedingungen
läßt sich die Konzentration auf die psychischen Prozesse in der Professional-Klient-Beziehung am leichtesten durchsetzen. Gibt es in der Balint-Gruppe Mitglieder, die einer
Institution angehören und möglicherweise noch in hierarchischer Beziehung zueinander
stehen, und gehören sie außerdem noch verschiedenen Professionen an, dann verkompli-
zieren sich die Beziehungen zwischen den Supervisanden derart, daß man gelegentlich
klären muß – und dies ist im Rahmen der Selbstthematisierung möglich –, welcher Typus
von Beziehung im Moment das Gruppengeschehen bestimmt. Kommt es bei der Fallbearbeitung zu Mißverständnissen und Schwierigkeiten, weil Animositäten zwischen den
verschiedenen Professionen vorhanden sind, weil sich die hierarchischen Beziehungen
hinderlich auf Offenheit und Kooperativität der Gruppenmitglieder auswirken, oder sind
die Probleme, wie es idealerweise bei der Balint-Gruppenarbeit der Fall sein sollte, durch
Spiegelungen der Professional-Klient-Beziehung in den Beziehungen zwischen den
Gruppenmitgliedern hervorgerufen? Ist eine eindeutige Zuschreibung nicht mehr möglich, dann kann man im Rahmen der Selbstthematisierung klären, welchen Beziehungen
zwischen den Mitgliedern diese Ereignisse bei der Fallbearbeitung zugeschrieben werden
müssen, und so die Überkomplexität der Zuschreibungsmöglichkeiten, die durch die ver-
mehrten Beziehungstypen entstanden sind, wieder reduzieren.[30]

Das von Eicke praktizierte Konzept der Selbstthematisierung von Gruppen erfährt im
Rahmen dieses Modells von Gruppensupervision folgende Modifikationen: Der Ablauf
der Arbeit wird zu Beginn und am Ende einer Sitzung, in der nach diesem Modell gearbeitet wird, modifiziert. Diese Modifizierung ist notwendig, weil der Anschluß an die anderen Programme geschaffen werden muß.[31] Außerdem hat das Programm Selbstthematisierung hier nicht nur eine Funktion für die Fallarbeit, sondern auch für Probleme im
Programm Institutionsanalyse. Die Funktion für das Programm Institutionsanalyse ist die
folgende: Üblicherweise entwickeln sich Widerstände gegen eine sachliche und rationale
Analyse von Rollen und Funktionen der Teammitglieder, gegen die Analyse der Effektivität der Arbeitsorganisation und der Arbeitsteilung.

---

[30] Diese Idee habe ich bereits in zwei anderen Aufsätzen ausführlich dargestellt (vgl. Rappe-Giesecke
1989a, b).

[31] Ich behandle dieses Problem in Abschn. 4.2 als eines der internen Differenzierung des Systems und in
Abschn. 5.2 als eines der Normalform des Ablaufs dieses Programms.

Bei der Bearbeitung von institutionellen Problemen können sich die Teammitglieder nicht immer rational und selbstreflexiv verhalten. Häufig entwickeln sich emotionale Widerstände dagegen, sich selbst als Rollenträger und die Beziehungen untereinander als institutionell geprägte zu sehen. Das sog. Personalisieren von institutionellen Konflikten ist hinreichend bekannt. Die rollenmäßigen und funktionalen Beziehungen werden durch – den Beteiligten unbewußte – Übertragungsbeziehungen überdeckt. Teams neigen dazu, Familienbeziehungen wiederherzustellen, die das Erleben im Umgang mit Vorgesetzten, Kollegen und Untergebenen bestimmen. Hier haben wir es mit der Reduktion der Komplexität der Institution auf dyadische Beziehungen und Familiensysteme zu tun. Um diese Übertragungs- und Gegenübertragungsbeziehungen zu bearbeiten, kann man mit dem von mir so genannten „Gruppendynamikmodell" arbeiten ... (Rappe-Giesecke 1988a).[32]

Die Selbstthematisierung ist also innerhalb dieses Modells eine Art *Reparaturmechanismus*, dessen Aufgabe es ist, Krisen, die in den beiden anderen Programmen auftauchen und die auf Interferenzen der Psychodynamik der Gruppe oder des Teams im Fall der Institutionsanalyse zurückzuführen sind, durch Selbstreflexion zu lösen.

2.2.3 Organisationsentwicklung und angewandte Gruppendynamik

Vereinbart man mit Teams eine Supervision, deren Ziel die Verbesserung der Zusammenarbeit im Team ist, kommt man meist in eine paradox anmutende Situation: Beständig wird die Bedeutung der übergeordneten Organisation für die Arbeitsbedingungen des Teams deutlich, oder der Supervisor wird sogar mit Nachdruck darauf hingewiesen. Wird die institutionelle Geprägtheit der Teambeziehungen, des Arbeitsablaufs und der Rollen- und Funktionsverteilung nicht beachtet, läuft die Supervision Gefahr, zur Suboptimierung oder, wie Edding (1985, S. 12) es nennt, „zur Selbsterfahrung auf Kosten des Arbeitgebers" zu werden. Andererseits kann die Beachtung der *institutionellen Rahmenbedingungen* der Teamarbeit auch nicht so aussehen, daß man Organisationsentwicklung betreibt und die übergeordnete Organisation analysiert, um dann in einem quasi deduktiven Vorgehen die Bedingungen der Teamarbeit aus dieser Analyse abzuleiten. Zum einen hat man als Teamsupervisor dafür keinen Auftrag, und zum anderen drückt sich in dieser Auffassung m. E. eine Entwertung des Teams aus, denn als das eigentlich Wichtige erscheint ja die Organisation.[33]

Edding (1985) schreibt in ihrem Aufsatz *Supervision – Teamberatung – Organisationsentwicklung. Ist denn wirklich alles dasselbe?*, der sich um eine differenzierte Unterscheidung zwischen diesen Konzepten bemüht, dazu folgendes:

Ein Arbeitsteam muß zwar die institutionelle Wirklichkeit mit zur Kenntnis nehmen, um seine eigene Aufgabe und seine eigene Situation verstehen zu können. Es ist Bestandteil und Ziel von Supervision, Teamsituation und Teamaufgabe in einem der Realität entsprechenden Komplexitätsgrad zu reflektieren. Die Institution als solche zu beraten/zu verändern/zu entwickeln aber ist nicht Ziel der Supervision und nicht Aufgabe des Supervisors (Edding 1985, S. 13).

---

[32] Diese Auffassung teilt auch Edding (1985, S. 14): Sie betont, daß der Supervisor sich nicht verleiten lassen sollte, für seine Sicht des Teams „... ein quasi-familiäres Zusammenleben als geheimes Modell ..." zu setzen.

[33] Edding (1985, S. 12f.) beschreibt sehr treffend, wie die Beschäftigung mit der Organisation in der Supervision ein Produkt des kollusiven Bündnisses zwischen dem Größenwahn des Supervisors und dem Unwillen der Teammitglieder, für sich selbst die Verantwortung zu übernehmen und sich selbst zu verändern, sein kann.

Die Komplexität der Arbeitsbedingungen eines Teams, die daraus entspringt, daß es Teil einer übergreifenden Organisation ist, in der Supervision zu berücksichtigen, aber nicht zur Analyse der Organisation zu schreiten, ist und bleibt für den Supervisor und für die Supervisanden eine Gratwanderung.

Edding (1985, S. 13 und 19) löst dieses Problem für sich so: Die Supervision kann nur das Ziel haben, *„die Berufsarbeit von Einzelnen zu verändern"*, was natürlich auch Auswirkungen auf die Organisation haben kann. Davon grenzt sie die Organisationsentwicklung ab, die „den geplanten Prozeß der Veränderung einer Institution" initiiert und begleitet. Ich meine, daß Supervision nicht nur die Berufsarbeit von einzelnen, sondern auch die von Kollektiven, von Teams verändern kann. Das Ziel, die Veränderung der Selbstbeschreibung eines Teams, ist ja eines der beiden Ziele dieses Supervisionsmodells.

Die *Grenzen der Supervisionsarbeit* bei der „Entwicklung" von Teams würde ich genauso wie Edding ziehen:

> Innerhalb des Rahmens, der den Entscheidungsspielraum des Teams bestimmt, können Veränderungen in Art und Inhalt der Zusammenarbeit und der Aufgabenerledigung vorgenommen werden. Diese Veränderungen haben aber ihre Grenze dort, wo durch Gesetze, Bestimmungen und Regelungen, die außerhalb der Dispositionsmasse des Teams liegen, die Erledigung der beruflichen Aufgabe und auch die besondere Form der Zusammenarbeit festgeschrieben sind (Edding 1985, S. 13f.).

Zeigt es sich im Laufe der Supervisionsarbeit, daß die übergeordnete Organisation Arbeitsbedingungen vorgibt, die eine effektive Arbeit und die Erreichung eines als funktional anzusehenden Ziels verhindern und eine Änderung dieser Bedingungen nicht in der Macht des Teams liegt, so kann dieses Problem nicht mehr im Rahmen der Supervision angegangen werden. Hier ist ein Settingwechsel nötig, entweder zu einer Organisationsentwicklungsmaßnahme für die übergeordnete Organisation oder zu einer „Teamberatung", wie Edding sie vorschlägt. Deren Funktion ist es dann, die Verhandlungen des Teams mit der Organisation vorzubereiten, die sich um die Veränderung der Arbeitsbedingungen drehen sollen.[34]

Das Manko dieser, wie ich finde, gelungenen und erfreulich unverblümten Darstellung von Positionen liegt für mich darin, daß Edding die Unterschiede zwischen den verwendeten Methoden und Verfahren in den „drei Disziplinen" nicht ausreichend beschreibt. In der tabellarischen Darstellung der Unterschiede zwischen Supervision, Organisationsentwicklung und Teamberatung differenziert sie zwischen den Zielen, den Klienten, der Dispositionsmasse, der Perspektive und der Kompetenz des Beraters, aber es fehlt eine Differenzierung hinsichtlich der benutzten Vorgehensweisen (Edding 1985, S. 23). Dieses Manko scheint mir charakteristisch zu sein für die derzeitige Diskussion über die Berücksichtigung des „institutionellen Aspekts" in der Teamsupervision. Es gibt zwar grundsätzliche Überlegungen zur Abgrenzung von Supervision und Organisationsentwicklung, aber die Abgrenzung zwischen den verwendeten Methoden und Verfahren bzw. die Übernahme von Verfahren und Methoden aus dem anderen Bereich ist zumindest in der Theorie und ihrer Darstellung in den Fachzeitschriften – für die Praxis trifft

---

[34] Vgl. Edding 1985, S. 14 und 16. Die Überlegungen, wie man in Verhandlungsbeziehungen zur Organisation treten kann und welche Bündnispartner man sich sucht, können Gegenstand einer „Teamberatung" sein, die zeitlich begrenzt wird und nur diese Verhandlungsvorbereitung zum Gegenstand hat.

das vielleicht weniger zu – noch nicht befriedigend gelungen. So schildert Nellessen z. B. das in seiner Konsequentheit beeindruckende Verfahren der *„nichtinkrementalistischen Änderungsplanung"* von Naschold als ein „paradigmatisches Beispiel für professionelles Handeln". Allerdings macht er gleich die Einschränkung, daß dieses Arbeitsfeld „zur Soziointervention für Supervisoren etwas zu groß ist" (Nellessen 1984, S. 159). Wie die fünf Schritte zur nicht-inkrementalistischen Änderungsplanung:

1. Phänomenologische Mängelanalyse . . .
2. Genetisch-strukturelle Analyse historischer und gegenwärtiger Tendenzen
3. Zielanalyse
4. Quantitative und qualitative Simulation des Gesamtmodells
5. Ableitung von Handlungsparametern[35]

im Rahmen eines Modells von Supervision modifiziert werden müßten und wie dann die einzelnen Methoden und Verfahren aussehen müßten, ist noch eine offene Frage, die sicher nur durch die Zusammenarbeit von Supervisoren und Organisationsentwicklern gelöst werden kann.

Ich möchte an dieser Stelle noch einmal deutlich die Unterschiede zwischen Organisationsentwicklung und Institutionsanalyse, wie sie in diesem Modell betrieben wird, herausstellen. Organisationsentwicklung hat die Funktion, *komplexe soziale Systeme zu verändern,* Supervision greift nicht praktisch ändernd in soziale Systeme ein, sie setzt an der *Veränderung der Identität von Systemen ein,* außerdem hat sie es nicht mit großen Organisationen, sondern mit Subsystemen dieser Organisation, mit Teams zu tun. Daß aus einer Teamsupervision ein Organisationsentwicklungsprozeß werden kann, ist eine andere Sache. Teamsupervisionen können die Funktion haben, eine Organisation „aufzutauen", und sie können im laufenden OE-Prozeß eine begleitende und unterstützende Funktion haben.[36]

Die wesentlichen Unterschiede zwischen OE und Teamsupervision habe ich noch einmal in Form einer Tabelle zusammengefaßt (Tabelle 3).

Die „Normalform des Ablaufs" im Programm Institutionsanalyse, das den Zeitraum von mehreren Sitzungen umfassen kann, deckt sich weitgehend mit der von French u. Bell (1982, S. 124–151) beschriebenen „Teamentwicklung". Ich möchte diesen Ansatz kurz charakterisieren und darauf hinweisen, daß ich in Abschn. 5.3.1 an verschiedenen Stellen noch die Auffassungen von French u. Bell erläutern werde.

Die leitende Fragestellung der Teamentwicklung ist bei French u. Bell (1982, S. 145) „Wie können wir uns in eine besser funktionierende Gruppe verwandeln?" Sie unterscheiden zwischen *„Teamdiagnose und Teamentwicklung",* wobei die Teamdiagnose die Aufgabe hat, gemeinsam mit dem Team bearbeitungswürdige Probleme herauszuarbeiten. Dann folgt die Teamentwicklung:

Der Teamentwicklungs-Workshop soll die Leistungsfähigkeit der Gruppe durch besseres Management der Aufgabenanforderungen, Beziehungen und Gruppenvorgänge verbessern. Die Gruppe richtet die Aufmerksamkeit nach innen, auf ihre eigene Leistung, auf ihr Verhalten und ihre Kultur, um dadurch dysfunktionale Verhaltensweisen zu verringern und funktionale zu verstärken (French u. Bell 1982, S. 145).

---

[35] Zit. nach Nellessen 1984, S. 159. Naschold F (1972) Vortrag bei der Bundesakademie für öffentliche Verwaltung über politische Planungssysteme.

[36] Zu den neuen Entwicklungen in der OE vgl. Fatzer und Eck 1990, Fatzer 1993 und Wimmer 1992.

Tabelle 3. Organisationsentwicklung und Teamsupervision

OE-Maßnahme	Teamsupervision
Klient muß ermittelt werden	Klient vorgegeben
Mehrere Kontrakte	Dreieckskontrakt
Ziel ist es, gesamte Organisation zu Selbst-diagnose und -veränderung zu befähigen	Verbesserung der Kooperation, Verbesserung professioneller Kompetenz
Gegenstand der Arbeit sind Strukturen und Prozesse im gesamten System	Gegenstand sind rollen- und gruppendynamische Beziehungen im Team, Beziehungen des Subsystems zur Organisation, Beziehungen zum Klientensystem
OE-Berater greift praktisch ändernd in Prozesse des Gesamtsystems ein	Veränderungen finden nur im Rahmen der Spiel-räume des Teams statt – Rollenaushandlung und interne Arbeitsteilung, Optimierung von Entschei-dungs- und Problemlösungsprozessen, sonstige teaminterne Regelungen
OE-Berater hat Zugang zu allen Teilen der Organisation	Supervisor hat Zugang zum Team und beim Kontrakt zur vorgesetzten Instanz
Eingriffe in Entscheidungs-, Macht- und in hierarchische Strukturen der Organisation	Reflexion über diese Verhältnisse und das Erleben, das sie bei Teammitgliedern auslösen

Der Berater soll auf folgenden Ebenen intervenieren:

- Aufgabenerfüllung einschließlich Problemlösen, Entscheiden, Rollenklärung usw.,
- Aufbau und Erhaltung wirkungsvoller zwischenmenschlicher Beziehungen einschließlich der Vorgesetzten-Mitarbeiter- und Mitarbeiter-Mitarbeiter-Beziehungen,
- Verstehen und Steuern von Gruppenprozessen,
- Rollenanalyse zur Rollenklärung und -definition (French u. Bell 1985, S. 143).

Mit „Aufgabenerfüllung" meinen die Autoren, daß die Berater die Teammitglieder anlei-ten sollen, ihre Aufgabe besser zu erfüllen, indem sie ihnen Verfahren und Techniken zur Verfügung stellen, deren sie sich zur Lösung ihrer praktischen Probleme bedienen können. Mit dem letzten Punkt „Rollenanalyse" meinen sie ein Verfahren, dessen Ziel es ist, in einer Gruppe einen Aushandlungsprozeß über die bestehenden Rollen und ihre Aufgaben einzuleiten, dessen Ergebnis eine von allen Teammitgliedern getragene funktionale Rol-lendifferenzierung sein soll (vgl. French u. Bell 1982, S. 148–151 sowie Harrison 1977).

Dieser Teamentwicklung liegt wie allen anderen Organisationsentwicklungsmaßnahmen das Prinzip der *Aktionsforschung* zugrunde, der zyklische Prozeß von *Datensammlung, Datenfeedback* und *Untersuchung der Daten durch das Klientensystem* (French u. Bell 1982, S. 112). Die Aktionsforschung ist ein Zweig angewandter Sozialwissenschaft. Or-ganisationsentwicklung läßt sich nach French u. Bell (1982, S. 34) als eine Verbesserung von Organisationen durch Aktionsforschung verstehen.

Aktionsforschung ist in zweierlei Hinsicht ein Prozeß: Es ist eine Reihenfolge von Ereignissen und Maßnahmen innerhalb jedes Schrittes (Datensammlung, Feedback und Aufarbeitung der Daten und daraus sich ergebende Aktionen); und es ist ein Zyklus von Wiederholungen dieser Schritte, wobei manchmal dasselbe Problem in mehreren Zyklen und manchmal mehrere Probleme im selben Zyklus behandelt werden. Beide Aspekte verweisen auf den Prozeßcharakter der Aktionsforschung (French u. Bell 1982, S. 113).

Diese Unterteilung in Diagnose, Entwicklung oder Intervention liegt auch dem 3. Programm dieses Modells zugrunde, ebenso wie die Strukturierung des Prozesses durch Datensammlung, Datenfeedback und Auswertung der Daten, der die Vorphase der Problemdiagnose bestimmt und der an mehreren Stellen des Ablaufs immer wieder eingebaut werden kann. Die Feindifferenzierung der Phasen des Ablaufs der Institutionsanalyse habe ich allerdings nicht von French u. Bell übernehmen können, denn die Autoren geben nur eine sehr grobe Orientierung über die Unterschiede zwischen Diagnose und Entwicklung von Teams. Worauf sie verweisen, ist die Notwendigkeit, die Gruppe im „Entscheiden, Problemlösen und Planen und Zielsetzen in Gruppen" auszubilden (French u. Bell 1982, S. 136). Ich greife zur Feindifferenzierung der Phasen auf die in der angewandten Gruppendynamik beschriebenen Verfahren zurück, wie sie bei Antons (1976) und Doppler u. Nellessen (o. J.) zu finden sind. Ich habe sie als *Verfahren der Selbstanalyse und Selbstregulation von Gruppen* bezeichnet und sie an bestimmten Stellen des Ablaufs der Institutionsanalyse eingebaut. Im Abschn. 5.4.1 findet sich eine detaillierte Auflistung dieser aus der Gruppendynamik übernommenen Verfahren.

Ich möchte nun auf das Selbstverständnis des Supervisors, der Institutionsanalyse betreibt, eingehen. French u. Bell (1982, S. 34) charakterisieren den Berater in der Organisationsentwicklung als „*Katalysator*" und als „*Neutralen Dritten*". Er hat ihrer Auffassung nach weder die Aufgabe, Ratschläge zu erteilen noch Vorschläge zu machen, sondern die Aufgabe, einen Prozeß der Selbstveränderung der Organisation in Gang zu setzen und aufrechtzuerhalten, der von den Betroffenen verantwortlich getragen wird. Auch Wellendorf, auf den ich im folgenden eingehen möchte, benutzt den Begriff des „Katalysators" als Gegenposition zu der des „Analysators" im Rahmen seiner *Sozioanalyse,* die das Ziel verfolgt, Strukturen und die Dynamik von Organisationen aufzudecken.

> Beide Aspekte gehören zusammen: die Sozioanalyse einer pädagogischen Institution ist a) eine Methode der Produktion von relevantem institutionellen Material und seiner Analyse und b) eine Methode der Unterstützung von Veränderungsprozessen der Institution durch Selbsterforschung (Wellendorf 1979, S. 68).[37]

Seine Rolle als Berater sieht er so:

> Mit Beginn ihrer Beziehung sind beide, Sozioanalytiker und „Klient", Teil der analytischen Situation und ihrer Dynamik unterworfen – auch dort, wo sie aktiv intervenieren. Der Sozioanalytiker, der in eine Beziehung zu einer pädagogischen Organisation eintritt, ist innerhalb der analytischen Situation der erste Katalysator institutioneller Bedeutungen, nicht aber ihr bevorzugter Analytiker (obwohl der „Besitz" sozialwissenschaftlicher Theorien und Methoden diese Illusion nähren und die narzißtische Kränkung abwehren helfen kann, die darin liegt, sie aufzugeben). Der Prozeß, auf den der Sozioanalytiker als Katalysator einwirkt, ist der der Selbstaufklärung einer pädagogischen Organisation über sich selbst (ihre institutionelle Struktur und Dynamik) (Wellendorf 1979, S. 71f.).

Er faßt die Beratung als eine „analytische Situation" auf (a.a.O., S. 69). Offenbar in Anlehnung an die psychoanalytische Einzeltherapie versteht er die Beratungssituation als

---

[37] Wellendorf bezieht sich in diesem Aufsatz nur auf die Sozioanalyse pädagogischer Organisationen. 1986 fordert er, daß die Institutionsanalyse, wie er seine Methode jetzt nennt, immer bei der Supervision in Institutionen angewandt werden sollte, also auch in anderen als nur den pädagogischen Institutionen.

eine relativ unstrukturierte Situation, die die Organisationsmitglieder mit ihren „institutionellen Bedeutungen" füllen (a.a.O., S. 68). Er benutzt in diesem Zusammenhang zwar Begriffe wie „Übertragung" und „Projektion", ich meine aber, daß der Begriff der Spiegelung, der im Rahmen der Balint-Arbeit mit Supervisionsgruppen entwickelt wurde, angemessener für dieses Setting ist, bei dem es sich weder um Therapie noch um die Analyse der psychischen Struktur von Individuen handelt. Wie die relativ unstrukturierte Beratungssituation von den Klienten strukturiert wird, beschreibt Wellendorf so:

> Das Medium der Analyse ist die analytische Situation – die Situation, in der der Sozialwissenschaftler und sein „Klient" zum Zwecke der gemeinsamen Analyse zusammenkommen. Den Kern der analytischen Situation bildet die Beziehung zwischen dem Sozioanalytiker und der betreffenden pädagogischen Organisation ... An dieser Beziehung und damit in der analytischen Situation bilden sich die strukturellen und dynamischen Probleme der Institution ab – in der Art und Weise, in der die Mitglieder der Organisation ... als einzelne, als Funktionsträger, als informelle und formelle Gruppe in die Beziehung eintreten, ihr Grenzen ziehen, sie ganz oder teilweise abwehren und sie nach einem impliziten oder expliziten Muster ausbilden. Wir können also sagen: Die Sozioanalyse definiert die institutionelle Struktur und Dynamik einer Organisation mit Hilfe der Analyse der Situation, in der sich der Sozialwissenschaftler und sein „Klient" befinden und eine spezifische Beziehung zueinander eingehen (Wellendorf 1979, S. 69).

> Auf diese Weise entfaltet sich somit an der Beziehung zwischen dem Sozioanalytiker und seinem „Klienten" in der analytischen Situation die institutionelle Dynamik und Struktur der konkreten Organisation und wird damit der Analyse zugänglich. Die analytische Situation, in der sich der Sozioanalytiker und sein „Klient" gemeinsam befinden, ist eine Projektionsfläche für die verborgene institutionelle Struktur (Wellendorf 1979, S. 69).

Der Unterschied dieser Vorgehensweise zu der Organisationsentwicklung fällt sofort ins Auge. Ihm geht es z.B. nicht um das Erlernen von Problemlösungsverfahren, sondern, bleibt man in seinem Relevanzsystem, um das Entdecken unbewußter Strukturen der institutionellen Kommunikation. Das wesentliche Erkenntnisinstrument ist nicht eine Datensammlung und -auswertung, sondern die „Gegenübertragung" des Sozioanalytikers auf die Klienten.[38]

Was ich an Wellendorfs Ansatz für bemerkenswert halte, ist die Idee, daß sich die wesentlichen institutionellen Probleme in der Beratungssituation wiederholen und spiegeln und daß der Berater sie dann im hic et nunc beobachten und analysieren kann. Er kann einerseits, so interpretiere ich ihn, aus den Veränderungen und Deformationen des Settings der Beratung auf problematische und wahrscheinlich auch dysfunktionale institutionelle Strukturen schließen, die wiederholt werden. Aus seinen Empfindungen und Phantasien kann er andererseits auf das subjektive Erleben dieser besonderen institutionellen Rahmenbedingungen bei den Supervisanden schließen. Mit der *Erfassung der erlebensmäßigen Dimension* geht er über die Ansätze der Organisationsentwicklung hinaus. Seine Orientierung an der psychoanalytischen Therapie bietet diese Möglichkeit, sie birgt aber auch die Gefahr der Vereinfachung in sich. Wellendorf geht davon aus, daß die Beziehung zwischen dem Sozioanalytiker und den Organisationsmitgliedern der Kataly-

---

[38] Ähnlich argumentiert Selvini Palazzoli: Unter der Überschrift „Das Werkzeug des Psychologen ist die eigene Person" fordert sie den Berater auf, seine Verstrickungen in das „Spiel der Institution" durch Selbstreflexion und Änderung des eigenen Verhaltens aufzulösen. Der Beobachter solle sich bei der Beobachtung des Systems selbst beobachten (vgl. Selvini Palazzoli et al. 1984, S. 219–239, insbesondere S. 223).

sator der „institutionellen Bedeutungen" ist. Ich meine, daß nicht diese Beziehung, wobei er auch nicht klärt, ob es sich um Beziehungen zu einer Gruppe oder zu einzelnen oder zu Subgruppen handelt, der Katalysator ist, sondern die Beratung als soziales System insgesamt, innerhalb dessen der Berater eine herausgehobene Funktion hat, nämlich die des Repräsentanten des Systems. Wellendorf denkt an diesem Punkt nicht systemtheoretisch, sondern reduziert die Komplexität des Beratungssystems, indem er so etwas wie eine dyadische Beziehung konstruiert. Dank dieser Reduktion kann er mit den Begrifflichkeiten der psychoanalytischen Einzeltherapie arbeiten.[39]

Ich halte seine Idee der Spiegelung der Institution in der Beratung für eine notwendige Ergänzung der eher rationalen Sichtweise der Organisationsentwicklung.[40] Allerdings meine ich, daß man sie systemtheoretisch umformulieren muß. *Eine Organisation in ihrer Komplexität kann sich nicht in einer dyadischen Beziehung spiegeln, sondern wiederum nur in einer Organisation,* also einem System. Faßt man beide, die Beratung und die Organisation, der die Klienten angehören, als ein System auf, dann kann man zu Strukturvergleichen kommen, weil man identische Einheiten hat. Ich nehme an, daß Wellendorf, wenn er sich in der Praxis an diese Konzeption hält, Erkenntnisse über dyadische Beziehungen in der Organisation bekommt, aber nicht Erkenntnisse über die Organisation in ihrer Komplexität.[41]

Bei der Analyse von Balint-Gruppensitzungen, in denen die Bearbeitung von Fällen problematisch war, bin ich auf die „Spiegelung sozialer Strukturen" gestoßen (vgl. Rappe-Giesecke 1988a, 1989).[42] Ich stellte fest, daß sich neben der Spiegelung der psychischen Vorgänge in der Professional-Klient-Beziehung, über die berichtet wurde, auch, vereinfacht gesagt, das Setting dieser Beziehung in der Balint-Gruppe widerspiegelte. Es stellten sich diejenigen Rollen und Beziehungen zwischen diesen Rollen und die damit verbundenen Probleme auch in der Balint-Gruppe wieder her, die für die Professional-Klient-Beziehung typisch waren. Dieser Typus von Spiegelung wurde in der Balint-Gruppe hingegen nicht bemerkt und auch nicht systematisch in die Fallbearbeitung miteinbezogen.

Balint-Gruppenleiter, die meisten Supervisoren und m. E. auch Wellendorf fassen ihre Gruppen als psychische Systeme auf, man könnte auch sagen, als einfache Interaktionssysteme und nicht als organisierte Sozialsysteme. Entsprechend werden auch nur Spiege-

---

[39] Mich erinnerte dieses Vorgehen an Argelander, der eine Therapiegruppe u. a. als eine Art „Superperson" auffaßt und damit die Beziehung zwischen Gruppe und Leiter zu einer dyadischen macht; vgl. Argelander 1972, S. 48.

[40] So benennt Mastenbroek (1981, S. 327f.) die „sozial-emotionalen Beziehungen" auch als ein Gebiet, auf dem die Organisationsentwicklung intervenieren sollte. Seine Vorschläge scheinen mir aber im Vergleich zu Wellendorfs und auch zu Selvini Palazzolis Überlegungen (Selvini Palazzoli et al. 1984) eher wenig entwickelt zu sein.

[41] An manchen Stellen schimmern Ansätze zur Berücksichtigung des Systemcharakters der Beratung durch, so z.B. im Begriff des „analytischen Mediums" (Wellendorf 1979, S. 69). So auch 1986, S. 165f., wo er vom Supervisor systemtheoretisches und organisationspsychologisches Wissen fordert. Zur Kritik an der Auflösung von Systemen in dyadische Beziehungen vgl. Selvini Palazzoli et al. (1984) *Jenseits der Dyade,* S. 269–271, insbesondere S. 270.

[42] Die empirische Analyse einer solchen Sitzung, in der sich soziale Strukturen angrenzender Systeme in der Supervision spiegeln, vgl. Rappe-Giesecke (1988b). Zur systematischen Darstellung dieser beiden Typen von Spiegelung vgl. Rappe-Giesecke 1989 und Giesecke und Rappe-Giesecke (1994, Abschnitt 7.2. Die Spiegelung von Umweltstrukturen in der Gruppeninteraktion).

lungsphänomene des ersten Typus bearbeitet. Ich zitiere die folgende Definition aus einer anderen Arbeit:

> Spiegelungsphänomene klassischer Art sind als Repräsentationen von Strukturen psychischer Systeme – als die die Professional-Klient-Beziehung aufgefaßt wird – im System Balintgruppe, das sich ebenfalls als ein psychisches System typisiert (oder als eine Anzahl psychischer Systeme) (Rappe-Giesecke 1989).

Faßt man jedoch die Balint- oder Supervisionsgruppe, wie es hier getan wird, zusätzlich noch als ein organisiertes Sozialsystem auf, dann erkennt man einen zweiten Typus von Spiegelung, der sich neben dem ersten entwickelt. Dieser Typus ist für die Arbeit mit Teams relevant, latent aber beständig auch in Supervisions- und Balint-Gruppen vorhanden, in denen über Professional-Klient-Beziehungen berichtet wird, die in einen übergreifenden institutionellen Rahmen eingebettet sind.

> Spiegelungen des zweiten Typus sind Repräsentationen von Strukturen organisierter Sozialsysteme (oder von deren Subsystemen) – als die die Professional-Klient-Beziehung und die Beziehungen zwischen den Professionellen aufgefaßt werden – in der Balintgruppe [oder Supervisionsgruppe], die sich selbst als organisiertes Sozialsystem versteht und die Mitglieder als soziale Rolle typisiert (Rappe-Giesecke 1989).

Auf dem Hintergrund dieser Differenzierung zwischen zwei möglichen Selbstbeschreibungen des Systems Supervision möchte ich das Bild der Katalysators noch einmal aufgreifen.

Die Supervision oder Beratung als soziales System wirkt als Katalysator institutioneller Prozesse, indem es Selbstaufklärungsprozesse in Gang setzt, z.B. durch eine öffentliche Verständigung über problematische Dinge, die zuvor nur informell geregelt wurden, und indem es diese Prozesse aufrechterhält. Der Katalysator wird dabei aber nicht in die unmittelbaren „Reaktionen" einbezogen wie die „Elemente", die „neue Verbindungen eingehen". Er bleibt von diesen Reaktionen während des Prozesses relativ, aber nicht völlig unberührt. Die „eingebaute Selbstreflexion" verhindert die „Übererhitzung" oder „Umwandlung". Allerdings kann er aus den auf ihn ausgeübten Einflüssen auf die ihn umgebenden „Elemente" schließen und sie identifizieren. Ist die „Reaktion" beendet, haben sich neue „Verbindungen" zwischen den „Elementen" hergestellt, während er daraus relativ unverändert hervorgeht.

Was die relative Unverändertheit des Katalysators nach dem von ihm inaugurierten Prozeß bedeutet, ist nicht so einfach zu bestimmen. Das Sozialsystem Supervision wird nach der zeitweiligen Verformung durch die Spiegelung institutioneller Strukturen wieder in seinem normalen Setting hergestellt werden müssen, sonst haben wir es nicht mehr mit einer Supervision, sondern vielleicht mit einer Teambesprechung oder einer Organisationsentwicklungsmaßnahme zu tun. Der Berater, der Repräsentant des Systems, wird sich aber – im Gegensatz zum sozialen System Beratung – durch die Erfahrungen, die er im Laufe des Beratungsprozesses gemacht hat, verändern. Tröstlich ist, daß es auch in der Chemie keine endgültigen Vorstellungen über die Katalysatoren gibt. In einem Lexikonartikel findet sich der abschließende Satz: „Die Wirkungsweise der Katalysatoren ist meist sehr verwickelt und nur in Einzelfällen bekannt" (Bertelsmann Lexikon 1963, S. 871).

Die Modifizierung der Idee Wellendorfs von der Spiegelung der institutionellen Strukturen in der Supervision oder Beratung durch ihren Einbau in dieses systemtheoretisch fundierte Modell von Supervision habe ich eben beschrieben. Nun möchte ich kurz skizzieren, wie die aus der angewandten Gruppendynamik und der Organisationsentwicklung übernommenen Aspekte in das Programm Institutionsanalyse eingebaut werden. Ich beginne mit dem Ziel der Institutionsanalyse, zu dessen Erreichung die Verfahren und Methoden einen Beitrag leisten sollen.

Das Programm Institutionsanalyse hat im Rahmen dieses Modells von Gruppensupervision die Funktion, die Arbeitsbeziehungen, Rollen, Arbeitsabläufe und die Ziele der Arbeit eines Teams, sofern sie sich als problematisch oder dysfunktional darstellen, zu klären und zu optimieren. Das Ziel der Arbeit ist die Schaffung einer funktionalen Selbstbeschreibung des institutionellen Subsystems.

Die bei der Institutionsanalyse verwendete *Methode* ist die der Abwicklung der „Normalform des Ablaufs der Institutionsanalyse". Diese Normalform unterscheidet sich an verschiedenen Punkten von Organisationsentwicklungsmaßnahmen, deckt sich aber weitgehend mit dem Ablauf der „Teamentwicklung", wie sie French u. Bell (1982) beschrieben haben.

Die verwendeten *Verfahren* sind solche, wie sie in der angewandten Gruppendynamik beschrieben werden. Ich nenne sie „Verfahren der Selbstregulation und Selbstanalyse von Gruppen". Diese Verfahren werden in den verschiedenen Phasen des Ablaufschemas modelliert als Beiträge des Leiters und der Gruppe zur Lösung der jeweils anstehenden kollektiven Aufgaben. Der Beitrag des Leiters ist es, diese Verfahren anzubieten, und der der Gruppe ist es, diese Verfahren zu erlernen und sie in der Supervision anzuwenden. Sie schafft sich damit ein Arsenal an Möglichkeiten der Selbstanalyse und Selbstregulation für die zukünftige gemeinsame Arbeit im Team.

2.2.4 Die Theorie sozialer Systeme

Die vierte Wurzel dieses Supervisionsmodells, die Theorie sozialer Systeme, hat in dieser Arbeit diese zwei Funktionen: Zum einen liefert sie das *wissenschaftliche Relevanzsystem für die Beschreibung dieses Supervisionsmodells,* zum anderen dient sie dem Supervisor, der nach diesem Modell arbeiten will, als *Anleitung für die Analyse institutioneller Prozesse.* Es gibt nun verschiedene Varianten von Systemtheorien, die in die Soziologie und die Kybernetik Eingang gefunden haben. Ich verwende hier die von Luhmann vertretene Theorie, die mir am differenziertesten und geeignetsten erscheint, um die Prozesse in sozialen Systemen zu betrachten (Luhmann 1974a, 1975b, c, 1981a, b). Giesecke (1988) hat diese Theorie unter kommunikationswissenschaftlichen Fragestellungen weiterentwickelt und eine Anleitung zur systematischen Analyse von Kommunikation in sozialen Systemen, man könnte auch sagen, in Institutionen, geliefert. Die Grundzüge der Theorie sozialer Systeme, wie sie von beiden Autoren vertreten wird, möchte ich jetzt kurz am Beispiel der Institution Supervision erläutern.

Als empirisch vorfindliches und beobachtetes Phänomen hat die Gruppensupervision unendlich viele Merkmale und Dimensionen, die man beschreiben kann. Sie ist zunächst einmal ein überkomplexes Phänomen unserer alltäglichen Wirklichkeit, über das wir alltagsweltliches oder professionelles Wissen besitzen. Die Annahme, daß die Welt und

ihre Elemente überkomplex sind und daß sowohl die Systeme selbst als auch der Forscher diese Überkomplexität beständig reduzieren müssen, ist eine zentrale Annahme
systemtheoretischen Denkens (Luhmann 1974a). Sowohl der Professional ist genötigt,
aus dieser unendlichen Vielzahl von Merkmalen und Dimensionen einige auszuwählen
und sie für relevant zu erklären, als auch der Wissenschaftler. Die Prinzipien der *Komplexitätsreduktion,* die die Wissenschaft hat, müssen allerdings im Gegensatz zum All-
tagswissen und auch zu dem auf empirischer Erfahrung beruhenden professionellen Wissen festgelegt und überprüfbar sein. Diese Prinzipien werden von den verschiedenen
wissenschaftlichen Disziplinen aufgestellt und unterscheiden sich voneinander. Für den
Soziologen sind andere Merkmale eines Phänomens interessant als für den Psychologen,
so daß am Ende der Untersuchung unterschiedliche Modellierungen des gleichen empirischen Phänomens herauskommen. Die Festlegung auf eine Disziplin und damit auf deren
Relevanzsystem mit seinen Merkmalsfestlegungen und seiner typischen Reduktion von
alltagsweltlicher Komplexität ist die erste Entscheidung, die ein Forscher treffen muß.
Erst durch die Beschränkung auf wenige Merkmale wird eine Untersuchung zu einer
überprüfbaren und wird ein empirisches Phänomen zu einem wissenschaftlichen Unter-
suchungsgegenstand (vgl. auch Giesecke 1988, S. 108).

Schon im Kap. 1 habe ich mich auf die Systemtheorie und die Kommunikationswissenschaft als Disziplin festgelegt. Ich werde die Gruppensupervision unter dieser Perspektive als ein organisiertes Sozialsystem beschreiben und betrachten. Mich interessiert,
mit welchen Programmen sich das System selbst steuert. Aus den zahlreichen Merkmalen und Dimensionen des Phänomens Gruppensupervision wähle ich die folgenden aus:
In Anlehnung an Gieseckes Theorie sozialer Systeme untersuche ich *vier Dimensionen
des Sozialsystems Gruppensupervision:* die Komplexitäts- und Differenzierungsdimension, die dynamische Dimension und die selbstreferentielle Dimension. Ich möchte die
Dimensionen und ihre Strukturen näher erläutern.[43]

Organisierte Sozialsysteme haben vier permanente Probleme: Sie müssen sich in einer
überkomplexen Umwelt erhalten, Anschluß an diese Umwelt schaffen und sich gleichzeitig von ihr abgrenzen. Sie müssen ihre interne Komplexität festlegen und ihre Identität
sichern. Alle diese drei Probleme müssen dann noch vom System in Prozesse umgearbeitet werden. Diese vier permanenten Probleme werden in den vier Dimensionen beschrieben:

1. Jedes System muß Mitgliedschaftsregeln aufstellen, mögliche Rollen und ihre typischen Aufgaben festlegen und die Beziehungen zwischen den einzelnen Rollen definieren. Wir beschreiben diese Aufgabe des Systems in der *Komplexitätsdimension.* Je
mehr Rollen in einem System möglich sind, desto komplexer wird die interne Struktur,
denn die möglichen Beziehungen zwischen diesen Rollen steigen proportional an, und
das System muß den Zusammenhang zwischen den einzelnen Aktivitäten wahren.
Man kann zwischen Sozialbeziehungen, also Beziehungen zwischen Rollen und Attributionsbeziehungen, also dem Verhältnis von Rolle und typischen Aktivitäten unter-

---

[43] Die folgende Darstellung der Dimensionen faßt, ohne sie im einzelnen zu kennzeichnen, die wichtig-
sten Gedanken von Giesecke (1988, Abschn. 2.4, S. 30–58) zusammen. Nachlesen kann man die
Entwicklung dieses theoretischen Modells in Giesecke und Rappe-Giesecke (1994, Kapitel 5: Die
Grenzen einer interaktionistischen Kommunikationsforschung und die Perspektiven der Systemtheorie).

scheiden. Die Attributionsbeziehungen legen fest, welche Rolle typischerweise welche Aktivitäten ausführt.

Man könnte die Komplexitätsdimension mit dem vergleichen, was im Relevanzsystem der Supervisoren mit dem Setting gemeint ist. Es sind die Rahmenbedingungen, die mit dem Entstehen eines sozialen Systems vom System selbst festgelegt werden. Innerhalb dieser Rahmenbedingungen entwickelt sich dann der Supervisionsprozeß. Die Komplexität des Systems Gruppensupervision beschreibe ich in Kap. 3.

2. Die nächste Dimension ist die *Differenzierungsdimension* (vgl. Kap. 4).

Jedes System muß sich in einer komplexen Umwelt orientieren und erhalten. Es muß sich einerseits von ihr abgrenzen und andererseits Anschluß an sie finden. Gleichzeitig muß es aus der unendlichen Vielzahl von Umweltsystemen diejenigen auswählen, die es zu seiner relevanten Umwelt erklärt. Für diese relevanten Umweltsysteme erfüllt es eine bestimmte Funktion, die es in Ziele seiner Arbeit umformuliert und prozessiert. Für den Anschluß an andere Systeme sind innerhalb des Systems bestimmte Anschlußstellen vorgesehen. Das System grenzt sich gegen seine Umwelt ab, indem es seine eigenen Strukturen herausstellt, sich selbst identifiziert und die fremden Strukturen als zur Umwelt gehörig klassifiziert. Nun kann es aber auch vorkommen, daß andere Systeme in das Bezugssystem interferieren, daß sie die Programme dieses Systems stören und an die Stelle der üblichen Strukturen ihre Strukturen setzen. In diesem Fall muß das System Reparaturmechanismen in Gang setzen, die seine Identität erhalten. Ein Beispiel dafür ist die Bearbeitung der Interferenz von Professional-Klient-Beziehungen durch das Modell der Inszenierung des Falles.

In der Differenzierungsdimension beschäftigt man sich auch mit der internen Differenzierung des Systems in Subsysteme. Man kann auch hier die Formen des Anschlusses zwischen diesen Subsystemen untersuchen, die Abgrenzung voneinander und mögliche Interferenzen eines Subsystems in ein anderes.

Diese interne Differenzierung beschreibe ich in Abschn. 4.2.

3. Der Erhalt der internen Komplexität, die Organisation der System-Umwelt-Beziehungen und die Ausbildung und Aufrechterhaltung einer Identität sind Aufgaben, die sich für das System beständig stellen und die es in eine zeitliche Abfolge von einzelnen Arbeitsschritten bringen muß. Das System behandelt diese Aufgaben in der *dynamischen Dimension*. Wir nehmen an, daß es drei Strukturen dieses dynamischen Prozesses gibt: *Kommunikation, Kooperation und Interaktion*. Man fragt danach, über welche Themen, welche Ausschnitte aus der relevanten Umwelt des Systems das System sich verständigt, welche interaktiven Beziehungen zwischen den Elementen des Systems immer wieder hergestellt werden und welches die kollektiven Arbeitsaufgaben sind, zu deren Lösung die Elemente des Systems ihre Beiträge bringen. Wir beschreiben die Prozesse im System in Form von *Normalformmodellen des Ablaufs*. Dies sind die prozeßsteuernden Programme, die die Interaktion sequenzieren, die Aufeinanderfolge von Aufgaben festlegen und die die drei Strukturen miteinander koordinieren. Man findet verschiedene Phasen des Ablaufs, die durch bestimmte interaktive Beziehungen, durch ein bestimmtes Thema und durch bestimmte kollektive Arbeitsaufgaben und zu ihrer Lösung notwendige Beiträge charakterisiert sind. Die Normalformmodelle dieses Konzepts werden in Kap. 5 vorgestellt.

4. Schließlich steht jedes System vor dem beständigen Problem, sich für sich selbst und für seine Umwelt zu repräsentieren. Mit der Ausbildung und Aufrechterhaltung der Identität des Systems befassen wir uns in der *selbstreferentiellen Dimension*. Diese

Dimension untersuche ich in Kap. 6. Auch diese Dimension hat mehrere Strukturen: die der Selbstregulation, der Selbstidentifizierung, der Selbstrepräsentation und der Selbstreflexion. Über diese Strukturen habe ich bereits bei der Erläuterung der Selbstbeschreibung des Systems referiert (vgl. S. 9f.).

Soziale Selbstrepräsentation meint die Repräsentation der Strukturen und Programme des Systems bei den einzelnen Elementen des Systems. Um sich im System orientieren und um handeln zu können, müssen dessen Mitglieder Erwartungen darüber haben, wie der Ablauf der Prozesse aussieht, welche Ziele das System verfolgt, welche Situationsdefinition angemessen ist und wie man mit Krisen im System umgeht. Wir nennen diese Erwartungen Normalformerwartungen. Normalformerwartungen sind Steuerungsprogramme von Rollen oder Elementen des Systems.

Die Normalformerwartungen, die sich bei den Mitgliedern ausbilden, werden in Abschn. 6.1 analysiert.

Selbstregulation ist die Steuerung der Prozesse im System durch das gesamte System. Die Prozesse müssen so gesteuert werden, daß der Erhalt der internen Komplexität gesichert ist und daß die Funktionserfüllung gewährleistet ist. Selbstregulative Programme kann man sich als zirkulär rückgekoppelte „Schaltkreise" vorstellen.

Die selbstregulativen Programme werden in Abschn. 6.2 erläutert.

Selbstidentifizierung und -korrektur ist ein Programm der Informationsverarbeitung, das die System-Umwelt-Beziehungen des Systems steuert. Dieses Programm identifiziert zunächst alle Ereignisse als redundante oder informative Informationen. Redundante Informationen sind solche, die als Informationen über die eigenen Systemstrukturen klassifiziert werden. Diese Informationen werden dem eigenen System zugeschrieben und sind unter dieser Perspektive nicht weiter interessant. Anders ist es mit informativen Informationen, diese werden als Informationen über die Strukturen von Umweltsystemen kodiert. Sie werden dem betreffenden Umweltsystem zugeschrieben, und dann muß das System entscheiden, ob es sich lediglich von dieser Umwelt abgrenzen will oder ob es diese Informationen weiterverarbeiten will. Diese Entscheidung richtet sich danach, ob diese Informationsverarbeitung funktional für die Prozesse im System ist oder nicht.

Die Steuerung der Informationsverarbeitung im System beschreibe ich in Abschn. 6.3.

Selbstreflexion ist die Thematisierung der normalerweise latent bleibenden Strukturen des Systems. Selbstreflexion bedarf der Ausbildung besonderer Teilsysteme, die den normalen Ablauf der Interaktion suspendieren. Im Rahmen dieses Teilsystems verständigen sich die Elemente des Systems in selbstreflexiver Weise über ihre eigenen Erwartungen, über die Programme, die ihr Handeln und Verstehen steuern, man könnte auch sagen, über die latenten Programme des Systems. Üblicherweise wird die Selbstreflexion notwendig, wenn Krisen auftauchen. Die normalerweise latent bleibenden Strukturen der sozialen Selbstrepräsentation, der Selbstregulation und der Selbstidentifizierung werden hier thematisiert und damit manifest. Die Reflexion über diese Strukturen dient der Strukturverstärkung und der Erhaltung der Identität des Systems. Bei dieser Strukturreflexion bilden sich allerdings jedesmal wieder latente Strukturen heraus, die ggf. erneut thematisiert werden müssen, wenn es zu krisenhaften Situationen im System kommt.

Die Struktur der Selbstreflexion wird in Abschn. 6.4 untersucht.

Die vier Dimensionen organisierter Sozialsysteme, ihre Strukturen und deren Koordination möchte ich abschließend noch einmal im Überblick darstellen (Abb. 1). Hier werden

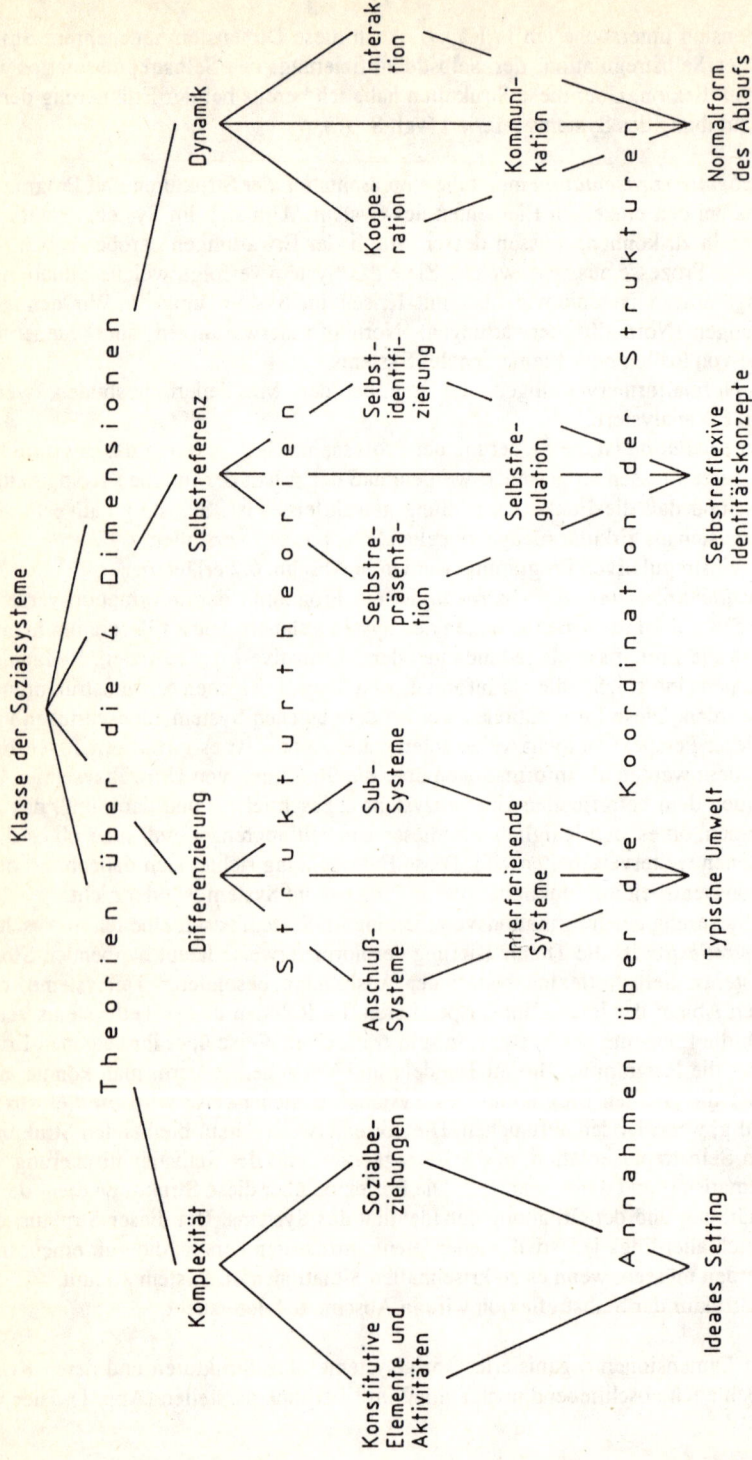

Abb. 2. Komponenten der Theorie sozialer Systeme. (Aus Giesecke 1988)

47

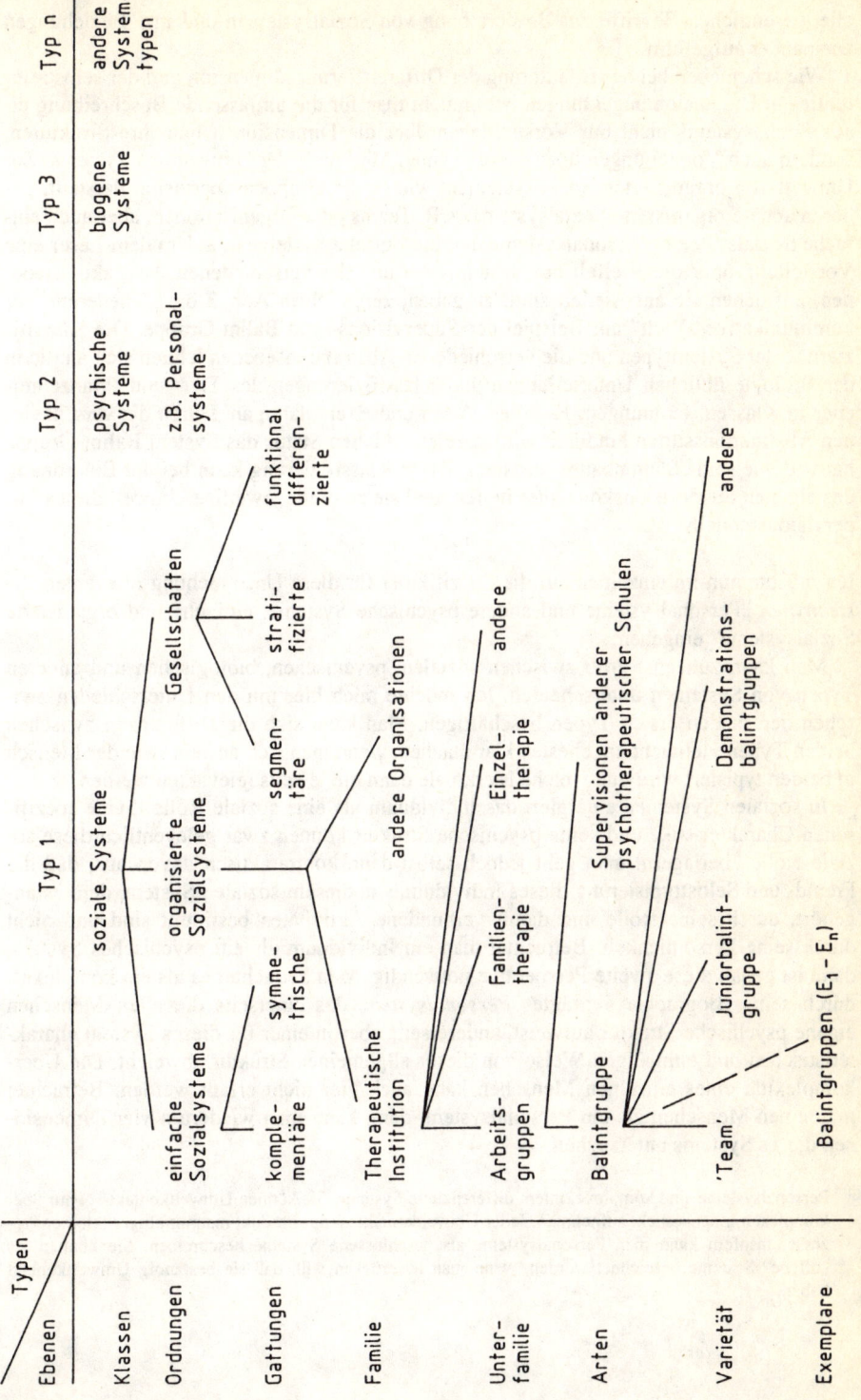

Abb. 3. Gliederung der kommunikativen Welt am Beispiel der Supervisions- und Balint-Gruppe. (Aus Giesecke 1988)

Typen / Ebenen	Typ 1					Typ 2	Typ 3	Typ n
Klassen	soziale Systeme					psychische Systeme	biogene Systeme	andere Systemtypen
Ordnungen	organisierte Sozialsysteme		Gesellschaften			z.B. Personalsysteme		
	einfache Sozialsysteme		segmentäre	stratifizierte	funktional differenzierte			
Gattungen	komplementäre	symmetrische	andere Organisationen					
Familie	Therapeutische Institution		Einzeltherapie	andere				
Unterfamilie	Arbeitsgruppen	Familientherapie						
Arten	Balintgruppe	Supervisionen anderer psychotherapeutischer Schulen						
Varietät	'Team'	Juniorbalintgruppe	Demonstrationsbalintgruppen	andere				
Exemplare	Balintgruppen ($E_1 - E_n$)							

alle wesentlichen Begriffe zur Beschreibung von Sozialsystemen und ihre Beziehungen zueinander aufgeführt.

Wie schon eben bei der Erläuterung der Differenzierungsdimension und der selbstreferentiellen Dimension angeklungen ist, braucht man für die umfassende Beschreibung eines Sozialsystems nicht nur Vorstellungen über die Dimensionen und ihre Strukturen, sondern auch Vorstellungen über die relevanten Merkmale der Umwelt des Systems. Zur Umwelt von organisierten Sozialsystemen, wie es die Gruppensupervision darstellt, gehören andere organisierte Sozialsysteme, z. B. Teams oder Organisationen, aber auch einfache Sozialsysteme, Personalsysteme und biologische Systeme u. a. Um dem Leser eine Vorstellung über die Vielfalt der Systemtypen und der verschiedenen Abstraktionsebenen, auf denen sie angesiedelt sind, zu geben, zeige ich in Abb. 3 die „Gliederung der kommunikativen Welt" am Beispiel der Supervisions- und Balint-Gruppe. Die Klassifizierung der Systemtypen und die verschiedenen Abstraktionsebenen lehnen sich an die in der Biologie üblichen Unterteilungen und Klassifizierungen des Tier- und Pflanzenreiches in Klassen, Ordnungen, Familien, Arten und Exemplaren an. Durch die verschiedenen Abstraktionsstufen hindurch wird gezeigt, welchen Status das System Balint-Gruppe hat und wie sein „Stammbaum" aussieht. Diese Klassifizierung kann bei der Einordnung des eigenen Supervisionskonzeptes helfen, und sie zeigt die jeweilige Umwelt dieses Supervisionsmodells.

Ich möchte nun im einzelnen auf die Spezifik der für diese Untersuchung relevanten *Systemtypen* „Personalsysteme und andere psychische Systeme, einfache und organisierte Sozialsysteme" eingehen.

Man kann zunächst grob zwischen sozialen, psychischen, biologischen und anderen Typen von Systemen unterscheiden. Ich möchte mich hier mit den Unterschieden zwischen den beiden ersten Typen beschäftigen. Man kann sich die Differenzen zwischen beiden Typen vielleicht am ehesten klar machen, wenn man sich ansieht, wie der Mensch in beiden typisiert wird und welche Merkmale dann die jeweils relevanten werden.

In sozialen Systemen emergiert das Individuum als eine soziale Rolle. Seine spezifischen Charakteristika und seine psychische Struktur können zwar gelegentlich diese soziale Rolle überlagern, man geht jedoch selbst dann kontrafaktisch davon aus, daß die Fremd- und Selbsttypisierung dieses Individuums in diesem sozialen System, dem es angehört, durch seine Rolle und damit verbundene Aktivitäten bestimmt sind und nicht durch seine Persönlichkeit. Betrachtet man ein Individuum als ein psychisches System, dann ist genau diese zweite Perspektive notwendig. Man betrachtet es als ein komplexes, durch seine Biographie geprägtes *Personalsystem*, das einerseits die allen Menschen eigene psychische Struktur aufweist, andererseits aber in einer für dieses System charakteristischen und einmaligen Weise von dieser allgemeinen Struktur abweicht. Die Überkomplexität eines einzelnen Menschen kann auch hier nicht erfaßt werden. Betrachtet man einen Menschen als ein Personalsystem, dann kann man wiederum vier Dimensionen dieses Systems untersuchen.

Personalsysteme sind komplexe, intern differenzierte Systeme. Sie können Umweltkontakt … nur über komplexen Innenkontakt aufnehmen. Jeder Umweltkontakt ist das Produkt mannigfaltiger interner Prozesse. Insofern kann man Personalsysteme als geschlossene Systeme beschreiben. Sie können als „offene" Systeme bezeichnet werden, wenn man ausdrücken will, daß sie beständig Umweltkontakt haben.

Die Elemente personaler Systeme in der Komplexitätsdimension sind Selektionszentren und Selektionen [Ereignisse]. Und zwar unterscheide ich im Anschluß an psychoanalytische Überlegungen drei Selektionszentren, das Gefühl (Es), das Bewußtsein (Ich) und die sozialen Normen (Über-Ich) (Giesecke 1988, S. 87).

Das permanente Problem, welches die Differenzierungsdimension personaler Systeme konstituiert, ist die Umsetzung von Umweltreizen in interne (psychische) Repräsentanzen. Zur relevanten Umwelt von Personalsystemen gehören mindestens biologische und soziale Systeme sowie andere Personalsysteme. Entsprechend kann man spezielle (Struktur)-Theorien darüber aufstellen, wie diese unterschiedlichen Klassen von Umweltsystemen an das Personalsystem angrenzen und von diesem „repräsentiert" werden.
Betrachtet man die dynamische Dimension von Personalsystemen, so hat man es nur noch mit verschiedenen psychischen Repräsentanzen zu tun, nicht mehr mit der Umwelt dieser Systeme. Das konstitutive permanente Problem der dynamischen Dimension ist die selektive Weiterverarbeitung und Strukturierung dieser Repräsentanzen (Umweltreize) (Giesecke 1988, S. 87f.).

Das permanente Problem der selbstreferentiellen Dimension ist die integrierte Repräsentation der Strukturen der anderen Dimensionen. Erst in dieser Dimension läßt sich das Problem der „Identität" oder, wenn man sich an die Terminologie von Freud anlehnen will, des „Selbst" behandeln . . .
Ähnlich wie für Sozialsysteme besteht auch für das Personalsystem in der selbstreferentiellen Dimension die Möglichkeit, Teile dieser Struktur zu reflektieren. Im Prinzip ist die selbstreferentielle Struktur „vorbewußt": Es besteht keine Notwendigkeit für das Personalsystem, seine Repräsentationen – sein latentes Selbstbewußtsein – beständig zu thematisieren (Giesecke 1988, S. 89).

Man kann davon ausgehen, daß es neben dem Personalsystem noch *andere Typen psychischer Systeme* gibt, aber die Taxonomie dieser psychischen Systeme ist im Vergleich zu der der sozialen Systeme noch nicht weit entwickelt. Man wird sich darum bemühen müssen, das Wissen der Psychologen, Psychoanalytiker, Gruppenanalytiker und der Sozialpsychologen zu sammeln und zu systematisieren. Man kann vielleicht vorläufig folgende Ordnungen der Klasse der psychischen Systeme unterscheiden: Personalsysteme, psychische Systeme von dyadischen Beziehungen (z. B. der Mutter-Kind-Symbiose) und von triadischen Beziehungen (ein Typus wäre die ödipale Konstellation zwischen Vater, Mutter und Kind), psychische Systeme von Familien, wie sie in der Familientherapie rekonstruiert und beschrieben wurden,[44] psychische Systeme von Kleingruppen, wie sie Gegenstand der Kleingruppenforschung sind,[45] und psychische Systeme von Großgruppen, Massen und Gesellschaften. Für diese Untersuchung ist es interessant zu klären, ob und wie man psychische Systeme von Institutionen bzw. deren Mitgliedern rekonstruieren und beschreiben kann. Dieses Problem, das gerade für die Teamsupervision und für die Organisationsentwicklung von Bedeutung ist, ist m. E. bisher nicht befriedigend gelöst.[46] Ich nehme an, daß man nicht psychische Systeme eines organisierten Sozialsystems untersuchen kann, sondern daß man die Komplexität soweit reduzieren muß, daß man die Institutionsmitglieder als eine Klein- oder Großgruppe auffaßt. Soziale Rollen können zum Thema oder, wie es eben in dem Zitat hieß, zur Repräsentation von Umwelt werden, aber soziale Rollen haben keine psychische Struktur. Dies ist eine Frage des Verhältnisses der verschiedenen Typen von Systemen und müßte im Rahmen einer

---

[44] Vgl. z. B. die Typen von psychischen Systemen von Familien, die Stierlin unterscheidet: „gebundene", „gespaltene Familien" und solche, die „gleichzeitig binden und ausstoßen" (Wirsching u. Stierlin 1983).

[45] Vgl. die in Abschn. 2.2.2 zitierten Konzepte von Sandner sowie Heigl u. Heigl-Evers.

[46] Als ein Versuch, dieses Problem zu konzeptualisieren, kann man die Arbeit von Menzies (1974) verstehen, die die kollektiven Abwehrmechanismen der Mitglieder einer Institution untersucht.

Interferenztheorie geklärt werden. Es gibt meines Wissens noch kaum ausgearbeitete Theorien über das Verhältnis von sozialen und psychischen Systemen (vgl. Luhmanns Ansatz 1981b).

Sozialsysteme kann man in *drei Ordnungen* untergliedern: *einfache Sozialsysteme, organisierte Sozialsysteme und Gesellschaften* (vgl. Abb. 2). Diese Systeme bilden idealerweise den Gegenstand der Soziologie und der Kommunikationswissenschaft, die sich mit institutioneller Kommunikation befaßt. Gesellschaftssysteme sind für diese Untersuchung nicht relevant und sicher auch nicht erklärungsbedürftig. Der Unterschied zwischen einfachen und organisierten Sozialsystemen hingegen ist erläuterungsbedürftig:

Einfache Sozialsysteme bestehen immer nur aus zwei Selektionszentren [Individuen]. Sind mehr als zwei Selektionszentren vorhanden, ist Organisation erforderlich ...
Jede Rolle in einfachen Sozialbeziehungen kann prinzipiell von jedem Gesellschaftsmitglied eingenommen werden. Z. B. kann jedes Gesellschaftsmitglied „erzählen" oder „beschreiben" und entsprechend als „Erzähler" oder als „Beschreiber" typisiert werden. Jeder kann auch die komplementären Rollen übernehmen, Erzählungen zuhören bzw. Beschreibungen folgen. Diese Typisierungen sind zudem rasch „austauschbar": Ein Erzähler kann zum Zuhörer werden und etwas erzählt bekommen, ein Zuhörer kann zum Erzähler werden usw.
Die Sozialbeziehungen in einfachen Sozialsystemen sind „face-to-face"-Beziehungen. Ihre Besonderheit ergibt sich weiterhin aus der Tatsache, daß eben prinzipiell jedes Selektionszentrum (jede Rolle) auch die komplementäre Rolle einnehmen könnte. Hieraus ergibt sich ein egalitärer Charakter bei der Konstitution einfacher Sozialsysteme (Giesecke 1988, S. 70).[47]

Von diesen einachen Sozialsystemen unterscheiden sich die organisierten in vielfacher Weise:

Organisierte Sozialsysteme haben kompliziertere strukturelle Voraussetzungen. Ich bezeichne sie als „institutionelle Rahmenbedingungen" oder als „Setting". Nicht mehr jedes Gesellschaftsmitglied kann alle Rollen oder „Stellen" in organisierten Sozialsystemen besetzen. Um „Arzt" zu sein, müssen bestimmte Ausbildungskarrieren abgeschlossen sein, und auch „Patienten" müssen im Normalfall bestimmte Voraussetzungen erfüllen. Man kann diese Voraussetzungen oder Bedingungen „Mitgliedschaftsregeln" nennen: „Die Mitgliedschaft wird, mehr oder weniger strikt, zumindest aber formal, an die Bedingung der Regelbefolgung gebunden. Nur wer die Regeln anerkennt, kann eintreten. Wer sie nicht mehr befolgen will, muß austreten" (Luhmann 1975c, S. 41).
Die Sozialbeziehungen in organisierten Sozialsystemen sind „formal organisiert". Darunter versteht man, wie in dem obigen Zitat schon angedeutet, daß die prinzipielle Unterschiedlichkeit der Rollen und die Asymmetrie der Beziehungen als Strukturmerkmal des Systems „formal" anerkannt wird ...
Einfache und organisierte Sozialsysteme unterscheiden sich weiterhin durch die Anzahl und Typik der Selektionen [Interaktiven Ereignisse]. Mindestvoraussetzung für die Konstitution einfacher Sozialsysteme sind drei (binär schematisierte) Ereignisse, z.B.: „Gruß-Gegengruß" – und (wie implizit auch immer) „Dank für den Gegengruß" ... Organisation ist erst erforderlich, wenn mehr als drei Selektionen zur Abwicklung der Aufgaben gebraucht werden. Organisierte Sozialsysteme bestehen deshalb immer aus mehr als drei Selektionen (Giesecke 1988, S. 75f.).

---

[47] Daß dieser egalitäre Charakter der einfachen Sozialsysteme innerhalb der soziologischen Diskussion in den beiden letzten Jahrzehnten auf alle Sozialsysteme übertragen wurde, hat sich inzwischen als problematisch herausgestellt. Die „Enttarnung" professioneller Kommunikation in Institutionen als Herrschafts- und Machtausübung durch ethnomethodologische und wissensoziologische Ansätze trägt der Komplexität dieser organisierten Sozialsysteme keine Rechnung. Vgl. „Institutionen und Konzepte ‚idealer Kommunikation', Giesecke 1988, S. 70–79.

Hinsichtlich der Ablaufstruktur werden in einfachen Sozialsystemen ebenfalls nur geringe Voraussetzungen gemacht: Es gilt die Regel, daß jede Selektion an die vorhergehende anschließen muß (Giesecke 1988, S. 77).

Im organisierten Sozialsystem brauchen die Selektionen nicht mehr unmittelbar aneinander anschließen und können trotzdem als Elemente für den Systemaufbau in Anspruch genommen werden. In Diskussionen etwa ist es möglich, „Fragen" zu sammeln. Jede einzelne Frage braucht keinesfalls Bezug auf die vorangehende Frage zu nehmen und wird dennoch als „Beitrag" gewertet. Derartige Möglichkeiten der Ablauforganisation können schon vorab in den institutionellen Rahmenbedingungen (Komplexitätsdimension) von organisierten Sozialsystemen festgelegt werden (Giesecke 1988, S. 78).

Einfache und organisierte Sozialsysteme unterscheiden sich im Hinblick auf die konstitutive Funktion, die relevante Umwelt und die Möglichkeiten interner Systemdifferenzierung voneinander.
Die Funktion von einfachen Sozialsystemen ist immer die Befriedigung von Bedürfnissen von Personalsystemen. Organisierte Sozialsysteme demgegenüber erfüllen Funktionen für andere Sozialsysteme (Giesecke 1988, S. 79, vgl. auch Luhmann 1975b).

Ein weiterer Unterschied zwischen diesen beiden Systemtypen besteht in der Möglichkeit, sich selbst zu thematisieren. Einfache Sozialsysteme thematisieren in der Regel selten die Programme, nach denen sie ablaufen, und auch ihre Identität muß im Gegensatz zu organisierten Sozialsystemen nicht thematisiert werden, was sich u. a. darin zeigt, daß einfache Sozialsysteme sich keinen Namen geben. Hingegen ist es ein unverzichtbares Merkmal von organisierten Sozialsystemen, daß sie ihre latenten Programme thematisieren können und zur Verstärkung ihrer Strukturen und damit zu ihrer Bestandserhaltung einsetzen können. Organisationen besitzen immer einen Namen, der die Identität des Systems für das System und für seine Umwelt repräsentiert. Meist sind auch die Abläufe, die Ziele und die relevante Umwelt des Systems in irgendeiner Weise kodifiziert. Dies ist bei einfachen Sozialsystemen nicht der Fall. Dort kann das Ziel, der Ablauf und die relevante Umwelt in der laufenden Interaktion verändert werden, es kommt nur darauf an, daß diese Veränderungen den Bedürfnissen der Personalsysteme entsprechen.[48]

Supervision ist ein organisiertes Sozialsystem, zu dessen Umwelt diese einfachen Sozialsysteme gehören und die Personalsysteme seiner Elemente. Wie sich dieses Verhältnis im einzelnen darstellt, werde ich in Kap. 4 untersuchen. Systematisch beschreiben kann ich lediglich das Verhältnis zwischen Personalsystemen und dem System, nicht aber das von einfachen Sozialsystemen zum System Gruppensupervision. Es gibt im Vergleich zu den Personalsystemen so unendlich viele mögliche einfache Sozialsysteme, so daß man diese nicht klassifizieren kann. Denkbar wäre z. B., daß zwei Gruppenmitglieder ihre Interaktion in der Supervision als einfaches Sozialsystem typisieren statt als einen Teil des organisierten Sozialsystems. Einfache Sozialsysteme bilden sich insbesondere, wenn die Supervision konstituiert wird oder schon aufgelöst wird, in der Vor- und der Abschlußphase. Die Gruppe kann auch auf einfache Sozialsysteme referieren, die sich im professionellen Alltag bilden (z. B. kann man informelle Gespräche unter Institutionsmitgliedern in dieser Weise typisieren). Ich gehe deshalb bei der Darstellung der Differenzierungsdimension nicht mehr auf die Relation zwischen einfachen und dem organisierten Sozialsystem ein. Grundsätzlich kann man sagen, daß das organisierte Sozialsystem diese einfachen Sozialsysteme als Umwelt typisieren wird und sich von ihnen damit abgrenzen wird, daß diese aber auch zum fokussierten Teil der Umwelt werden

---

[48] Zur Möglichkeit der Thematisierung der Strukturen in beiden Systemtypen vgl. Giesecke 1988, S. 81–84.

können, wenn deren Thematisierung der Abwicklung der Aufgaben des Systems dienlich erscheint.

An dieser Stelle möchte ich noch einige zentrale Begriffe erläutern, die ich bei der Untersuchung verwende und die nicht im Rahmen dieser Systemtheorie definiert sind. Welche *Bedeutung* haben in dieser Arbeit *die Begriffe Institution, Organisation und organisiertes Sozialsystem?* Unter systemtheoretischer Perspektive ist der letzte Begriff der Überbegriff, denn Institutionen und Organisationen, die häufig als synonyme Begriffe gebraucht werden, sind als organisierte Sozialsysteme zu betrachten. Organisation ist ein Begriff, der eher aus der Soziologie und der Organisationsentwicklung kommt, während Institution eher aus dem Paradigma der konservations- und gesprächsanalytischen Untersuchungen kommt. Ich sehe zwischen beiden Begriffen keinen strukturellen Unterschied, benutze sie aber in dieser Arbeit aus Gründen der Vereinfachung unterschiedlich: Organisation bezeichnet dasjenige Sozialsystem, dem ein Team oder eine Arbeitsgruppe als Subsystem angehört. Diese Verwendung entspricht dem Gebrauch in der Organisationsentwicklung. Institution benutze ich, um dieses Subsystem der Organisation, das Team oder die Arbeitsgruppe zu benennen. Den Begriff der Institutionsanalyse zur Bezeichnung des Programms, das sich mit der Analyse der Selbstbeschreibung eines Teams befaßt, habe ich auch in Anlehnung an die gesprächsanalytische Tradition, die sich vorwiegend mit der Analyse von „Kommunikation in Institutionen" befaßt, gewählt. Man hätte auch den im Rahmen der Organisationsentwicklung gebräuchlichen Begriff der „Teamentwicklung" oder den zwar korrekten, aber umständlichen Begriff der „Subsystemanalyse" wählen können.

2.3 Die Vereinbarkeit der vier Komponenten

Im Kap. 1 habe ich mich gegen die negative Konnotation des Begriffs Eklektizismus gewandt, der auf die Gefahren des willkürlichen Zusammenbringens von verschiedenen Supervisionskonzepten hinweisen soll. Aus der Not, daß die Anforderungen an Supervision immer komplexer geworden sind, v. a. durch die Einbeziehung institutioneller Probleme, und man nicht über entsprechendes Methodeninventarium verfügte, ist die Tugend geworden, verschiedene Konzepte aneinanderzureihen. Im Prinzip ist der Erwerb professioneller Kompetenz in der Anwendung verschiedener Methoden notwendig.[49] Welche Methoden allerdings ausgewählt werden, hängt von vielen Zufällen, die sich im Laufe der professionellen Sozialisation ereignen und nicht zuletzt von der in der eigenen Psyche begründeten Abneigung gegen und Vorliebe für bestimmte psychologische Theorien und deren Anwendung ab. Dies allein kann aber nicht genügen, um zu begründen, warum man bestimmte Methoden ausgewählt hat und sie für vereinbar miteinander hält. Daß ich die vier Komponenten dieses Supervisionsmodells für miteinander vereinbar halte, möchte ich im folgenden so begründen:

---

[49] Gnädinger (1990, S. 277) zieht aus der Analyse der Situation der Balint-Gruppenarbeit heraus das Resümée, daß neben der psychoanalytischen Qualifikation es für den Leiter inzwischen notwendig geworden ist, sich sozialwissenschaftlich zu qualifizieren.

1) Die vier Wurzeln des Modells sind miteinander kompatibel, weil *alle einen anderen Aspekt des überkomplexen Phänomens Gruppensupervision erfassen:*
   - Balint-Gruppenarbeit ist geeignet, um die psychische Struktur von Personalsystemen, z. B. Falleinbringer, Klient oder Gruppenmitglied, und die Psychodynamik der zwischen ihnen bestehenden Beziehungen zu analysieren.
   - Gruppentherapie und -selbsterfahrung fokussiert die psychische Struktur der Supervisionsgruppe, wenn man sie als ein psychisches System betrachten will, und von Kleingruppen, über die berichtet wird.
   - Organisationsentwicklung und die Theorie sozialer Systeme finden ihren Gegenstand in den sozialen Strukturen des Systems Gruppensupervision und den an die Gruppensupervision angrenzenden Systemen, wie z. B. Teams. Beide verstehen die Gruppenmitglieder und deren Klienten als soziale Rollen und die Beziehungen zwischen ihnen als sozial geprägte.

   Damit sind die Stärken der einzelnen Komponenten deutlich und die Abgrenzung voneinander durch den Beitrag, den sie zur Erklärung der Wirklichkeit in diesen Gruppen liefern, möglich.

2) Die Konzepte sind miteinander kompatibel, weil ihre *ursprünglichen Funktionssetzungen geändert* und neue Funktionssetzungen geschaffen wurden, die aus den Zielen dieses Supervisionskonzepts abgeleitet sind. Diese neuen Setzungen konkurrieren nicht miteinander, sondern ergänzen sich.
   - Balint-Gruppenarbeit wird hier zur Fallarbeit und verliert damit die Funktion, die Medizin durch die Vermittlung von psychotherapeutischen Kompetenzen an die Ärzte zu revolutionieren oder zu reformieren. Fallarbeit hat die Funktion, die professionelle Kompetenz von Gruppenmitgliedern im Umgang mit Klienten, Patienten und Kollegen zu verbessern.
   - Gruppentherapie und -selbsterfahrung werden zur Selbstthematisierung von Gruppenprozessen verwandt. Sie verlieren ihre ursprüngliche Funktion, psychisch kranke Menschen in Gruppen zu heilen oder Selbsterfahrungswilligen Einsichten in ihre Persönlichkeit zu vermitteln. Selbstthematisierung von Gruppenprozessen dient hier dazu, Probleme, die in den beiden anderen Programmen nicht gelöst werden können, bearbeitbar werden zu lassen.
   - Organisationsentwicklung hat hier nicht die Funktion, Veränderungsprozesse in großen sozialen Systemen zu bewirken, was auch das praktische Eingreifen in Arbeitsprozesse einschließt, sondern die Funktion, ein Analyseinstrumentarium für die Untersuchung institutioneller Prozesse und Strukturen in Subsystemen (Teams) zu liefern.
   - Die Theorie sozialer Systeme liefert nicht, wie im wissenschaftlichen Paradigma üblich, allein eine Modellierung des Untersuchungsgegenstandes, der Gruppensupervision, sondern sie hat innerhalb des Modells auch noch die Funktion, eine Anleitung zur Selbstanalyse des Systems Gruppensupervision zu geben, und zwar zur Analyse der eigenen sozialen Strukturen und Prozesse.

3) Nun liegen den beiden Komponenten Balint-Gruppenarbeit und Gruppentherapie – im Gegensatz zu den Komponenten Organisationsentwicklung und Theorie sozialer Systeme – keine explizit systemtheoretischen Auffassungen über Individuen, Gruppen und Organisationen zugrunde, sie lassen sich aber mit ihren Auffassungen m. E. in ein systemtheoretisches Konzept von Supervision integrieren: Ihre Grundannahmen über den Menschen, über menschliche Beziehungen und deren Veränderbarkeit entspre-

chen den hier vertretenen systemtheoretischen Auffassungen vom Menschen als einem überkomplexen, intern differenzierten, selbstregulativen, zur Selbstreflexion befähigten und in sich flexibel rückgekoppelten System.

Deutlich werden diese Übereinstimmungen, wenn man dieser Sichtweise intentionalistische Modelle der Wirklichkeit und des Menschen gegenüberstellt, wie sie etwa lerntheoretisch orientierten Supervisionskonzepten zugrunde liegen.[50] Die Modelle linearisieren komplexe Prozesse nach dem Prinzip von Ursache und Wirkung: Die Wirkung bildet wieder eine neue Ursache für eine neue Wirkung etc. Diese in der Wissenschaft, aber auch im Alltagsleben sehr verbreiteten Modelle setzen ein autonomes, rational planendes und durch und durch kognitiv denkendes Individuum voraus, das intentional handelt und die Wirkungen seiner Handlungen antizipieren kann. Dies in der klassischen Psychologie immer noch vorherrschende Ideal hat sich inzwischen, nicht zuletzt dank der Durchsetzung psychoanalytischer Erkenntnisse über den Menschen, doch als zu starke Reduktion von Komplexität herausgestellt, die nicht in der Lage ist, wesentliche Phänomene zu erfassen und zu erklären.[51]

Der Mensch als selbstregulatives, zur Selbstreflexion befähigtes komplexes System, das über immense Möglichkeiten verfügt, sich in einer überkomplexen Umwelt zu orientieren und zu handeln, obwohl er die Folgen seines Tuns kaum absehen kann, der sich außerdem seiner Abhängigkeit von der ihn umgebenden Welt bewußt ist, ist das Gegenbild zum rational planenden und intentional handelnden Individuum. In der systemtheoretischen Sichtweise ist der Mensch ein Element von Systemen oder von größeren ökologischen Zusammenhängen. Sein Handeln ist immer nur ein Beitrag zur Erreichung von Zielen, zu denen noch andere Beiträge von den übrigen Elementen des Systems kommen müssen. Heraus kommt dann ein gemeinsames Produkt, das sich von den einzelnen Beiträgen unterscheidet, sie aber in sich aufhebt. Besonders deutlich kann man dieses Zusammenwirken von verschiedenen Beiträgen beim Entstehen von Institutionen beobachten. So ist die Supervision, als ein soziales System aufgefaßt, auch eine von allen Beteiligten geschaffene, ihnen aber als fremd gegenübertretende und ihren Eigengesetzlichkeiten gehorchende Institution.

Aber nicht nur nach außen sind dem Individuum Grenzen gesetzt, *auch sein Inneres ist ein überkomplexes Phänomen,* das genauso wenig beherrschbar und kontrollierbar ist wie die äußere Welt. Am deutlichsten wird dies symbolisiert durch die Existenz des Unbewußten. Akzeptiert man dieses Menschenbild, das sich auf die psychoanalytische Theorie des Individuums stützt, muß dieser Überkomplexität des Menschen auch im *Veränderungsprozeß,* der durch die Supervision eingeleitet werden soll, Rechnung getragen werden. Supervision kann demnach Menschen nur verändern, wenn sie auf ihre Eigenverantwortlichkeit, auf ihre Selbstheilungskräfte und ihre Begabung zur Selbstreflexion setzt und sie als selbstregulative und nur in diesem Sinne autonome Individuen begreift. Neues kann nicht allein über die Vermittlung von Wissen im Experte-

---

[50] Lerntheoretisch orientiert sind die meisten Supervisionsmodelle, die aus der holländischen Tradition der Sozialarbeit und Supervision kommen, z. B. das von Strömbach et al. (1975) beschriebene.

[51] Über die psychologischen Motive dieser Bewältigung von Realität ist man sich, nicht zuletzt durch das gestiegene Bewußtsein für ökologische Zusammenhänge und für systemisches Denken, wohl im klaren. Zu diesen Motiven können wohl u. a. die Größenphantasien gerechnet werden, die sich in der Neuzeit im Fortschrittsglauben und im Glauben an die Allmacht menschlicher Vernunft manifestiert haben und die demütige Haltung der Menschen im Mittelalter abgelöst haben (vgl. hierzu Richter 1979).

Laie-Setting gelernt werden, das voraussetzt, daß der Experte im Besitz des für den Laien relevanten Wissens ist, während der Laie nichts weiß.[52] Der Supervisor – in diesem Falle – kann lediglich Veränderungs- und Lernprozesse anleiten und unterstützen, wenn sie von den Supervisanden gewollt und verantwortlich getragen werden. Da auch er die Prozesse nicht in der Hand hat und auch die Wirkungen seines Tuns unabsehbar sind, so kann auch er nur einen Beitrag zum Gelingen des Veränderungsprozesses leisten, der andere muß von den Supervisanden kommen. Man kann vielleicht sagen, daß der Supervisor ein Lernen durch Erleben und Erfahrung unterstützen sollte und den Supervisanden eine Anleitung zum Erlernen der Selbstreflexion geben sollte.

4) Wie wird nun die Rolle des Supervisors, Therapeuten oder Organisationsentwicklers in den drei Konzepten gesehen? Ich habe schon einmal den Begriff des Katalysators gebraucht (vgl. S. 38f.), um die mir am geeignetsten erscheinende Selbsttypisierung des Leiters zu charakterisieren. Diese Selbstbeschreibung ist in der Institutionsberatung und der Organisationsentwicklung durchaus üblich.

French u. Bell (1982, S. 31) verwenden den Begriff synonym für Organisationsentwickler, und auch Wellendorf (1979) benutzt ihn in Abgrenzung zum „Analysator", der alles versteht und einen distanzierten Standpunkt einnimmt. Balint warnte seine Supervisanden, die Ärzte, davor, den „Detektiv" zu spielen und ohne innere Beteiligung alles auszuspionieren, was sich bei ihren Patienten abspielt (zit. nach Loch 1975, S. 160). Diese Warnung gilt sicher auch für die Supervisoren oder Balint-Gruppenleiter, deren Haltung ja nach Balint (1976, S. 409) dasjenige ist, was mehr lehrt als seine Worte. In der Balint-Gruppenarbeit wird über die eigene emotionale Beteiligung am Geschehen, über die „erlebte Einsicht" gelehrt und gelernt (Balint 1976, S. 400; Loch 1969, S. 153). Das Verwickeltwerden in das den Supervisanden oder Klienten problematische Geschehen, die emotionale Affiziertheit und die Auffassung, als Leiter selbst Teil eines Ganzen zu sein, das man nicht allein strukturieren und kontrollieren kann, sowie die Aufgabe, Veränderungsprozesse anzuleiten jenseits des Lehrer-Schüler-Verhältnisses, sind Typisierungen der Haltung des Supervisors, die den hier verwendeten Konzepten gemeinsam sind.

5) Eine andere wesentliche Gemeinsamkeit besteht im *Umgang mit Störungen, Irritationen und Abweichungen* von der üblichen Weise der Arbeit in der Supervision. Die Störungen und Auffälligkeiten werden nicht etwa eliminiert, sondern als Lernhilfe genutzt. Man geht davon aus, daß sich an diesen Stellen Probleme zeigen, die Thema der Supervisionsarbeit sein sollen. Diese Probleme können nicht, so nimmt man an, sprachlich-begrifflich präsentiert werden, sondern sie werden „inszeniert". Man spricht von der „Spiegelung" der problematischen Ereignisse aus der professionellen Praxis in der Supervisionsgruppe.[53] Spiegeln können sich Professional-Klient-Beziehungen, problematische Beziehungen mit Arbeitskollegen und auch problematische Beziehungen zwischen ganzen Teams und den sie umgebenden Systemen. Durch diese

---

52 Zu den Ambivalenzen des Lehrer-Schüler- oder Experte-Laie-Verhältnisses vgl. Balint 1968, S. 125f.

53 Zur Auslegung dieses Begriffs in der Literatur zu Balint-Gruppen vgl. Rappe-Giesecke (1987), Giesecke und Rappe-Giesecke (1994, Anschnitt 6.3: Die Inszenierung des Falls) und auch Abschn. 5.2.2 dieser Arbeit. Zur Spiegelung von Teamproblemen in der Supervisionsgruppe vgl. Hegenscheidt-Renartz 1986; Schmidt 1984, insbesondere S. 67ff.; Rappe-Giesecke 1987. Zur Spiegelung von behandelten Problemen in den Strukturen einer Arbeitsgruppe vgl. Mahler 1974. Einer der ersten Aufsätze über die Spiegelung von Professional-Klient-Beziehungen in einer Supervisionsgruppe ist der von Heigl-Evers u. Heringer 1970.

systematisch genutzte Reflexion der eigenen Strukturen unterscheidet sich diese Form der Supervision und die in ihr verwendeten Konzepte wesentlich von Lernsituationen, die unter Lernen das Ausschalten und Vermeiden von Fehlern und von Abweichungen von der idealen Art der Arbeit verstehen.

3 Das ideale Setting der Gruppen- und Teamsupervision

Setting ist ein in der Supervision gebräuchlicher Begriff, mit dem man die Rahmenbedingungen, innerhalb deren sich ein optimaler Supervisionsprozeß entwickeln kann, beschreibt. Welche Rahmenbedingungen im einzelnen damit gemeint sind, wird unterschiedlich bewertet. Ich verstehe darunter die folgenden:

- die möglichen Rollen in der Supervision,
- die wesentlichen Aktivitäten und Aufgaben der Rollen,
- die Beziehungen zwischen den Rollen,
- die Elemente des zeitlichen Ablaufs des Supervisionsprozesses und
- die Varianten des Modells.

Zum Setting von empirisch vorfindlichen Exemplaren dieser Art – also zum Setting von Gruppen, die nach diesem Modell arbeiten, nicht zum Modell an sich – gehören noch die Rahmenbedingungen: Ort, Zeit, Dauer der Supervision und teilnehmende Personen. Ein weiterer zentraler Unterschied zwischen real vorfindlichen Supervisionsgruppen und dem hier beschriebenen Modell ist, daß das Modell einen Idealtypus darstellt, der aus der Analyse vieler vorfindlicher Gruppen heraus konstruiert wurde (Giesecke u. Rappe-Giesecke 1983a, S. 108). Diesem Ideal entspricht keine real existierende Supervision, jede weicht in spezifischer Weise von ihm ab. Diese Abweichungen entstehen z. B. aus der jeweiligen personellen Zusammensetzung der Gruppe, die Typen von Beziehungen zwischen den Gruppenmitgliedern zur Folge hat, die nicht im Modell vorgesehen sind. Abweichungen können auch entstehen durch den Einbau der Supervision in ein übergreifendes System, z. B. ein Ausbildungssystem. Kennt der Supervisor den Idealtypus und die Abweichungen des jeweiligen Settings davon, kann er prognostizieren, welche besonderen Probleme in dieser Gruppe zu erwarten sind.

Arbeitet man mit der Theorie sozialer Systeme, kann man diejenigen Merkmale der Supervision, die gewöhnlich als Setting bezeichnet werden, als Merkmale der *„Komplexitätsdimension"* wiederfinden. Der Begriff Setting ist in den Begriff Komplexitätsdimension übersetzbar. Ich zitiere aus Gieseckes Arbeit über die Untersuchung institutioneller Kommunikation (1988) eine Definition der Komplexitätsdimension und Anleitungen zu ihrer Untersuchung.[1]

---

[1] Zu den Merkmalen des Settings und den kommunikationswissenschaftlichen Methoden seiner Untersuchung vgl. Giesecke u. Rappe-Giesecke (1994, Abschnitt 4.3: Setting, Normalformerwartung und Arbeitsbündnis). Zum Setting von Selbsterfahrungsgruppen ebenda (Abschnitt 5.2: Eine exemplarische kontrastive Systemanalyse: Setting, Umwelt und Dynamik einer Selbsterfahrungsgruppe).

Bei der Analyse der Komplexitätsdimension von Systemen richtet man sein Augenmerk auf dessen interne Struktur:

> Die Komplexität sozialer Systeme ergibt sich aus der Anzahl der Elemente und den möglichen Beziehungen zwischen diesen Elementen (Giesecke 1988, S. 31).

Elemente des Systems sind sowohl soziale Rollen (Selektionszentren) als auch ihre wesentlichen Aktivitäten (Selektionen).

> Je nach der Anzahl der Selektionen [Aktivitäten] und Selektionszentren [sozialen Rollen] sowie ihrer internen Differenzierung wächst die Anzahl und die Typik der Relationen. Es ist leicht vorstellbar, wie durch die Zunahme der Elemente die Komplexität in sozialen Systemen überproportional gesteigert werden kann (Giesecke 1988, S. 31).

Das Vorgehen bei der Rekonstruktion dieser internen Strukturen von Systemen sieht so aus:

> In einer Untersuchungsphase werden folgende Fragen an das Datenmaterial gestellt: Welche Rollen sind unabdingbare Voraussetzungen für den Systemaufbau und wie lassen sie sich charakterisieren? Welche rollengebundenen Aktivitäten gibt es und wie lassen sie sich charakterisieren? (Giesecke 1988, S. 170).

> Im zweiten Schritt wird nach den Beziehungen zwischen den verschiedenen Rollen gesucht. Für Institutionen sind immer komplementäre Rollenbeziehungen konstitutiv. Im Ergebnis liegt eine Beschreibung asymmetrischer und ggf. symmetrischer Sozialbeziehungen vor (Giesecke 1988, S. 177).

> Die Rekonstruktion kann als abgeschlossen gelten, wenn eine Charakterisierung des Settings, der Rollen und ihrer Beziehungen sowie der rollengebundenen Aktivitäten vorliegt, die am Datenmaterial in der bezeichneten Weise überprüft ist. Abweichungen von diesen Rekonstruktionen ermöglichen dann – im Rahmen der Normalformanalyse – Prognosen über abweichende Strukturmerkmale in den anderen Dimensionen (Giesecke 1988, S. 172).

Eine weitere, für meine Untersuchungszwecke wichtige und auch vom System her vorgegebene interne Differenzierung ergibt sich dann, wenn man das System in seinem gesamten zeitlichen Ablauf betrachtet. Es besteht aus unterschiedlichen Elementen, u. a. aus Sitzungen, m. E. gehören aber auch die Vorgespräche, das Kontraktgespräch und Probesitzungen zum System als konstitutive Merkmale dazu. Eine weitere interne Differenzierung dieses Systems entsteht durch die Kombinationsmöglichkeiten der drei Programme. Die Varianten des Modells werden ebenfalls als Merkmale der Komplexitätsdimension beschrieben.

3.1 Elemente des zeitlichen Ablaufs

Das erste Element des Systems ist der *Erstkontakt* des potentiellen Supervisors mit seinen potentiellen Supervisanden. Er kann in Form eines Telefongesprächs, einer schriftlichen Anfrage oder einer Vermittlung über einen Dritten stattfinden. Die Bedeutsamkeit dieses Erstkontakts für die gesamte Supervision wird auch in der Literatur immer wieder betont, denn hier zeigen sich in kondensierter Form schon die Probleme, die Gegenstand der Supervision sein werden. Dies ist den Supervisanden vermutlich ganz unbewußt, und auch der Supervisor wird die Bedeutung mancher Auffälligkeiten oder Irritationen erst später verstehen können. Wellendorf vertritt die Ansicht, daß die „Analyse der Nachfrage" ein zentraler Aspekt der Analyse der Probleme der Supervisanden sein muß, weil sich schon hier die unbewußten Probleme zeigen.[2] So ist es z. B. bei der Einschätzung der Vorgänge zu Beginn der Supervision wesentlich, ob die Supervisanden um Supervision nachgefragt haben oder ob sich der Supervisor angeboten hat.[3]

Die Funktion dieses Erstkontakts ist es, die Bereitschaft zur Etablierung eines Systems und damit die Bereitschaft, die Rolle des Supervisors oder des Supervisanden zu übernehmen, zu prüfen.

Verläuft ein Erstkontakt so, daß man sich einig wird, Kontakt miteinander aufzunehmen, dann folgt ein *Sondierungsgespräch*. Dieses Gespräch zwischen den potentiellen Supervisanden und dem potentiellen Supervisor hat die Aufgabe, abzuklären, ob man miteinander arbeiten kann. Dabei spielen sowohl persönliche Einstellungen eine Rolle als auch die Abklärung, welche Probleme Gegenstand der Supervision sein sollen und welche Methoden und Kompetenzen der Supervisor anbieten kann. Außerdem wird man eruieren müssen, wie weit der Spielraum der Supervisanden bei der Aushandlung der Rahmenbedingungen der Supervision ist. Handelt es sich um eine Supervision für ein Team, dann wird evtl. noch ein Sondierungsgespräch mit dem Träger oder dem direkten Vorgesetzten des Teams stattfinden müssen. Sowohl in diesem Fall als auch im folgenden – der Träger oder der Vorgesetzte fragt um Supervision für ein Team nach – wird es in diesem Gespräch für den Träger oder Vorgesetzten darum gehen, herauszufinden, ob der Supervisor kompetent und vertrauenswürdig ist und ob er zu einer Kooperation mit ihm bereit ist.[4] Für den Supervisor wird es darum gehen, zu prüfen, ob das Team der richtige Klient für eine Supervision ist und ob er innerhalb der Organisation die Bedingungen etablieren kann, die die Autonomie der Supervision gewährleisten. Er wird weiterhin abklären, ob die Supervision für ihn finanziell lukrativ ist und ob er die Ziele, die der Träger oder der Vorgesetzte mit der Etablierung der Supervision verfolgt, mittragen kann. Hat der Träger z. B. um Supervision nachgefragt, müßte nach einem erfolgreich verlaufenen Gespräch mit dem Träger oder Vorgesetzten noch eines mit dem Team stattfinden, in dem man abklärt, ob man in dieser verordneten Supervision ein Arbeitsbündnis schließen kann.

Handelt es sich um eine Gruppensupervision, ein Setting, das dem klassischen Balint-Gruppensetting in etwa entspricht – eine Gruppe von Angehörigen der gleichen Profession, die in verschiedenen Institutionen oder verschiedenen Abteilungen einer großen Organisation arbeiten –, dann könnte man gleich nach dem Sondierungsgespräch zur Aushandlung des „Kontrakts" übergehen. Bei der Gruppensupervision ist von vornherein klar, an welchen Problemen man mit welchen Methoden arbeiten wird – an der Psychodynamik der Professional-Klient-Beziehung mit der Methode der Fallarbeit. In der Supervision von Teams muß erst einmal bestimmt werden, an welchem der beiden großen Bereiche – Professional-Klient-Beziehungen oder Kooperation im Team – man ansetzt. Um einen klaren Auftrag zu bekommen und das Ziel der Supervision festzule-

---

2 Vgl. Wellendorf 1979, S. 70f. sowie zur Einbeziehung des Supervisors in die unbewußten institutionellen Probleme Nellessen 1983, S. 91 und auch Selvini Palazzoli et al. 1984, S. 220.

3 Über die Bedeutung der Nachfrage und Akquisition in der Supervision vgl. Nellessen 1985.

4 Nach Selvini Palazzolis Erfahrung sollte man die „hierarchischen Bahnen" einer Organisation respektieren und mit der Leitung kooperieren (vgl. Selvini Palazzoli et al. 1984, S. 243).

gen, kann man an dieser Stelle vor der Kontraktschließung und dem Beginn des eigentlichen Supervisionsprozesses eine Vorphase der Problemdiagnose einführen. Ich habe die Erfahrung gemacht, daß die vom Team vorab gesetzte Priorität für Fallarbeit oder Teamsupervision oft gar nicht den wirklichen Problemen Rechnung trug, man könnte sagen, die Entscheidung für einen der beiden Bereiche tritt schon in den Dienst der Abwehr der Bearbeitung der konstitutiven Probleme. Läßt man sich in diesem Fall auf die vom Team gewünschte Supervisionsmethode ein, spielt man schon mit „im Spiel der Institution". Natürlich kann es auch sein, daß die Motivation der Supervisanden sehr ambivalent oder diffus ist, sie zu wenig von Supervision wissen und vom Supervisor Hilfe bei der Benennung des Arbeitsthemas erwartet wird. „Wir wollen unsere Beziehungen im Team verbessern" oder „wir fühlen uns hier unwohl" sind Aussagen, aus denen man keinen Arbeitsgegenstand ableiten kann. Selbst wenn das Team die Thematisierung seiner Kooperationsbeziehungen untereinander wünscht, gibt es noch unendlich viele Themen, die damit zusammenhängen und die man im Laufe einer Supervision gar nicht alle bearbeiten kann. Ich halte es für sinnvoll, daß man gemeinsam einige bearbeitbare Probleme rekonstruiert, so daß man auch eine Erfolgskontrolle hat und nicht frustriert in der Überkomplexität von Teambeziehungen steckenbleibt.

Die Verfahren, mit denen der Supervisor in dieser Vorphase arbeiten kann, sind die der Datenerhebung über den Ist-Zustand des Teams, gefolgt von einer Datenrückkoppelung und einer gemeinsamen Auswertung der Daten mit der Perspektive, einen Arbeitsgegenstand zu finden und das Ziel der Supervision festzulegen. Benutzt werden also die aus der Aktionsforschung kommenden Verfahren, wie ich sie in Abschn. 2.2.3 beschrieben habe. Diese Phase der Problemdiagnose ist Thema von Abschn. 5.1.

Nach diesen Vorphasen oder bei der Gruppensupervision direkt nach dem Sondierungsgespräch folgt eine Sitzung, in der der *Kontrakt* ausgehandelt und festgelegt wird. Die Kontraktsitzung hat die Funktion, die Rahmenbedingungen der Supervisionsarbeit gemeinsam festzulegen, als da sind: Zeitpunkt, Dauer und Ort der Supervision, teilnehmende Supervisanden, Regelungen für ausgefallene und verschobene Sitzungen, Gegenstand und Ziel der Supervisionsarbeit und das Supervisionskonzept, mit dessen Hilfe man dieses Ziel erreichen will. Supervisanden und Supervisor müssen sich auf die Einhaltung der Schweigepflicht gegenüber Außenstehenden verpflichten. Bei Teamsupervisionen muß außerdem noch die Beziehung der Supervision zur übergreifenden Organisation geregelt werden: Welche Kontrollmöglichkeiten sollen der Organisation und ihren Repräsentanten zugestanden werden, welche Formen der Rückmeldung über Stand und Erfolge der Supervision will man wählen? Wie soll die Schweigepflicht gegenüber der Organisation und anderen Kollegen ausgelegt werden? Schließlich wird man noch vereinbaren, welche Formen interner Erfolgskontrolle man einbauen will, z. B. können Auswertungssitzungen vorab vereinbart werden.

Die Ergebnisse dieser Aushandlungen werden in einem schriftlichen Vertrag niedergelegt, der vom Supervisor und den Supervisanden oder Vertretern des Teams unterschrieben wird. Bei Teamsupervisionen wird man mit dem Träger oder dem Vorgesetzten des Teams einen gesonderten Vertrag machen, der die finanzielle Seite der Supervision regelt. Ein Beispiel für einen Dreieckskontrakt zwischen Team, Vorgesetzten und Supervisorin ist der folgende.

Prof. Dr. phil. Kornelia Rappe-Giesecke
Dipl.-Supervisorin und
Lehrsupervisorin

Kontrakt

zwischen _____
und Dr. Rappe-Giesecke über eine Teamsupervision.

– Vereinbart werden _____ Sitzungen von _____ Stunden Dauer, die in der Regel 14tägig,
  dreiwöchig, monatlich in _____ stattfinden.

– Teilnehmen werden _____
  _____

– Das Honorar von _____ DM trägt _____

– Themen der Supervisionsarbeit werden sein
  _____
  _____
  _____

– Folgende Vereinbarungen werden hinsichtlich von Rückkopplungs- oder
  Auswertungsgesprächen mit der Leitung des Teams getroffen:
  _____
  _____

– Lassen die SupervisandInnen weniger als 3 Tage vor dem vereinbarten Termin eine
  Sitzung ausfallen und kann nicht im gegenseitigen Einvernehmen ein Ausweichtermin
  gefunden werden, so muß die Sitzung bezahlt werden.

– Grundsätzlich sind Supervisorin und SupervisandInnen an die Schweigepflicht gebunden.
  Werden jedoch Dinge berührt, die Strukturen, Aufgaben und Verantwortlichkeiten der
  übergreifenden Organisation tangieren, so ist hiervon im folgenden Sinne eine Ausnahme
  möglich: Verschwiegenheit im Persönlichen und Offenheit im Strukturellen. Diese
  Vereinbarung betrifft insbesondere Rückkopplungsgespräche mit der Leitung.

Werther, den _____

Die Supervisorin   Die SupervisandInnen   Der/Die Vorgesetze

Abb. 4. Kontrakt über eine Teamsupervision

Auf den Kontrakt folgen die einzelnen *Sitzungen,* in denen nach einem der drei Programme gearbeitet wird, in denen also entweder Fallarbeit, Selbstthematisierung oder Institutionsanalyse betrieben wird. Den internen Ablauf dieser Sitzungen werde ich in Abschn. 5.2–5.4 erläutern. Diese Sitzungen bilden in ihrer Aufeinanderfolge das, was man gewöhnlich den historischen Gruppenprozeß oder den Supervisionsprozeß nennt. Die Funktion einer Sitzung für das Gesamtsystem Supervision ist es, einen Beitrag zur Erreichung der vereinbarten Ziele der Arbeit zu leisten.

Auswertungssitzungen, in denen sich die Gruppe reflexiv zu ihrer Supervision verhält und den erreichten Stand mit den im Kontrakt vereinbarten Zielen vergleicht, können sowohl am Ende des Supervisionsprozesses liegen als auch in der Mitte in Form einer Zwischenauswertung. Diese Sitzungen müssen von den übrigen Sitzungen, die nach einem der drei Programme ablaufen, deutlich abgehoben werden und auch von der ganzen Gruppe ratifiziert werden. Günstig ist es, schon im Kontrakt festzulegen, ob und wann man eine Auswertungssitzung vereinbart. Die interne Struktur dieser Sitzungen kann durch Verfahren des „Feedbackgebens" bestimmt werden, wobei der Supervisor die Aufgabe hat, die Gruppenmitglieder mit den Regeln des Feedbackaustausches bekannt zu machen.[5] Einmal können sich die Gruppenmitglieder selbst einschätzen und sich gegenseitig darin einschätzen, wie weit sie bei der Erreichung des Supervisionszieles gekommen sind. Weiterhin sollte die Arbeit des Leiters von ihm selbst und den Gruppenmitgliedern bewertet werden, und auch der Leiter kann in angemessener Weise seine Einschätzungen des Entwicklungsstandes der einzelnen mitteilen. Was ich aber noch für sehr wesentlich halte, ist die Einschätzung des Erfolgs der Zusammenarbeit in der Supervision, also des Erfolgs des Systems. „Wie weit sind wir gekommen und was hat uns behindert?" ist eine mögliche Frage in dieser Auswertung. Falls es sich um eine Zwischenauswertung handelt, kann man aus den Ergebnissen noch Handlungsanweisungen für die nächsten Sitzungen ableiten und sich gemeinsam auf bestimmte Ziele und Veränderungen verpflichten.

Möglich ist es auch, wenn man es schon im Kontrakt vereinbart hat, daß Vorgesetzte oder Repräsentanten des Trägers an einer solchen Auswertung teilnehmen, um sich direkt ein Bild über den Erfolg der Supervision machen zu können. Dies entlastet den Supervisor davon, dem Vorgesetzten Einschätzungen mitteilen zu müssen und damit Gefahr zu laufen, die Geheimhaltungspflicht zu unterminieren, und bietet gleichzeitig die Möglichkeit, den Wunsch nach Kontrolle zu kanalisieren. Trägt man dem berechtigten Bedürfnis der Geldgeber, wissen zu wollen, wozu ihr Geld verwandt wird, Rechnung, dann wird sich die Beziehung zwischen der Supervision und der Organisation entspannen und evtl. auch die Beziehung zwischen dem Team und der Organisation.

Den gesamten Ablauf des Supervisionsprozesses mit seinen einzelnen Phasen und Möglichkeiten, daraus auszusteigen, habe ich noch einmal in Form einer Abbildung kondensiert.

Wie schon in der Tabelle 1 deutlich geworden ist, muß man bei der Fallsupervision von Teams, in denen die Klienten gemeinsam betreut werden, eine Differenzierung zwischen Falleinbringern und „Fallbetroffenen" einführen.

---

5 Zu Verfahren des Feedbackgebens und deren Regeln vgl. Antons 1976, S. 98ff. und 190f.

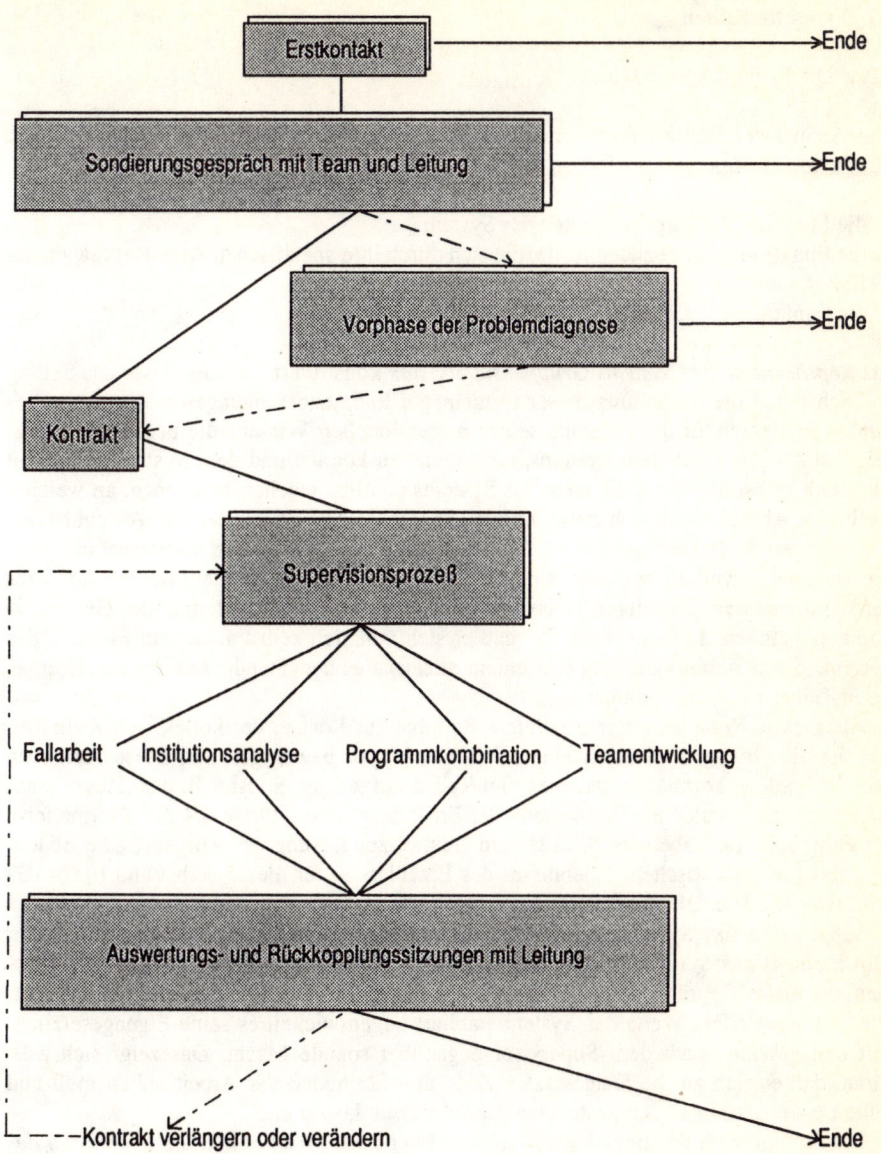

Abb. 5. Phasen des Supervisionsprozesses

3.2 Typische Rollen

3.2.1 Die Rolle des Supervisors

Man kann zwei Rollen unterscheiden, die des Supervisors und die des Supervisanden. Zur Rolle des Supervisors gehören folgende Funktionen:

- die Funktion des Repräsentanten des Systems,
- die Funktion einer sozialen Rolle, die sich durch ihre spezifischen Arbeitsaufgaben definiert, und
- die Funktion, ein Element des Systems zu sein.

Als *Repräsentant des Systems Gruppensupervision* konstruiert der Supervisor das Setting und achtet auf die Einhaltung dieser festgelegten Rahmenbedingungen während des gesamten Prozesses. Er hat aufgrund seines professionellen Wissens die besondere Fähigkeit und Aufgabe, aus dem System „aussteigen" zu können und dem System und damit auch sich selbst als einem Element des Systems deutlich machen zu können, an welcher Stelle des Ablaufs man sich befindet, was abgeschlossen ist und welche Aufgaben vor einem liegen. In dieser Funktion zeigt er auch auf, welche Ereignisse als normal und welche als abweichend zu bewerten sind. Er kann also, da er das System Supervision sehr gut kennt, aus dem jeweiligen Teilsystem aussteigen und den Standpunkt des Gesamtsystems einnehmen. Dies setzt voraus, daß er sich von sich selbst als einem Element des Systems distanzieren kann und von einem außenstehenden Standpunkt aus die Gruppe, deren Teil er ist, betrachten kann.

Als *soziale Rolle* bringt er bestimmte Beiträge zur Lösung der kollektiven Aufgaben ein, die die Gruppe in den einzelnen Teilsystemen zu bewältigen hat. Diese Aufgaben habe ich in den „Normalformtabellen" im Kap. 5 aufgelistet. So ist z. B. das „Zusammenfassen der ausgehandelten Problematik der Erzählung" in der Phase 4.4 der „Normalform der Fallarbeit" (s. Tabelle 6, S. 122f.) ein Beitrag zur Lösung der Aufgabe, „die Bedeutung des (problematischen) Erlebnisses des Erzählers a) für diesen selbst und b) für das professionelle Handeln der Teilnehmer zu klären".

Sobald sich das System konstituiert, also mit dem Erstkontakt, wird der Supervisor zum *Element des Systems* wie die Supervisanden auch und ist den Strukturen und Normen, die er als Repräsentant des Systems wesentlich mitbestimmt, wie die Gruppenmitglieder unterworfen. Wenn das System etabliert ist, entwickelt es seine Eigengesetzlichkeit und gewinnt auch dem Supervisor gegenüber soziale Macht. Das zeigt sich z. B. daran, daß er sich an die festgesetzten Ziele und Methoden der Arbeit halten muß und seine Leistung auch an den gesteckten Zielen messen lassen muß.

Die Komplexität der Beziehungen in der Gruppe wird noch durch die *Profession des Leiters,* die er vor oder auch während seiner Supervisorentätigkeit erlernt und ausgeübt hat, erhöht. Gehört er der gleichen Profession an wie die Supervisanden oder einer anderen, ist ein Faktum, dem an verschiedenen Stellen des Prozesses Rechnung getragen werden muß. Welche Asymmetrien sich in beiden Fällen ergeben, werde ich bei der Darstellung der Beziehungen zwischen Supervisor und Supervisand erläutern.

3.2.2 Die Rolle des Supervisanden

Die *soziale Rolle* des Supervisanden ist charakterisiert durch die Beiträge, die er zur Lösung der verschiedenen Arbeitsaufgaben innerhalb des Ablaufs der drei Programme erbringt. Bei der Fallarbeit findet eine Differenzierung in die Rolle des Erzählers und die der Gruppenmitglieder, die den Fall bearbeiten, statt. Diese beiden Positionen kann man dann noch in den verschiedenen Phasen der Fallarbeit in unterschiedliche Standpunkte weiter ausdifferenzieren.[6] Bei der Fallarbeit spielt außerdem die Professionszugehörigkeit der Supervisanden eine Rolle. Gehören die Supervisanden unterschiedlichen Professionen an, ergeben sich hier die gleichen Asymmetrien in den Beziehungen, wie ich sie eben bei der Professionszugehörigkeit des Leiters beschrieben habe.

Im Programm der Selbstthematisierung hat der Supervisand die Aufgabe, sich als Mitglied einer selbstanalytischen Gruppe zu typisieren, das sich wie folgt verhält: 1) selbstreflexiv zu den Vorgängen in der Gruppe und zu seiner Position darin, 2) selbstreflexiv zur Beziehung zwischen seiner Persönlichkeit und seiner professionellen Rolle, 3) selbstreflexiv zu seiner Position innerhalb der Institution, der es angehört.

Im Programm Institutionsanalyse hängt die Komplexität der Rollen wesentlich von der Struktur des Teams ab. Man kann mindestens zwei Typen von Teams unterscheiden: zum einen Teams, die als Subsysteme einer Organisation in ihrer Funktionssetzung, in der Bestimmung der Ziele der Arbeit und in vielem anderen an die Weisungen des übergeordneten Systems gebunden sind (ein Beispiel für einen solchen Typus wäre eine Station in einem Krankenhaus), zum anderen solche, die relativ autonom arbeiten und einen großen Handlungsspielraum haben und einem Träger unterstellt sind. In diesen Teams entwickeln sich häufig andere Formen der Selbstregulation als in den erstgenannten, die meist nach dem Muster der Verwaltungsbürokratie strukturiert sind. Teamgeist, keine Hierarchie und keine festgelegte Aufgabenteilung sind in diesen, sich häufig als Alternative zu den herkömmlichen Teams verstehenden Gruppen die angestrebten Merkmale.[7] Neben diesen beiden verschiedenen Selbsttypisierungen des gesamten Teams spielt auch bei der Institutionsanalyse eine Rolle, ob das Team professionell homogen oder inhomogen zusammengesetzt ist und ob private Kontakte außerhalb des Berufs bestehen oder nicht. Auch eine unausgewogene Zusammensetzung hinsichtlich der Geschlechtszugehörigkeit der Mitglieder, z.B. der Minderheitenstatus eines Geschlechts ist von Bedeutung. Alle diese drei Merkmale zusammen bringen zusätzliche Asymmetrien, die berücksichtigt werden müssen.

Am komplexesten wären die Rollen in einer Supervision mit einem Team, das professionell inhomogen zusammengesetzt ist, formell hierarchisch strukturiert ist, das ein Subsystem einer großen Organisation bildet, von der geschlechtlichen Zusammensetzung den Minderheitenstatus für ein Geschlecht produziert und dessen Mitglieder untereinander private Kontakte haben. In dieser Supervision müßte einige Arbeit darauf verwandt werden, die Zuschreibungen von Ereignissen zu Personen und ihren Rollen zu klären: Wer schreibt von welcher Rolle aus ein interaktionelles Ereignis welcher Rolle eines anderen Gruppenmitgliedes zu? Man kann annehmen, daß die Interaktionen hier so kompliziert

---

6 Zu den Besonderheiten der Fallarbeit mit Teams gehört, daß noch weitere Ausdifferenzierungen der Rolle des Gruppenmitglieds möglich sind (vgl. S. 121f.).

7 Zu Problemen der Supervision mit sich alternativ verstehenden Teams vgl. Weigand 1982 und Conen 1989.

werden, weil beständig zwischen den Zuschreibungen zu verschiedenen Rollen gewechselt wird und weil eine enorme Anzahl asymmetrischer Beziehungen vorhanden ist.

Wie der Supervisor sind auch die Supervisanden Elemente des Systems und dessen Regeln unterworfen.

3.3 Wesentliche Aktivitäten der Rollen

3.3.1 Wesentliche Aktivitäten der Supervisanden

Das *Aushandeln der Rahmenbedingungen* der Supervision mit dem Supervisor und evtl. auch mit Vorgesetzten oder Trägern gehört zu den Aufgaben der Supervisanden in der Phase des Kontrakts. Sie werden einen Supervisor auswählen, das Thema und Ziel der Supervision bestimmen und beschließen, mit welchem der drei Programme gearbeitet werden soll.

Im *Programm der Fallbearbeitung* sind die wesentlichen Aktivitäten das Präsentieren von Fällen und ihre Bearbeitung unter den Fragestellungen, wie sie in den Normalformtabellen beschrieben werden (vgl. Kap. 5). Auch das Inszenieren des Falls in der Gruppe und die Reflexion dieser Inszenierung sind wesentliche Aktivitäten der Gruppenmitglieder.

Im *Programm der Selbstthematisierung* gehören zu den wesentlichen Aktivitäten das „Herstellen eines kollektiven Phantasmas über die Gruppensituation durch einen oder mehrere Repräsentanten des Problems", dann die Bearbeitung des produzierten Materials und die Typisierung eines Gruppenthemas, der eine Verständigung über die Bedeutung des Themas für die Beziehungen zwischen den Gruppenmitgliedern folgt (vgl. Tabelle 11, S. 147).

Die wesentlichen Aktivitäten im Programm der *Institutionsanalyse* sind das Sammeln, Ordnen und Bewerten von Daten über die eigene Situation. Die Typisierung eines bearbeitbaren Problems, die Konstruktion von Lösungsmöglichkeiten und deren Überprüfung sind die darauf folgenden Aktivitäten. Bei der Bearbeitung des Problems sind die wesentlichen Aktivitäten der Supervisanden das Erlernen und Durchführen von Verfahren der Selbstregulation und Selbstthematisierung von Gruppenprozessen. Außerdem gehört hier wie in der Fallbearbeitung das den Mitgliedern zunächst unbewußt bleibende Inszenieren des betreffenden Problems des Teams in der Supervision und die Reflexion dieser Inszenierung zu den wesentlichen Aktivitäten. Wenn die Gruppenmitglieder im Laufe des historischen Gruppenprozesses mit den Strukturen des Systems vertrauter geworden sind, kommt ein weiterer Typus von Aktivitäten hinzu, die zuvor nur der Gruppenleiter ausgeführt hat: *Aktivitäten zur Aufrechterhaltung des Settings* und zur Rückführung abweichender Aktivitäten auf die Normalform des Ablaufs der drei Programme. Sind die Gruppenmitglieder genügend einsozialisiert und verläuft die Arbeit erfolgreich in dem Sinne, daß sich die Strukturen des Systems in der Arbeit deutlich abbilden, dann können die Gruppenmitglieder einen Teil der Funktionen des Repräsentanten des Systems, des Leiters, übernehmen (vgl. dazu Giesecke u. Rappe-Giesecke 1983b, S. 117).

Es fällt bei der nachfolgenden Beschreibung der Aktivitäten des Leiters sicher sofort auf, daß sie ungleich länger und differenzierter als die der Aktivitäten der Gruppenmitglieder ist. Das liegt u. a. daran, daß der Leiter als Repräsentant des Systems mehr zur Etablierung und Aufrechterhaltung des Settings tun muß als die Supervisanden, was zur Folge hat, daß, wenn man die Systemstrukturen untersuchen will, man seinen Blick auf die systemschaffenden und -strukturierenden Aktivitäten des Leiters richtet.

3.3.2 Wesentliche Aktivitäten des Supervisors

Der erste Typus von Aktivität ist die *Organisation des Settings der Gruppensupervision.*[8] Diese Aktivität umfaßt die Selektion der Teilnehmer und die Selbstselektion des Leiters, die Festlegung von Zeit, Dauer, Häufigkeit der Sitzungen, die Regelung der Bezahlung und die Grenzziehung zu anderen Systemen, z. B. zur Organisation, der ein Team angehört. Diese Regelungen werden meist schriftlich fixiert, können aber auch in Form von Maximen den Gruppenmitgliedern gegeben werden. Ein Beispiel aus einem mündlichen Kontrakt über eine Fallsupervision:

> Unsere Balint-/Supervisionsgruppe wird sich von nun an regelmäßig an einem bestimmten Wochentag, zu einer bestimmten Uhrzeit für eine bestimmte Dauer treffen. Zu unserer Gruppe gehören die folgenden Teilnehmer, die sich verpflichtet haben, in der verabredeten Weise ihr Honorar an mich zu entrichten. Pünktlichkeit und regelmäßiges Erscheinen sind selbstverständlich. Sollte ein Teilnehmer verhindert sein, so haben wir – bezüglich des Honorars – folgende Regelungen vereinbart ... (Giesecke u. Rappe-Giesecke 1983b, S. 109f.).

> Unsere Gruppe wird voraussichtlich drei Jahre dauern. Es wäre gut, wenn wir für diesen Zeitraum zusammenbleiben können. Neue Teilnehmer sollen nicht mehr aufgenommen werden. Gegenüber Dritten werden wir über die in der Gruppe besprochenen Fälle Verschwiegenheit bewahren. Es hat sich zudem als vorteilhaft herausgestellt, wenn die Teilnehmer nicht außerhalb der Gruppensituation untereinander über Themen sprechen, die Gegenstand der Gruppenarbeit waren, sind oder werden sollen (Giesecke u. Rappe-Giesecke 1983b, S. 111).

Handelt es sich um eine Teamsupervision, werden entsprechend den jeweiligen Gegebenheiten noch Festlegungen über die Grenzziehung zu den angrenzenden Organisationen im Kontrakt enthalten sein müssen. Legt sich die Gruppe auf das Programm Institutionsanalyse fest, dann werden die Abmachungen entsprechend modifiziert werden müssen. Der Leiter kann die Festlegung auf ein Programm nicht allein treffen, dies muß zwischen ihm und der Gruppe ausgehandelt werden. Aber er kann die Voraussetzung schaffen, daß sich die Gruppe für ein Programm entscheiden kann, indem er sie über das Vorgehen, die Ziele und Themen informiert, die mit den verschiedenen Programmen verbunden sind, und er kann der Gruppe anbieten, eine Vorphase vor die Supervision zu schieben, die der Problemdiagnose, in der man gemeinsam ein bearbeitungsfähiges Problem rekonstruiert. Die Festlegung auf das Programm der Fallarbeit kann z. B. so aussehen:

> Der Gegenstand unserer Arbeit soll die Erzählung eines Teilnehmers über Vorgänge und Beziehungen sein, die ihm in Ausübung seiner beruflichen Tätigkeit als problematisch aufgefallen sind und die er noch nicht gut verarbeitet hat. Ausgangspunkt werden also Erlebnisse aus persönlichen Beziehungen zu Patienten, Klienten, Mitarbeitern, Kollegen, Vorgesetzten und Untergebenen sein. Über diese Erlebnisse wollen wir sprechen und sehen, ob wir sie verstehen und wie sie auf uns wirken. Wie wir dabei im einzelnen vorgehen, wollen wir offen lassen und lieber nach getaner Arbeit noch einmal unser Vorgehen in der einzelnen Sitzung anschauen. Ich werde Ihnen als psychoanalytisch ausgebildeter Gruppenleiter

---

[8] Zu den Aufgaben des Leiters vgl. auch Giesecke u. Rappe-Giesecke (1994, Abschnitt 6.1).

behilflich sein, eine Arbeitsform zu finden und auftauchende Verständigungsprobleme zu lösen. Vertrauen wird sich herstellen, wenn Sie merken, daß und wie ich und Ihre Kollegen Ihre vorgetragenen Probleme verstehen (Giesecke u. Rappe-Giesecke 1983b, S. 110).

In diesem Modell von Gruppensupervision gibt es die Möglichkeit, sich auf alle drei Programme innerhalb einer Supervision festzulegen. Ist dies der Fall, dann müssen Maximen über den Wechsel zwischen den Programmen in den Kontrakt mit aufgenommen werden sowie natürlich Maximen über das Vorgehen in den beiden anderen Programmen analog zu der Maxime für die Fallbearbeitung:

> Wenn wir alle den Eindruck haben, daß unsere Bearbeitung von Fällen durch Probleme gestört wird, die wir hier als Gruppe miteinander haben, und wenn wir den Eindruck haben, daß bei der Analyse von institutionellen Problemen sich Schwierigkeiten zeigen, die darauf hindeuten, daß persönliche Beziehungen oder Eigenarten der einzelnen eine rationale Klärung verhindern, werden wir mit Hilfe der Selbstthematisierung im dritten Programm versuchen, diese Probleme zu klären. Wir werden uns den Vorgängen in der Gruppe zuwenden und versuchen, die emotionalen und rationalen Aspekte dieser Probleme selbstreflexiv zu klären. Dabei werde ich Ihnen mit meinen Kenntnissen über die Dynamik und die Prozesse in Gruppen behilflich sein.

Die folgende Maxime gilt für Gruppen, die sich für beide Programme entschieden haben, aber mit Fallarbeit beginnen wollen:

> Da wir bei der Analyse der Probleme, die eine Supervision erforderlich machen, darauf gestoßen sind, daß es Probleme im Team gibt, die struktureller Natur sind, werden wir im Laufe des Gruppenprozesses, wenn es uns notwendig erscheint, diese Probleme zum Gegenstand der Arbeit machen. Sei es, weil in der Fallarbeit deutlich wird, daß bestimmte institutionelle Gegebenheiten störend auf die Beziehungen zu den Klienten sich auswirken, sei es, daß ein aktuelles Problem entsteht oder sei es, daß wir uns entschließen, das Problem, das wir in der Vorphase rekonstruiert haben, anzugehen. Wir werden unsere Aufmerksamkeit dann auf die Differenzen zwischen der institutionellen Realität und den Veränderungswünschen und den eigenen Einschätzungen dieser Realität lenken.

Gruppen, die sich auf die Kombination von Institutionsanalyse und Selbstthematisierung festgelegt haben, müßte der Supervisor folgende Maxime mitteilen:

> Da wir im Laufe der Problemdiagnosephase festgestellt haben, daß es im Team Probleme struktureller Natur gibt, und wir uns darauf geeinigt haben, das folgende Problem in der Supervision zu bearbeiten ... werden wir unsere Aufmerksamkeit auf die Differenzen zwischen der institutionellen Realität und den Veränderungswünschen und eigenen Einschätzungen lenken. Falls dabei Probleme auftreten, die nicht sachlich und rational begründet und deshalb auch nicht auf diese Weise zu lösen sind, sondern auf Eigenarten der Gruppe oder einzelner Mitglieder zurückgehen, werden wir die Institutionsanalyse verlassen und uns selbstreflexiv und direkt diesen emotionalen Problemen zuwenden.

Der zweite Typus von Aktivitäten des Leiters sind *Interventionen, die der Aufrechterhaltung des Settings dienen.* Zu Beginn des Gruppenprozesses findet man solche Interventionen häufiger, da die Supervisanden die Strukturen des Systems und den Ablauf der Arbeit noch nicht gut kennen. Dieser Typus von Intervention wird dann wieder nötig, wenn Krisen entstehen, die sich in Abweichungen vom Setting und vom Arbeitsablauf äußern.[9] Wir haben diese Aufgabe des Supervisors, auf die Einhaltung des Settings zu

---

[9] Ursache für diese Krisen, die sich in Settingabweichungen äußern, können Widerstände gegen die Veränderung durch die Supervision sein oder Lernbarrieren, wie sie Rosin (1981) beschreibt.

achten – anders formuliert: die wesentlichen Strukturen des Systems zu erhalten –, an anderer Stelle so charakterisiert:

> Wir haben die Hypothese, daß der Gruppenleiter das Geschehen in der Balint-Gruppe gerade dadurch bestimmt, daß er immer wieder die gleichen situativen Bedingungen herstellt und den Teilnehmern die Aufgabenstellung deutlich macht. Auf die Art und Weise, wie die Gruppenmitglieder diese Aufgaben für sich definieren und wie sie sie lösen, scheint er direkt, z. B. durch Handlungsvorschriften, keinen Einfluß zu nehmen. Er ist „gesetzgeberisch" nur im Hinblick auf die Aufgabenstellung und die situativen Randbedingungen, nicht aber hinsichtlich der Lösungswege, die durch die Gruppenteilnehmer beschritten werden (Giesecke u. Rappe 1982, S. 231).

Beispiele für solche Interventionen wären z. B. der Hinweis auf im Kontrakt vereinbarte Themen der Supervision und die Aufforderung an die Gruppe, sich an diese Vereinbarung zu halten, wenn sich die Gruppe mit anderen Problemen zu beschäftigen beginnt, die nicht Gegenstand des Kontrakts sind.

Regulation von Abweichungen von der Normalform des Ablaufs und die Anleitung zur Selbstregulation von Krisen sind der dritte Typus von Aktivitäten des Supervisors (vgl. Rappe-Giesecke 1983b). Hier geht es nicht um Abweichungen struktureller Natur, die die Rahmenbedingungen der Arbeit betreffen, sondern um Abweichungen von erwartbaren Beiträgen zu Arbeitsaufgaben in den einzelnen Phasen des Ablaufs der Programme. Der Leiter reguliert diese Abweichungen, indem er auf die anstehende Arbeitsaufgabe hinweist und diese Korrekturversuche ggf. wiederholt, wenn erneut Abweichungen auftreten. Weicht die Gruppe trotz mehrmaliger Korrekturversuche immer wieder von der anstehenden Aufgabe ab, so wird man in Rechnung stellen müssen, daß emotionale und vielleicht auch unbewußte Vorgänge den Fortgang der Arbeit behindern. Sind diese Abweichungen so schwerwiegend, daß der Erfolg der Arbeit in dieser Sitzung in Frage gestellt ist, dann sollte der Leiter vorschlagen, auf ein „Krisenbearbeitungsschema" umzuschalten. In diesem Modell erfüllt das Programm Selbstthematisierung diese Funktion, im Programm der Fallarbeit gibt es zusätzlich noch die Möglichkeit, Krisen mit Hilfe des Inszenierungsmodells zu bearbeiten (vgl. Abschn. 5.2.2). Daß ein Wechsel der Programme von der ganzen Gruppe ratifiziert werden muß, ist sicher einleuchtend, der Leiter kann den Wechsel lediglich vorschlagen und protegieren.

Die Steuerung des Wechsels zwischen den Programmen ist, wie eben angedeutet, Aufgabe des Supervisors und der vierte Typus von Aktivitäten des Leiters. Der Wechsel zwischen den Programmen ist ein Teil der Selbststeuerung des Systems. Der Leiter als Repräsentant des Systems hat die Aufgabe, diesen Wechsel zu steuern und zu überwachen, gelegentlich wird er ihn auch initiieren, wie z. B. beim Auftauchen von Krisen.
Der Wechsel von den Programmen der Fallarbeit und der Institutionsanalyse zur Selbstthematisierung verläuft nach dem gleichen, eben schon beschriebenen Muster. Es müssen nicht korrigierbare Abweichungen gehäuft auftreten, die den Erfolg der Sitzung in Frage stellen. Außerdem scheinen die Gruppenmitglieder aufgrund emotionaler Blockaden nicht in der Lage zu sein, die erforderlichen Standpunkte, die ja immer eine gewisse Distanz zur eigenen Person voraussetzen, einzunehmen. Der Leiter kann vorschlagen, diese Arbeits- und Lernblockaden innerhalb des Programms Selbstthematisierung zu bearbeiten. Er muß darauf achten, daß der Wechsel von der gesamten Gruppe mitgetragen wird. Möglich ist, daß es eine Weile dauert, bis alle den Wechsel ratifiziert haben, was zu

einer enorm langen Aushandlung zu Beginn der Selbstthematisierung führen kann. Es kann auch vorkommen, daß sich die Arbeit nach dem Ablaufschema der Selbstthematisierung und Einforderungen von Ratifizierungen des Wechsels, verbunden mit Argumentationen über den Sinn des Wechsels, eine gewisse Zeit aneinanderreihen. Wesentlich ist aber, daß der Supervisor darauf achtet, daß letztlich dann alle Gruppenmitglieder an der Selbstthematisierung teilnehmen.[10]

Der Wechsel von Fallarbeit zu Institutionsanalyse oder umgekehrt erfordert eine deutlich markierte Aushandlungsphase, die vom üblichen Ablauf der Sitzungen abgehoben wird. Einen Wechsel innerhalb einer Sitzung vorzunehmen, wie es von den beiden Programmen zur Selbstthematisirung durchaus möglich ist, halte ich für ausgeschlossen. In der Aushandlung wird der Supervisor vom Standpunkt des Repräsentanten des Systems aus auf die vereinbarten Modalitäten des Wechsels hinweisen und auch versuchen, mit der Gruppe gemeinsam abzuklären, ob ein Wechsel für die Erreichung der im Kontrakt festgelegten Ziele der Supervision funktional oder dysfunktional zu diesem Zeitpunkt erscheint. Der Leiter wird auch hier wieder darauf achten müssen, daß diese Entscheidung kollektiv ratifiziert wird, und eine klare Grenze zwischen den beiden Programmen ziehen müssen, damit es nicht zu einem beständigen Wechsel kommen kann oder zu einer unklaren Situation, weil nicht alle den Wechsel ratifiziert haben. Das Umschalten zwischen den Programmen ist eine prekäre Stelle im Ablauf der Supervision, die leicht in den Dienst der Lernbarrieren und Widerstände der Gruppe gegen die Veränderung durch die Supervision treten kann.

Ich komme nun zum fünften Typus der Aktivitäten des Leiters: die *Klärung der Psychodynamik der Professional-Klient-Beziehungen im Rahmen der Fallarbeit*. Verläuft eine Fallbearbeitung nach der Normalform, braucht der Leiter erst gegen Ende der Sitzung diesen Typus von Aktivität einzubringen. Hat die Gruppe das Erleben und Verhalten der beteiligten Personen geklärt und ist das Thema des Falls rekonstruiert, dann ist es die Aufgabe des Supervisors, sein psychoanalytisches Wissen über menschliche Beziehungen und sein Verständnis der geschilderten Beziehung der Bearbeitung hinzuzufügen. In der psychoanalytisch orientierten Fallsuperversion geht es darum, das der Beziehung zwischen Professional und Klient zugrundeliegende, den Beteiligten meist unbewußte Beziehungsmuster zu finden. Man stützt sich dabei auf die psychoanalytischen Konzepte der „Wiederholung" und „Übertragung" und führt die aktuellen Beziehungen auf solche der frühkindlichen Familiensituation zurück. Zu diesen Mustern gehören immer spezifische konstitutive Probleme und Affekte, wie sie z. B. bei Sandner (vgl. S. 23) aufgeführt wird. Man geht davon aus, daß der Professional dazu neigt, diese ihm unbewußten Muster auch in den beruflichen Beziehungen wieder zu etablieren, und daß sein Klient ebenfalls versucht, seine Muster zur Strukturierung der Beziehung durchzusetzen. Die Probleme, die der Professional nun in die Supervision einbringt, versucht man als Folge dieses Zusammentreffens von unbewußten Vorgängen bei den Beteiligten zu verstehen. Der Leiter teilt seine Erkenntnisse über das Beziehungsmuster dem Erzähler und der Gruppe, soweit er es für angemessen hält, mit. Dabei orientiert er sich am Stand des Gruppenprozesses und an der „psychischen Konstitution" des Falleinbringers. Die folgenden Beiträge des Supervisors innerhalb des Ablaufs der Fallbearbeitung dienen dazu, die

---

[10] Ich habe eine solche lange und komplizierte Aushandlungsphase in einer Balint-Gruppe als Fallbeispiel 1986 dargestellt.

Gruppe mit seinem Verständnis der Psychodynamik der Professional-Klient-Beziehung vertraut zu machen (vgl. Tabelle 7, S. 126f.):

- Zusammenfassen der ausgehandelten Problematik der Erzählung.
- Formulieren von Maximen für professionelles Handeln, Kommentar zu den geschilderten Problemen aus psychoanalytischer Sicht,
- Kommentieren der Arbeit der Gruppe/Andeuten des unbewußten Themas der Sitzung/ der Funktion der Sitzung für den historischen Gruppenprozeß.[11]

In der letzten Aktivität stellt der Leiter einen Zusammenhang zwischen dem Thema des Falls und dem Thema des Gruppenprozesses, wie er sich bei der Bearbeitung des Falls entwickelt hat, her. Die gleiche Aufgabe hat er, wenn es zur Spiegelung des Falls in der Gruppe kommt. In der Phase 3 „Inszenierung des Falls" rekonstruiert er, wie sich das Gruppengeschehen als unbewußte Wiederholung der im Fall geschilderten Beziehungen und deren Problemen verstehen läßt (vgl. Abschn. 5.2.2). Die Gruppe konnte über das Geschehen nicht auf der sprachlich-begrifflichen Ebene kommunizieren, sondern nur durch unbewußte Identifikation mit den Figuren der Erzählung und dem Nachspielen von deren Problemen in der Supervisionsgruppe. Wird die Inszenierung, die, wenn es gut geht, nahezu in jeder Sitzung zu finden sein wird, so massiv, daß der normale Ablauf gestört ist, dann wird die Deutung dieser Zusammenhänge schon früher erfolgen, ansonsten bei relativ unauffällig bleibenden Identifizierungen erst in Phase 4.5 des Ablaufs.

Beim sechsten Typus von Leiteraktivitäten handelt es sich um die *Klärung der Gruppendynamik im Programm Selbstthematisierung*. Hier greift der Leiter auf seine Erfahrungen mit der unbewußten Dynamik von Gruppen und mit Phasen von Gruppenprozessen zurück, um die die Arbeitsfähigkeit der Gruppe störenden unbewußten Beziehungsmuster zu erkennen und in geeigneter Form zu thematisieren. Die Aufgabe des Leiters besteht auch darin, den Zusammenhang zwischen der gruppendynamischen Situation und dem Thema des Falls, den man nicht bearbeiten konnte, bzw. dem Thema der Institutionsanalyse, das nicht hinreichend geklärt werden konnte, zu beleuchten. Er wird also die Bedeutung der Abweichung vom normalen Ablauf in einem der beiden anderen Programme mit Hilfe der Ergebnisse der Thematisierung der gruppendynamischen Situation interpretieren und damit die Voraussetzung schaffen, an der Stelle störungsfrei weiterarbeiten zu können, an der man vom Ablauf abgewichen ist. Hat man die Bedeutung der Störung verstanden, kann man diese zusätzlichen Informationen über die emotionale Situation, in der sich die Gruppe befand, als sie nicht mehr arbeitsfähig war, zum Verstehen des Problems nutzen, das die Störung verursachte.

Der siebte und letzte Typus von Leiteraktivitäten ist die *Analyse der Differenz zwischen Selbstbeschreibung und institutioneller Wirklichkeit* oder einem angestrebten Zustand der Institution. Eine Möglichkeit, diese Differenz zu klären, ist es, die Spiegelung der institutionellen Strukturen in der Supervision zu deuten und diese Strukturen mit den ideologischen Selbstbeschreibungen zu kontrastieren. Die andere Möglichkeit, die der Leiter hat, ist es, Verfahren anzubieten, die eine Analyse des Ist-Zustandes ermöglichen, so z. B.

---

[11] Beispiele für diese Leiterinterventionen aus Transkriptionen von Balint-Gruppensitzungen finden sich in Rappe-Giesecke 1983b, S. 85ff., und in Giesecke u. Rappe 1982, S. 260–270.

eine Datensammlung und -auswertung zu initiieren und den Gruppenmitgliedern Verfahren der Selbstregulation und Selbstanalyse zu vermitteln (vgl. Tabelle 7, S. 126f.).

3.4 Beziehungen zwischen den Rollen

Es gibt zwei Typen von Beziehungen, die zwischen den Gruppenmitgliedern und dem Supervisor sowie die zwischen den Gruppenmitgliedern untereinander. Diese Beziehungen lassen sich differenzieren in symmetrische und asymmetrische Beziehungen, in komplementäre und nichtkomplementäre. Innerhalb der drei Programme entwickeln sich dann noch jeweils spezifische Formen von Asymmetrien, Symmetrien, Komplementaritäten und Nichtkomplementaritäten.

3.4.1 Die Beziehung zwischen Supervisor und Supervisand

Eine Asymmetrie in der Beziehung zwischen Supervisor und Supervisand besteht darin, daß der *Supervisor der Repräsentant des Systems* ist und die *Supervisanden* in dieser Beziehung als *Elemente des Systems* emergieren. Diese Asymmetrie sieht so aus: Im Normalfall kennt der Supervisor zu Beginn der Supervision als einziger das System und ist in der Lage, den Supervisanden die Struktur des Systems zu zeigen. Er ist verantwortlich dafür, diejenigen Rahmenbedingungen zu schaffen, unter denen die Supervision einen erfolgreichen Verlauf zu nehmen verspricht. Die Supervisanden können diese Bedingungen nicht kennen und müssen auch erst langsam in die Abläufe einsozialisiert werden. Im Laufe der Zeit kann sich diese Asymmetrie verringern: Die Supervisanden kennen mit der Zeit die Strukturen und können zur Selbstregulation des Systems beitragen, was zunächst nur eine Funktion des Supervisors sein kann. Die grundsätzliche Asymmetrie verschwindet jedoch nie ganz, denn der Supervisor bleibt der Repräsentant des Systems.

Daß beide, *Supervisanden und Supervisor, auch Elemente des Systems* sind und zwischen ihnen eine in diesem Sinne egalitäre Beziehung besteht, wird am deutlichsten, wenn man sich ansieht, wie im Programm Selbstthematisierung alle als Problembeteiligte, als Elemente des psychischen Systems Kleingruppe typisiert werden und man untersucht, wer welchen Beitrag zum Problem der Gruppe „geleistet" hat. Eine Bearbeitung des Gruppenproblems ist erst dann vollständig, wenn auch die Beziehung zwischen Gruppenmitgliedern und Leiter reflektiert worden ist und wenn er vom Standpunkt des Elements der Gruppe aus seine Sicht der Dinge geschildert hat (vgl. dazu auch Rappe-Giesecke 1986, S. 35). Die Gleichheit zwischen Supervisor und Supervisand als Elemente eines Systems läßt sich auch darin begründen, daß das System, sobald es einmal etabliert ist, beiden gegenüber als eine soziale Macht auftritt und auch der Supervisor sich an die Regeln halten muß, auch wenn er sie zuvor selbst gesetzt hat.

Neben diesen beiden Beziehungen gibt es noch eine dritte, die unabhängig von den drei Programmen ist: *Der Supervisand* sucht *als Lernender* den Rat und die Hilfe eines Fachmanns, des *Supervisors,* der aufgrund seiner professionellen Kompetenz in der Lage ist, Rat und Hilfe zu geben, aber auch als *Lehrender* aufzutreten. Wie sieht nun diese Asymmetrie aus, die sich wesentlich von den üblichen Fachmann-Laie- oder Lehrer-Schüler-Beziehungen unterscheiden soll? Balint hat diese neue Qualität des Lehrens in der Supervision sehr gut und eingehend beschrieben, und ich möchte die wichtigsten Charakterisierungen des Verhältnisses zwischen Supervisor und Supervisand, in diesem Fall zwischen Balint-Gruppenleiter und Ärzten aus einer früheren Zusammenstellung seiner Äußerungen zitieren:

> Schulische Instruktionen sind sowohl hinsichtlich des Ziels als auch hinsichtlich der Rollenbeziehungen und der Wege der Erkenntnisgewinnung das genaue Gegenteil der „Training-cum-research"-Gruppen und auch der von uns untersuchten Balint-Gruppen: Deren Ziel ist genau nicht die Vermittlung von fertigem, d. h. sozial ausgearbeitetem Wissen über die Welt, noch die Kontrolle der fachlichen Kompetenz der Teilnehmer (vgl. Balint 1955, S. 372). Entsprechend ist der Gruppenleiter im Gegensatz zum Lehrer nicht Experte und/oder Kontrolleur und das Gruppenmitglied nicht Laie und/oder Kontrollierter. Die Gruppenteilnehmer werden als *selbstverantwortliche Fachleute typisiert, denen der Leiter nur Hilfe zur Selbsthilfe geben kann* – und in dieser Funktion unterscheidet er sich nicht von den Aufgaben der Gruppenteilnehmer (Balint 1968, S. 128). Der einzige Unterschied, den Balint zwischen sich und den Teilnehmern seiner Gruppe gelten lassen will, beruht auf seiner Vertrautheit mit dem Unbewußten und dem Phänomen der Übertragung, also auf seiner *spezifischen psychoanalytischen Ausbildung* (Balint 1968, S. 131). Aber diese Kompetenz wird von ihm nicht thematisiert oder als Lehrstoff aufbereitet und angeboten (Giesecke u. Rappe-Giesecke 1983b, S. 115).

> *Der Leiter ist nicht kraft seiner Rolle Leiter,* wie in anderen Institutionen, sondern er muß von der Gruppe „gewählt" werden. Er macht durch seine Art der Wahrnehmung und des Zuhörens und durch seine Reaktionen auf die Gruppenmitglieder die Haltung deutlich, die er lehren will, *er lehrt also durch sein Beispiel* (Balint 1976, S. 409). Balint plädiert für eine *gleichberechtigte Beziehung, in der das „Mehrwissen in bestimmten Hinsichten bei Wenigerwissen auf anderen Gebieten die Art unserer Beteiligung determiniert"* (Balint 1968, S. 130; Giesecke u. Rappe 1982, S. 283).

> Das Ziel der Arbeit in den Gruppen, welches ganz wesentlich die Typik der Beziehungen zwischen dem Gruppenleiter und den Teilnehmern bestimmt, soll *nicht die Vermittlung von Wissen über die Welt, sondern „eine begrenzte, jedoch wesentliche Umstellung in der Persönlichkeit des Teilnehmers sein",* wie Balint an einer Stelle formuliert (Balint 1968, S. 135) …

> *Die Teilnehmer* sind nämlich nicht darauf angewiesen, daß der Gruppenleiter das Material zur Verfügung stellt, an dem sie arbeiten sollen, sondern sie *können dieses Material selbst produzieren.* In der Schule ist es demgegenüber immer der Lehrer, der letztlich bestimmt (und abfragt), welches Material präsentiert und welches Wissen angeeignet werden soll …
> Abweichungen vom normalen Lehrbetrieb und „Fehler" in der fachlichen Arbeit werden in Instruktionssituationen als Störfaktor behandelt und vom Lehrer mehr oder weniger rigide korrigiert. In Balint-Gruppen werden Störungen *als Lernhilfen behandelt,* um deren Verständnis man sich besonders intensiv bemühen soll. Sie sind nichts Überflüssiges, sondern ein unentbehrliches Erkenntnisinstrument (Balint 1976, S. 406ff.) (Giesecke u. Rappe-Giesecke 1983b, S. 115f.).[12]

Diese Charakterisierung, die Balint für die Beziehung zwischen Supervisor und Supervisanden im Rahmen der Fallarbeit gegeben hat, sollte auch für dieses Modell von Supervision gelten und lediglich um einige Aspekte ergänzt werden.

Da es neben der Veränderung der professionsabhängigen Ich-Identität auch um Veränderungen der Selbstbeschreibung einer Institution gehen soll, muß der Supervisor neben seinem psychoanalytischen Wissen über Beziehungen auch *Wissen über die Funktionsweisen und die typischen Probleme von Institutionen mitbringen* und Verfahrensweisen der Organisationsentwicklung kennen. Außerdem sollte er mit der systemtheoretischen Sichtweise vertraut sein, um die institutionellen Prozesse und die Prozesse in der Supervision nicht zu weit in ihrer Komplexität reduzieren zu müssen, sei es auf dyadi-

---

[12] Die Hervorhebungen in den Zitaten auf den letzten beiden Seiten stammen von mir.

sche Beziehungen, sei es auf Familienmodelle.[13] Die Gruppenmitglieder werden in diesem Modell auch noch als Fachleute für institutionelle Probleme betrachtet, deren Potentiale zur Lösung ihrer Schwierigkeiten vom Supervisor aktiviert und erweitert werden.

Jetzt möchte ich darstellen, wie sich die Beziehungen zwischen Supervisor und Supervisanden in den einzelnen Programmen konstellieren.

Bei der Bearbeitung von Fällen aus dem professionellen Alltag der Supervisanden typisiert sich der Leiter als Experte für die Psychodynamik menschlicher Beziehungen. Die Gruppenmitglieder werden als kompetent und selbstverantwortlich arbeitende Mitglieder einer Profession typisiert, die ihr professionelles Handeln durch den Erwerb von Erkenntnissen über eben jene Psychodynamik erweitern wollen. Daß diese Lehr- und Lernbeziehung nicht den üblichen Wissensvermittlungen entspricht, habe ich eben erläutert.

Je nachdem, welcher Profession der Supervisor angehört, ergeben sich hier unterschiedliche Beziehungen zu den Supervisanden. Übt er eine andere Profession als die Gruppenmitglieder aus, müssen einerseits in der Gruppe zusätzliche Anstrengungen unternommen werden, ihn mit den Spezifika und Methoden der Profession der Supervisanden vertraut zu machen. Andererseits hat diese Fremdheit den Vorteil, daß er die „professionellen Paradoxien" und die Mythen der Profession" besser erkennen kann.[14] Gehört er der gleichen Profession wie die Supervisanden an, kennt er die Arbeitsweisen und Probleme sowie die üblichen Selbsttypisierungen der Professionellen und braucht nicht darin eingeweiht zu werden. Allerdings entsteht dann die Gefahr, daß er als erfahrener Experte und „Meister" typisiert wird oder sich selbst so typisiert. Die Beziehung, die sich dann entwickelt, entspricht der zwischen einem Praxisanleiter und jungen, noch nicht so erfahrenen Kollegen. Die für die Supervision im Gegensatz zur Praxisanleitung spezifische Distanz des Supervisors zu den Methoden und Techniken einer Profession würde dann verloren gehen.

Ist die Supervisionsgruppe professionell inhomogen zusammengesetzt, bekommt die Professionszugehörigkeit des Supervisors noch eine zusätzliche Bedeutung für die Beziehungen zwischen Gruppenmitgliedern und Leiter. Es entwickelt sich dann eine Asymmetrie in den Beziehungen zu den Supervisanden, die einer anderen Profession angehören als der Supervisor, und es entsteht eine eher symmetrische Beziehung zu den Gruppenmitgliedern, die seiner Profession angehören. Diese Symmetrie birgt die Gefahr, die „blinden Flecken" dieser Supervisanden nicht so gut erkennen zu können wie die der anderen Professionen. Die Verringerung der Asymmetrie auf der einen und die Herstellung einer konstruktiven Distanz auf der anderen Seite wird einige zusätzliche Aufmerksamkeit auf beiden Seiten erfordern.

Im *Programm Selbstthematisierung* konstelliert sich diese Beziehung folgendermaßen: Gruppenleiter und Teilnehmer sind Teile einer selbstanalytischen Gruppe und insofern gleich, als sie alle über ihren Anteil am Gruppenproblem reflektieren sollen. Nicht gleich sind sie hinsichtlich des Wissens um gruppendynamische und unbewußte Vorgänge und

---

[13] Auch Gnädinger (1990, S. 277) vertritt die Ansicht, daß neben die psychoanalytische Qualifikation bei den Supervisoren noch eine sozialwissenschaftliche treten muß.

[14] Vgl. dazu Eicke 1983, S. 11f., und Gosling 1979. Gosling beschreibt die bewußten und unbewußten Seiten der Sozialisierung in eine professionelle Rolle am Beispiel der Medizinerausbildung.

hinsichtlich der „Kunst" des Leiters, aus diesem System aussteigen zu können und sich selbst als Teil dieses Systems von einem außenstehenden Standpunkt analysieren zu können. Die Ungleichheit schließt nicht aus, daß die Gruppenmitglieder sich im Laufe der Zeit mit dieser Fähigkeit des Leiters identifizieren und diese „Kunst" erlernen. So ist z. B. das „Erkennen von Spiegelungsphänomenen" ein Ergebnis längerer Gruppenerfahrung, das auch im beruflichen Alltag nützlich sein kann, weil sich oft die behandelten Probleme in der Arbeitssituation widerspiegeln (vgl. dazu auch Eicke 1974, S. 133).

Die Beziehungen, die sich im *Rahmen der Institutionsanalyse* konstituieren, sind die folgenden: Die Supervisanden treten hier als Mitglieder einer Institution mit ihren Rollen und ihrem formalen Status auf. Der Supervisor, der nicht Teil dieser Institution ist, betrachtet aus der Distanz eines Beobachters die Strukturen der Institution und kann sie analysieren, während den Supervisanden aufgrund ihrer Involviertheit diese Distanz meist fehlt. Hingegen kennen sie die Institution weitaus besser als der Supervisor und treten deshalb häufig als Informanten auf.

Anders stellt sich jedoch diese Beziehung dar, wenn man die Möglichkeit in Betracht zieht, daß sich die Strukturen der Institution in der Supervision widerspiegeln und deren eigene Strukturen überlagern. Dann ist auch der Supervisor involviert, denn ihm und der Supervision wird im „Spiel der Institution" eine Position zugewiesen, die, zunächst jedenfalls, weder ihm noch der Gruppe bewußtseinsmäßig zugänglich ist.[15] Ihm bleibt nichts anderes übrig, als diese Position zu übernehmen und sie auch auf eine bestimmte Weise aktiv auszufüllen, bis er sie erkennen und seine Funktion für das „Spiel der Institution" benennen kann.[16] Daneben wird er seine Aufmerksamkeit darauf richten, welche institutionellen Strukturen sich in der Supervision spiegeln, indem er die Veränderungen des Settings der Supervision genau betrachtet. Diese zweite Beziehung ist eine zwischen den Mitspielern einer Inszenierung, die jenen genauso wenig bewußt ist wie die Tatsache, daß sie im „Spiel der Institution" eine Rolle spielen. Diese Beziehung, die vermutlich immer neben der Arbeitsbeziehung zwischen Supervisor und Team besteht, muß im Laufe des Supervisionsprozesses unter Anleitung des Supervisors erkannt und analysiert werden.

So wie bei der Fallarbeit die Profession des Supervisors eine Rolle spielt, so spielt bei der Analyse institutioneller Zusammenhänge der *berufliche Status des Supervisors eine Rolle.* Es ist von Bedeutung, ob er ein freiberuflich arbeitender Berater ist, eine Funktion im Stab der Organisation hat, der das Team angehört, hierarchisch gesehen höher steht als die Teammitglieder, oder ob er etwa gleichen Status oder sogar einen niedrigeren hat. Selvini Palazzoli weist darauf hin, daß selbst freiberuflich arbeitende Berater in die Hierarchie eines Betriebs eingeordnet werden, auch wenn ihnen selbst dieses Denken sehr fern liegt (Selvini Palazzoli et al., S. 242f.). Sie hält es deshalb für wesentlich, daß der Berater die Hierarchie des Betriebes gut analysiert, wobei es nicht nur um die formelle Machtverteilung geht, sondern auch um informelle Einfluß- und Machtstrukturen. Kennt er seine Einordnung in diese Hierarchie und erscheint sie ihm für seine Beratung dys-

---

[15] Der zugegeben recht metaphorische Begriff, den ich aber für sehr anschaulich halte, stammt von Selvini Palazzoli et al. 1984, S. 201.

[16] Selvini Palazzoli weist darauf hin, daß sich vom ersten Kontakt an ein kompliziertes System gegenseitiger Beeinflussungen zwischen Berater und Institution bildet, in dem der Berater nicht nur verstrickt ist, sondern auch ein „aktiver Teilhaber" (Selvini Palazzoli et al. 1984, S. 220).

funktional, wird er daran arbeiten müssen, einen anderen Platz darin zu bekommen.[17] Auf jeden Fall kann er sich nicht außerhalb dieser Hierarchie bewegen und sollte sich bei seinen Interventionen auch an die „hierarchischen Bahnen" halten (Selvini Palazzoli et al. 1984, S. 243).

Die Supervisanden werden an der Frage, welchen Status der Supervisor hat, versuchen abzuhandeln, ob er sich auf eine „Seite schlagen wird", ob er sich mit den Vorgesetzten, mit dem Team oder sogar nur mit einem Teil des Teams verbünden wird, oder ob er in der Lage ist, sich „allparteilich" zu verhalten, die Interessen des ganzen Teams zu wahren, oder soweit das möglich und nötig ist, die Interessen der gesamten Organisation.[18] Um einen gewissen Einfluß auf die Supervisanden ausüben zu können, sollte der Supervisor, und hier folge ich wieder Selvini Palazzoli et al. (1984, S. 246), den Supervisanden nicht statusmäßig unterlegen sein. Der Supervisor sollte lieber auf ein verlockendes Angebot verzichten, als dann in der Supervision beständig darum kämpfen zu müssen, daß seine Interventionen beachtet und seine Position gestärkt wird, wie immer man zu Statusdenken und zur Hierarchisierung von Beziehungen stehen mag.

3.4.2 Die Beziehung zwischen den Supervisanden

Wir gehen davon aus, daß soziale Ungleichheiten, die zwischen den Teilnehmern außerhalb der Gruppe in ihrem alltäglichen und professionellen Leben bestehen, auch bis zu einem gewissen Grad für ihre Interaktion innerhalb der Gruppe bedeutsam sind ... Natürlich verfügen die Gruppenmitglieder untereinander immer über unterschiedliche Wissensbestände, Erlebnisweisen und Bewertungsperspektiven, durch die Verständigungsprozesse über die einzelnen Themen in der Gruppe beeinflußt werden. Diese Unterschiede sind in gewisser Hinsicht erwünscht. Je mehr Unterschiede es aber in sozialer Hinsicht zwischen den Gruppenteilnehmern außerhalb der Gruppe gibt und je stärker diese Unterschiede formell festgelegt sind, um so mehr Verständigungsprobleme sind von vornherein auch innerhalb der Gruppe zu erwarten (Giesecke u. Rappe-Giesecke 1983b, S. 122f.).

Soziale Ungleichheiten in den Beziehungen zwischen den Gruppenmitgliedern können folgendermaßen aussehen:

– Zugehörigkeit zu verschiedenen Professionen,
– formelle Statusunterschiede,
– unterschiedlicher Grad an Qualifizierung, Weiterbildung und Berufserfahrung,
– unterschiedliche Einstufung und Bezahlung,
– unterschiedlich lange Zugehörigkeit zu einer Institution,
– private Kontakte zwischen einigen Gruppenmitgliedern,
– Zugehörigkeit zu einem im Arbeitsbereich unterrepräsentierten Geschlecht.

---

[17] Sie meint, daß der Berater eine höhere Position haben muß als das Subsystem der Organisation, das er berät (Selvini Palazzoli et al. 1984, S. 246).

[18] „Allparteilichkeit" ist ein Begriff aus der Familientherapie, der darauf hinweist, daß der Therapeut oder Berater in der Lage sein sollte, die Positionen aller Beteiligten einzunehmen (vgl. Stierlin u. Rücker-Embden 1977, S. 45). Ich halte diese Auffassung, die sich von der Überparteilichkeit abgrenzt, für nützlich, denn der Supervisor sollte auch in der Lage sein, die Interessen der Organisation und die des Teams authentisch vertreten zu können.

Diese Ungleichheiten können sich an jeder Stelle des Gruppenprozesses zeigen und die *prinzipielle Gleichheit* zwischen den Supervisanden überlagern. Die gemeinsame Erwartung und Idealisierung, die sich in der Supervision herausbilden sollte, ist die, daß die Supervisanden in ihrer Rolle als Gruppenmitglieder gleich sind. Sie haben die gleichen Arbeitsaufgaben zu bewältigen, die gleichen Selbsttypisierungen vorzunehmen und an den gleichen Themen zu arbeiten. Daß es beständig zu Abweichungen von dieser Idealisierung kommt, ist erwartbar. Die sozialen Ungleichheiten, die außerhalb der Supervision existieren, strukturieren auch die Beziehungen in der Gruppe und stellen Asymmetrien zwischen den Supervisanden her.[19] Die Asymmetrien müssen bei Verständigungsproblemen als Standpunktdifferenzen in Rechnung gestellt und bis zu einem gewissen Grade ausgeglichen werden. Das kann dadurch geschehen, daß die Gruppenmitglieder angehalten werden, ihre wechselseitigen Standpunkte einzunehmen, einen sog. Rollentausch vorzunehmen, um die Differenzen in der Wahrnehmung und dem Erleben von Ereignissen nachvollziehen zu können. Wieviele solcher Asymmetrien eine Supervisionsgruppe verkraften kann, ohne sich ausschließlich mit den aus ihnen resultierenden Verständigungsproblemen zu beschäftigen, ist mir nicht klar. Deutlich geworden ist sicherlich, daß die Gruppe sich desto stärker mit ihren Arbeitszielen beschäftigen kann, je geringer die Anzahl der sozialen Asymmetrien ist. Je komplexer die interne Struktur, desto mehr Anstrengungen müssen unternommen werden, dieser Komplexität Rechnung zu tragen und Verständigungsprozesse in Gang zu setzen.

Im Rahmen der Fallarbeit entwickeln sich folgende Beziehungen zwischen den Supervisanden:

Da der Gegenstand der Gruppenarbeit ein persönliches Interaktionserlebnis (ein Stück biographischer Erfahrung) eines Teilnehmers sein soll, welches die anderen Gruppenmitglieder nicht oder nur teilweise kennen können, herrscht von dem Augenblick an, in dem ein *Falleinbringer* gefunden ist, eine *Asymmetrie zwischen ihm und den übrigen Gruppenmitgliedern* und dem Leiter.
Die Asymmetrie besteht in folgendem:
Der Schematräger/Erzähler hat einerseits *Wissen über ein Geschehen und seine situativen Umstände*, welches andere Gruppenmitglieder nur ausnahmsweise kennen können. In jedem Fall können die übrigen Gruppenmitglieder *sein subjektives Erleben dieses Geschehens* (und dessen biographische Verarbeitung) nicht kennen.
Die Asymmetrie wird im wesentlichen durch die Abwicklung der alltagsweltlichen kommunikativen Kooperationsform „Erzählen" (mit einigen interaktionsspezifischen Besonderheiten) überwunden ...
Nach der Erzählung ist zwar die Asymmetrie zwischen Gruppe und Erzähler im Hinblick auf das Wissen über die Umstände des Erlebnisses, über das Erleben des Erzählers, soweit er es darstellen konnte, und über seine Bewertung der Situation bis zu einem gewissen Grade aufgehoben, aber nun steht eine andere Asymmetrie im Mittelpunkt der Arbeit: *Die Gruppe erlebt und bewertet die erzählte Interaktion meist anders als der Erzähler selbst.* Die Asymmetrie zwischen dem Erleben und Bewerten der Gruppe einerseits und dem Erleben und Bewerten des Erzählers andererseits muß herausgearbeitet werden und der Reflexion zugänglich gemacht werden. Die unterschiedlichen Standpunkte und Perspektiven müssen wechselseitig einsehbar und in ihrer Bedeutung für den einzelnen verstehbar werden. Durch das Verstehen der Unterschiede tritt die spezielle Perspektive des Erzählers deutlicher hervor und kann in ihren problematischen Auswirkungen auf das Erleben des Erzählers verstanden werden (Giesecke u. Rappe-Giesecke 1983b, S. 114f.).[20]

---

[19] In diese Beschreibung sind noch nicht die zusätzlichen Asymmetrien, die sich bei der Fallarbeit mit Teams entwickeln, aufgenommen, z. B. die zwischen „Falleinbringer" und „Fallbetroffenen" und „Nicht-Fallbetroffenen" (vgl. dazu S. 121f. und Gnädinger 1990, S. 301f.).

[20] Hervorhebungen im Text stammen von mir.

Bei der Reflexion über die Bedeutung des Falls für das professionelle Handeln der Supervisanden ist die Asymmetrie zwischen Gruppenmitgliedern und Erzähler dann endgültig wieder aufgehoben. In der letzten Phase der Bearbeitung „Selbstreflexion des Sitzungsablaufs" reflektiert der Erzähler vom Standpunkt des Gruppenmitglieds aus genau wie alle anderen Gruppenmitglieder auch die Bedeutung dieser Sitzung für den historischen Gruppenprozeß.[21]

Wenn es in der Fallbearbeitungsphase zu *„Inszenierungen des Falls"* kommt, dann entwickeln sich weitere asymmetrische Beziehungen zwischen den Gruppenmitgliedern neben der schon beschriebenen Asymmetrie zwischen Erzähler und Gruppe. Es entsteht eine Asymmetrie zwischen den „Spielern", die in unbewußter Identifikation mit den Personen des erzählten Geschehens deren Position in der Supervisionsgruppe vertreten, und den „Beobachtern", die sich nicht identifiziert haben und die die Inszenierung von einem distanzierten Standpunkt aus beobachten können.[22] Diese Asymmetrien werden im Laufe der Bearbeitung der Inszenierung wieder aufgehoben. Am Ende der Inszenierung existiert wieder nur jene zentrale Asymmetrie zwischen Erzähler und Gruppe.

Durch eigene Erfahrungen bei der Fallarbeit mit Teams und angeregt durch Gnädingers Überlegungen hierzu[23] bin ich zu der Auffassung gekommen, daß man bei der *Fallarbeit mit Teams eine weitere Rollendifferenzierung* einführen muß. Im Unterschied zur klassischen Balint-Gruppenarbeit kennen die anderen Gruppenmitglieder den Patienten oder Klienten, über den der Falleinbringer erzählt. Balint-Gruppenmitglieder sind auf ihre Phantasien über ihn angewiesen und werden voraussichtlich nie mit ihm in Kontakt treten. In Teams gibt es neben dem Falleinbringer, den Gnädinger den „Fallzuständigen" nennt, noch Teammitglieder, die auch mit dem betroffenen Patienten Schwierigkeiten haben, Gnädinger nennt sie „Fallbetroffene" (Gnädinger 1990). Die dritte Kategorie bilden die „Nichtbetroffenen", also Gruppenmitglieder, die mit dem Patienten nichts oder wenig zu tun haben. Diese Gruppenmitglieder haben etwa die gleiche Position wie die Mitglieder einer klassischen Balint-Gruppe.

Diese zusätzlichen Asymmetrien, die bei der Fallarbeit mit Teams auftreten, wirken sich natürlich auch auf den Ablauf der Arbeit aus. Der Supervisor muß einerseits die grundsätzliche Asymmetrie zwischen Falleinbringer und Gruppe aufrechterhalten, andererseits muß er die besondere Position der Fallbetroffenen berücksichtigen. Ich denke, dies wird am ehesten möglich sein, wenn nach Abschluß der Fallerzählung die Beiträge dieser Gruppenmitglieder hinzugefügt werden, ehe man mit der Fallbearbeitung beginnt. Aber auch hier müssen immer wieder die zusätzlichen Asymmetrien zwischen Fallbetroffenen und Falleinbringer einerseits und Fallbetroffenen und Gruppenmitgliedern andererseits berücksichtigt werden.

Die Beziehungen der Gruppenmitglieder im *Rahmen der Institutionsanalyse* werden vorrangig durch diejenigen Beziehungen bestimmt, die sie in der Institution zueinander haben. Es wird zwar erwartet, daß sie sich von diesen Positionen distanzieren und sie vom

---

[21] Zu den Phasen des Ablaufs der Fallbearbeitung vgl. Abschn. 5.2.1. In der Normalformtabelle 6 auf S. 122f. werden unter der Kategorie „Interaktive Probleme" die Asymmetrien zwischen den Gruppenmitgliedern detailliert aufgeführt.

[22] Zum Ablauf der Inszenierung des Falls vgl. Abschn. 5.2.2.

[23] Vgl. Gnädinger (1990, S. 301ff.: Arbeitshaltung und Rollenverteilung).

Standpunkt des Supervisanden aus betrachten, aber es wird immer wieder vorkommen, daß die Gruppenmitglieder von dieser Position aus in der Supervision interagieren.

Die Position in der Institution bzw. im Team wird von folgenden Aspekten bestimmt:

- Funktion und Arbeitsbereich,
- formeller Status,
- Abhängigkeit von anderen Institutionsangehörigen, die funktional organisatorischer Art sind,
- Professionszugehörigkeit,
- Einstufung und Bezahlung,
- Länge der Zugehörigkeit zur Institution,
- Grad der Qualifizierung und Berufserfahrung,
- Position im informellen Beziehungsnetz,
- Beziehung zu den das Subsystem umgebenden Subsystemen und zum Gesamtsystem.

Aus der Kombination dieser Aspekte ergeben sich unendlich viele mögliche Beziehungen zwischen den Teammitgliedern. Noch komplexer wird die Situation dadurch, daß diese verschiedenen Beziehungen aufeinander reagieren: Man kann nicht nur eine Beziehung zu jemand anders haben, sondern ein Dritter kann noch eine Beziehung zu dieser Beziehung haben. Es ist wohl ein Teil der Aufgabe der Institutionsanalyse, dieses Netzwerk ein wenig aufzudröseln und den Beteiligten zu helfen, überhaupt erst einmal die enorme Komplexität dieses Beziehungsnetzwerks zu erkennen. Meist wird die Komplexität ja zu schnell reduziert, indem das Verhalten einer Person z. B. ihrem formalen Status zugeschrieben wird, ohne daß die Beteiligung der anderen Aspekte an diesem Verhalten überhaupt in Betracht gezogen wird.

Wie sehen nun die Beziehungen zwischen den Supervisanden im *Programm der Selbstthematisierung* aus? Die Gruppenmitglieder typisieren sich als Elemente einer selbstanalytischen Gruppe, deren Funktion es ist, ihre inneren Prozesse so zu thematisieren und zu regulieren, daß eine Arbeit nach einem der beiden anderen Programme des Systems wieder möglich wird. Man geht davon aus, daß sich im Laufe der Fallarbeit oder der Institutionsanalyse Selbsttypisierungen und Typisierungen von Beziehungen zwischen Gruppenmitgliedern entwickelt haben, die die erwartbaren und funktionalen Selbst- und Fremdtypisierungen überlagern. Die Klärung dieser abweichenden Typisierungen ist die Aufgabe der Selbstthematisierung. Die Beziehungen, die sich bei dieser Klärung zwischen den Supervisanden entwickeln, sind die folgenden:

> Es muß ein (oder mehrere) *Schematräger* gefunden werden, der mit seinem Beitrag Material produziert und damit erst die Bearbeitung des Gruppenproblems möglich macht. *Problemträger bleibt die gesamte Gruppe,* es wird nicht etwa ein Gruppenmitglied zum „Problemfall" gemacht. Wir haben nach Abschluß der Aushandlungsphase also die Position des Schematrägers, die des Gruppenmitglieds, das zuhört, und die des Leiters, der in dieser Phase als Repräsentant des neuen Systems auftritt ... (Rappe-Giesecke 1986, S. 30).[24]

Hat sich die Gruppe auf einen Schematräger, also ein Gruppenmitglied, das sich zum Repräsentanten des Gruppenproblems macht, und auf den Beitrag, den es zur Thematisie-

---

[24] Hervorhebungen von mir.

rung des Gruppenproblems bringen will, geeinigt, dann geht man zur „Materialproduktion" über.

Der Schematräger hat hier ähnlich wie der Erzähler bei der Falleinbringung eine herausgehobene Position. Er produziert Material und hat das Rederecht, während die übrige Gruppe zuhört oder kurze Nachfragen stellt. Diese Asymmetrie wird in der „Phase 3", der Bearbeitung des Materials, wieder aufgehoben. Jetzt werden *alle Gruppenmitglieder,* wenn es gut geht, *zu Schematrägern.* Auch der Leiter ist hier, anders als bei der Fallbearbeitung, gelegentlich Schematräger, denn es geht ja hier um das Problem der gesamten Gruppe, an dem jedes ihrer Elemente einen Anteil hat (Rappe-Giesecke 1986, S. 30f.).[25]

In den folgenden Phasen existiert dann zwischen den Gruppenmitgliedern keine wesentliche Asymmetrie mehr. Sie versuchen alle, einen reflexiv-bewertenden Standpunkt einzunehmen und die Bedeutung des bearbeiteten Problems für die Beziehungen in der Gruppe, für den krisenhaften Ablauf in einem der anderen beiden Programme und für den historischen Gruppenprozeß zu klären. Die wesentliche Asymmetrie besteht hier zwischen dem „deutenden" Gruppenleiter und den Mitgliedern.

Neben diesen Beziehungen, die durch die Arbeitsaufgaben der Rollen bestimmt werden, entwickeln sich die für selbstanalytische[25] Gruppen typischen *unbewußten Beziehungsmuster* und Differenzierungen der Gruppe in verschiedene Subgruppen. Man kann dann mit den verschiedenen Konzepten der Analyse der unbewußten Gruppendynamik, wie ich sie in Abschn. 2.2.2 benannt habe, versuchen, diese Muster zu verstehen und zu klassifizieren. Aus einer an der psychoanalytischen Gruppentherapie orientierten Perspektive wäre es z. B. zu klären, welche Gruppenmitglieder die Abwehr- bzw. die Triebseite des Konflikts verkörpern, und zu klären, was abgewehrt werden soll. Orientiert man sich an Bennis (1972), so kann man untersuchen, wie die Verteilung z. B. zwischen abhängigen, gegenabhängigen und konfliktfreien Gruppenmitgliedern aussieht. Auf jeden Fall wird man die Beziehungen auf dem Hintergrund des Entwicklungsstandes des Gruppenprozesses verstehen und sie nach einem der vorgenannten Klassifikationsschemata typisieren müssen, ohne dabei aus den Augen zu verlieren, daß es sich um ein Problem der gesamten Gruppe handelt.

3.5 Varianten des Modells:
Die Kombinationsmöglichkeiten der drei Programme

Zur Analyse des Settings der Gruppen- und Teamsupervision gehört neben der Untersuchung der Rollen und ihrer Beziehungen und der Elemente des zeitlichen Ablaufs auch die Beschreibung der *Varianten* des Systems. Je nachdem, wie die personelle Zusammensetzung einer Supervisandengruppe aussieht, wie komplex also die Rollen und Beziehungen in ihr sind, wird das Supervisions-System in seiner komplexesten Form oder einer seiner weniger komplexen Varianten etabliert werden müssen.[26]

Die größte Komplexität von Rollen und Beziehungen entsteht, wenn die Supervisanden das Subsystem einer Institution bilden, ein Team sind, wie ich es abkürzend nenne. Für die Supervision von Teams ist auch die komplexeste Form des Systems gedacht, die

---

[25] Der Begriff der „selbstanalytischen Gruppe" stammt von Sandner 1978. Vgl. meine Ausführungen zu seiner Auffassung von Gruppen in Abschn. 2.2.3.

[26] Vorüberlegungen hierzu finden sich schon in Abschn. 2.1.

Vollform mit den drei Programmen: Fallarbeit, Selbstthematisierung und Institutionsanalyse. Nun kann sich ein Team entscheiden, nicht mit dieser Vollform zu arbeiten, sondern mit einer der Varianten, Fallarbeit und Selbstthematisierung oder Institutionsanalyse und Selbstthematisierung. In diesem Fall, aber auch bei der Entscheidung für die Vollform, sollte vor Beginn der Supervision in der Phase der Problemdiagnose die Basis für eine begründete Entscheidung geschaffen werden. Vielleicht stellt die komplexeste Form eine Überforderung für das Team dar, vielleicht ist aber auch der Wunsch nach Komplexitätsreduktion schon ein Symptom für das Problem des Teams.[27]

Fallarbeit und Selbstthematisierung stellen eine Variante dieses Supervisionssystems dar, die ich als Gruppensupervision bezeichne. Sie kann bei der Supervision von Professionellen, die verschiedenen Institutionen oder verschiedenen Abteilungen einer großen Organisation angehören oder die freiberuflich arbeiten, angewendet werden. Die Teilnehmer sollten aber einer Profession angehören oder zumindest die gleiche Tätigkeit, wie z. B. Beratung, ausführen. Diese Zusammensetzung würde der klassischen Balint-Gruppe entsprechen. Die Indikation für diese Variante wäre bei der folgenden Komplexität von Rollen und Beziehungen gegeben: Die Supervisandengruppe ist professionell homogen, hinsichtlich der Geschlechtszugehörigkeit ausgewogen inhomogen zusammengesetzt, die Supervisanden haben alle einen annähernd gleichen Status in der Hierarchie, und sie haben außerhalb der Gruppe keine beruflichen oder privaten Kontakte miteinander und stehen auch in keinerlei Abhängigkeiten beruflicher Natur voneinander.[28] Da es in der Praxis von diesem idealen Niveau der Komplexität von Rollen und Beziehungen immer wieder Abweichungen gibt, ist es aufgrund der erhöhten Komplexität dieser Beziehungen erforderlich, neben der Fallarbeit auch noch das Programm Selbstthematisierung im System zu etablieren. Die Selbstthematisierung hat die Funktion, die Interferenzen von Beziehungen, die von dieser idealen Zusammensetzung abweichen, zu thematisieren und zu bearbeiten.[29]

Man kann diese Variante des Systems auch für die Supervision von Teams verwenden, allerdings nur, wenn man zuvor abgeklärt hat, daß diese Komplexitätsreduktion auch indiziert ist. Liegen keine schwerwiegenden institutionellen Konflikte vor, und hat man in der Vorphase der Problemdiagnose klären können, daß die Fallarbeit nicht der Abwehr dieser Konflikte dienen soll, dann kann man mit dieser Variante arbeiten. Da die Komplexität der Beziehungen und der Rollen auch hier vom idealen Maß abweicht, ist das Programm Selbstthematisierung vonnöten, um die aus dieser Komplexität resultierenden Beziehungen und die Selbst- und Fremdtypisierungen klären zu können, falls sie in die Fallarbeit interferieren.

Die andere mögliche Variante des Modells ist die, die aus der *Kombination von Institutionsanalyse und Selbstthematisierung* entsteht. Diese Variante setzt eine Komplexität von Rollen und Beziehungen zwischen den Supervisanden voraus, die entsteht, wenn sie einem Subsystem einer Organisation, einem Team angehören. Sie kann also nicht bei der eben beschriebenen Gruppe angewandt werden, deren Mitglieder unterschiedlichen Organisationen angehören. Indiziert ist diese Variante, wenn das Team schon Fallsupervision erhält und sich nun mit den Kooperationsproblemen beschäftigen will. Weiterhin

---

[27] Vgl. auch die Ausführungen zur „Problemdiagnose" in Abschn. 5.1.

[28] Zum idealen Setting von Fallbearbeitungsgruppen vgl. Giesecke u. Rappe-Giesecke 1983b, S. 114.

[29] In einer Fallstudie habe ich die Arbeit mit dem Programm der Selbstthematisierung in einer Gruppe mit erhöhter Komplexität der Beziehungen beschrieben (Rappe-Giesecke 1986).

kann die Variante indiziert sein, wenn man in der Phase der Problemdiagnose festgestellt hat, daß die Beziehungen zu Klienten relativ unproblematisch verlaufen und die Beziehungen im Team diejenigen sind, die klärungsbedürftig sind. Die Funktion des Programms Selbstthematisierung ist es hier, Störungen der Arbeitsfähigkeit bei der Institutionsanalyse, die aus der Komplexität der Beziehungen resultieren – wie z.B. Zugehörigkeit zu verschiedenen Professionen, zu verschiedenen Statussymbolen etc. – durch Thematisierung dieser Beziehungen zu klären und der Gruppe zu helfen, diese Komplexität von Rollen und Beziehungen erst einmal wahrzunehmen und zu erkennen.

4 Die Umwelt des Systems und sein Aufbau

Während man in der Literatur zu Supervisions-, Balint- und Therapiegruppen noch Beschreibungen des Settings und seiner Bedeutung für den Gruppenprozeß finden kann, gibt es keine mir bekannte systematische Analyse der Beziehungen dieser Gruppen zu ihrer Umwelt. Es gibt Überlegungen, wie man mit Abgrenzungsproblemen umgehen kann, aber es gibt weder eine Auflistung aller für die Supervision relevanten Umwelten noch eine Charakterisierung der Beziehungen zwischen beiden. Wie relevant die jeweilige Umwelt für das Geschehen in der Supervision ist, wird spätestens dann klar, wenn man sich ansieht, wieviele Umwelten existieren und wie komplex die Beziehung des Systems zu ihnen ist. Es ist nahezu unwahrscheinlich, daß das System es schafft, an dermaßen viele Umwelten anzuschließen und sich von ihnen abzugrenzen, aber wie man weiß, gelingt dies in der Praxis meist. Der Supervisor kann aus dieser Analyse zum einen lernen, welche Umweltbeziehungen beständig vom System reguliert werden müssen und wie man sie regulieren kann, und zum anderen sieht er, welche komplizierten Anforderungen das System quasi nebenbei, ohne die Aufmerksamkeit darauf zu richten, erfüllen kann.

System-Umwelt-Beziehungen werden in der Theorie sozialer Systeme innerhalb der Differenzierungsdimension abgehandelt. Ich zitiere zunächst die entsprechende Definition und dann die Anleitung zur Analyse dieser Dimension eines Sozialsystems.

> Alle sozialen Systeme besitzen Funktionen für andere Systeme und stehen vor dem Problem, ihre Grenzen und ihre Umweltkontakte in einer Weise aufrechtzuerhalten, die ihre Identität sichert. Abgesehen von einfachen Sozialsystemen sind alle Ordnungen von sozialen Systemen intern in Teilsysteme differenziert. Grenzerhaltung, Sicherung der Umweltkontakte und der Kohäsion zwischen den Teilsystemen sind permanente Probleme von Sozialsystemen (Giesecke 1988, S. 35).

Das Vorgehen bei der Rekonstruktion der Differenzierungsdimension eines Systems läßt sich so charakterisieren:

> Die Aufmerksamkeit richtet sich im ersten Arbeitsschritt auf die Umwelt des Bezugssystems. Es werden Listen von denjenigen Systemen aufgestellt, die die Umwelt der zu untersuchenden Institution bilden. Dabei kann auf die Ergebnisse der Kommunikationsanalyse zurückgegriffen werden (Giesecke 1988, S. 167).

> In der zweiten Phase werden die Beziehungen zu Anschlußsystemen beschrieben, die für die Bestandserhaltung dieser Anschlußsysteme von konstitutiver Bedeutung sind. Im Ergebnis entsteht eine Liste über funktionale Anschlußsysteme mit einer Charakterisierung der jeweiligen funktionalen Beziehungen.
> Die theoretische Annahme ist, daß organisierte Sozialsysteme immer Funktionen für andere, vor allem übergeordnete Sozialsysteme erfüllen (Giesecke 1988, S. 167f.).

> In der dritten Phase fragt man nach denjenigen Umweltsystemen (bzw. deren Elementen), von denen sich das Bezugssystem immer wieder abgrenzen muß, um seine Identität zu sichern. Zugleich werden die für die jeweiligen Beziehungen typischen Grenzerhaltungsprobleme beschrieben.

Wenn man weiß, welche Systeme typischerweise in die untersuchte Institution interferieren, fällt es leichter, die Grenzen und Strukturen des organisierten Sozialsystems zu finden (Giesecke 1988, S. 168).

In einem nächsten Analyseabschnitt kann man sich der internen Differenzierung des Sozialsystems zuwenden. Die Grundannahme ist hier, daß organisierte Sozialsysteme intern in Subsysteme differenziert sind, die zueinander in bestimmten Abhängigkeiten stehen.
Hat man größere soziale Institutionen als Bezugssystem ausgewählt, sind oft zahlreiche Subsysteme und deren Beziehungen zu beschreiben: Eine Therapiegruppe als ein organisiertes Sozialsystem betrachtet, zerfällt in Vorgespräche und viele einzelne Gruppensitzungen. Jede Sitzung baut dabei auf die vorhergehenden auf. Es gibt also Funktions- und Leistungsbeziehungen zwischen den Teilsystemen, die bei Bedarf im einzelnen beschrieben werden können . . .

Als Ergebnis der drei Beschreibungsphasen erhält man Listen von Umweltsystemen, funktionalen und interferierenden Relationen sowie Beschreibungen über die interne Differenzierung des Bezugssystems und seine Einbettung in Supersysteme (Giesecke 1988, S. 169).

Man kann also einmal das gesamte System Gruppen- und Teamsupervision als Einheit wählen und die Umwelten dieses Systems unter verschiedenen Perspektiven untersuchen (vgl. Abschn. 4.1), und man kann ein Subsystem als Einheit wählen und beschreiben, wie sich die Beziehungen dieses Subsystems zum Gesamtsystem und den anderen Subsystemen gestalten (vgl. Abschn. 4.2). Die gewählte Untersuchungseinheit ist das Programm. Die Beziehung der Programme Fallarbeit, Institutionsanalyse und Selbstthematisierung untereinander und ihre Funktion für das Gesamtsystem Gruppen- und Teamsupervision werden im zweiten Abschnitt behandelt.

Zunächst jedoch möchte ich noch einige allgemeine Erläuterungen zur Perspektive bei der Untersuchung der relevanten Umwelten des Gesamtsystems geben.

Die Umwelt jedes organisierten Sozialsystems ist sehr komplex, bei genauerem Hinsehen ergeben sich scheinbar unendlich viele Umweltbeziehungen. Vermittelt über diese Umweltsysteme, die direkt an das System anschließen, wirken Anschlußsysteme dieses Umweltsystems auch auf das System ein. Denkt man dies weiter, so stellt sich eine Unzahl miteinander vernetzter Systeme her. Wie reduziert man diese unüberschaubare Vernetzung des Systems mit seiner Umwelt in eine beschreibbare Anzahl von Umweltbeziehungen? Zum einen kann man im Datenmaterial Äußerungen der Mitglieder darüber finden, was das System für seine relevante Umwelt hält. Zum anderen reduziert das Untersuchungsinteresse die Vielzahl. Mich interessiert hier vornehmlich die Eingebundenheit der Supervision in Organisationen und deren Subsysteme, denen die Supervisanden angehören. Eine andere Frage wäre es, die Eingebundenheit der Supervision in das Gesundheitsversorgungssystem der Bundesrepublik Deutschland zu untersuchen.

Als Ergebnis dieser Untersuchung erhält man eine Liste von relevanten Umweltsystemen. Die Beziehung des Supervisionssystems zu diesen verschiedenen Umweltsystemen habe ich unter den vier folgenden Fragestellungen analysiert:

– Welche Funktion erfüllt die Supervision für dieses Umweltsystem?
– Wie organisiert die Supervision den Anschluß an dieses System?
– Wie grenzt sie sich von diesem System ab?
– Wie kann dieses Umweltsystem in die Supervision interferieren?

Supervision existiert nicht um ihrer selbst willen, sie erfüllt *Funktionen* für andere Systeme. Welche Systeme das sind, wird zum einen durch das Supervisionskonzept und seine Ziele bestimmt und zum anderen durch die Aushandlung der Funktion, wie sie zwischen dem Supervisor und den Supervisanden im Rahmen des Sondierungsgesprächs und des Kontrakts jeder Supervision stattfindet. Zwischen dem Supervisionssystem und den relevanten Umweltsystemen muß dann noch eine Einigung darüber erfolgen, welche Funktion dies sein soll. Es kann also keine einseitige Angelegenheit sein, festzulegen, welche Aufgabe die Supervision haben soll. Wählt z. B. ein Supervisor, der eine Teamsupervision konstituiert, die Organisation, der das Team angehört, als relevante Umwelt aus und setzt der Supervision dann die Aufgabe, die Organisation vermittels der Teamsupervision zu verändern, dann ist dies eine Funktionssetzung, über die keine Einigung zwischen Umweltsystem und Supervisionssystem zu erzielen ist, vielleicht aber zwischen Supervisor und Team. Zum einen wird die Organisation der Supervision dazu keinen Auftrag erteilen, und zum anderen ist die Funktionssetzung für dieses Klientensystem dysfunktional und außerdem besser mit einer Organisationentwicklungsmaßnahme vereinbar.

Die Herstellung des Kontakts mit den selektierten Umweltsystemen muß vom System in Prozesse umgearbeitet werden. Ich untersuche im zweiten Schritt, wie das System *den Anschluß organisiert* an diese Umweltsysteme. Dabei wird man besondere Anschlußstellen im Ablauf der Interaktion ausmachen können und bestimmte Arbeitsaufgaben finden, deren Funktion die Herstellung eines Anschlusses ist.

Das dritte Merkmal meiner Beschreibung der relevanten Umweltsysteme ist die Art der *Abgrenzung* des Systems von dieser Umwelt. Diese Abgrenzung kann in Form von Zuschreibungen geschehen: „Das gehört nicht hierher" (vgl. Abschn. 6.3), in Form von Thematisierungen der eigenen Strukturen und damit in Form von Strukturverstärkungen. Hier hat der Leiter als Repräsentant des Systems die Aufgabe, durch Interventionen die Systemstrukturen zu erhalten und die Grenzen des Systems zu sichern.

Die letzte Frage bei der Beschreibung der Beziehungen zu den *Umweltsystemen* ist, wie diese *typischerweise in das System interferieren*.[1] Damit ist gemeint, daß die für das System typischen Prozesse, Rollen, rollentypischen Aktivitäten und Beziehungen überlagert werden durch Prozesse, Rollen, rollentypische Aktivitäten und Beziehungen, die aus Umweltsystemen stammen. Um mit diesen Interferenzen fertig zu werden, entwickelt jedes System bestimmte Reparaturmechanismen. Die Bearbeitung von Spiegelungen der Professional-Klient-Beziehungen im Rahmen der Fallarbeit mit Hilfe des Inszenierungsmodells ist als ein solcher Reparaturmechanismus anzusehen. Interferenzen werden also nicht in jedem Fall als zu beseitigende Störungen aufgefaßt, sondern können für die Arbeit des Systems auch funktional genutzt werden. Bei der Beschreibung von Interferenzen wird deutlich werden, mit welchen Interferenzen dieses System arbeiten kann und welche lediglich als Störung aufgefaßt werden, die normalisiert werden müssen.

In der folgenden Aufzählung der relevanten Umwelten gibt es zwei Umweltsysteme, die zwar für die Teamsupervision äußerst relevant sind, für die Gruppensupervision aber keine Funktion haben: die Organisation, der das Team als Subsystem angehört (vgl.

---

[1] Der Begriff Interferenz hat in der systemtheoretischen Diskussion inzwischen eine andere Bedeutung erhalten als in der Physik, aus der er stammt: Nicht das wechselseitige Aufeinanderwirken von zwei „Wellen" ist gemeint, sondern das einseitige Einwirken eines Umweltsystems auf das Bezugssystem, das mit seinen Wellen oder Strukturen diejenigen des Bezugssystems überlagert und andere „Wellen" auslöst. Einen Begriff, der weniger Mißverständnisse auslöst und das Phänomen adäquat beschreibt, habe ich leider nicht gefunden.

Abschn. 4.1.1), und das Team als Subsystem der Organisation (vgl. Abschn. 4.1.2). Fallarbeit kombiniert mit Selbstthematisierung hat in einer frei zusammengestellten Gruppe, einer sog. „stranger group", eine Funktion für die Professionellen, die ihr angehören, nicht für die Organisationen oder Teams, in denen diese Professionellen arbeiten. Vermittelt über die Veränderung des Professionellen und seiner Beziehung zu Klienten kann die Fallsupervision natürlich Auswirkungen auf das Team oder die Organisation haben. Dies ist aber nur eine Nebenwirkung und keine intendierte Wirkung der Supervision. Üblicherweise begründet man dies so: Der Supervisor hat den Auftrag zur Supervision nur von den Professionellen, nicht aber von der Organisation, der sie angehören, bekommen, deshalb beschäftigt er sich auch nicht mit der Organisation. Man könnte auch sagen, daß diese Funktionssetzung bei der Fallsupervision dysfunktional ist und mit dem betroffenen Umweltsystem auch nicht interaktiv ausgehandelt und ratifiziert ist.

4.1 Relevante Umwelten des Systems

4.1.1 Die Organisation, der das Team als Subsystem angehört[2]

Die Supervision erfüllt für die Organisation, der das Team als ein institutionelles Subsystem angehört, die Funktion, die Arbeitsfähigkeit und Effektivität dieses Teams zu verbessern: zum einen, was den professionellen Umgang mit Klienten betrifft, zum anderen, was die Effektivität der Zusammenarbeit und der Arbeitsorganisation angeht, und zuletzt, was die Organisation seiner Beziehungen zur Umwelt, so auch zur Organisation, anbetrifft.

Der Anschluß an dieses übergeordnete System wird einmal dadurch geschaffen, daß seine Erwartungen an die Supervision in den Sondierungsgesprächen ermittelt werden und man aushandelt, inwieweit die Supervision diesen Erwartungen Rechnung tragen kann. Ein gemeinsames Auswertungsgespräch, in dem sich die Repräsentanten der Organisation ein Bild über die Ergebnisse der Supervision machen können, wäre der andere Anschlußpunkt. Weiterhin kann die Supervision an die Organisation anschließen, indem die Beziehungen des Teams zur Organisation als seiner relevanten Umwelt zum Thema der Institutionsanalyse werden können.

Die Abgrenzung der Supervision von der Organisation wird in erster Linie durch die Schweigepflicht von Supervisor und Supervisanden geschaffen. Damit sich in der Supervisionsgruppe genügend Vertrauen entwickeln kann, das die Vorbedingung bildet für eine freie, kooperative Atmosphäre, ist es nötig, einen geschützten Raum zu etablieren, in dem die Gruppenmitglieder, ohne beständig an die Folgen ihrer Äußerungen denken zu müssen, sich offen äußern können. Die Verschwiegenheit hat eine ähnliche Funktion für die Supervision wie die Immunität der Abgeordneten für das Parlament. Die Abgrenzung gegenüber der Organisation wird auch dadurch geschaffen, daß die Teammitglieder in der Supervision andere Rollen einnehmen als im Team. Die prinzipielle Gleichheit der Supervisanden und ihre Selbsttypisierungen durch die Aufgaben, die sie hier haben, markiert, daß man sich in einem anderen System mit anderen „Gesetzen" befindet und die

---

[2] Gilt nur für die Supervision von Teams, nicht für frei zusammengestellte Gruppen (vgl. S. 75).

Regeln der Organisation hier nicht gelten. Diese Eigenständigkeit gegenüber der Organisation muß durch die Betonung der Strukturen der Supervision deutlich gemacht werden, und zwar sowohl gegenüber den Supervisanden als auch gegenüber Repräsentanten der Organisation.

Störend in die Supervision interferieren kann eine Organisation auf vielerlei Art, ich kann nur einige Beispiele nennen.[3] Der Wunsch der Organisation, daß einer ihrer Vertreter an der Supervision teilnimmt, ist ebenso abzulehnen wie das Ansinnen an den Supervisor, er möge Beurteilungen der Teammitglieder schreiben. Jede Form von Kontrolle, die die Supervision zu einer Prüfungs- und Beurteilungssituation werden läßt, ist als Interferenz zu beurteilen. Ich habe schon darauf hingewiesen, daß man dem legitimen Bedürfnis nach Informationen über die Supervision Rechnung tragen kann, indem man die Supervisanden selbst um Stellungnahmen zur Supervision bittet, die der Organisation in besonderen Sitzungen, die nicht Teil des Supervisionsprozesses sein dürfen, mitgeteilt werden.

Vermittelt über die Organisation können auch diejenigen „Supersysteme" in die Supervision interferieren, denen nun wiederum die Organisation als Subsystem angehört. Leicht vorstellbar ist z. B. die Folge jener Interferenz: Der Trägerverband oder eine staatliche oder kommunale Stelle hat die finanziellen Mittel der Organisation gekürzt. Dies wird vermutlich für Unruhe im Team sorgen, die sich in der Supervision auch niederschlagen wird, weil man um Arbeitsplätze oder materielle Ressourcen fürchtet. Möglicherweise wäre sogar, und das ist die stärkste Form der Interferenz, der Bestand der Supervision gefährdet, weil auch in diesem Bereich die Mittel gekürzt werden.

Exkurs:
Man kann sowohl grundsätzlich sagen, daß alle Supersysteme, denen ein an die Supervision angrenzendes Umweltsystem als Subsystem angehört, vermittelt über dieses angrenzende System in die Supervision interferieren können. Eine Analyse aller möglichen Supersysteme würde den Rahmen dieser Arbeit sprengen, man kann aber vielleicht folgendes sagen: Interferiert ein Umweltsystem in die Supervision, so sollte der Supervisor abklären, ob dieser Einfluß seine Ursache im angrenzenden System oder vielleicht im Supersystem hat, dem das Umweltsystem angehört. Diese Sicht erhöht natürlich wieder die Komplexität des Problems, das aus dieser Interferenz entstanden ist, wirkt aber Schuldzuschreibungen und Projektionen entgegen, wenn man das Umweltsystem in seiner Abhängigkeit von anderen Systemen sehen kann.

4.1.2 Das Team als Subsystem der Organisation[4]

Die Supervision hat für dieses Umweltsystem die folgenden Funktionen: Die erste Funktion besteht in der Verbesserung der Beziehungen zwischen den Mitgliedern des Teams mit dem Ziel, die Zusammenarbeit effektiver zu gestalten, damit man die Arbeitsaufgaben reibungsloser lösen kann, und dem Ziel, das Arbeitsklima so zu verbessern, daß für

---

[3] Rosin beschreibt z. B., wie sich die institutionellen Rahmenbedingungen einer psychiatrischen Klinik auf die mit Psychiatern dieser Klinik durchgeführten Fallsupervisionen auswirken. Störungen durch Notrufe und „Piepser", ständige Rotation der Ärzte über die Stationen und Notdienste, die die Ausbildung von dauerhaften Arzt-Patient-Beziehung verhinderten, und die „Sachzwänge" wie Bettenbelegung, Verweildauer der Patienten sind einige dieser Interferenzen in die Supervision, die er nennt (vgl. Rosin u. Baur-Morlok 1984, insbesondere S. 130f.).

[4] Gilt nur für die Supervision von Teams, nicht von frei zusammengestellten Gruppen (vgl. S. 84f.).

alle die Zusammenarbeit befriedigender und störungsfreier verläuft. Die zweite Funktion, die die Supervision für das Team haben sollte, ist die Erhöhung der professionellen Kompetenz der einzelnen bei der Betreuung der Klienten. Eine optimalere Betreuung der Klienten kann auch durch die bessere Koordination der Versorgungsleistungen aller Teammitglieder erreicht werden, die das Resultat einer Verbesserung der Beziehungen im Team sein kann. Die dritte Funktion ist die Optimierung der Regulation der internen Prozesse des Systems, der Arbeitsorganisation und der Organisation des Informationsflusses sowie der Verstärkung und Ausbildung der Identität des Systems und die Verbesserung der Fähigkeit des Systems, seine Beziehungen zur Umwelt funktional zu organisieren.

Wie wird nun in der Supervision der Anschluß an dieses Umweltsystem hergestellt? Der offensichtlichste Anschluß ist die identische Zusammensetzung beider Systeme, mit Ausnahme des Supervisors. Die Teammitglieder sind als Personalsysteme Elemente in beiden Systemen, dem der Supervision und dem des institutionellen Subsystems. Die zweite Art des Anschlusses ist die sprachliche Präsentation von Ereignissen aus diesem System in der Supervision. Diese Ereignisse werden vermittelt über die sprachliche Präsentation zum „kollektiven Phantasma",[5] zum gemeinsamen Wissensraum der Supervisionsgruppe und des Supervisors. Die dritte Art des Anschlusses ist die Spiegelung von Vorgängen im Team in der Supervision. Dies können Spiegelungen von problematischen Beziehungen zwischen einzelnen Teammitgliedern sein oder zwischen Subgruppen, und es können Spiegelungen der Gruppendynamik des Teams sein. Diese Beziehungen werden von den Beteiligten meist unbewußt in der Supervision wiederholt und überlagern die Beziehungen, wie sie typisch für die Supervision sind. Anhand der Veränderungen kann man dann auf die Problematik der Beziehungen im Umweltsystem Team schließen und sie für Erkenntnisse über dessen Struktur nutzen.

Wie schafft es nun die Supervision, sich vom Team als einem Umweltsystem abzugrenzen? 1) Im Kontrakt werden bestimmte Rahmenbedingungen vereinbart: Zeit, Ort, Dauer und Teilnehmer. Diese Rahmenbedingungen helfen dabei, die Supervision aus dem institutionellen Alltag herauszuheben und sie als ein eigenständiges System zu konstituieren.[6] 2) Das System bildet bestimmte Teilsysteme aus, deren Funktion es ist, den Übergang zwischen beiden Systemen zu markieren und zu vollziehen. So sind die „Vorphase" und die „Abschlußphase" in den Normalformmodellen dafür vorgesehen, diesen Wechsel zu thematisieren und durchzuführen (vgl. Kap. 5). 3) Die Teammitglieder müssen in diesen „Umschaltphasen" einen Rollenwechsel vornehmen. Sie müssen zu Beginn der Supervision von der sozialen Rolle, die sie im Team einnehmen, zu der des Supervisanden überwechseln. Ihre soziale Rolle im Team kann zum Thema werden, zum Gegenstand der Betrachtung, sie sollte nicht aber zum Standpunkt werden, von dem aus das Gruppenmitglied spricht und in der Supervision interagiert. Die Abgrenzung zwischen den Systemen wird nicht nur durch Rollenwechsel erreicht, sondern auch durch den Wechsel zwischen Zielen der Zusammenarbeit, Methoden der Arbeit und Regeln für den Umgang mit Krisen. „Verkörperlicht" wird die Abgrenzung durch die Anwesenheit des Supervi-

---

5 Zum Begriff des kollektiven Phantasmas vgl. Anmerkung auf S. 123.
6 Vgl. dazu Schmidt (1984, S. 55f.), der es nicht für sinnvoll hält, Supervision am Arbeitsplatz des Teams durchzuführen, sondern einen anderen Ort vorschlägt.

sors, der dem Team nicht angehört. Oft ist seine Anwesenheit die einzig sichtbare Markierung für den Wechsel von professionellem Alltag zur Supervision. Als Repräsentant des Systems Supervision achtet er auf die Einhaltung des Settings und die Durchsetzung der internen Strukturen.

Das Umweltsystem kann in folgender Weise in die Supervision interferieren: Gruppenmitglieder können fehlen oder zu spät kommen, weil das Team seine Arbeit in einer Weise organisiert hat, die es nicht erlaubt, daß alle Teammitglieder gemeinsam an etwas teilnehmen können. Möglich ist auch, daß beständig Teammitglieder die Supervision verlassen müssen, weil Klienten betreut werden müssen oder etwas Organisatorisches zu regeln ist. Die besonderen Probleme, die Schichtarbeit für die Supervision aufwerfen, beschreibt Schmidt (1984, S. 55f.) sehr anschaulich. Entweder muß der Supervisor immer wieder den Arbeitsablauf unterbrechen und besondere Bemühungen auf die Integration dieser Zuspätkommer etc. richten, oder diese Interferenz wird zum Gegenstand der Institutionsanalyse werden, falls sich Chancen für die Veränderbarkeit der Arbeitsorganisation zeigen.

Eine weitere Interferenz ist die folgende: In jeder Sitzung der Supervisionsgruppe findet der Supervisor eine andere Zusammensetzung des Teams vor, da einige in Urlaub oder auf Fortbildung sind, andere den Arbeitsplatz gewechselt haben und wieder neue Teammitglieder aufgenommen worden sind. Die effektive Supervisionsarbeit einer solchen Gruppe ist arg gefährdet, der Supervisor allein kann die Kontinuität der Gruppe nicht repräsentieren.[7]

Eine weitere Form der Interferenz des Teams in die Supervision ist die Nichtbeachtung des Wechsels zwischen den Systemen. Der Übergang vom institutionellen Alltag zur Supervision wird von allein nicht vollzogen. Selbst wenn der Supervisor anwesend ist, werden die Gespräche weitergeführt, und die Teammitglieder bleiben in ihren Rollen. Die Teammitglieder unterhalten sich entweder über informelle Dinge oder führen eine Art Teambesprechung durch und regeln organisatorische Dinge. Kommen diese Interferenzen beständig vor, wird der Supervisor dies thematisieren müssen und die betreffenden Probleme entweder im Programm Selbstthematisierung oder im Programm Institutionsanalyse abhandeln.

Es ist anzunehmen, daß im Team außerhalb der Supervision über die Ereignisse in der Supervision gesprochen werden wird, was ja nicht nur von Nachteil ist, weil die Supervision sich auch auf die Arbeit im professionellen Alltag auswirken soll. Die Auswirkungen der dort geführten Gespräche beeinflussen die Supervisionsarbeit, ohne daß immer etwas über diese Gespräche bekannt wird. Oft sind Teile des Teams daran nicht beteiligt, und der Supervisor kann davon ohnehin nichts wissen. Diese Interferenz kann dadurch gemildert werden, daß man ggf. die Ergebnisse dieser Gespräche zum gemeinsamen Wissensraum der ganzen Gruppe macht, die Betreffenden also aufgefordert werden, die Gruppe in diese informellen Wissensräume einzuweihen.

Informelle oder private Kontakte zwischen einigen Teammitgliedern beeinflussen nicht nur die Arbeit im Team, sondern auch die Supervision. Diese besonderen Beziehungen können in die Supervision interferieren, indem sich z. B. einige Gruppenmitglie-

---

[7] Schmidt (1984, S. 67) beschreibt, wie sich die hohe Fluktuation auf einer Station auf die Supervision auswirkte. Da die Gruppe jedoch nur Fallarbeit vereinbart hatte, konnte diese Fluktuation nur als Spiegelung interpretiert, aber nicht verhindert werden.

der mit Kurzrepräsentationen verständigen, die alle anderen vom Gespräch ausschließen. Ähnlich wie bei den Gesprächen über die Supervision selbst müßte dieses Wissen entweder „vergesellschaftet" werden, oder es müßte als Umwelt der Supervision behandelt und den jeweiligen Personalsystemen zugeschrieben werden.

4.1.3 Professional-Klient-Systeme

Die Supervision soll für die Professional-Klient-Systeme, man könnte auch etwas ungenauer sagen für die Professional-Klient-Beziehungen, die Funktion haben, die Betreuung, Beratung oder Therapie der Klienten zu optimieren, Dies geschieht vermittelt über die Erhöhung der professionellen Kompetenz der Supervisanden durch Fallbesprechungen, durch die Reflexion der institutionellen Rahmenbedingungen der Professional-Klient-Systeme und durch die an die professionelle Rolle gebundene Selbsterfahrung des Supervisanden.

Der Anschluß an diese Systeme wird in der Supervision durch Fallberichte über die Interaktion zwischen Klienten und Professionellen geschaffen (Phase 3 der Normalform der Fallbearbeitung, vgl. S. 122). Bei diesen Fallberichten entwickelt sich eine weitere Form der Vernetzung beider Systeme, nämlich die Spiegelung der Professional-Klient-Beziehung in der Supervisionsgruppe. Weiterhin ist es möglich, daß die den Beziehungen zwischen den Teammitgliedern zugrundeliegenden unbewußten Strukturen schon eine Spiegelung der unbewußten Beziehungen darstellen, die ein bestimmter Typus von Klienten, z. B. Suchtkranke, typischerweise konstelliert. Die Supervisanden werden diese Beziehungsmuster auch in der Supervision reinszenieren.[8] Diese Spiegelung kann man natürlich nicht nur als eine Form des Anschlusses, sondern auch als eine Form der Interferenz betrachten.

Die Supervision grenzt sich von diesem System ab, indem sie die einzelnen Klienten, über die berichtet wird, als einen Pol einer professionellen Beziehung versteht: Der Klient wird nicht in seiner komplexen biographischen Gewordenheit betrachtet, sondern es wird nur denjenigen Aspekten seiner Persönlichkeit Beachtung geschenkt, die innerhalb der Beziehung zum Professional als irritierend, informativ oder störend von letzterem erlebt wurden. Eine weitere Möglichkeit der Abgrenzung besteht darin, den Klienten als Repräsentanten eines bestimmten Typus von Klienten zu sehen.[9]

Ich habe eben schon darauf hingewiesen, daß die Spiegelung der Professional-Klient-Beziehung zum einen als notwendiger Anschluß an dieses System gesehen werden muß, zum anderen aber als eine Interferenz von Rollen und Beziehungen zu bewerten ist, die der Umwelt und nicht der Supervision zuzurechnen sind. Es kann allerdings sein, daß der Supervisor zunächst mit dieser Form der Interferenz arbeiten muß, wenn es sich heraus-

---

[8] Vgl. dazu Hegenscheidt-Renartz (1986), die beschreibt, wie sich in einer Klinik für Suchterkrankungen die pychische Struktur dieses Patiententypus in den Beziehungen zwischen den Teammitgliedern und in ihrer Organisation der Arbeit niederschlägt.

[9] Eine Aufgabe der Fallbearbeitung besteht darin, die Personen der Fallerzählung zu typisieren, Phase 4.1 der Normalform des Ablaufs (vgl. S. 122).

stellt, daß die Supervisanden aufgrund ihrer unbewußten Identifizierung mit Klienten nicht in der Lage sind, den Anschluß an dieses System durch sprachlich begriffliche Präsentationen, also durch Fallberichte herzustellen. Ein Beispiel:

> Ein Balint-Gruppenleiter beschreibt, wie sich die Probleme krebskranker Patienten auf das Team einer onkologisch-internistischen Station und vermittelt darüber auch auf die Supervision auswirken. In der Supervisionsgruppe herrschte eine starke Fluktuation. Schmidt deutete dies als Reflex der Tatsache, daß die Patienten nur kurz auf der Station bleiben, daß viele Patienten sterben und daß sich deshalb keine dauerhaften Beziehungen zwischen Patienten und Personal entwickeln können. Diese Situation, die ihnen mit den Patienten widerfuhr, reinszenierten die Teammitglieder mit dem Supervisor. Oft fand sich auch niemand, der einen Fall vorstellen wollte. Schmidt deutete dies als Wiederholung der komplementären Position zum Krebskranken. Die Begründung, daß der „Patient nicht wichtig genug sei", ist eine Wiederholung der „narzißtischen Kränkung katastrophalen Ausmaßes", von der sich der Krebskranke betroffen sieht. Außerdem mag die Furcht vor der lebensgefährlichen Bedrohung, unter der der Patient steht, bei den Teammitgliedern eine Rolle spielen. Oft wurden auch mehrere Fälle in einer Sitzung angesprochen, was Schmidt als Hinweis auf die Überlastung des Teams durch die enormen Leiden und Ängste der Patienten und der auf beiden Seiten vorhandenen ambivalenten Haltung bei der Suche nach Gesprächen interpretierte (Schmidt 1984, S. 63f. und 67ff.).

Vermittelt über das Klientensystem können auch andere Systeme, denen die Klienten als Elemente angehörigen, so z.B. die Familie des Klienten, andere soziale Organisationen, deren Hilfe die Klienten schon in Anspruch genommen haben, in das Team interferieren. Vorstellbar ist, daß Familienangehörige ständig auftauchen und die institutionellen Abläufe stören, oder daß Patienten beständig andere Organisationen einschalten und das Team Mühe hat, die Zuständigkeiten zu klären und die Untersuchungsergebnisse z.B. zu sammeln. Diese Interferenzen werden sich vermutlich auch in der Supervision reinszenieren, wenn sich das Team davon nicht genügend distanzieren kann.

4.1.4 Profession der Supervisanden

Die Supervision kann nur vermittelt über die einzelnen Supervisanden eine Funktion für deren Profession haben. Die Kompetenzerweiterung, die ein Mitglied einer Profession durch Supervision erfährt, kann sich z.B. in qualifizierten Beiträgen aus einer neu gewonnenen Perspektive zu den aktuellen Diskussionen in der Profession niederschlagen. Durch die Erhöhung der professionellen Kompetenz kann der Umgang mit Klienten optimiert werden, die als Mitglieder der Gesellschaft zur Einschätzung der Profession beitragen. Auch die Identität und der Umgang mit den professionstypischen Problemen kann vermittelt über die Supervision vieler Professionsangehöriger beeinflußt werden. Weiterhin können positive Erfahrungen einzelner mit Supervision bewirken, daß die Aufnahme von Supervisionen in die Ausbildung und Fortbildung dieser Profession gefordert und etabliert wird.

Anschluß an die Profession der Supervisanden wird bei der Fallarbeit dadurch hergestellt, daß die Supervisanden ihre professionstypische Sichtweise von Klienten und von Professional-Klient-Beziehungen darlegen. In der Normalform der Fallarbeit gibt es eine Phase, in der die Ergebnisse der Fallbearbeitung dahingehend reflektiert werden, welche Auswirkungen sie für das professionelle Selbstverständnis und den professionellen Umgang mit Klienten bei allen Gruppenmitgliedern haben (Phase 4.4, vgl. S. 123). In der Institutionsanalyse kann der Anschluß an die Profession der Supervisanden geschaffen werden, wenn Probleme der Zusammenarbeit zwischen Angehörigen verschiedener Professionen thematisiert werden. Selbstbilder der Profession und Einschätzungen durch andere Professionen, Vorurteile gegeneinander, Bewertungen der Arbeit, Abgrenzung und Übereinstimmung in wichtigen Fragen können hier Thema sein.

Eicke widmet den „Mythen der Professionen" seine Aufmerksamkeit. Diese Mythen prägen seines Erachtens die Beziehungen zu den Klienten und die Beziehungen zu anderen Professionen. Man kann deren Wirkung also direkt in der Fallsupervision oder auch in der Institutionsanalyse bei der Diskussion über die Beziehung zwischen den Angehörigen verschiedener Professionen im Team beobachten. So beschreibt Eicke den Mythos der Sozialarbeiter wie folgt: Klienten und Sozialarbeiter sind gleich, und auch die Sozialarbeiter sind untereinander gleich. Balint hatte sich ja mit seiner Aufdeckung der „apostolischen Funktion" des Arztes und dessen „missionarischem Eifer" schon in ähnlicher Weise um die Aufdeckung des Mythos der Profession des Arztes bemüht (vgl. dazu Balint 1968, S. 134; Eicke 1974, S. 11).

Die Supervision grenzt sich von der Profession ab, indem sie eigene Normen etabliert. Sie typisiert die Supervisanden in erster Linie aufgrund der Rolle, die sie im System Supervision haben, und produziert so eine Gleichheit zwischen ihnen. Die Tatsache, daß die Supervisanden verschiedenen Professionen angehören und insofern ungleich sind, tritt daher in den Hintergrund. Die Gruppenmitglieder sollen sich in erster Linie als Lernende in Sachen Psychodynamik der Professional-Klient-Beziehungen oder im Hinblick auf die Organisation der Zusammenarbeit typisieren. Vom Standpunkt des Mitglieds einer Profession können sie nur in wenigen Phasen der Fallarbeit oder Institutionsanalyse aus sprechen.

Die Ziele und Normen der Supervision können sich von denen der Profession stark unterscheiden und den Supervisanden es erschweren, die typischen Standpunkte in der Supervision einzunehmen. Und damit komme ich schon auf die möglichen Interferenzen der Profession in die Supervision zu sprechen. Ein Beispiel für eine solche Interferenz ist das Vortragen von Anamnesen in Balint-Gruppen mit Ärzten, denen die Arbeitsweise dieser Gruppe noch nicht vertraut ist. Sie stellen ihren Patienten nicht in Form der üblichen Erzählungen vor, sondern lesen objektive Daten aus der Krankengeschichte vor (Rosin 1981, S. 74). Diese Form der „wissenschaftlich objektiven Haltung" Patienten gegenüber wird im Laufe der professionellen Sozialisation von Medizinern erworben und macht einen Teil ihrer professionellen Kompetenz aus. In der Supervision aber soll eine andere Haltung erlernt werden, der Arzt soll sensibilisiert werden für die unbewußten Vorgänge in der Beziehung zwischen ihm und den Patienten.[10] So kann es vorkommen, daß der Supervisor den betreffenden Teilnehmer auffordern muß, seine Krankengeschichte beiseite zu legen und frei zu erzählen, wobei er, wie Balint (1976, S. 404) unterstellt, auf Schwierigkeiten stoßen wird. Der Supervisor wird hier und in anderen Fällen, in denen die Normen der betreffenden Profession mit denen der Supervision in Konflikt treten, einige Energie daran setzen müssen, die Normen der Supervision durchzusetzen.

---

[10] Rosin untersucht in zwei Aufsätzen die Konflikte, die in Balint-Gruppen mit Psychiatern entstehen können, die ganz entgegen den Normen ihrer Profession das Erkennen der Psychodynamik der Arzt-Patient-Beziehungen üben sollen (vgl. Rosin 1981; Rosin u. Baur-Morlock 1984).

Man könnte sagen, daß er als Repräsentant dieses Systems die Autonomie dieses Systems gegenüber der Profession der Supervisanden erst herstellen muß.

Es kann nicht nur Differenzen zwischen den Normen der Supervision und denen der Profession der Supervisanden geben, sondern auch Differenzen zwischen den Normen unterschiedlicher Professionen, denen die einzelnen Supervisanden angehören. Daraus resultierende Konflikte werden sich sowohl im professionellen Alltag als auch in der Supervision zeigen. Werden die Konflikte gravierend, dann kann man im Programm Institutionsanalyse die Auswirkungen dieser Normendifferenzen auf die Zusammenarbeit und die Organisation der Arbeit untersuchen und im Programm Selbstthematisierung das Erleben dieser Konflikte bei den Gruppenmitgliedern bearbeiten.

Der Status und das gesellschaftliche Ansehen einer Profession werden auch insofern in die Supervision interferieren, als versucht werden wird, mit Hilfe dieser Wertungen die Beziehungen in der Supervisionsgruppe jenseits der prinzipiellen Gleichheit der Supervisanden zu strukturieren. Der Supervisor als Angehöriger einer Profession wird in diese Macht- und Einflußverteilung miteinbezogen und sollte dies in Rechnung stellen. So halte ich es z.B. für problematisch, als Nichtmediziner Ärztegruppen zu supervisieren, zum einen, weil die Feldkompetenz fehlt, was jedoch nicht das Wesentliche ist, zum anderen, weil der Supervisor aufgrund des ausgeprägten Statusdenkens der Ärzte Schwierigkeiten haben wird, als Leiter anerkannt zu werden, da sein gesellschaftlicher Status niedriger einzuschätzen ist als der der Ärzte.

4.1.5 Profession des Supervisors

Ein Supervisionsprozeß hat für den Supervisor als Angehörigem einer Profession die Funktion, seinen Lebensunterhalt zu sichern, seine Kompetenzen durch die Sammlung von Erfahrungen zu erweitern, für sich und seine Profession durch gelungene Arbeit zu werben und damit zur Etablierung dieser recht neuen Profession beizutragen.

Ob auch eine Funktion der Supervision für die zunächst erlernte Profession, die sich in der Supervision als sog. „Feldkompetenz" zeigt, besteht, kann ich nicht sagen.

Der Anschluß der Supervision an die Profession Supervision wird so hergestellt: Der Supervisor organisiert das Setting und die Abläufe in der Supervision nach den Normen und Maximen, die er erlernt hat und die für die Profession gültig und mehr oder minder stark kodifiziert sind.

Wenn Supervisor und Supervisanden die gleiche Profession erlernt haben, kann der Supervisor dieses Wissen aus seiner „Basisprofession" bei der Bearbeitung von Fällen und von Kooperationsproblemen anwenden. Differieren die Professionszugehörigkeiten, dann ist kein Anschluß an die Basisprofession möglich.

Wie grenzt sich nun das System Supervision von der Profession des Supervisors ab? Zum einen dadurch, daß die meisten seiner Elemente eben nicht Elemente dieser Profession sind, zum anderen dadurch, daß sich der Supervisor selbst immer wieder von den Normen und Maximen seiner Profession abgrenzen muß und prüfen muß, ob er der Eigenart dieses Exemplars von Supervision mit seinen Methoden und Verfahren gerecht wird. Er wird weiterhin Abweichungen von den Normen und von dem gesetzten Setting zulassen, um Konflikte sich entwickeln zu lassen, aus denen er Schlüsse auf die Probleme der Supervisanden ziehen kann. Bei der Bewertung professioneller Probleme bei den Supervisanden wird er sich immer wieder von seinem professionellen Wissen lösen müssen, um die Bewertungen und Erfahrungen der anderen Professionen kennenzulernen und zu berücksichtigen. Balint (1968, S. 130) spricht von einem „mehr wissen" und einem „weniger wissen" des Supervisors in manchen Bereichen und fordert ihn auf, das Wissen der Supervisanden zu respektieren.

Die Abgrenzung zur „Basisprofession" des Supervisors ist von ihm selbst zu leisten. Er muß sich als Supervisor und nicht z.B. als Sozialarbeiter typisieren, wenn er interveniert.

Die Profession des Supervisors kann in den einzelnen Supervisionsprozeß interferieren, z.B. dadurch, daß sie noch nicht genügend Konzepte und Methoden entwickelt hat, um die verschiedenen in der Praxis auftauchenden Probleme optimal zu lösen. Weiterhin können die zentralen Normen der Profession eine zu starke Komplexitätsreduktion beinhalten: Existiert beispielsweise die Norm, alle Beziehungen zwischen Teammitgliedern in dyadische oder in Familienbeziehungen aufzulösen und ihren professionellen Charakter zu mißachten, dann wird es nicht möglich sein, Probleme, die sich in diesen Beziehungen zeigen, als strukturelle und institutionsbedingte zu erkennen. Man kann nach dem heutigen Wissensstand der Profession eine solche Supervision als Suboptimierung verstehen.

Es besteht natürlich auch noch die Möglichkeit, daß der Supervisor nicht über den Wissensstand der Profession verfügt oder Normen vertritt, über die innerhalb der Profession kein Konsens besteht. Diese Abweichungen können dann mit den Erwartungen der Supervisanden an die Supervision kollidieren, und es kann zu Diskussionen über Sinn und Vorgehen kommen, die die eigentliche Supervisionsarbeit verhindern. Probleme wird es auch geben, wenn das tatsächliche Verhalten des Supervisors und die von ihm vertretenen Normen differieren. Mir ist eine Supervision bekannt, in der sich die Gruppe die Hälfte der Sitzungen mit der Frage beschäftigte, was Supervision sei und ob dies eine sei. Die Teilnehmer orientierten sich an der Norm, daß Fälle bearbeitet werden müßten, was auch im Kontrakt vereinbart wurde, und der Leiter orientierte sich an der Norm, „daß Störungen Vorrang haben", und versuchte, die Beziehungen zwischen den Supervisanden zu klären.[11]

4.1.6 Kontrollsupervision des Supervisors

Die Funktion einer Supervision für die Selbstkontrolle des Supervisors ist es, Material für dessen Selbstreflexion und dessen Kompetenzerweiterung zu liefern.

Der Anschluß der Supervision an die Kontrollsupervision sollte im Kontrakt mit den Supervisanden geregelt werden. Der Leiter teilt der Gruppe mit, daß er selbst supervisiert wird und ggf. auch über diese Supervision berichtet wird, aber den Schutz der Supervisanden gewährleistet. Der Supervisor schafft den Anschluß, indem er Element in beiden Systemen ist. Die Ergebnisse einer Reflexion über den betreffenden Supervisions-

---

[11] Vgl. dazu Rappe-Giesecke 1985, S. 22–31, und Materialien und Preprints des Forschungsprojekts 4, Transkription der 8. Sitzung der Supervisionsgruppe Lauer, 1980, Kassel.

prozeß können wiederum Eingang in seine Supervisionspraxis finden, indem er sein Vorgehen modifiziert oder seine Einstellung gegenüber Mitgliedern oder Problemen der Gruppe ändern kann.

Die Abgrenzung der Supervision von der Kontrollsupervision muß der Supervisor selbst leisten. Einerseits ist er allein verantwortlich für seine Supervision und kann sich nur Rat und Hilfe holen, nicht aber die Verantwortung der Kontrollsupervision übertragen. Andererseits hält er sich an die im Kontrakt mit den Supervisanden vereinbarte Schweigepflicht, indem er Personen, Institutionen und Umstände, die ein Erkennen der Supervisanden erlauben, unkenntlich macht und so andere von Informationen über diese Supervisanden ausschließt.

Eine Form der Interferenz der Kontrollsupervision in die Supervision ist das Berichten über Vorgänge in der Kontrollsupervision, die diese Gruppe betreffen. In einem dokumentierten empirischen Beispiel für eine solche Interferenz berichtet der Supervisor den Supervisanden von den Ergebnissen der Fallbearbeitung in der Kontrollsupervision. Daraufhin entwickelt sich eine Diskussion über den Sinn solcher Kontrollsupervisionen und über die einzelnen Ergebnisse der Fallbearbeitung. Durch diesen Bericht des Supervisors wurde das Setting der Supervision zumindest in dieser Sitzung außer Kraft gesetzt, und es entwickelten sich zwischen den Gruppenmitgliedern und zwischen dem Supervisor und den Supervisanden Beziehungen, die vom normalen Setting einer Fallsupervision abwichen. Die üblichen Beziehungen und Selbsttypisierungen wieder herzustellen, dauerte mehrere Sitzungen.[12]

4.1.7 Ausbildungssysteme

Ist die Supervision Teil der Ausbildung des Supervisors, hat sie für seine Ausbildung die Funktion, anhand von praktischem professionellen Handeln berufliche Kompetenz zu erwerben und die Übernahme einer neuen professionellen Rolle zu üben. Weitere Funktionsbestimmungen werden durch die Ausbildungspläne vorgenommen.

Die Supervision kann aber auch Teil des Ausbildungssystems der Supervisanden sein, so z. B. einer Gruppe von Sozialarbeitern, denen Curriculumpläne die Teilnahme an einer Supervision im praktischen Jahr auferlegen. Die Funktion der Supervision richtet sich neben der groben Festlegung auf die Reflexion erster praktischer Erfahrungen in der neuen Rolle auch nach den Ausbildungszielen, die das jeweilige Ausbildungssystem festgelegt hat.

Davon zu unterscheiden ist die Rahmenbedingung, die dadurch geschaffen wird, daß an einer Teamsupervision auch Auszubildende teilnehmen, die für einen Teil der Ausbildungszeit in diesem Team arbeiten. In diesem Fall hat die Supervision keinen Auftrag von deren Ausbildungssystemen, sondern kann höchstens für diese einzelnen Auszubildenden eine zusätzliche selbstgewählte Qualifikation darstellen, also eine Funktion für seine professionelle Rolle, nicht aber für das Ausbildungssystem haben.

---

[12] Vgl. die eben schon erwähnte 8. Sitzung der Supervisionsgruppe Lauer, die in Materialien und Preprints des Forschungsprojekts 4 transkribiert worden ist, 1980, Kassel.

Der Anschluß an das Ausbildungssystem des Supervisors wird geschaffen, indem diese Supervision Material für die Reflexion seiner neuen beruflichen Rolle und der praktischen Probleme der Supervisionsarbeit liefert. Diese Erfahrungen können in den verschiedenen Elementen des Ausbildungssystems auf verschiedene Weise weiterverarbeitet werden.

Ist die Supervision Teil des Ausbildungssystems der Supervisanden, dann organisiert sie den Anschluß an dieses System, indem sie die Ausbildungsziele umsetzt und die Möglichkeit bietet, daß sich die Supervisanden mit ihren praktischen Erfahrungen in anderer Weise als in den sonst vorherrschenden Instruktionssituationen auseinandersetzen. So kann z. B. das Erleben thematisiert werden, das durch das Handeln in der professionellen Rolle und durch die in der Ausbildung gelernten Maximen professionellen Verhaltens ausgelöst wird.

Der Anschluß an das Ausbildungssystem von Teammitgliedern, für das die Supervision keine direkte Funktion hat, ist eher zufällig und an die Person des Auszubildenden gebunden, der Element in beiden Systemen ist. Ob er das in der Supervision Gelernte in seine Ausbildung integrieren kann und ob die Maximen professionellen Handelns, die er dort lernt, mit den in der Supervision vermittelten vereinbar sind, kann nicht generell geklärt werden, sondern muß vom einzelnen selbst gelöst werden.

Die Abgrenzung vom Ausbildungssystem des Supervisors wird dadurch erreicht, daß die Supervision als ein eigenständiges autonomes System typisiert wird, das vom Supervisor eigenverantwortlich organisiert wird. Die Ausbilder haben, selbst wenn sie den Eindruck haben, daß der Supervisor schwere Fehler macht, nicht die Möglichkeit, direkt dort einzugreifen und das Setting z. B. zu ändern. Gegenüber anderen Teilen des Ausbildungssystems grenzt sich die Supervision ab, indem die besondere Form von Lernen, nämlich durch Erleben und Selbsterfahrung, herausgehoben wird. Die Beurteilung der praktischen Tätigkeit des Supervisors sollte von dieser reflexiven Bearbeitung deutlich getrennt werden, indem z. B. der Lehrsupervisor gemeinsam mit dem Supervisor in einer besonderen Sitzung eine Beurteilung des Lernerfolges erarbeitet.

Für die Abgrenzung der Supervision vom Ausbildungssystem der Supervisanden, dessen Teil sie ist, gilt das gleiche, wie ich es eben für die Ausbildung des Supervisors beschrieben habe. Die Besonderheit des Lernens durch Supervision muß herausgehoben werden, und die Supervision darf nicht zur Prüfungs- und Beurteilungssituation werden.

Die Abgrenzung vom Ausbildungssystem von Teammitgliedern, für die Supervision keine direkte Funktion hat, geschieht dadurch, daß deutlich gemacht wird, daß die Supervision vom Ausbildungssystem nicht als relevante Umwelt behandelt wird, sondern die Verbindung nur über ein Element hergestellt wird, das beiden Systemen angehört.

Interferieren kann das Ausbildungssystem des Supervisors, wenn die Supervision und deren Reflexion zur Prüfungssituation wird. Der Supervisor muß dann eine zusätzliche Selbsttypisierung vornehmen, nämlich die des Prüflings, die sein Verhalten in der Supervision vermutlich beeinflussen wird. Wie man zu einer Beurteilung des Supervisors kommt, ohne die Supervision derart umzufunktionieren, habe ich bereits beschrieben (s. oben).

Das Ausbildungssystem der Supervisanden kann in die Supervision auf vielfältige Weise interferieren.[13] Unstimmigkeiten zwischen anderen Ausbildern und dem Supervisor über sein Vorgehen in der Supervision können in die Supervision hineinwirken. Supervisanden können die Supervision benutzen, um über die Methoden der Ausbildung und das Vorgehen einzelner Ausbilder zu sprechen. Der Supervisor wird, wenn er Fallsupervision anbietet, diese Dinge nur insofern berücksichtigen, als sie sich auf die professionellen Beziehungen der Supervisanden zu den Klienten auswirken. Wenn er mit ihnen auch Selbstthematisierung vereinbart hat, dann wird man das Erleben dieser Situation besprechen können. Auf jeden Fall sollte er vorsichtig mit Parteinahmen sein und die Grenzen und die Funktion der Supervision herausstellen. Man könnte vielleicht noch besprechen, wo der Ort für diese Diskussionen sein kann.

Das Ausbildungssystem eines Teammitglieds, für das die Supervision keine direkte Funktion hat, kann z. B. so interferieren: Der Ausbilder nimmt mit dem Supervisor Kontakt auf, um zu klären, ob die Ziele der Supervision und der Ausbildung kompatibel sind. Umgekehrt kann der Supervisand deutlich machen, daß er mit seiner Ausbildung nicht zufrieden ist. Hier muß der Supervisor deutlich machen, daß Erörterungen dieser Problematik nicht Gegenstand der Supervision sein können, und ihm die Grenzen seines Einflusses verdeutlichen.

4.1.8 Personalsysteme der Supervisanden

Die Funktion der Supervision für die Personalsysteme der Supervisanden ist es, es ihnen zu ermöglichen, über den Zusammenhang zwischen ihrer professionellen Rolle und ihrer Persönlichkeit zu reflektieren und die spezifischen Probleme, die aus diesem Zusammenwirken resultieren, zu erkennen. Daß Teilnehmer bei dieser Reflexion auch etwas über ihre psychischen Besonderheiten erfahren können, die nicht nur im Beruf, sondern auch im Alltag eine Rolle spielen, ist evident. Diese Erkenntnisse über die eigene psychische Komplexität können zu Veränderungen des Personalsystems führen, die sich nicht nur auf den professionellen Bereich, sondern auch auf andere soziale Zusammenhänge auswirken.

Der Anschluß an die Personalsysteme der Supervisanden ist unmittelbar gegeben, da sich die Gruppenmitglieder jederzeit als Personalsysteme typisieren können und auch von anderen so typisiert werden können. Im Ablauf der Supervision gibt es bestimmte markierte Stellen, an denen die Thematisierung der Persönlichkeit der Supervisanden explizit vorgesehen ist. Thematisiert wird das Personalsystem des betreffenden Supervisanden z. B., wenn bei der Fallbearbeitung nach dem Zusammenhang zwischen dem Problem des

---

[13] Die psychischen Folgen des Einbaus der Supervision in ein Ausbildungssystem für den unbewußten Gruppenprozeß beschreibt Gnädinger (1990, S. 285f.) anhand der Einbeziehung der Balint-Gruppenarbeit in die Fort- und Weiterbildung von Ärzten.
Am weitesten entwickelt ist ein Konzept von Lieb (1993) vom Institut für Fort- und Weiterbildung in klinischer Verhaltenstherapie für die Supervision in der Ausbildung von VerhaltenstherapeutInnen. Es umfaßt mehrere „Unterprogramme" wie z.B. „Selbstreferenz – Das System der VT Supervision", „VT Teaching" oder „Kontextanalyse", um so flexibel auf die hoch komplexen Anforderungen an dieses Ausbildungssystem reagieren zu können.

Falls und der persönlichen Eigenart des Supervisanden gefragt wird. Dies geschieht in Phase 4.4 der Normalform der Fallarbeit „Verständigung über die Bedeutung des Problems für den Erzähler". Im Rahmen der Selbstthematisierung kann reflektiert werden, welche Position ein Supervisand innerhalb der Gruppe einnimmt und wie diese Positionswahl von seiner psychischen Struktur abhängig ist (Phase 3 des Ablaufs der Selbstthematisierung „Beiträge zum Gruppenthema" und Phase 5.1 „Bedeutung des Themas für die Beziehungen in der Gruppe"). Bei der Institutionsanalyse kann die Beschreibung der Rollen, hier nicht verstanden als festgelegte soziale Rollen, sondern als Funktionen für das psychische Gleichgewicht oder die Arbeitsfähigkeit einer Gruppe, die nicht an Personen gebunden sind, sondern von diesen selbst gewählt werden, Schlüsse auf die Personalsysteme der Supervisanden zulassen. Däumling et al. (1974, S. 143f.) zitieren zwei solcher „Rollenkataloge":

1) Nach Benne und Sheats werden Rollen, die sich auf Gruppenaufgaben beziehen, wie z. B. „Initiator", „Belehrung Suchender" und „Koordinator" etc. unterschieden 2) von Rollen, die sich auf die Erhaltung der Gruppenstruktur beziehen, wie „Mutgeber", „Vermittler und Ausgleichender" und „Normgeber". 3) Davon unterscheiden sie Rollen, die sich auf die Bedürfnisse des Individuums zurückführen lassen wie „Verspielter", „Aggressor", „Geltungssuchender" etc.

Der zweite Rollenkatalog, den Däumling et al. (1974, S. 144) von Heigl (1970) übernehmen, umfaßt Funktionen, die auf das unbewußte Geschehen in der Gruppe bezogen sind. Mit diesen Typisierungen kann der Supervisor seinen Verstehensprozeß strukturieren, sie eignen sich weniger als die zuvor genannten Rollen für die Klassifizierung in der Diskussion mit den Supervisanden:[14]

1) Gruppenaufbauende (-bildende) Funktionen.
2) Gruppenerhaltende Funktionen.
3) Zielorientierte Gruppenfunktionen.
4) Sowohl zielorientierte wie auch gruppenerhaltende Funktionen.
5) Analytische Gruppenfunktionen.
6) Kollektive Abwehrfunktionen.
7) Gruppenfremde Funktionen (Däumling et al. 1974, S. 144).

In der Fixierung an eine solche Rolle zeigen sich Strukturen der jeweiligen Personalsysteme, die thematisiert werden können, wenn sich die Rollenübernahme als ineffektiv, störend für den Betreffenden selbst oder für das Team auswirkt. Je flexibler die Rollenverteilung in einer Gruppe gehandhabt werden kann, desto weniger Schlüsse kann man auf die Personalsysteme der einzelnen Gruppenmitglieder ziehen.

Das System Supervision grenzt sich von den Personalsystemen der Supervisanden ab, indem es sie als soziale Rollen typisiert, die bestimmte Arbeitsaufgaben erfüllen und bestimmte sozial verbindliche Standpunkte und Perspektiven einnehmen.

Interferieren können die Personalsysteme von Supervisanden beständig, und sie tun es auch. Man kann z. B. davon ausgehen, daß das Personalsystem eines Mitglieds interferiert, wenn zwischen dem erwartbaren Rollenverhalten und dem tatsächlichen Verhalten

---

[14] Diese Klassifizierung geht auf Erfahrungen von Psychoanalytikern mit Rollendifferenzierungen in psychoanalytisch orientierten Gruppentherapien zurück.

eine Differenz besteht. Diese Differenzen werden vom System erwartet und durch Zuschreibungen der Ereignisse zum Personalsystem des Mitglieds normalisiert. Diese Zuschreibungen können dazu genutzt werden, das komplexe Zusammenwirken von Personalsystem und professioneller Rolle, von der Position im Team und den institutionellen Rahmenbedingungen zu analysieren. Dieses Arbeitsziel kann nicht erreicht werden, wenn die Gruppenmitglieder aufgrund von aktuellen Störungen oder strukturellen Defiziten der Selbstregulation ihres psychischen Systems nicht in der Lage sind, sich zu sich selbst reflexiv zu verhalten und die Zuschreibungen von Ereignissen zu verschiedenen Rollen und Positionen, die sie innehaben, und zu Besonderheiten ihrer psychischen Konstitution mitzuvollziehen. Erscheint es allen aussichtsreich, so kann man sich eine Weile dem Personalsystem dieses Mitglieds widmen und zur Wiederherstellung seiner Fähigkeit zur Selbstregulation und Selbstreflexion beitragen. Andernfalls sollte man es auf die Möglichkeiten einer Therapie hinweisen und sich mit der Gruppe über den Verbleib des Betreffenden in der Supervision unterhalten. Dieses Problem wird dann aber nicht nur eines der Supervision, sondern auch des beruflichen Alltags sein.

Zwischen den erwartbaren Interferenzen der Personalsysteme, die zur Erreichung der Ziele der Supervision nötig sind, und den zuletzt beschriebenen Interferenzen gestörter Persönlichkeiten liegt noch eine Form der Interferenz, die sich im Wunsch nach Selbsterfahrung und im „Psychologisieren" und „Personalisieren" institutioneller Konflikte manifestiert. In dem mehr oder weniger deutlich geäußerten Wunsch nach Selbsterfahrung ist der Versuch zu sehen, sich über die Tatsache, daß man als Professioneller oder als Mitglied einer Institution an der Supervision teilnimmt, hinwegzusetzen und das Setting zu ändern. Die Teilnehmer möchten die für die Supervisionsarbeit notwendige Reduzierung der Komplexität ihrer Persönlichkeit aufheben und sich in der ganzen Vielfalt und Komplexität ihrer Persönlichkeit darstellen und verstehen. Dies wäre eine angemessene Selbsttypisierung für die Mitglieder einer Selbsterfahrungsgruppe, nicht aber für die Teilnehmer einer Supervision. Hier muß der Supervisor auf die Ziele und die dazu notwendigen Selbsttypisierungen der Supervisanden hinweisen und auf die Einhaltung des Settings dringen. Das Psychologisieren und Personalisieren von institutionellen Konflikten stellt eine Interferenz der Personalsysteme nicht allein in die Supervision, sondern auch in den institutionellen Alltag dar. Die Negierung von Rollen und institutionellen Strukturen, die diese Verarbeitung von Konflikten mit sich bringt, ist eine zu starke Reduktion der Komplexität von Institutionen, die in der Supervision sicher wiederholt wird und dort auch bearbeitet werden kann. Der Supervisor wird sich darum bemühen müssen, Ereignisse, die den pychischen Strukturen von einzelnen Teammitgliedern zugeschrieben werden, als Ausdruck eines komplizierten Zusammenwirkens von Individuum, Institution und sozialer Rolle darzustellen. Bestehen starke Widerstände gegen dieses analytische Herangehen, wird man sich zunächst mit den im emotionalen Bereich zu suchenden Motiven für diese Form der Komplexitätsreduktion beschäftigen müssen. Man wird z. B. narzißtische Kränkungen, die durch das Herunterstufen der Bedeutung und der Verantwortung des Personalsystems für die Konflikte ausgelöst werden können, bearbeiten müssen.

4.1.9 Personalsystem des Supervisors

Die Supervision kann für den Supervisor, wie für die Gruppenmitglieder auch, die Funktion haben, ihm Erkenntnisse über seine professionsabhängige und -unabhängige Ich-

Identität zu vermitteln. Die Ergebnisse dieser Erkenntnisprozesse werden jedoch normalerweise nicht zum Gegenstand der Gruppenarbeit wie bei den Supervisanden. Sie finden meist in vermittelter Form, z. B. in Einstellungsänderungen, wieder Eingang in die Supervision.

Der Anschluß der Supervision an das Personalsystem des Leiters ist unmittelbar gegeben, da er die interaktionellen Ereignisse in der Supervision wahrnimmt und erlebt wie jedes Gruppenmitglied auch. Nur kann er aufgrund der Aufgaben, die ihm durch seine professionelle Rolle zuwachsen, diese Erlebnisse nicht immer unreflektiert mitteilen. Es muß erst ein komplexer innerer Verarbeitungsprozeß stattfinden, in dem der Kontakt zwischen den verschiedenen Strukturen des psychischen Systems hergestellt wird, zwischen „Es", „Ich", „Über-ich" und „Selbst". Die Ergebnisse dieses internen Prozesses müssen dann noch mit Hilfe des professionellen Relevanzsystems geprüft und hinsichtlich ihrer Nützlichkeit für den Supervisionsprozeß bewertet werden. Erst das Ergebnis dieser Reflexion sollte in Form von Interventionen oder anderen Beiträgen in die Gruppe gelangen. Daß es für den Supervisionsprozeß erfrischend und förderlich sein kann, wenn der Supervisor gelegentlich als Personalsystem auftritt und spontan reagiert, steht wohl außer Zweifel. Daran, wie er seine professionelle Rolle und seine psychischen Vorgänge miteinander vereinbart, können die Supervisanden lernen, die in ihrer professionellen Praxis diese beiden Seiten auch beständig vereinbaren müssen.

Störend interferieren kann die Person des Supervisors, wenn seine psychischen Verarbeitungsmöglichkeiten durch bestimmte Probleme der Supervisanden überfordert werden, sei es aufgrund von aktuellen Belastungen oder aufgrund von strukturellen Wahrnehmungs- und Verarbeitungsdefiziten, den sog. „blinden Flecken". Ist er einmal nicht mehr in der Lage, seine professionelle Rolle auszuüben, dann ist es die Aufgabe des gesamten Systems, dieses Defizit durch Zuschreibung der Ereignisse und Probleme zur Person des Supervisors auszugleichen. Ob dieser sich dann allein oder mit Hilfe einer Kontrollsupervision um die Aufklärung dieser Interferenz bemüht, hängt zum einen von seiner Selbsteinschätzung ab und zum anderen davon, wie weit die Gruppe ohne diese Klärung weiterarbeiten kann. Analysiert er mit der Gruppe gemeinsam diese Interferenz, dann kann dies nicht die Funktion haben, nur für ihn persönlich eine Klärung herbeizuführen, sondern es wird darum gehen, dieses auffällige Ereignis in Zusammenhang mit dem Gruppenprozeß zu bringen und es für das Verstehen der Probleme, an denen die Gruppe gerade arbeitet, zu nutzen. Ich denke jedoch, daß es beim Auftauchen auffälliger emotionaler Reaktionen des Supervisors notwendig ist, festzustellen, daß dies etwas mit seiner Person zu tun hat, und damit die Gruppe zu entlasten.

4.1.10 Der unbewußte oder dynamische Gruppenprozeß

Exkurs

So wie die Personalsysteme der einzelnen Gruppenmitglieder und des Leiters zur relevanten Umwelt von Supervisionsgruppen gehören, stellt auch der unbewußte Gruppenprozeß, wie er sich in jeder Gruppe entwickelt,[15] ein relevantes Umweltsystem dar, allerdings kein soziales, sondern ein psychisches Sy-

---

[15] Zum Begriff des unbewußten Gruppenprozesses und der hier verwendeten Modelle von Gruppenentwicklung vgl. Abschn. 2.2.2.

stem. Es erscheint zunächst recht befremdlich, diesen unbewußten Gruppenprozeß als System und gar noch als Umweltsystem zu untersuchen, das läßt sich so verstehen: Dieses psychische System ist – wie die Personalsysteme im übrigen auch – eine andere Art von Umwelt für die Supervision, als es andere Sozialsysteme sind. Das liegt daran, daß die Beziehungen zwischen den Systemklassen psychische Systeme und Sozialsysteme anderer Natur sind als die Beziehungen zwischen verschiedenen organisierten Sozialsystemen und daß diese Besonderheiten noch nicht völlig geklärt sind. So bezeichnet Luhmann (1981b) die Beziehung zwischen psychischen und sozialen Systemen als „interpenetrierende", als sich gegenseitig durchdringende und „symbiotische" Beziehungen. Diese andere Form des Umweltkontakts ergibt sich dadurch, daß eine soziale Rolle und damit auch soziale Systeme nur als ein an ein psychisches und biophysisches System gebundene existieren kann. Die Abgrenzung zwischen diesen drei Seiten einer Person ist ungleich schwieriger als die Abgrenzung zwischen zwei Sozialsystemen.

Zusätzlich wird die Untersuchung der Beziehung zwischen einer Supervision und dem unbewußten Gruppenprozeß dadurch etwas verkompliziert, daß nicht, wie üblich, die Funktion des Gruppenprozesses für die Supervision die alleinige denkbare Beziehung darstellt, sondern umgekehrt hier aus systematischen Gründen die Funktion der Supervision für den unbewußten Gruppenprozeß untersucht wird (vgl. dazu Argelander 1972, S. 99f.). Vielleicht erweist sich die neue Sichtweise jedoch auch als Erkenntnisgewinn.

Wie kann nun die Funktion der Supervision für den unbewußten Gruppenprozeß aussehen? Die Supervision liefert den Rahmen, innerhalb dessen sich dieser Prozeß ungestört entwickeln kann: Die Zusammensetzung einer Gruppe aus mehreren Personalsystemen, die Gewährleistung der Kontinuität der Zusammenkünfte durch Mitgliedschaftsregeln, durch Festlegung von Zeit und Ort und die Herausbildung einer Rolle, des Leiters, der als Repräsentant des Systems über die Einhaltung all dieser Bedingungen – des Settings – wacht. Die Aufgabe dieser Rolle ist es weiterhin, diesen unbewußten emotionalen Prozeß zu begleiten und zu fördern, Krisen beim Übergang von einer Phase zur nächsten bewältigen zu helfen und der Gruppe bei der Selbstreflexion über diesen Prozeß behilflich zu sein, falls dies ansteht. Auch der Leiter ist in diesen unbewußten Prozeß einbezogen, er ist auch ein Element dieses psychischen Systems, er hat aber aufgrund seiner professionellen Ausbildung die Möglichkeit und in der Supervision auch die Aufgabe, sich von dieser Position des Elements zu distanzieren und eine außenstehende, beobachtende Position einzunehmen. Erst alle diese Faktoren zusammen bilden die Grundlage dafür, daß sich der unbewußte Gruppenprozeß optimal entwickeln kann.

Nun noch ein paar Anmerkungen zur üblichen Sicht dieses Verhältnisses. Die Funktion des unbewußten Gruppenprozesses für die Supervision ist es, daß die Supervisanden anhand einer gemeinsamen emotionalen Entwicklung in der Gruppe verschiedene unbewußte Beziehungsmuster, wie sie sich im Laufe eines unbewußten Gruppenprozesses entwickeln, samt den dazugehörenden Problemen, Affekten und Paradoxien erleben können und erkennen lernen. Gelingt der Prozeß, dann lernt die Gruppe schließlich eine relativ reife und entwickelte Form der Kommunikation und der Regelung von Beziehungen kennen, wie sie z. B. von Sandner als typisch für die „reflexiv-interaktionelle" Phase der Gruppenentwicklung beschrieben wird.[16]

Den Anschluß an den Gruppenprozeß organisiert die Supervision, indem im Ablauf der Arbeit Phasen vorgesehen sind, in denen der Gruppenprozeß thematisiert werden kann. So findet sich z. B. in der Fallbearbeitung die Phase 4.5, in der der Zusammenhang zwischen dem Problem des bearbeiteten Falls und dem Stand des unbewußten Gruppenprozesses reflektiert werden kann (vgl. S. 123). Im Ablauf des Selbstthematisierungspro-

---

[16] Vgl. dazu Sandner 1978, S. 174, und meine Ausführungen zu seiner Position in Abschn. 2.2.3.

gramms besteht in der Phase 6 die Aufgabe darin, das Thema und Problem der heutigen Gruppenarbeit im Hinblick auf seine Bedeutung für den Gruppenprozeß und die Beziehungen in der Gruppe zu bewerten (vgl. S. 145). Der Anschluß an den unbewußten Gruppenprozeß kann auch in Form von Spiegelungen hergestellt werden. Für die Teilnehmer zunächst unmerklich, spiegelt sich das unbewußte Thema ihres Gruppenprozesses in der Auswahl und dem Problem der ausgesuchten Fälle wider.[17] Da das unbewußte Geschehen bei der Fallbesprechung nicht direkt bearbeitet wird wie in Therapiegruppen – Argelander (1972, S. 99f.) fordert z. B., daß es in „den Dienst der Fallarbeit treten solle" –, wird vermittelt über die Bearbeitung des unbewußten Problems des Falls auch das unbewußte Problem der Gruppe bearbeitet. Dies ist ein zirkuläres Modell, mit dem man in der Supervision die Interferenz des psychischen Systems der Gruppe, jedenfalls in der Fallsupervision, bearbeitet: Die Beziehungsmuster des Falls sind eine Spiegelung der Beziehungsmuster, die in der Supervisionsgruppe existieren, und die Beziehungen in der Supervisionsgruppe sind während der Bearbeitung des Falls wiederum eine Spiegelung der Beziehungen zwischen Professional und Klient im vorgestellten Fall. Gelingt diese indirekte Bearbeitung nicht, so wird man zur direkten Thematisierung der Gruppendynamik umschalten müssen. Treten die Bearbeitung von Fällen oder die Beschäftigung mit institutionellen Problemen in den „Dienst der Gruppendynamik", so sollte man einen Programmwechsel zur Selbstthematisierung vornehmen. Diese Blockaden können dann dort durch Manifestierung und Reflexion der latenten Gruppenstrukturen und -probleme direkt bearbeitet werden. Im Programm Selbstthematisierung und im Wechsel zwischen den Programmen organisiert das System also auch den Anschluß an den unbewußten Gruppenprozeß (vgl. dazu auch Abschn. 6.2).

Die Supervision grenzt sich gegen den unbewußten Gruppenprozeß ab, indem sie ihre typischen Ziele, die Rollen und ihre Aufgaben und ihre typischen Abläufe immer wieder verstärkt und die Einhaltung dieser Strukturen kontrolliert. Hier hat der Leiter als Repräsentant des Systems die Aufgabe, darauf zu achten, daß das Setting der Supervision eingehalten wird und sich nicht eine Selbsterfahrungs- oder Therapiegruppe entwickelt, in der dann nur noch der unbewußte Gruppenprozeß bearbeitet wird.

---

[17] Vgl. dazu auch Schäfer, die nach der Auswertung des unbewußten Gruppenprozesses einer Balint-Gruppe, die im Rahmen des Kassler Forschungsprojekts untersucht wurde, folgendes feststellte:
Man könnte hier einwenden . . . , daß nur selten oder rein zufällig die Konflikte der Gruppe und des Klienten identisch oder ähnlich sind. Es zeigt sich aber in der Praxis, daß die Auswahl der Fälle, die spontan geschieht, abhängig ist von dem unbewußten Geschehen in der Gruppe; in der Weise, daß der dargestellte Fall eben dieses unbewußte Thema ausdrückt, wenn auch zunächst verschlüsselt (Schäfer 1978).
Argelander weist zunächst darauf hin, daß dieser Prozeß nicht Gegenstand der Gruppenarbeit sein kann: Diese Feststellung schließt keineswegs aus, daß dieser Prozeß ohne Wirkung verläuft. Im Gegenteil, er hat auch einen persönlichkeitsverändernden Einfluß auf die Struktur des Gruppenteilnehmers, erreicht dessen Bewußtsein aber nicht über verstehende oder deutende Teilnahme am unbewußten Geschehen der Gruppe, sondern indirekt über die Auseinandersetzung mit der dargestellten Aufgabe . . . Entsprechend wirkt sich das unbewußte Geschehen sichtbar am Lernprozeß der Gruppe aus, indem es ihn stört oder fördert; denn die Entwicklung des Lernprozesses steht in einem engen Zusammenhang mit der Progredienz des unbewußten Gruppenprozesses (Argelander 1972, S. 99). Eine kritische Würdigung findet der „Klassische" Balintansatz in unserer empirischen Untersuchung zur Themenentwicklung in Balint-Gruppen. In: Giesecke und Rappe-Giesecke (1994, Abschn. 4.2).

Daß der unbewußte Gruppenprozeß beständig interferiert, ist, denke ich, schon deutlich geworden. Diese Interferenzen in Form von Spiegelungen des unbewußten Problems der Gruppe im ausgewählten Fall z. B. sind ja dem Erkennen von Psychodynamik dienlich. Es gibt aber auch störende Interferenzen, die nicht für die Ziele der Supervision umzusetzen sind, sondern den Bestand des Systems gefährden können. Widerstände gegen die Lernziele der Supervision und gegen die für die Supervision typische Bearbeitung der verschiedenen Phasen des unbewußten Gruppengeschehens können sich so ausdrücken: im Nichteinhalten des Kontrakts, im Negieren der Rolle des Supervisanden und des Supervisors und damit verbunden in der Reduktion der Komplexität dieses Systems auf das Niveau einfacher Sozialsysteme, im Bekämpfen und Ignorieren des Supervisors und im beständigen Wechsel zwischen den Programmen, der nicht sozial ratifiziert worden ist. Die Möglichkeit des Leiters, diesen Interferenzen zu begegnen, liegt darin, das Programm Selbstthematisierung konsequent anzuwenden und die Einhaltung der Festlegung auf ein Programm zu kontrollieren. Durch die Thematisierung der Affekte und des latenten Problems der Gruppe kann diese Störung dann bearbeitbar werden. Grundsätzlich kann der Leiter immer wieder auf die Lernziele und die im Kontrakt festgelegten Rahmenbedingungen der Arbeit hinweisen und ihre Einhaltung einfordern, bevor er auf die Selbstthematisierung dieser Settingverletzungen drängt.

4.2 Der innere Aufbau des Systems

Nach der Untersuchung der System-Umwelt-Beziehungen komme ich nun zum zweiten Teil der Analyse der Differenzierungsdimension, der Beschreibung der internen Differenzierung des Systems in Subsysteme. Das Untersuchungsinteresse ist es hier, festzustellen, wie die *Kohäsion zwischen den Subsystemen* hergestellt wird und welche *Abhängigkeiten* zwischen diesen Subsystemen untereinander und *vom „Supersystem"* bestehen. Der gesamte Supervisionsprozeß mit seinen Einheiten, wie ich sie im Abschn. 3.1 beschrieben habe, emergiert hier als Supersystem, während die als Untersuchungseinheit gewählten Teile des Systems als Subsysteme erscheinen. Nun gibt es scheinbar unendlich viele Möglichkeiten, das System in immer kleinere Einheiten zu zerlegen und immer kleinere Subsysteme zu bilden. Man erhielte dann eine unüberschaubare Fülle von Beziehungen zwischen diesen Einheiten. Eine erschöpfende und systematische Analyse der internen Differenzierung kann ich nicht vornehmen, vielleicht wäre dies einmal bei genügender Erforschung dieses Gegenstandes mit Hilfe von Datenverarbeitung möglich. Die Lösung dieses Problems sehe ich darin, aufgrund des Forschungsinteresses Einheiten zu wählen. Mir erscheint es im Moment am relevantesten, die Beziehungen zwischen den drei Programmen und der Vorphase der Problemdiagnose zu untersuchen. Die Programme und die Vorphase emergieren also im Rahmen der folgenden Untersuchung als in sich geschlossene Systeme, die zu ihrer Umwelt Kontakt aufnehmen, sich von ihr abgrenzen und auch in andere Systeme interferieren können, aber sie emergieren auch als ein Subsystem des nunmehr als „Supersystem" erscheinenden gesamten Systems Supervision. Bei der Untersuchung der drei Programme frage ich jeweils: Welche Funktion hat das Programm für das Supersystem Supervision, und welche Funktion hat es für die beiden anderen Subsysteme? Ich untersuche, wie das Subsystem den Anschluß an das Supersystem und an die beiden anderen Subsysteme organisiert, wie es sich vom Supersystem und den Subsystemen abgrenzt und wie die beiden anderen Subsysteme typischerweise in dieses Subsystem interferieren.

Interessant wäre es auch, die in Abschn. 3.1 beschriebenen „Elemente des zeitlichen Ablaufs" als Untersuchungseinheiten zu wählen und so z. B. die Abhängigkeiten der Kontraktsitzung von Erstkontakt oder die Beziehung zwischen Sitzungen, die nach einem Programm verlaufen, von der Kontraktsitzung oder von einer Auswertungssitzung zu untersuchen. Was wir bereits früher mehr oder weniger systematisch getan haben, war, die einzelnen Phasen des Ablaufs einer Sitzung als Untersuchungseinheit zu wählen und ihre Abhängigkeiten von den anderen Phasen des Ablaufs zu untersuchen. Dabei konnte man feststellen, daß die Abfolge der Phasen nicht beliebig ist, daß es bestimmte Abhängigkeiten gibt in der Form, daß eine Phase erst begonnen werden kann, wenn bestimmte andere abgeschlossen sind, und daß man zwar zwischen Phasen hin- und herwechseln kann, aber nicht in jeder prinzipiell möglichen Variante.[18] Den Zusammenhang zwischen den Phasen des Ablaufs habe ich in systematischer Weise in Abschn. 6.2 (S. 179ff.) untersucht. Das Subsystem ist bei dieser Analyse eine wesentlich kleinere Einheit als bei der folgenden Untersuchung der Programme, es ist eine Phase im Ablauf einer Sitzung. Als Supersystem emergiert dann unter dieser Perspektive die einzelne Sitzung, die nach einem bestimmten Programm abläuft.

4.2.1 Programm Selbstthematisierung

Die Funktion des Subsystems oder Programms Selbstthematisierung für das Supersystem Supervision ist es, die für eine optimale Erreichung der Arbeitsziele notwendigen Selbst- und Fremdtypisierungen der Supervisanden und des Supervisors wiederherzustellen, die durch Interferenzen von Selbst- und Fremdtypisierungen aus anderen Systemen, z. B. aus der Organisation, der die Supervisanden angehören, oder aus dem unbewußten Gruppenprozeß, außer Kraft gesetzt wurden. Das Ergebnis der Arbeit in diesem Programm ist die wiederhergestellte störungsfreie Arbeitsatmosphäre in der Gruppe.

Die Funktion der Selbstthematisierung für das Subsystem Institutionsanalyse ist es, Störungen des eher rationalen Vorgehens bei der Untersuchung institutioneller Probleme, die auf emotionale Blockaden bei den Supervisanden hindeuten, durch direkte Thematisierung dieser emotionalen Aspekte und damit verbunden des Personalsystems der Supervisanden zu beseitigen. Dabei kann es um Schwierigkeiten einzelner mit ihrer professionellen Rolle oder ihrem beruflichen Status gehen, die z. B. nicht durch „Rollenverhandeln" (vgl. Abschn. 5.4.1) gelöst werden können. Oder es kann um Beziehungen zwischen Teammitgliedern gehen, die nicht primär durch Rollen- und Funktionsaspekte bestimmt werden, sondern z. B. durch kollusive Übertragungs- und Gegenübertragungsbeziehungen, die, obwohl sie als dysfunktional wahrgenommen werden, von den Beteiligten nicht verändert werden können. Die Klärung dieser meist latent bleibenden Strukturen ist die Voraussetzung für eine eher kognitive Reflexion der Rollen und Beziehungen, die dieser Selbstthematisierung dann in der Institutionsanalyse folgen kann.

---

[18] Vgl. dazu Giesecke u. Rappe 1982, S. 217ff. und 233–272. Vgl. ebenso Giesecke 1983b. Beispielhafte Analysen von Supervisionssitzungen nach dem Ablauf der einzelnen Phasen finden sich in Müller 1983, in Rappe-Giesecke (1983a, 1986, S. 32ff.) und Giesecke und Rappe-Giesecke (1994, Abschn. 6.2).

Für das Subsystem Fallarbeit kann dieses Subsystem die Funktion übernehmen, störende Interferenzen des unbewußten Gruppenprozesses, so wie ich sie im Abschn. 4.1.2 beschrieben habe, zu bearbeiten. Dient die Bearbeitung von Fällen der Gruppe dazu, Themen ihres unbewußten und z. Z. sich schwierig gestaltenden Gruppenprozesses indirekt anzugehen, statt sich mit der Psychodynamik der Professional-Klient-Beziehungen zu beschäftigen, dann kann die Gruppe diese problematisch gewordenen Beziehungen untereinander direkt im Subsystem Selbstthematisierung klären. Das Subsystem hat seine Funktion für das der Fallarbeit erfüllt, wenn wieder diejenigen Beziehungen zwischen den Gruppenmitgliedern und dem Supervisor hergestellt sind, die eine Fallarbeit im Dienst der Klärung von Professional-Klient-Beziehungen erlauben. Man könnte es auch so formulieren, daß dieses Subsystem die Funktion hat, die durch die Interferenz von anderen Systemen überkomplex gewordene Selbst- und Fremdtypisierung der Elemente des Systems wieder auf das für die Fallarbeit übliche Maß der Komplexität zu reduzieren.

Die Selbstthematisierung organisiert den Anschluß an das Supersystem, indem sie einen Beitrag zur Erreichung des Ziels der Supervision leistet: Sie beseitigt die Störungen und Blockaden, die sich auf dem geraden Weg zum Arbeitsziel zeigen, indem sie den geraden Weg verläßt, eine kleine Schleife ausführt und dann wieder an die Stelle zurückführt, an der der „main stream" verlassen wurde. Außerdem sind besondere Anschlußstellen vorgesehen, in denen eine An- und Abkoppelung zu den anderen Subsystemen stattfindet, die Phasen des „Programmwechsels". Dies ist ein besonderes Teilsystem, dessen Aufgabe es ist, einen sozial verbindlichen Kontrakt über den Wechsel zwischen den Programmen zu schaffen.

Der Anschluß zu den beiden anderen Subsystemen wird einmal durch diesen Programmwechsel hergestellt und dadurch, daß die abweichenden, auffälligen und informativen Ereignisse in den beiden anderen Subsystemen zum Material werden, mit dem in der Selbstthematisierung gearbeitet wird. Die interaktiven Vorgänge in den anderen Subsystemen kann man auch als den gemeinsamen „Wissensraum" der Gruppe bezeichnen, auf den sich alle beziehen können. Aus ihm wird das Problem rekonstruiert, an dem die Gruppe dann arbeitet.

Vom Supersystem grenzt sich dieses Subsystem ab, indem es seine im Vergleich zur gesamten Supervision begrenzten Ziele und Aufgaben benennt und verstärkt.

Von den beiden anderen Subsystemen grenzt es sich ab, indem es sich als eine in sich geschlossene Einheit mit bestimmten Aufgaben und Zielen, Rollen, einer typischen Ablaufstruktur und einer eigenen Identität, in der alle diese Aspekte repräsentiert sind, typisiert. Außerdem dienen die Phasen, in denen der Programmwechsel organisiert wird, nicht nur dem Anschluß zwischen den Subsystemen, sondern markieren auch deutlich die Grenzen zwischen den Systemen.

Interferenzen der beiden anderen Subsysteme in der Selbstthematisierung können so aussehen: Die Gruppe, die von der Fallarbeit zur Selbstthematisierung wechselte, weil der Fall offenbar nur zur verdeckten Thematisierung der Gruppendynamik benutzt wurde, kehrt während der selbstreflexiven Arbeit ohne besondere Markierung zur Fallbearbeitung zurück. Statt sich mit den gruppendynamischen Auffälligkeiten in der zurückliegenden Fallbearbeitung zu beschäftigen, widmet sie sich der Professional-Klient-Beziehung, bevor ihr eigenes emotionales Problem geklärt werden konnte. Hat es einen Wechsel von der Institutionsanalyse zur Selbstthematisierung gegeben, weil bei der Diskussion um die Ziele ihrer Arbeit sich ganz offenbar Widerstände emotionaler Art entwickelten, findet nun inmitten der Rekonstruktion der erlebensmäßigen Verarbeitung dieser und früher stattgefundener Zielsetzungsdiskussionen plötzlich ein Wechsel zur rationalen Analyse der Funktionalität der Zielsetzungen, die die übergeordnete Organisation vorgeschlagen hatte, für die Betreuung der Klienten statt.

Exkurs

Bei diesen Interferenzen liegt es nahe, den Begriff des „Widerstandes" zu gebrauchen. Ein nicht ratifizierter Programmwechsel kann, denke ich, als Widerstand gegen die selbstreflexive Klärung der Gruppensituation verstanden werden. Zunächst jedoch stellt die Thematisierung institutioneller Aspekte oder gruppendynamischer Probleme sowie die Andeutung von schwierigen Professional-Klient-Beziehungen keinen Widerstand dar, solange allen Beteiligten deutlich ist, daß das Eingehen auf diese Themen einen Programmwechsel erfordert und daß es sich um eine Abweichung vom Programm handelt. Der Wechsel zwischen den Programmen, wenn er sozial ratifiziert und deutlich markiert ist, ist für dieses Supervisionskonzept konstitutiv und stellt an sich keinen Widerstand dar. *Erst wenn nach einem ratifizierten Programmwechsel ohne Markierung auf ein anderes Programm umgeschaltet wird, bezeichne ich diese Form des nicht sozial ratifizierten Wechsels als Widerstand gegen die Arbeit in dem betreffenden Programm.* Aus diesem Grund ist die Einhaltung der Aufgaben der Programmwechselphasen so wichtig. Der Supervisor hat hier die Aufgabe, als Repräsentant dieses Subsystems aufzutreten und auf den Erhalt dieses Systems zu achten und darauf, daß die Absprachen über den Wechsel auch eingehalten werden.[19]

4.2.2 Programm Institutionsanalyse

Die Funktion der Institutionsanalyse für das Supersystem ist es, die Voraussetzung für die Verbesserung der Kooperation der Teammitglieder und für die Optimierung der Arbeit zu schaffen, indem sie den Stand der Kooperation und den Einfluß der institutionellen Rahmenbedingungen auf die Arbeitsorganisation zunächst einmal erhebt und dokumentiert, um dann nach Gründen für das Überleben dysfunktionaler Strukturen zu suchen und Veränderungsmöglichkeiten auf ihre Realisierbarkeit durchzuspielen.

Für das Subsystem Selbstthematisierung erfüllt die Institutionsanalyse die Funktion, es von der Analyse der objektiven und institutionell festgelegten Rollen und ihrer Aufgaben und den sonstigen Rahmenbedingungen der Arbeit zu entlasten. Die Gruppe kann sich dann im Rahmen der Selbstthematisierung mit dem subjektiven Erleben der vorgegebenen oder selbstgewählten institutionellen Rahmenbedingungen durch die Teammitgliederer beschäftigen.

Auch für das Subsystem der Fallarbeit hat die Institutionsanalyse die Funktion, die Komplexität ihres Gegenstandes zu reduzieren. Bei der Rekonstruktion der Professional-Klient-Beziehungen braucht nicht gleichzeitig auch noch die Analyse der institutionellen Rahmenbedingungen dieser professionellen Interaktion stattzufinden. Die Analyse der Psychodynamik dieser Beziehung und der Einwirkungen der Umwelt auf diese Beziehung kann in diesem Konzept voneinander getrennt werden.[20]

---

[19] Zu den Modalitäten des Programmwechsels vgl. auch Abschn. 6.2.

[20] Diese Überkomplexität führt in Balint-Gruppen meistens dazu, daß die Analyse der institutionellen Rahmenbedingungen wegfällt oder, wenn sie einbezogen wird, der Wechsel zwischen diesen beiden Perspektiven sich recht schwierig gestaltet und das System damit überfordert ist, diese beiden Sichtweisen miteinander zu verbinden.

Den Anschluß an das Supersystem organisiert dieses Subsystem, indem es einen Beitrag zur Erreichung des Ziels dieses Supersystems bringt. Die Einordnung dieses Beitrags in den gesamten Gruppenprozeß kann in der „Abschlußphase" geschehen, in der die Ergebnisse der Arbeit für den Lernprozeß der Gruppe reflektiert werden oder in der „Aushandlungsphase", in der das Ziel der Arbeit in diesem Subsystem festgelegt wird (vgl. Ablaufschema der Institutionsanalyse, S. 164f.).

Der Anschluß an die Fallarbeit kann so aussehen, daß dort bearbeitete Professional-Klient-Beziehungen noch einmal hinsichtlich des Einflusses, den die institutionellen Rahmenbedingungen auf diese Interaktion gehabt haben, reflektiert werden. Die Ergebnisse der Fallarbeit können also zu Material für die Institutionsanalyse werden, und die Ergebnisse dieser institutionsanalytischen Auswertungen können dann bei den nächsten Fallbesprechungen einbezogen werden.

Der Anschluß an die Selbstthematisierung wird geschaffen, indem die Ergebnisse der selbstreflexiven Bearbeitung der Beziehungen zwischen Rolle, Status und Personalsystem der Teammitglieder einerseits und denen der Thematisierung der Beziehungen zwischen den Gruppenmitgliedern andererseits als Material für die Analyse der institutionellen Rahmenbedingungen verwandt wird. Die Zuschreibung von Ereignissen und von Problemen zu Personen oder zur Dynamik der Gruppe auf der einen und zu institutionell vorgegebenen Realitäten auf der anderen Seite wird wesentlich durch diese getrennte Thematisierung beider Bereiche erleichtert.

Die Abgrenzung dieses Subsystems von den anderen Subsystemen und dem Supersystem wird, wie ich es schon im letzten Abschnitt für das Subsystem Selbstthematisierung beschrieben habe, durch den markierten und sozial ratifizierten Programmwechsel und durch die Verstärkung der eigenen Strukturen und die Betonung der eigenen Identität erreicht.

Die beiden Subsysteme Fallarbeit und Selbstthematisierung können in dieses System interferieren, indem die Gruppe oder Teile der Gruppe einen nicht kollektiv ratifizierten Wechsel zu einem dieser Programme vollziehen. Den nahtlosen Übergang zum plötzlich so wesentlich gewordenen individuellen Erleben eines institutionellen Problems oder zu einer spontan erinnerten Interaktion mit einem Klienten und die Ausbreitung dieser beiden Themen muß der Supervisor verhindern. Wenn sie sich wirklich als so wesentlich erweisen, dann muß die Gruppe eben einen Programmwechsel erwägen, ansonsten sollte man bei der eher rationalen Analyse der institutionellen Bedingungen verbleiben. Der Supervisor hat auch hier die Aufgabe, auf den Erhalt dieses Systems und seiner Grenzen hinzuwirken.

4.2.3 Programm Fallarbeit

Für die gesamte Supervision hat die Fallarbeit die Funktion, die Voraussetzung für die Erreichung des Ziels „Verbesserung der beruflichen Kompetenz der Supervisanden im Umgang mit ihren Klienten" zu liefern. Das Subsystem tut dies, indem es ermöglicht, einzelne Fälle zu bearbeiten, die den Professionellen große Schwierigkeiten bereiten. Doch nicht nur der Falleinbringer selbst lernt etwas durch diese Erzählungen und deren Bearbeitung in der Gruppe, sondern auch die Gruppenmitglieder, die erkennen können, wie sich ihr professioneller Umgang mit derartigen Problemen von dem des Falleinbringers unterscheidet und wo die Vor- und Nachteile dieses professionellen Verhaltens liegen.

Für das Subsystem Institutionsanalyse erfüllt die Fallarbeit die Funktion der Komplexitätsreduktion. Die Institutionsanalyse wird von der Klärung der affektiven Prozesse in Professional-Klient-Beziehungen und auch von der Notwendigkeit der Selbsterfahrung der Supervisanden in ihrer professionellen Rolle entlastet.

Die Funktion der Fallarbeit für das Subsystem Selbstthematisierung ist es, es von der Thematisierung der affektiven Verwicklung der Supervisanden in professionelle Beziehungen zu Klienten zu entlasten. Man könnte auch sagen, die Selbsterfahrung in der Beziehung zu Klienten kann im Rahmen der Fallarbeit stattfinden und kann von der Selbsterfahrung in der Gruppe oder im Team abgegrenzt werden.

Der Anschluß an das Gesamtsystem wird in Phase 5 des Ablaufs „Selbstreflexion des Sitzungsablaufs" geschaffen. In dieser Phase klärt man die „Bedeutung der Sitzung für den (historischen) Gruppenprozeß", und man verständigt sich darüber, welchen Beitrag diese Fallbearbeitung für die Erreichung des Ziels der Supervision, der Verbesserung der professionellen Kompetenz der Mitglieder leistet. Darüber hinaus kann der Leiter an geeigneten Stellen auf die Aufgabe dieses Subsystems im Rahmen des Gesamtsystems hinweisen und so dessen Strukturen verstärken.

Der Anschluß der Fallarbeit an das Subsystem Selbstthematisierung kann so aussehen, daß die Ergebnisse der beiden Phasen 4.4 und 4.5 des Ablaufschemas als Material für spätere Selbstthematisierungssitzungen verwendet werden. Es sind dies die eben schon erwähnte Selbstreflexion des Sitzungsablaufs (Phase 4.5) und die Rekonstruktion der „Bedeutung des Falls a) für den Erzähler selbst und b) für das professionelle Handeln der Teilnehmer".

An die Institutionsanalyse kann die Fallarbeit anschließen, indem sie die dort analysierten Rahmenbedingungen der Professional-Klient-Beziehungen in ihrer Auswirkung auf einen besondern Fall analysiert und so die Realität der Institution mit in ihre Überlegungen einbezieht. Dies könnte z. B. in der schon erwähnten Phase 4.4b „Bedeutung des Falls für das professionelle Handeln der Teilnehmer" geschehen.

Auch dieses Subsystem grenzt sich von den ihn umgebenden Systemen dadurch ab, daß es einen deutlich markierten Programmwechsel voraussetzt und indem es seine Identität sichert und verstärkt. Dies kann z. B. auch so aussehen, daß Ereignisse im Ablauf entweder dem eigenen oder einem Umweltsystem zugeschrieben werden. Werden sie dem eigenen System zugeschrieben, wirken sie strukturstärkend, werden sie einem anderen System zugeschrieben, werden sie nicht weiter behandelt, oder es werden selbstregulative Mechanismen in Gang gesetzt, um mit diesen abweichenden und informativen Ereignissen fertig zu werden (vgl. dazu auch Abschn. 6.3).

Mit den Interferenzen der beiden anderen Subsysteme geht dieses Subsystem um wie die beiden anderen auch. Ein nicht ratifizierter Wechsel von der Fallarbeit zur Institutionsanalyse oder zur Selbstthematisierung muß als Interferenz typisiert und rückgängig gemacht werden, entweder indem auf die Arbeitsaufgaben, Ziele und Rollen dieses Subsystems hingewiesen wird und man evtl. noch die Bedeutung dieser Abweichung für die momentane Arbeitssituation der Gruppe und das Thema, mit dem man sich zuvor beschäftigte, klärt, oder indem man nach Abschluß dieser Arbeit eine Verständigung über die Notwendigkeiten eines Programmwechsels vereinbart.

4.2.4 Die Vorphase der Problemdiagnose

Die Vorphase der Problemdiagnose ist nur für die Supervision von Teams vorgesehen.

Die Funktion dieser Vorphase für das Supersystem Teamsupervision ist es, eine Diagnose über die Probleme des Teams, die Gegenstand von Supervision sein können, zu stellen. Man legt am Ende der Vorphase die Ziele der Arbeit fest und sucht nach den Methoden, mit denen sie optimal bearbeitet werden können, legt also die Kombination von Programmen fest.

Für das Programm Fallarbeit hat die Vorphase die Funktion, abzuklären, ob eine Konzentration auf die Psychodynamik von Professional-Klient-Beziehungen möglich ist. Wenn es sich in der Vorphase herausstellt, daß institutionelle Rahmenbedingungen der Arbeit mit Klienten und die Kooperationsbeziehungen im Team relativ unproblematisch sind, kann man eine begründete Entscheidung für Fallarbeit treffen.

Die Entscheidung für die Reflexion der Beziehungen im Team zu begründen und erste Vorarbeiten für die institutionsanalytische Arbeit zu leisten, ist die Funktion der Vorphase für das Programm Institutionsanalyse.

Für das Programm Selbstthematisierung hat die Vorphase keine Funktion, da dieses Programm ja eine Art Reparaturmechanismus für die Arbeit in den beiden anderen Programmen darstellt.

Den Anschluß an das Supersystem Teamsupervision schafft die Vorphase durch die Festlegung der Themen der Arbeit und der zu verwendenden Methoden im Kontrakt. Diese Vereinbarung bestimmt den weiteren Supervisionsprozeß.

Die Fallarbeit kann an diese Vorphase anschließen, indem sie auf Daten, die über die Professional-Klient-Beziehungen erhoben wurden, referiert.

Durch die Auswahl der Themen der institutionsanalytischen Arbeit und durch die grundlegende Datenerhebung zur Arbeitssituation des Teams schließt die Vorphase an dieses Programm an. Die erhobenen Daten können weiter verwendet werden, und das Team lernt eine wesentliche Arbeitsform dieses Programms, die Datenerhebung und -auswertung, kennen.

Vom Supersystem grenzt sich die Vorphase durch die Verstärkung ihrer Aufgaben und Ziele ab, von den einzelnen Programmen grenzt sie sich ab, indem sie Vorarbeiten leistet und noch keine Supervisionsarbeit im eigentlichen Sinne zuläßt.

Interferieren können die Programme in die Vorphase, indem sich das Team nicht darauf beschränkt, die Daten zu sammeln und zu bewerten, sondern schon mit der Bearbeitung der Daten entweder mit Verfahren der Fallarbeit oder der Institutionsanalyse beginnt.

5 Der Ablauf der Gruppenarbeit

Die Rekonstruktion der „Normalform des Ablaufs" von Supervisionssitzungen, in denen Fallarbeit gemacht wird, war das erste Ergebnis des Kassler Projekts zur Erforschung von Supervisions- und Balint-Gruppen.[1] Den Begriff *Normalform* möchte ich etwas erläutern, weil er oft Anlaß zu Mißverständnissen gegeben hat. Wir gehen davon aus, daß es einen idealen Ablauf der Gruppenarbeit gibt, der sich in verschiedene Phasen und Sequenzen unterteilen läßt, deren Abfolge nicht beliebig umkehrbar ist. In diesen Phasen und Sequenzen werden Aufgaben, die zur Erreichung des Ziels der Fallarbeit nötig sind, wie z. B. die Auswahl eines Falleinbringers, gelöst. Die Normalform des Ablaufs, die wir aus der Untersuchung von Gruppen verschiedener Leiter rekonstruiert haben, ist nicht als strikte Anweisung für die optimale Durchführung der Fallarbeit gedacht, sondern als Orientierungsgrundlage, als ideales Muster, auf dessen Hintergrund man die Abläufe betrachten kann. Es gibt keine Sitzung, die nach diesem idealen Muster verläuft, in jeder werden sich mehr oder weniger *Abweichungen* von der Normalform finden lassen. Diese Abweichungen sollen nun nicht etwa beseitigt werden, sondern als Informationen verstanden werden. Jede Fallbearbeitung wird in für den Fall charakteristischer Weise vom idealen Ablauf abweichen, die Art der Abweichung kann dem Leiter einen Hinweis darauf geben, welches die Probleme des Falls sind. Um aber von Abweichungen sprechen zu können, muß man ein Ideal haben, von dem sich Abweichungen abheben lassen.

1) Die Normalform des Ablaufs ist neben dem psychologischen Relevanzsystem, über das der Leiter verfügt, um den Fall und das Gruppengeschehen bei dessen Bearbeitung zu verstehen, ein zweites Relevanzsystem, das es ihm erlaubt, die Prozesse in der Gruppe formal zu analysieren und sich von ihnen zu distanzieren, also aus dem System auszusteigen und eine außenstehende Position einzunehmen. Die Kenntnis der Normalform[2] erleichtert es dem Leiter, die Position des Repräsentanten des Systems einzunehmen (vgl. Abschn. 3.2.1). Er kann nach Bedarf der Gruppe und sich selbst deutlich machen, an welchem Punkt des Ablaufs man sich befindet und welche Phase jetzt kommt. Diese Kenntnis des Ablaufs macht einen bestimmten Typ von Intervention möglich, Interventionen, die Abweichungen von der Normalform regulieren und zur Selbstregulation von Krisen beitragen (vgl. Abschn. 3.3.2). Wird z. B. die Phase der Rekonstruktion des Erlebens des Falleinbringers übersprungen, kann der Leiter zunächst

---

[1] Zu den Zielen und den Vorgehensweisen des Projekts vgl. Eicke 1983 und Giesecke 1979. Zur Normalform vgl. Giesecke u. Rappe 1982 und Giesecke 1983b.

[2] Wir konnten nachweisen, daß sich die Leiter nach diesem Muster richten, sonst hätten wir es ja nicht rekonstruieren können – ohne es sprachlich begrifflich beschreiben zu können. Meist hört man, daß jede Sitzung anders verliefe und es keine Regelhaftigkeiten gebe. Wir haben versucht, diese an Fallstudien und Triangulation nachzuweisen (vgl. Müller 1983; Bielke 1979 und Giesecke und Rappe-Giesecke 1994, Abschnitt 3.5: Die Validierung des Modells und die Repräsentation der Normalformerwartungen bei den Beteiligten – Der Normalformtest).

einfach darauf hinweisen, daß man diese Phase übersprungen hat und daß die Lösung dieser Aufgabe jetzt ansteht. Erst wenn diese Interventionen, die den Ablauf fokussieren, nicht zum gewünschten Erfolg führen, sollte man stärkere Interventionen, wie das Deuten der Schwierigkeiten, die ein Einfühlen in den Erzähler verhindern, benutzen.

2) Die Normalform des Ablaufs kann man nutzen, um den Ablauf der weiteren Arbeit zu prognostizieren. Wird z. B. zu Beginn der Gruppensitzung eine Phase übersprungen, so wird sie mit Sicherheit im Laufe des Gruppenprozesses nachgeholt werden müssen: Das Überspringen der Aushandlung des Falls wird mit ziemlicher Wahrscheinlichkeit im Laufe der Fallbearbeitung zu einer Vertrauenskrise in der Gruppe führen, da sie nicht die vorgesehene Möglichkeit genutzt hat, um zu überprüfen, ob der Falleinbringer genug Vertrauen in die Gruppe hat, um ihr ein problematisches Erlebnis anzuvertrauen, und ob die Gruppe bereit ist, sich verstehend und einfühlend auf dieses Problem einzulassen.

Der Ablauf der Prozesse in einem System wird in der *dynamischen Dimension* der Systeme untersucht. Ich möchte diese Untersuchungsperspektive jetzt erläutern und das Vorgehen bei der Rekonstruktion der Normalform der Fallarbeit, der Institutionsanalyse und der Selbstthematisierung schildern.

Bei der Untersuchung der dynamischen Dimension eines Systems betrachtet man die Strukturen der Prozesse, die in diesem System ablaufen. Diese Prozesse werden als eine Aufeinanderfolge von Beiträgen zur Lösung der permanenten Aufgaben des Systems aufgefaßt. Die permanenten Aufgaben des Systems wie die Herstellung der System-Umwelt-Beziehungen (Differenzierungsdimension), die Aufrechterhaltung der internen Komplexität (Komplexitätsdimension) und die Schaffung und Aufrechterhaltung der Identität des Systems (selbstreferentielle Dimension) werden in dieser Dimension in einen zeitlichen Ablauf umgearbeitet (Giesecke 1988, S. 45–58). Die Prozesse, die hier in der dynamischen Dimension betrachtet werden, lassen sich durch drei Strukturen charakterisieren: *Kooperation, Interaktion und Kommunikation.*

Bei der Beschreibung der kooperativen Struktur des Prozesses werden alle interaktiven Ereignisse, alle Äußerungen unter der Perspektive betrachtet, welchen Beitrag sie zur Lösung der kollektiven Arbeitsaufgaben bringen (Kooperation). Alle interaktiven Ereignisse leisten einen Beitrag zur Herstellung von Beziehungen zwischen den Elementen des Systems, dieser Aspekt wird im Rahmen der Interaktionsanalyse untersucht. Alle kommunikativen Ereignisse leisten einen Beitrag zur Verständigung über ein Thema, diesen Aspekt des Prozesses untersucht man im Rahmen der Kommunikationsanalyse. Man geht bei der Rekonstruktion dieser drei Strukturen der dynamischen Dimension im einzelnen folgendermaßen vor:

Kooperationsanalyse

Der Ablauf wird (in der dynamischen Dimension generell) als eine Abfolge von sozialen Ereignissen betrachtet. Bei der Kooperationsanalyse erscheinen die sozialen Ereignisse als Beiträge zur Lösung von Arbeitsaufgaben. Ziel dieser Analysephase ist es, Arbeitsaufgaben zu finden, denen mehrere soziale Ereignisse als Lösungen (Beiträge) zuzuordnen sind. Kooperative Aufgaben können per definitionem nicht durch einen Beitrag gelöst werden. Vielmehr liegt echte Kooperation nur dann vor, wenn die Rollen unterschiedliche Beiträge liefern und das direkte Ziel eines Beitrags nicht die Lösung der Arbeitsaufgaben insgesamt ist. Das permanente Problem für die Kooperation ist die Koordinierung der Beiträge. Diese erfolgt durch Subsumption unter Aufgaben (Giesecke 1988, S. 152).

Kommunikationsanalyse

Bei der Kommunikationsanalyse wird der soziale Prozeß als eine Verständigung über Themen aufgefaßt. Themen sind Repräsentationen der relevanten Umwelt eines sozialen Systems für dieses System und seine Elemente. Jede einzelne Selektion (Äußerung) wird als Beitrag zur Schaffung solcher Umweltrepräsentationen verstanden. In einem ersten Schritt wird gefragt, auf welche Umwelten (Referenzräume) die einzelnen Beiträge referieren (Giesecke 1988, S. 154).

Wird die Umwelt aus dieser kommunikationstheoretischen Perspektive gesehen, so kann man sie als „Referenzraum" bezeichnen. Themen sind dann als der gemeinsame Referenzraum mehrerer Beiträge zu verstehen (Giesecke 1988, S. 48f.).

Hat man die Themen und deren Abfolge beschrieben, kann man sich wieder den Selektionszentren zuwenden. Man fragt, welche Beiträge von welchen Rollen zu erwarten sind, und benutzt die ermittelten Merkmale zur Charakterisierung der Rollen (Giesecke 1988, S. 154).

Interaktionsanalyse

Der Ablauf wird als ein Prozeß der Definition und Regulation von Sozialbeziehungen betrachtet. Jedes einzelne soziale Ereignis leistet einen Beitrag zur Beziehungsregulation. Das permanente Problem der Interaktionsprozesse ist die Aufrechterhaltung bestimmter Sozialbeziehungen zwischen den Rollen oder, mit anderen Worten, der Komplementarität der Rollen. Haben sich soziale Systeme gebildet, so ist dieses Problem immer irgendwie bewältigt: Zwischen den Selektionszentren sind Beziehungen hergestellt, und die Selektionszentren sind eben dadurch in irgendeiner Weise als „Pole" einer Beziehung definiert. Ziel der Interaktionsanalyse ist es zunächst, die „großräumigen" sozialen Beziehungen zu beschreiben, die in der Institution nacheinander hergestellt werden. Im Anschluß daran werden dann die typischen Selbst-, Fremd- und Beziehungsdefinitionen ermittelt, die von den einzelnen Rollen in den Beziehungen vorgenommen werden. Diese Typisierungen werden zur Charakterisierung der unterschiedlichen Rollen benutzt (Giesecke 1988, S. 155).

Die Perspektiven bei der Analyse von Sitzungsabläufen – untersucht man diese drei Strukturen – hat Giesecke in Form einer Tabelle folgendermaßen zusammengefaßt (Tabelle 4).

Die Modellierung der dynamischen Dimension ist abgeschlossen, wenn der soziale Prozeß in Sequenzen gegliedert ist und die Sequenzen kooperativ, kommunikativ und interaktiv charakterisiert sind. Dies geschieht am besten in Form einer Tabelle, die in mehreren (koordinierten) Spalten Angaben zu den sequenztypischen Aufgaben, Themen, Interaktionsbeziehungen sowie zu den Typisierungen der Rollen (aus den drei Perspektiven) und zu den Beiträgen enthält. Diese Tabelle bezeichne ich manchmal auch kurz als Ablaufschema. Das Ablaufschema ist eine Zusammenfassung der Erkenntnisse über die dynamische Dimension sozialer Systeme (Giesecke 1988, S. 158).

Der Status dieses Ablaufschemas ist der eines Normalformmodells, das den idealen Ablauf der Interaktion darstellt. Dieser ideale Ablauf läßt sich, wie schon gesagt, in nahezu keiner empirisch vorfindlichen Supervisionsgruppe wiederfinden, in jeder Sitzung finden sich Abweichungen von diesem Standardfall. Diese Abweichungen falsifizieren jedoch nicht notwendigerweise das Modell. Kann man aus den Abweichungen Prognosen bilden über den weiteren Ablauf der Sitzung und treffen die prognostizierten Abläufe zu, dann ist das Modell verifiziert. Man geht davon aus, daß der weitere Ablauf einer Sitzung nach einer solchen Abweichung von der Normalform u. a. dadurch bestimmt wird, daß er die Abweichung korrigieren und normalisieren wird. Wir haben dazu mehrere Fallstudien angefertigt (vgl. Müller 1983; Rappe-Giesecke 1983a).

Tabelle 4. Zusammenstellung der Perspektiven, unter denen der soziale Prozeß, die Selektionen und die Selektionszentren bei der Kommunikations-, Kooperations- und der Interaktionsanalyse gesehen werden

	Sozialer Prozeß	Selektionen	Selektionszentren
Kommunikations-analyse	Verständigung über Themen	Beiträge zum Thema	Rollen mit typischen reziproken Standpunkten und Perspektiven
Kooperations-analyse	Lösen von Arbeitsaufgaben	Beiträge (Aktivitäten) zur Lösung von Arbeitsaufgaben	Rollen mit typischen (schematisierten) Aufgaben (Kooperations-partner oder Akteure)
Interaktions-analyse	Regulation der Beziehung zwischen den Selektionszentren	Beiträge zur Regulation der Beziehung	Rollen mit typischen (komplementären) Selbst-, Fremd- und Beziehungsdefinitionen (Interaktionspartner)

Eine vollständige Beschreibung der dynamischen Dimension des Systems Supervision würde die Darstellung der Abläufe der Prozesse in allen Elementen des zeitlichen Ablaufs umfassen, wie ich sie in Abschn. 3.1 aufgezeigt habe. Dies ist mir z. Z. noch nicht möglich, ich beschränke mich hier auf die Abläufe im Element „Sitzung" in allen drei Programmen und in der Vorphase der Problemdiagnose. Und ich muß noch eine weitere Einschränkung machen. Die Normalformmodelle über den Ablauf der Sitzungen in den drei Programmen sind unterschiedlich weit ausgearbeitet. Der Ablauf der Fallarbeit ist am weitestgehenden ausgearbeitet und überprüft, da ich hier auf unsere Arbeiten im Rahmen des DFG-Projekts über die Balint-Gruppenarbeit zurückgreifen konnte (vgl. Giesecke u. Rappe 1981, 1982, 1983; Giesecke 1979). Schon weitaus weniger abgesichert ist der Ablauf der Selbstthematisierung, den ich aus weniger Transkriptionsmaterial rekonstruieren mußte. Bei der Analyse des Ablaufs der Institutionsanalyse mußte ich vorwiegend auf selbstreferentielle Darstellungen der Supervisoren und Organisationsentwickler zurückgreifen. Transkriptionen von Supervisionssitzungen nach diesem Programm liegen mir noch nicht vor. Insofern hat dieses Ablaufmodell noch hypothetischen Status.

Den Ablauf der Vorphase der Problemdiagnose habe ich anhand von Teamsupervisionen, die ich selbst durchgeführt habe, rekonstruiert.

Mit der Überprüfung dieses Modells an empirischem Material werde ich mich in Zukunft beschäftigen.[3]

5.1 Ablauf der Problemdiagnose

Bei der Supervision von Teams – nicht bei frei zusammengestellten Gruppen – ist in diesem Modell eine Phase vorgesehen, die vor die eigentliche Supervisionsarbeit in den Programmen vorgeschaltet wird, die Phase der Problemdiagnose. Diese Phase dauert in der Regel fünf Sitzungen. Ihre Funktion ist es, eine Grundlage für eine indizierte Entscheidung über die Wahl eines Programms oder einer Programmkombination zu schaffen

---

[3] Vgl. dazu auch die Ausführungen zu den verwendeten Daten und Methoden im Kap. 7.

und weiterhin Arbeitsthemen für die Institutionsanalyse auszuwählen (vgl. Abschn. 3.1). In dieser Phase führt man eine Erhebung über den „Ist-Zustand" des Teams durch, darüber, was nach Ansicht der Teammitglieder bei ihnen gut und weniger gut funktioniert. Nach der Auswertung dieser Datensammlungen zu verschiedenen Fragen können das Team und der Supervisor dann gemeinsam eine Entscheidung über den Fortgang der Supervision treffen. Im Abschn. 2.3 habe ich die Verfahren benannt, mit denen in dieser Vorphase gearbeitet wird: der aus der Aktionsforschung kommende zyklische Prozeß von Datensammeln, Datenfeedback und Untersuchung der Daten durch das Team selbst.

Für den Supervisor hat diese Vorphase die Funktion, sich eine Orientierung über die momentane Situation und die Geschichte des Teams zu verschaffen und ihm bei der Bewertung der Relevanz der angebotenen Probleme zu helfen. Beginnt er gleich mit der Supervision, wird er sich Informationen über anstehende Probleme, über die Geschichte des Teams und über die „wirkliche Gruppenmeinung" zu bestimmten Fragen eher nebenher beschaffen müssen. Die Kenntnis der Situation des Teams erleichtert es auch, Zuschreibungen von Ereignissen zu einzelnen Personen, zur Gruppendynamik des Teams, zur Struktur des Klientensystems oder zur übergreifenden Organisation vorzunehmen: Ob z.B. die Unfähigkeit des Teams, eine Entscheidung in einer Sache zu treffen, einem Teammitglied, das davon wesentlich betroffen ist, der Dynamik der Gruppe oder von der Organisation gemachten Vorgaben zuzurechnen ist, ist eine Frage der Zuschreibung. Auch für die Schaffung eines Arbeitsbündnisses hat diese Vorphase eine Funktion. Die Angst vor destruktiven Folgen einer Teamsupervision wird durch das relativ stark strukturierte Vorgehen und die recht rationale Arbeitsweise gemildert. Zweitens wird jedem Teammitglied deutlich, daß es ernstgenommen wird und wichtig ist, weil jeder Beitrag zu einem Problem gefragt ist. Man wertet erst aus, wenn alle ihre Meinung zu einem Problem sagen konnten. Dadurch erhält man oft ganz erstaunliche Beiträge von Mitgliedern, die sich sonst eher zurückgezogen verhalten und denen vom Team kein großer Stellenwert bei der Lösung von Teamproblemen zugemessen wird, und es kommen auch leichter die von der Gruppe ausgegrenzten und abgewehrten Positionen in die Diskussion. Alle Voten werden gleichberechtigt nebeneinander gestellt, und die Gruppe entscheidet erst im zweiten Schritt, zu welcher Entscheidung sie kommen will. Oft werden nicht die Voten zur Gruppenmeinung, die am lautesten propagiert wurden, sondern eine solche Außenseitermeinung, die zunächst von der Gruppe als nicht relevant oder als falsche Einschätzung bewertet wurde.

Das Problem, das dieses recht rationale und strukturierte Vorgehen für den weiteren Supervisionsprozeß schafft, ist, daß sich die Erwartung etabliert, daß der Supervisor immer so weiter strukturiert. Die hier konstituierte Form der Asymmetrie zwischen Supervisor und Gruppe kann im Rahmen der Institutionsanalyse aufrechterhalten werden, sie muß aber in den Programmen Fallarbeit und Selbstthematisierung einem anderen Typus der Asymmetrie weichen. Man kann mit diesem Problem, auf das mich Gnädinger hinwies, so umgehen, daß man thematisiert, daß es nun gemeinsam eine neue Arbeitsform zu finden gilt und man sein Augenmerk auf die Veränderung der Zusammenarbeit richten sollte. Man markiert den Wechsel zwischen den Programmen und damit verbunden die Standpunktwechsel und die Wechsel der Asymmetrien in den Beziehungen deutlich.

Im Ablauf der Vorphase lassen sich fünf Phasen unterscheiden, die im folgenden erläutert werden.

0. Phase: **Vorphase**[4]

In dieser Phase wird das System Supervision konstituiert und aus dem Teamalltag herausgehoben. Man klärt die Zusammensetzung der Gruppe, teilt mit, wer fehlt und noch erwartet wird. Organisatorische Dinge wie die Klärung der nächsten Sitzungstermine können an dieser Stelle erörtert werden. Die Phase unterscheidet sich nicht von der Vorphase der Fallarbeit, ich habe sie dort ausführlich beschrieben (vgl. S. 119f.).

1. Phase: **Datensammlung**

Mit folgenden Fragen kann man den Ist-Zustand und die Selbstbeschreibung des Teams erheben. Je nach der Selbstreflexionsfähigkeit des Teams und seiner besonderen Arbeitssituation kann man den Fragenkatalog verändern und andere Fragen hinzufügen:[5]

- Was funktioniert bei unserer Arbeit mit den Klienten/Patienten gut? Was funktioniert nicht so gut?
- Was funktioniert bei uns im Team gut? Was funktioniert bei uns im Team nicht so gut?
- Wie hat alles angefangen? Erzählen Sie mal etwas über die Geschichte des Teams.
- Welche Veränderungen hat es in letzter Zeit gegeben? Welche Veränderungen stehen an?
- Nutzt die Gruppe ihre Ressourcen? Welche Arbeitsteilung hat sich in der Gruppe herausgebildet?
- Wie stellen sich die formellen und informellen Beziehungen in der Institution dar? (Organigramm erheben)

Auswertungssitzung:
- Welche Probleme, auf die wir im Rahmen der Datenerhebung gekommen sind, wollen wir in der Supervision behandeln, welche kann das Team allein lösen?

Der Ablauf der Datensammlung ist folgender: Der Supervisor teilt der Gruppe zunächst die Fragestellung mit, dann nimmt sich jedes Teammitglied Zeit, um für sich allein, unbeeinflußt von den anderen die Frage schriftlich zu beantworten. Diese Distanzierung von der Gruppe (man hört nicht gleich die Meinung der anderen) und vom Teamalltag

---

[4] Daß es in diesem und auch in den folgenden Ablaufschemata eine Nullphase gibt, liegt daran, daß die Abläufe aus Transkriptionen von Supervisions- und Balint-Gruppen rekonstruiert wurden, die nicht mit mehreren Programmen arbeiteten, sondern entweder Fallarbeit oder Institutionsanalyse betrieben. Durch die Integration der Programme in einem Supervisionsmodell entstand die Notwendigkeit, eine Vorphase vor diese Abläufe zu setzen, in der der Anschluß bzw. die Abgrenzung zu den anderen Programmen geregelt wird. Hätte ich jetzt die Numerierung geändert, wäre die Vergleichbarkeit mit den bisherigen hier zitierten Untersuchungen nicht mehr gegeben gewesen.

[5] Bei der Diagnose von Problemen „kleiner Subsysteme, die einfach und verhältnismäßig homogen sind", verwenden French u. Bell folgende Fragen:
Die Fragen über Kultur, Klima, Einstellungen und Gefühle sind hier von Bedeutung plus: Worin bestehen die Hauptprobleme des Teams? Wie kann die Wirksamkeit des Teams verbessert werden? Welches Verhalten bringt die Mitglieder einander in die Quere? Lassen die Beziehungen zwischen Vorgesetzten und Mitgliedern zu wünschen übrig? Weiß der einzelne, wie seine Aufgabe mit den Zielen der Gruppe und Organisation zusammenhängt? Sind die Arbeitsvorgänge in der Gruppe wirksam, werden die Dinge rationell erledigt? Wird von den Fähigkeiten der Gruppen und der einzelnen Gebrauch gemacht (French u. Bell 1982, S. 52)?

(man wird aufgefordert, einen Beobachterstandpunkt außerhalb des Teams einzunehmen und sich selbstreflexiv zu verhalten) ist nötig, um ernsthafte und möglichst unbeeinflußte Voten von den Teammitgliedern zu erhalten. Hat sich jeder genügend Zeit genommen, geht man zur nächsten Phase über. Eine andere Ablaufstruktur bildet sich hingegen heraus, wenn man nach der Geschichte des Teams fragt. Man bekommt dann eine gemeinsame Erzählung, in die sich jeder zu dem Zeitpunkt „einklinkt", an dem er zum Team gestoßen ist. Erzählungen haben ihre eigene Dynamik und führen die Erzähler dazu, nicht nur sachliche Begebenheiten zu schildern, sondern auch ihr Erleben dieser Ereignisse.[6] Es teilen sich dem Zuhörer auch Gefühle und unverarbeitete Erlebnisse mit, die dem Erzähler gar nicht bewußt sind. Der Supervisor sollte bei dieser Erzählung sein Augenmerk darauf richten, wie sich die Geschichte des Teams auf die heutige Situation auswirkt. Oft lassen sich Merkwürdigkeiten in der Interaktion zwischen den Teammitgliedern als das Festhalten an Lösungsmöglichkeiten für Probleme verstehen, die das Team am Anfang seiner Zusammenarbeit gefunden hat und die in einer veränderten Situation völlig dysfunktional geworden sind. Ähnlich wie bei der „Mehrgenerationsperspektive" der Familientherapie kann man die Weitergabe von „Regeln", „Mythen", „Geheimnissen" und „Vermächtnissen" auch in Teams finden, in denen die „Gründungsgeneration" schon durch Nachfolgegenerationen abgelöst worden ist.[7] Das Wissen über Wiederholungen und die Determination der jetzigen Teamprobleme durch die Geschichte des Teams behält der Supervisor zunächst für sich und wird es dann an gegebener Stelle nutzen können.

Eine Anmerkung noch zur Frage nach der Arbeitsteilung der Gruppe. Wenn die Gruppe über eine gewisse Fähigkeit zur Selbstreflexion verfügt, kann man nicht nur nach der organisatorischen, sondern auch nach der psychischen Arbeitsteilung fragen. Wer übernimmt z. B. eher „Aufgabenrollen", strukturiert die Diskussion, fragt nach Informationen, schlägt Lösungen vor, und wer übernimmt eher „Aufbau- und Erhaltungsrollen", achtet auf das Arbeitsklima, vermittelt, reguliert Spannungen? Das sind Fragen, die man zur Erhebung dieser Arbeitsteilung benutzen kann. Man kann sich dazu einmal des von Edding u. Nellessen (o. J.) entwickelten Fragebogens zu „Rollen und Funktionen in Arbeitsgruppen" bedienen oder des von Antons (1976) entwickelten Fragenkatalogs.

2. Phase: Datenfeedback

In dieser Phase werden die Beiträge der Teammitglieder gesammelt und „veröffentlicht". Der Supervisor oder ein Teammitglied notiert die Beiträge auf einer Wandzeitung oder einem „flip chart". Es muß darauf geachtet werden, daß die Beiträge aller Teammitglieder notiert werden und daß sie möglichst wortgetreu wiedergegeben werden. Diskussionen über den Sinn oder die Richtigkeit einer Einschätzung gehören ebensowenig in diese Phase wie der Versuch, die Probleme, die für das Team besonders belastend sind, gleich zu bearbeiten. Es ist oft für das Team schwer zu ertragen, daß man soviele Probleme aufgelistet sieht, gleichzeitig tritt aber oft auch Verwunderung darüber auf, daß man soviel Positives hat finden können.

Daß ich die Daten in schriftlicher Form für alle sichtbar festhalte, hat die Funktion, diese Daten aus der Schwebe der folgenlosen Diskussionen herauszuheben und eine gewisse Entfremdung durch die schriftliche Form zu schaffen. Viele Vermutungen, Vorur-

---

[6] Zur Dynamik von Erzählungen vgl. Flader u. Giesecke 1980 und Giesecke u. Rappe 1981.

[7] Vgl. dazu Stierlin et al. 1977: Familienregeln, Familienmythen und Familiengeheimnisse, S. 49ff.

teile, Wünsche, Erwartungen, Normen und Wissensbestände werden oft nur in informellen Gesprächen geäußert und gehen deshalb nicht in den gemeinsamen Wissensraum des Teams ein. Allein die für alle zugängliche Repräsentation dieser Voten wird einen Kommunikationsprozeß über die wechselseitigen Unterstellungen, über die angenommenen und die faktischen Gruppenmeinungen und über die Frage, wieviele Mitglieder Gruppennormen teilen und wieviele sich davon distanzieren, in Gang setzen. Aber es macht auch Angst, „alles schwarz auf weiß da stehen zu sehen", man kann jetzt auf diese Äußerungen festgelegt werden. Dieser Effekt soll nicht verhindert werden, allerdings wird man dafür Sorge tragen müssen, daß diese schriftlichen Äußerungen der Schweigepflicht unterliegen und geschützt werden. Was meist dann erschwert wird, wenn eine Sekretärin die Protokolle abtippt, die nicht zum Team gehört. Gerade bei Teams von psychiatrischen Krankenhäusern entwickeln sich daraus leicht paranoide Tendenzen, denen man Rechnung tragen muß.

3. Phase: **Datenuntersuchung**

Die Gruppe hat als erstes Gelegenheit, sich über ihren Eindruck von den gesammelten Selbstbeschreibungen zu verständigen. „Hätten Sie vermutet, daß dieser oder jener Punkt so oft genannt wird, oder hätten Sie eher ein anderes Problem für das zentrale gehalten?" ist eine Frage, mit der man die Diskussion einleiten kann. Hat sich die Gruppe genügend über ihren ersten Eindruck verständigt, geht man zur Bewertung der Daten über. Es gibt verschiedene Möglichkeiten, eine sehr produktive ist die folgende: Man bittet die Teammitglieder, die an der Wandzeitung gesammelten Daten zu gewichten: Welches der genannten Probleme ist für das Team am relevantesten, welche positive Einschätzung ist für die Arbeit im Team am wichtigsten? Jeder kann maximal fünf Nennungen vornehmen, die er auf einen Beitrag oder auf mehrere verteilen kann. Diese Nennungen werden durch Striche am entsprechenden Votum kenntlich gemacht.[8] Im zweiten Schritt zählt man alle Bewertungen aus und ermittelt die Probleme und die positiven Einschätzungen, die am meisten genannt wurden. Dieses Ergebnis weicht oft sehr stark von der zunächst vertretenen Gruppenmeinung ab. Es wird von der Gruppe erneut diskutiert und überprüft. Damit ist die Sitzung und der erste Durchlauf des Datensammelns und -auswertens abgeschlossen, und man kann die nächste Fragestellung untersuchen, bis alle Daten gesammelt sind und die Auswertungssitzung stattfinden kann. Die gesammelten Voten und Bewertungen werden unverändert abgeschrieben und in Form von Protokollen dem Team und dem Supervisor zugänglich gemacht und in der Auswertungssitzung als Diskussionsgrundlage benutzt.

4. Phase: **Datenauswertung**

Hat man in mehreren Sitzungen zu allen Fragestellungen Daten gesammelt, so geht es in der Auswertungssitzung darum, aus den Daten und den ermittelten Problemen eine Indikation für oder gegen Supervision zu erstellen. Möglicherweise ergibt sich der Eindruck, daß das Team alle ermittelten Probleme allein lösen kann und die Bestimmung des Ist-Zustandes des Teams ausgereicht hat, um die Kooperation und das Problembewußtsein im Team zu stärken. Dann kann man die Supervision nach dieser Vorphase beenden und vielleicht eine Vereinbarung darüber abschließen, daß das Team, falls es wider Erwarten

---

8   Vgl. dazu auch Nellessen (o.J.): Schritte bei der Aufgabenbewältigung, den Aufsatz „Kooperation", S. 55.

Tabelle 5. Die kooperative Struktur der dynamischen Dimension der Vorphase der Problemdiagnose

Phase	Kooperative Probleme	Beiträge der Gruppe	Beiträge des Leiters
Vorphase (0. Phase)		Ratifizieren des Übergangs zur nächsten Phase	
1. Datensammlung	Produktion von Selbstbeschreibungen des Teams unter bestimmten Fragestellungen	Produktion von Daten durch die einzelnen Teammitglieder Ratifizieren des Übergangs zur nächsten Phase	Vorgeben der Fragestellung, Organisation der Datensammlung
2. Datenfeedback	Herstellen eines kollektiven Wissensraums über die Selbstbeschreibung des Teams	Veröffentlichen der Beiträge Ratifizieren des Übergangs zur nächsten Phase	Sammlung der Daten organisieren
3. Datenuntersuchung	Einigung über die Relevanz der gesammelten Daten für die Probleme der Gruppe	Gewichten der Daten: Was ist für mich, für das Team das relevanteste Problem? Ergebnissicherung und Protokoll Ratifizieren der Beendigung dieses Durchlaufs	Anleitung zur Bewertung der Daten und Strukturieren der Diskussion
Durchlaufen der Phasen 1, 2 und 3 unter verschiedenen Fragestellungen			
5. Datenauswertung	Entscheidung treffen über die Probleme, die bearbeitet werden sollen, und die Programme/die Programmkombination und ggf. die Themen der Institutionsanalyse	Datensammlung zu Problemen, die bearbeitet werden sollen. Gewichten der Problemsammlung und Diskussion der daraus entstandenen Gruppenentscheidung Aushandeln der Entscheidung über zu bearbeitende Probleme	Organisation der Datensammlung und des Datenfeedbacks Anleitung zur Diskussion der Ergebnisse Vorschläge zum Programm/zur Programmkombination, in der man diese Probleme optimal bearbeiten kann
	Aushandeln der Entscheidung über Programme zwischen Gruppe und Leiter Ratifizieren der Beendigung der Datenauswertung Ergebnissicherung in Form eines schriftlichen Kontrakts Ratifizieren der Beendigung der Vorphase der Problemdiagnose		

die rekonstruierten Probleme doch nicht allein lösen kann, sich erneut an den Supervisor wendet und man einen Kontrakt über die Bearbeitung dieser fokussierten Probleme abschließt. Hat man eine Indikation für Supervision gestellt, dann muß man sich entscheiden, welche Probleme in der Supervision bearbeitbar sind und welche Probleme die Gruppe allein lösen kann. Man führt eine erneute Datensammlung durch unter der Fragestellung: „Welche Probleme, auf die wir im Rahmen der Datenerhebung gestoßen sind, wollen wir in der Supervision bearbeiten, welche können wir allein lösen?" Die Teammitglieder fertigen anhand der Protokolle oder aus dem Gedächtnis Listen an, die im zweiten Schritt des Datenfeedbacks an einer Wandzeitung gesammelt werden. Nach der Diskussion der Sammlung geht man wie beim Ablauf der vorigen Sitzungen auch zur Bewertung der Probleme über. Der Supervisor wird dann gefordert sein, sein professionelles Wissen einzubringen und aus seiner Sicht zu bewerten, ob diese Entscheidung der Gruppe praktikabel ist oder nicht. Des weiteren geht es jetzt auch darum, zu klären, innerhalb welchen Programms man diese ausgewählten Probleme bearbeiten kann. Hier ist v. a. der Supervisor gefragt, einzuschätzen, welches Programm und welche Programmkombination am geeignetsten für die Lösung dieser Probleme ist. Kommt es nach einer Aushandlungsphase zwischen Supervisor und Team zu einer Einigung, legt man diese schriftlich in Form eines Kontrakts nieder, der von beiden Parteien unterschrieben wird und verbindlich die weitere Zusammenarbeit regelt. Damit ist die Vorphase der Problemdiagnose abgeschlossen.

Den Ablauf dieser Phase stelle ich jetzt noch einmal in komprimierter Form dar (Tabelle 5). Die Tabelle ist wie die folgenden Tabellen über die Abläufe in den anderen Programmen aufgebaut. In der 1. Spalte werden die Phasen des Ablaufs benannt und durchnumeriert. Die 2. Spalte enthält die kooperativen Probleme, die von Gruppe und Supervisor gemeinsam gelöst werden. Die Beiträge der Gruppe zur Lösung dieser Aufgabe werden in der 3. Spalte genannt, die Beiträge des Leiters in der 4. Spalte. Es kommt vor, daß Leiter und Gruppe die gleichen Beiträge liefern, dann ist diese Besonderheit dadurch gekennzeichnet, daß die Beiträge quer über die Spalten 3 und 4 geschrieben sind. Sequenziert wird der Ablauf durch Phasen, die durch waagerechte Striche voneinander getrennt sind. Der Vollständigkeit halber müßte an dieser Stelle noch eine zweite Tabelle stehen, die die interaktiven Beziehungen und die kommunikativen Probleme, also die Themen der einzelnen Phasen, festhält. Da ich mich dieser Vorphase erst gegen Ende der Untersuchung zugewandt habe, fehlt mir noch eine systematische Untersuchung der interaktiven und kommunikativen Probleme.

5.2 Normalform des Ablaufs der Fallarbeit

5.2.1 Ablauf der Fallarbeit

Man kann den Ablauf einer Sitzung, die nach dem Programm Fallarbeit verläuft, in fünf Phasen unterteilen und diese Phasen wiederum in Sequenzen untergliedern (vgl. dazu auch Giesecke 1983a; Giesecke u. Rappe 1982, S. 217ff.).

Die *Vorphase* hat die Funktion, das System Supervision als solches zu konstituieren und es von der Umwelt, z.B. dem professionellen Alltag der Mitglieder, abzuheben (Sequenz 1.1). Danach wird die heutige Zusammensetzung der Gruppe geklärt, die Fehlenden werden entschuldigt, und es wird beispielsweise mitgeteilt, wer heute zu spät kommen wird (Sequenz 1.2). Es folgt die Regelung von organisatorischen Dingen allgemeiner Art wie z.B. Terminabsprachen, Honorarfragen und Ankündigungen von Abwesenheit in einer der nächsten Sitzungen (Sequenz 1.3). Zur Klärung der Rahmenbedingungen gehört es auch, sich auf das Programm für die heutige Sitzung zu einigen. Es wird geklärt, ob es schon in den vorigen Sitzungen Vereinbarungen über die Weiterarbeit in diesem Programm oder über das Umschalten von einem anderen zu dem der Fallarbeit gegeben hat. In diesem Fall ist lediglich eine Erneuerung der Ratifizierung dieser Entscheidung nötig. Anders sieht es aus, wenn man sich noch nicht festgelegt hat, in welchem Programm man weiterarbeiten will. Dann muß in dieser Sequenz eine Diskussion dieser Frage stattfinden, bei der man auf die vorangegangenen Sitzungen Bezug nimmt und bei der man den Sinn und die Notwendigkeit der Fallarbeit begründet. Diese Diskussion wird abgeschlossen durch eine kollektive Ratifizierung der Entscheidung für das Programm Fallarbeit, die vom Leiter noch einmal geprüft wird. Diese eindeutige, sozial verbindliche Regelung vor Beginn der Arbeit hat die Funktion, daß während der eigentlichen Fallarbeit diese Entscheidung nicht weiter behandelt und die Diskussion über die Entscheidung nicht als Widerstand gegen die Ziele der Fallarbeit benutzt werden kann. Hat es eine verbindliche Ratifizierung gegeben, dann geht man über zur Aushandlung eines Falls und wechselt zu den Positionen des potentiellen Erzählers und des potentiellen Zuhörers, die für die Fallarbeit typisch sind (Sequenz 1.4).

In der *Aushandlungsphase* (Phase 2) hat die Gruppe die Aufgabe, sich auf einen Falleinbringer und ein Fallthema zu einigen. Die Gruppe prüft, ob es sich um ein für sie interessantes Thema handelt und ob die Bedingung für eine Falleinbringung, nämlich daß es sich um ein für den Erzähler problematisches Thema handelt, das er allein nicht gut verarbeiten konnte, erfüllt zu sein scheint. Der Falleinbringer gibt eine kurze Orientierung über seinen Fall und prüft seinerseits, ob ihm das Interesse und die Vertrauensbasis in der Gruppe ausreichend groß erscheint, um diesen Fall hier einzubringen. Fällt die Prüfung negativ aus, kann er seinen Fall an dieser Stelle noch ohne Folgen zurückziehen. Auch die Gruppe kann, zumindest ohne *soziale* Folgen, hier einen Fall ablehnen und eine erneute Aushandlung eines anderen Falls beginnen. In kritischen Gruppensituationen zeigen sich hier schon Probleme. Oft wird kein Fall angekündigt, oder es werden mehrere konkurrierende Fallangebote gemacht, zwischen denen sich die Gruppe nicht entscheiden kann. Hat sich die Gruppe jedoch zuvor auf dieses Programm geeinigt, muß der Leiter auf der Bearbeitung von Fällen bestehen und einen Programmwechsel verhindern.

In der *Falleinbringungsphase* hat das ausgewählte Gruppenmitglied ausführlich Gelegenheit, seinen Fall in Form einer *Erzählung* darzustellen.

Wir haben in unserem Projekt mit dem Modell einer „Normalform des Erzählens in Balint-Gruppen" gearbeitet. Es umfaßt folgende Phasen der Erzählung, die ich kurz darstellen möchte:
Zu Beginn gibt der Erzähler eine *vorgreifende Problemverdeutlichung* und/oder eine Relevanzandeutung, gefolgt von einer *Orientierung* über die beteiligten Personen, den Ort, die Zeit und die institutionelle Situation oder das Setting der Interaktionssituation. Danach schildert er die *Ereigniskette*, indem er chronologisch das Verhalten und Erleben seiner Interaktionspartner und sein eigenes charakterisiert. Diese Kette enthält einen *Ereignisknoten*, einen Punkt maximaler Detaillierung des Geschehens, das dem Erzähler hinsichtlich seines Problems, das er schildert, besonders bedeutsam erscheint. Auf die Schilderung der Ereigniskette folgt meist eine *Problemverdeutlichung*. Die Erzählung wird gewöhnlich mit der Formulierung einer Maxime oder der Darstellung des momentanen Erlebens dieses für ihn nicht verarbeitbaren Geschehens beendet (Rappe-Giesecke 1983a, S. 63).

Diese Erzählung kann jedoch nicht in allen Punkten vollständig sein, da es sich um ein unverarbeitetes Geschehen handelt, über das erzählt wird.[9] Meist fehlen ganze Passagen der Ereigniskette oder auch die Orientierung über das Setting der Interaktion, immer ist auch die Darstellung des eigenen Erlebens und des des Klienten unvollständig. Jede Erzählung weicht in charakteristischer Weise von der Normalform der Erzählung also ab. Aus diesen Abweichungen lassen sich Schlüsse auf den weiteren Ablauf der Fallbearbeitung ziehen: Was fehlt, muß im Laufe der Sitzung rekonstruiert werden. Man kann die Bearbeitung in diesem Sinne als „Vervollständigung der Erzählung" verstehen.[10]

Die Funktion der *Fallbearbeitungsphase* (Phase 4) ist es, das Problem des Erzählers zu verstehen und die Ergebnisse der Rekonstruktion der Ereignisse für die professionelle Praxis des Erzählers und auch der Gruppenmitglieder fruchtbar zu machen (Sequenz 4.4). Daß es bei der Rekonstruktion des Geschehens (Sequenz 4.1 und 4.2) nicht nur darum geht, Informationen nachzuliefern bzw. abzufragen, sondern daß hier die psychischen Faktoren ins Spiel kommen, die „unbewußten oder kaum bewußten Ereignisse" der damaligen Interaktion (Balint 1976, S. 404), ist vorauszusehen, denn es handelt sich ja um ein für den Erzähler problematisches Geschehen. Diese „unbewußten oder kaum bewußten Ereignisse" wirken sich jetzt als Blockade gegen die Vervollständigung der Erzählung aus und werden sich in Form von Abweichungen von der Normalform der Fallarbeit äußern. So werden bestimmte Arbeitsaufgaben nicht gelöst werden können, die Gruppe ist nicht in der Lage, bestimmte Standpunkte einzunehmen, z. B. den des Klienten mit erlebender Perspektive, und es wird auch thematische Abweichungen geben. Die Gruppe verallgemeinert z. B. das Problem, ohne es zuvor verstanden zu haben, und unterhält sich über „bewährte" Lösungen. Diese Störungen der Arbeit werden sich meist als „Spiegelungen des Falls in der Gruppe" verstehen lassen. Ich beschreibe diese besondere Form von Abweichungen in der Fallbearbeitungsphase im nächsten Abschnitt. Am Ende der Fallbearbeitung steht die Reflexion über ihren Verlauf und über die Bedeutung des heute bearbeiteten Problems für den eigenen Gruppenprozeß. Wenn es schon offensichtlich geworden ist für alle, oder wenn dem Leiter die Zeit dafür „reif" zu sein scheint, kann an dieser Stelle das unbewußte Thema des Gruppenprozesses und sein Zusammenhang mit dem Fallthema angedeutet werden. Dieser zweite Teil der Sequenz 4.4 ist also fakultativ und muß nicht in jeder Sitzung zu finden sein.

In der *Abschlußphase* (Phase 5) wird die Fallbearbeitung abgeschlossen, und es wird geklärt, ob in der nächsten Sitzung in diesem Programm weitergearbeitet werden soll oder ob es z. B. aufgrund von krisenhaften Situationen in dieser Sitzung ratsam erscheint, im Programm Selbstthematisierung Gruppenprobleme zu thematisieren oder sich im Programm Institutionsanalyse einmal ausführlich mit den institutionellen Rahmenbedingungen der Professional-Klient-Beziehungen zu beschäftigen. Danach wird das System Supervision aufgelöst, und man schafft den Übergang zum professionellen Alltag.

Exkurs
Wie schon in Tabelle 1 geschehen, differenziere ich bei der Fallsupervision von Teams zwischen „Falleinbringer" und „Fallbetroffenem". Diese Differenzierung wirkt sich natürlich auf den Ablauf der Fallarbeit erheblich aus. Ich habe darüber noch keine systematischen Forschungen angestellt, kann aber

---

[9] Zur Erzähltheorie vgl. auch Flader u. Giesecke 1980, S. 219ff.

[10] Eine eingehende Darstellung dieser Theorie und deren Exemplifizierung in einer Fallstudie findet sich in Giesecke und Rappe-Giesecke (1994, Abschn. 4.2: Die Fallbearbeitung als Vervollständigung der Erzählung).

Tabelle 6. Übersicht über die Strukturen der dynamischen Dimension der Fallarbeit. *Erz* Erzähler, *FE* Falleinbringer, *GM* Gruppenmitglied(er), *G* Gruppe, *psa* psychoanalytisch, *soz* sozial, *hist* historisch, *asym* asymmetrisch

Phase	Kooperative Probleme	Kommunikative Probleme	Interaktive Probleme
1 Vorphase			
1.1	Konstitution der Gruppe		Regulation von räumlicher Nähe und Distanz
1.2	Klärung der (voraussichtlichen) Zusammensetzung der anstehenden Gruppensitzung	Verständigung über die Zusammensetzung der G durch Feststellen/Entscheidigen der abwesenden GM	Regulation der (asymmetrischen) Beziehungen zu den abwesenden GM
1.3	Klärung von organisatorischen Fragen des zukünftigen Gruppenprozesses und Einigung über die Wahl des Programms/den Wechsel des Programms	Verständigung über die Randbedingungen des zukünftigen Gruppenprozesses und das Geschehen in der letzten Sitzung	Wiederherstellen der G als soziales Beziehungsgefüge. Einnahme von selbstreflexiven Positionen, wie sie für die Selbstregulation typisch sind
1.4	Beenden der Vorphase/Einigung über den Beginn der Arbeit in diesem Programm	Verständigung über die Beendung der Vorphase und der Ratifizierung der Programmwahl	Verlassen dieser Positionen und Übergang zu den für die Fallarbeit typischen Asymmetrien
2 Aushandlung			
2.1	Einigung auf ein Arbeitsthema und einen FE/Erz	Verständigung über ein Arbeitsthema und einen FE	Herstellung einer Asymmetrie zwischen einem GM (FE/Erz) und den „übrigen GM" in bezug auf die Aktualität und Problematik eines persönlichen, berufsabhängigen Erlebnisses
2.2	Sondieren der Vertrauensbasis in der G	Verständigung über die Vertrauensbasis in der G	Ratifizieren der Asymmetrie
3 Falleinbringung	Herstellen eines kollektiven Phantasmas über einen Ausschnitt aus der Biographie eines Teilnehmers (FE)[a]	Verständigung über ein biographisches (berufsabhängiges) Problem eines Teilnehmers, welches diesen zum Zeitpunkt der Sitzung beschäftigt	Herstellen der für das Erzählen typischen verschiedenen (asymmetrischen) komplementären Interaktionsbeziehungen
4 Fallbearbeitung			
4.1	Rekonstruktion der Ereigniskette, der Typisierungen der Figuren der Erzählung und ihrer Beziehungen untereinander (soz. System A)	Verständigung über das Geschehen, die Personen und deren Beziehungen sowie die Begleitumstände	Verringerung der asym. Beziehung zwischen dem Erz einerseits und den GM und dem Leiter andererseits in bezug auf das Wissen über die (erzählte) Interaktion

123

4.2	Rekonstruktion des (problematischen) Erlebens des Erz und der relevanten Figuren der Erzählung	Verständigung zwischen der G und dem Erz über dessen (problematisches) Erlebnis und über das (vermutliche) Erleben der Figuren der Erzählung	Verringerung der asym. Beziehung zwischen dem Erz einerseits und den GM und dem Leiter andererseits in bezug auf das Erleben der Interaktion
4.3	Einigung auf eine allgemeine Typisierung des (veränderten) Problems des Erz	Verständigung zwischen G und Leiter über eine verallgemeinernde Typisierung des (veränderten) Themas/Problems des FE/Erz	Auflösung der komplementären Interaktionsbeziehung zwischen dem Erz und den GM und dem Leiter
4.4	Versuch, die Bedeutung des (problematischen) Erlebnisses des Erz	Verständigung zwischen Gruppenleiter und FE über die Bedeutung des Problems der Erzählung für den Erz und	Würdigung der besonderen Position des Erz (Wiederherstellen der Asymmetrie)
4.4 a) b)	für diesen selbst / für das professionelle Handeln der Teilnehmer zu klären	für das professionelle Handeln der Teilnehmer	Herstellung einer symmetrischen Beziehung zwischen den GM (einschließlich des FE) und dem Leiter in bezug auf das professionelle Handeln/Problem
4.5	Selbstreflexion des Sitzungsablaufs (Problems des Erz). Versuch, die Bedeutung der Sitzung für den (hist.) Gruppenprozeß zu klären	Verständigung zwischen G und Leiter über die Bedeutung der Bearbeitungsphase und des (veränderten) Problems der Erzählung für den Gruppenprozeß/die G	(Retrospektive und prospektive) Regulation der Sozialbeziehungen in der G/Herstellen einer Asymmetrie zwischen dem Leiter und der G in bezug auf die psa-Selbstreflexion des Gruppenprozesses
5 Abschlußphase			
5.1	Beendigung der Fallarbeit	Verständigung über die Beendigung der Arbeitsaufgaben	Auflösung der für die Fallarbeit typischen Beziehungen
5.2	Einigung auf die Weiterarbeit in diesem Programm oder auf einen Programmwechsel	Fokussierung der selbstregulativen Struktur des Systems	Einnahme der für die Selbstregulation typischen Standpunkte
5.3	Auflösung der Gruppensitzung		Auflösung der räumlichen Beziehungskonstellation

a Der Begriff des „kollektiven Phantasmas" ist in Anlehnung an die Sprachtheorie Bühlers in der Gesprächs- und Konversationsanalyse aus dessen Begriff der „Deixis am Phantasma" entwickelt worden (vgl. Bühler 1978, S. 121–139, insbesondere S. 124ff.). Kollektives Phantasma meint, daß sich Interaktionspartner, die keinen gemeinsamen Wahrnehmungsraum haben, auf den sie sich zeigend beziehen können, sich mit Hilfe sprachlicher Mittel einen solchen gemeinsamen Wahrnehmungsraum schaffen können, ein Phantasma. Die Erzählung kann als ein kollektives Phantasma gelten. Der Erzähler gibt seinem Zuhörer Versetzungsanweisungen, z. B. „Stellen Sie sich vor, da ist mir das und das passiert", und gestaltet dann diesen Raum aus, so daß sich sein Partner darin auch zeigend und betrachtend bewegen kann (vgl. zu dieser Funktion von Erzählungen auch Flader u. Giesecke 1980, S. 213ff.).

vielleicht schon folgendes sagen: Es gilt eine Balance zu finden zwischen der Aufrechterhaltung der Strukturen der Fallarbeit, so wie sie hier beschrieben sind, und den Besonderheiten, die durch die zusätzlichen Asymmetrien zwischen den Gruppenmitgliedern entstehen. Es muß ein Falleinbringer ausgewählt werden, der der Gruppe und dem Leiter den Auftrag erteilt, seinen Anteil der Psychodynamik der Professional-Klient-Beziehung zu untersuchen. Würde man sich lediglich darauf einigen, über welchen Patienten man heute spricht, würde die wesentliche Bedingung für die Fallarbeit, daß nämlich ein Gruppenmitglied Schwierigkeiten mit einem Klienten hat, die er mit Hilfe der Supervision klären will, wegfallen, es würde sich eine vollkommen andere Struktur entwickeln. Der Fokus würde beim Verstehen der Psyche des Patienten liegen und nicht bei der Analyse der Beziehungsdynamik, die ja den Balint-Ansatz von den z. B. in der Medizin üblichen Gesprächen über Patienten unterscheidet.

Wenn in der Aushandlungsphase ein Falleinbringer gefunden ist, dann sollte im zweiten Schritt noch geklärt werden, wer sich als Fallbetroffener typisiert und auch einen Beitrag zum Verstehen des Falls bringen kann. Nach der Falleinbringungsphase, die nicht modifiziert wird, wird in einer Zwischenphase, die in diesem Modell noch nicht vorgesehen ist, der Fall um die Schilderungen der Probleme, die die Fallbetroffenen mit dem Klienten haben, ergänzt. Erst dann wird man mit der Fallbearbeitung beginnen. Insbesondere in der Psychiatrie, in der die Professionellen mit schwer gestörten Patienten umgehen, die dazu tendieren, ihre intrapsychischen Konflikte durch Aufspaltung zu bewältigen, ist diese Modifikation der Fallarbeit von Bedeutung. Man weiß inzwischen, daß diese intrapsychische Struktur auch die interpersonellen Beziehungen zu den Professionellen determiniert. Ein Teammitglied erscheint dem Patienten als die Verkörperung alles Bösen oder als Verfolger und ein anderes, vielleicht sogar die Stationshilfe, die an einer Balint-Gruppe normalerweise gar nicht teilnehmen würde, als Verkörperung des Guten, mütterlich Spendenden. Erst wenn man alle Beiträge der Fallbetroffenen zusammengeführt hat, kann man ein vollständiges Bild des Falls, oder man könnte auch sagen, der Inszenierung des Patienten, erhalten. Dabei darf wiederum nicht die besondere Belastung des Fallvortragenden vergessen werden.

Die Modifizierung des Ablaufs der Fallarbeit durch die Supervision von Teams habe ich noch nicht in das folgende Muster der Normalform der Fallarbeit einarbeiten können. Dies wird einer späteren Untersuchung vorbehalten sein.

Untersucht man vorfindliche Sitzungen, so kann man feststellen, daß die Themen, die interaktiven Beziehungen und die Aufgaben immer von einer Phase zur anderen wechseln. Untersucht man den Wechsel der Themen im Laufe der Sitzung, kommt man zur gleichen Sequenzierung wie bei der Untersuchung von Beziehungen oder Aufgaben. Man kann dies in Tabelle 4 gut sehen. Die Tabelle ist in dieser Form noch nicht veröffentlicht worden. Sie ist das Ergebnis unserer Forschungen zu diesem Aspekt von Supervisions- und Balint-Gruppen und wurde von M. Giesecke und mir gemeinschaftlich erarbeitet. Vorläufer dieser Tabelle haben wir schon an anderen Stellen veröffentlicht (vgl. Giesecke u. Rappe 1982, S. 218ff.; Giesecke 1983a). Diese unterscheidet sich von den vorherigen durch ihre Vollständigkeit und dadurch, daß wir hier andere Kategorien gewählt haben, unter denen wir den Ablauf subsumiert und sequenziert haben. Außerdem änderten sich durch den Einbau der Fallarbeit in dieses Modell als einem Programm unter dreien die Vorphase und die Abschlußphase. In ihnen muß der Anschluß bzw. die Abgrenzung zu den zwei anderen Programmen geregelt werden.

Ich möchte die Tabelle kurz erläutern. In der 1. Spalte, links beginnend, sind die Phasen und Sequenzen des Ablaufs aufgeführt und durchnumeriert. In der 2. Spalte finden sich die kooperativen Probleme. Es sind dies die kollektiven Arbeitsaufgaben, die gemeinsam von allen Rollen in einer Sequenz oder Phase gelöst werden müssen. Die 3. Spalte enthält die kommunikativen Probleme, also diejenigen Themen, über die sich die Gruppe in der jeweiligen Sequenz oder Phase verständigen muß, und die Referenzräume, auf die sie sich dabei bezieht. Die interaktiven Probleme folgen in der letzten Spalte. Hier wird notiert, welche asymmetrischen Beziehungen für die einzelnen Sequenzen und Phasen konstitutiv sind, wann sie hergestellt und wann sie wieder aufgelöst werden.

Die in der ersten Spalte der Tabelle aufgeführten kooperativen Probleme haben wir in einer weiteren Tabelle präzisiert, indem wir die Beiträge der Rollen zur Lösung dieser einzelnen kooperativen Probleme charakterisiert haben. Arbeitsaufgaben können, wie schon beschrieben (vgl. S. 111), nicht von einer Rolle allein gelöst werden, sondern es bedarf immer der Beiträge von allen Rollen zu ihrer Lösung. Man kann bei der Fallbearbeitung zwischen den Rollen des Falleinbringers oder Erzählers, der des Gruppenmitglieds und der des Leiters unterscheiden.

Zwischen den Beiträgen der Gruppenmitglieder und denen des Falleinbringers braucht nicht in jeder Sequenz unterschieden werden. So hat in der Vorphase noch keine Differenzierung in diesen beiden Positionen stattgefunden, und in der letzten Sequenz der Fallbearbeitung wird diese Differenzierung der Rollen, die für die Fallaushandlung, -einbringung und -bearbeitung konstitutiv ist, wieder aufgehoben. Die Ausdifferenzierung der Rolle des Gruppenmitglieds in die des Falleinbringers und des Gruppenmitglieds ist in Tabelle 7 durch eine Unterteilung in der zweiten Spalte markiert.

Einige Beiträge des Leiters sind fakultativ, sie sind nicht in jeder Sitzung notwendig,[11] wie z.B. das „Ankündigen und Ratifizieren von Settingänderungen" (Sequenz 1.3). Andere Beiträge, die der Durchsetzung und Aufrechterhaltung der Strukturen des Ablaufs dienen, wie das „Initiieren des Übergangs zur Falleinbringung" (Sequenz 2.2), können im Laufe des Gruppenprozesses von den Gruppenmitgliedern übernommen werden oder ganz wegfallen, weil sich die Strukturen als handlungsleitende Muster durchgesetzt haben. Hier einige Beispiele für solche Leiteräußerungen, die ich in einem Aufsatz über Leiterinterventionen zitiert habe:[12]

Leiter 1	ja was wollen wir machen (')
	tja wer möchte (')
	(kurze Pause) ja (,) was wollen wir denn dann uns heute (.) (leiser) vornehmen (')+
Leiter 2	und jetzt die klassische Frage (–) die kennen Sie ja (') wer möchte einen Patienten vorstellen (,)
Leiter 3	wer von Ihnen möchte erzählen von seiner Beziehung zu einem seiner Patienten (')

Der Leiter nimmt bei diesen Beiträgen die Position des „Repräsentanten des Systems" ein, was zu Beginn des Gruppenprozesses häufiger nötig ist als am Ende der Supervision.

Diese systemstabilisierenden Beiträge sind immer dann wieder zu finden, wenn aufgrund von Krisen der Bestandteil der Strukturen des Systems gefährdet ist. Ein Beispiel (Rappe-Giesecke 1983b, S. 82):

| Leiter 1 | aber wollen wir uns mit dem Problem befassen/sollten wir dann/wenn wir das tun wollen/ nicht äh im Detail (???) noch erfahren/wie sich das auf die Arbeit auswirkt/auf die Supervisionsarbeit (,) |

---

[11] Ich habe diese fakultativen Beiträge in Tabelle 7 in eckige Klammern gesetzt.

[12] Vgl. Rappe-Giesecke 1983b, S. 79f. Die Sitzungen, aus denen diese Leiteräußerungen stammen, sind nach einem bestimmten Verfahren transkribiert worden, das in Giesecke 1983c erläutert wird. Für diese Zwecke ist es hier nicht erforderlich, es im einzelnen zu erläutern. Die Zeichen in Klammern charakterisieren die Stimmführung, kursiv gedruckte Wörter sind besonders betont.

Tabelle 7. Die kooperative Struktur der dynamischen Dimension von Fallarbeit. *FE* Falleinbringer, *Erz* Erzähler, *soz* sozial, *hist* historisch, *GM* Gruppenmitglied(er), *G* Gruppe,

Kooperative Probleme	Beiträge des Leiters	Beiträge (Aktivitäten) des FE und der übrigen GM
1 Vorphase		
1.1 Konstitution der G	Eröffnen der Sitzung, Begrüßen	Eintreffen, Platz aufsuchen, Begrüßen (Alltagskommunikation)
1.2 Klärung der (voraussichtlichen) Zusammensetzung der anstehenden Gruppensitzungen	[Entschuldigungen von abwesenden GM bekanntgeben]	Feststellen und ggf. Entschuldigen der abwesenden GM, Nachfragen nach Gründen für die Abwesenheit
1.3 Klärung von organisatorischen Fragen des zukünftigen Gruppenprozesses und Einigung über die Wahl des Programms/den Wechsel des Programms	[Ankündigen und Ratifizieren von Settingänderungen.] Initiieren der Aushandlung der Programmwahl/des Programmwechsels. Erinnern an frühere Entscheidungen zu dieser Frage	Erinnern an frühere Entscheidungen über Programmwahl/-wechsel für diese Sitzung, Argumentieren über den Sinn der Auswahl von Fallarbeit bzw. über den Sinn des Wechsels zu diesem Programm. Kommentare zur Arbeit in den vorangegangenen Sitzungen. Ratifizierung der Wahl des Programms Fallarbeit durch alle GM
1.4 Beenden der Vorphase/Einigung über den Beginn der Arbeit in diesem Programm	Überprüfen der Ratifizierung [und Initiieren der Aushandlung eines FE]	Aufforderung zum „Arbeitsbeginn", „Schweigen"
2 Aushandlung		
2.1 Einigung auf ein Arbeitsthema und einen FE/Erz		Fall ankündigen, Relevanz andeuten, Problem verdeutlichen, Orientierung geben ... Relevanz prüfen, Nachfragen
2.2 Sondieren der Vertrauensbasis in der G	[Initiieren des Übergangs zur Falleinbringung]	Sondieren der Vertrauensbasis in der G, eigenes Interesse an Falleinbringung prüfen, Ratifizieren ... Interesse bekunden, Fallangebot ratifizieren
3 Falleinbringung		
3.1 Herstellen eines kollektiven Phantasmas über einen Ausschnitt aus der Biographie eines Teilnehmers (FE)	[Zuhören, Rezeptionssignale geben, kurze Nachfragen stellen] [Beenden der Erzählung]	Abwicklung des Erzählschemas ... Zuhören (Rezeptionssignale geben, kurze Nachfragen stellen)
4 Fallbearbeitung		
4.1 Rekonstruktion der Ereigniskette, der Typisierungen der Figuren der Erzählung und ihrer Beziehungen untereinander (soz. System A)		Nachliefern von Beschreibungen des Geschehens, Berichten über das eigene Verhalten, situationsgebundene oder nachträgliche Interpretationen des eigenen und fremden Verhaltens, neue Formulierungen des Problems (aus der Sicht des Erz) ... Nachfragen, Beschreiben, praktisches Schließen, Rekonstruktion der Typisierung der Figuren, probeweises Problemformulieren

4.2 Rekonstruktion des (problematischen) Erlebens des Erz und der relevanten Figuren der Erzählung	Versuch von Probeidentifikationen, Nachfragen von nachträglichen oder situationsgebundenen Interpretationen des eigenen und fremden Erlebens	Probeidentifikation, Inszenierung des Falls, „Deuten" von Spiegelphänomenen, Konstruktion alternativer Erlebens- und Reaktionsmöglichkeiten, Assoziieren, Interpretieren des Erlebens der Figuren, Darstellen eigener, durch die Erzählung ausgelöster Gefühle
4.3 Einigung auf eine allgemeine Typisierung des (veränderten) Problems des Erz	[Typisierungsvorschläge]	Vorschläge zur Typisierung der Beziehungen, Beschreiben und Paraphrasieren des Problems/der Beziehung, terminologisches Reformulieren des Problems/der geschilderten Beziehung, Argumentieren über Problemformulierungen
4.4 Versuch, die Bedeutung des (problematischen) Erlebnisses des Erz	Zusammenfassen der ausgehandelten Problematik der Erzählung	Rekonstruieren der Bedeutung des Falls für den Erz
a) für diesen selbst und		
b für das professionelle Handeln der Teilnehmer zu klären	Formulieren von Maximen für professionelles Handeln, Kommentar zu den geschilderten professionellen Problemen aus psychoanalytischer Sicht	Formulieren von Maximen für professionelles Handeln; Schildern eigener Erfahrungen im Umgang mit Problemen, die denen des Erz ähnlich sind
4.5 Selbstreflexion des Sitzungsablaufs (Problems des Erz). Versuch, die Bedeutung der Sitzung für den (hist.) Gruppenprozeß zu klären	Kommentieren der Arbeit der G/ Andeuten des unbewußten Themas der Sitzung/der Funktion der Sitzung für den hist. Gruppenprozeß Beenden der Bearbeitungsphase	Reflexion über den Gruppenprozeß und den Zusammenhang zwischen Fallthema und Gruppenprozeß, Beenden der Bearbeitungsphase
5 Abschlußphase		
5.1 Beendigung der Fallarbeit		
5.2 Einigung auf die Weiterarbeit in diesem Programm oder auf einen Programmwechsel	Darstellung eigener Auffassungen zu diesem Thema, Vorschläge, Hinweise auf frühere Entscheidungen. Prüfen der Ratifizierung	Einverständnis oder Unzufriedenheit mit der Fallbearbeitung mitteilen Argumentieren über Sinn eines Programmwechsels oder der Beibehaltung der Fallarbeit, Ankündigen von Themen. Ratifizierung einer Entscheidung über die Programmwahl für die nächste Sitzung
5.3 Auflösung der Gruppensitzung	Beenden der Sitzung	Verabschieden und Verlassen der Sitzung

Mit dieser Intervention stoppt der Leiter die beginnende Fallbearbeitung und weist darauf hin, daß in dieser Erzählung die Schilderung der Interaktion zwischen Professional und Klient noch fehlt. Beiträge des Leiters, die nicht von der Gruppe übernommen werden können, sind v. a. im letzten Drittel der Bearbeitungsphase zu finden. Er spricht hier von der Position des „Fachmanns für Psychodynamik" und für die „Dynamik von Gruppen" aus.

Ein Beispiel für eine solche Intervention ist das „Zusammenfassen der ausgehandelten Problematik der Erzählung" in Phase 4.4 des Ablaufs, in der es darum geht, die Bedeutung des Erlebnisses des Erzählers für diesen selbst und für das professionelle Handeln der Teilnehmer zu klären (Rappe-Giesecke 1983b, S. 85):

Leiter 2   Sicher haben Sie [der vortragende Arzt] es versucht/und wie gesagt/wir hätten alle Mühe ge-
habt/aber Sie haben es auch *verstanden*/und das ist für uns glaub ich wichtig jetzt hier (.)
daß wir Dinge verstehen/*Wissen* aber irgendwie nicht so verwenden können/wenn das so
eng mit unseren Gefühlen zu tun hat (.) Sie [Arzt] waren ihm [dem Patienten] *sehr* nahe (–)
und trotzdem haben Sie immer versucht/etwas Distanz von diesem Clinch durch tangentia-
les Rezept zu finden (,) tangentiale Flucht (.) [Auslassung] und vielleicht können wir das
noch sagen/daß in diesen mhm Situationen/und die sind gar nicht so selten (,) wir am besten
tatsächlich durch den Körperkontakt weiterkommen (,) hier heißt untersuchen durch die
Hand/nicht durch Maschinen/für den Patienten sehr viel/und wenn wir während der Untersuchung *etwas* vielleicht noch sagen nicht wahr (')[Auslassung] ich meine die Körperlich-
keit der Patienten ansprechen gleichzeitig [Auslassung] aber ich glaube mhm da passiert et-
was/das wir zu wenig vielleicht berücksichtigen gerade bei einer so ausgesprochenen Kör-
persprache wie bei dieser des Patienten (,)

Die verschiedenen Typen von Leiteräußerungen habe ich schon im Abschn. 3.3.2 als wesentliche Aktivitäten des Supervisors beschrieben.[13]

Ich möchte noch kurz einige Erläuterungen zu Tabelle 7 geben. In der 1. Spalte führe ich die schon in Tabelle 6 zitierten kooperativen Probleme auf, denen sich die Beiträge der Rollen in den einzelnen Sequenzen und Phasen zuordnen lassen. In der 2. Spalte folgen die Beiträge der Gruppenmitglieder, die noch einmal differenziert sind in die des Falleinbringers und die der übrigen Gruppenmitglieder. In der 3. Spalte sind die Beiträge des Leiters aufgeführt. Auch diese Tabelle ist in der hier vorliegenden Form noch nicht veröffentlicht worden und ist ebenfalls eine Gemeinschaftsarbeit von M. Giesecke und mir.[14]

Noch eine Bemerkung zur Gliederung innerhalb der Phasen der Tabelle: Die zeitliche Abfolge von Beiträgen wird durch das Höher- oder Tiefersetzen der Beiträge markiert.

---

[13] Beispiele für alle Typen von Leiterbeiträgen finden sich in Giesecke u. Rappe 1982, S. 233 und 272,
und in Rappe-Giesecke 1983b. Eine ausführliche Analyse der Falleinbringung eines Erzählers ist in
Giesecke u. Rappe 1981 und Rappe-Giesecke 1983a und Giesecke und Rappe-Giesecke 1994
(Abschnitt 4.1). Eine Analyse des gesamten Ablaufs einer Sitzung, in der Fallarbeit gemacht wird, hat
Müller 1983 vorgelegt. In dieser Arbeit finden sich auch Hinweise auf den Umgang mit Abweichungen
von dieser Normalform (vgl. dazu auch Abschn. 6.1 und 6.3).

[14] Vgl. die Vorläufer dieser Tabelle in Giesecke u. Rappe 1982, S. 224f., und Giesecke 1983a, S. 32f.

5.2.2 Ablauf der Inszenierung des Falls

In der Fallbearbeitungsphase entwickeln sich häufig, abweichend von der eben beschriebenen Normalform, Interaktionen zwischen den Gruppenmitgliedern, die ich als *Inszenierung des Falls* in der Supervisionsgruppe bezeichnen möchte. In der Literatur zu Supervisions- und Balint-Gruppen wird diese Inszenierung des Falls als *Spiegelphänomen* oder Spiegelungsphänomen beschrieben. Diese Spiegelung baut auf den allgemeinen Fähigkeiten von Systemen, ihre Umwelt zu spiegeln (vgl. dazu Giesecke 1988, S. 94f). auf und wird in der Supervision systematisch genutzt.[15] Bevor ich zur Darstellung meines Inszenierungsmodells komme, möchte ich den Stand der Erkenntnis über dieses zum Grundwissen von Supervisoren und Balint-Gruppenleitern gehörenden Spiegelungsphänomens kommen.

Der Begriff Spiegelungsphänomen hat sich in der Diskussion über psychoanalytisch orientierte Fallarbeit inzwischen eingebürgert, um die Zusammenhänge zwischen dem Fallbericht über eine problematische professionelle Beziehung und dem Geschehen in der Supervisionsgruppe bei der Bearbeitung dieses Falls zu bezeichnen.

Die Aufgabe des Leiters wird darin bestehen, die „Spiegelung zu deuten" und sie so zum Verstehen des Falls zu nutzen. Der Vorteil dieser Spiegelung, so wird hervorgehoben, ist der „erlebensmäßige Zugang zum Fall", die „situative Evidenz", die durch die Identifikation der Gruppenmitglieder mit den Personen des Geschehens geschaffen wird (vgl. dazu Argelander 1973, S. 132, 1972, S. 119; Loch 1975, S. 158).

Im einzelnen unterscheiden sich die Autoren dann in der Beurteilung dessen, was sich wiederholt oder spiegelt. Loch u. a. gehen davon aus, daß sich etwas vom Klienten oder Patienten wiederhole: „die innerseelische Struktur des Patienten" (Loch 1969, S. 148), die „pathogenen Beziehungsmuster des Patienten" (Loch 1979, S. 36). Genannt wird noch die „primäre Konfliktsituation des Patienten" (Pakesch 1973, S. 277) und Heigl-Evers u. Heringer (1970, S. 188) sprechen von den „latenten Konflikten eines Patienten".

Eine weitere Interpretation der Spiegelung ist die, daß sich die Arzt-Patient- bzw. die Professional-Klient-Beziehung in der Balint- bzw. Supervisionsgruppe wiederholt. Luban-Plozza (1974, S. 18) spricht von den „Beziehungsformen und -mustern der Arzt-Patient-Beziehung" und Loch (1969, S. 153) von der „Struktur und der emotionalen Dynamik der Arzt-Patient-Beziehung". Argelander (1973, S. 132) nennt die „unbewußten seelischen Prozesse der Arzt-Patient-Beziehung" und Dantlgraber (1977, S. 257) die dem Arzt „unbewußt gebliebenen Übertragungsangebote des Patienten".

Neben dem Begriff „Spiegelungsphänomen" findet man noch andere Bezeichnungen, die aus anderen Relevanzsystemen wie der Physik als Analogie übernommen wurden, um die Beziehung zwischen der Falldarstellung und der Fallbearbeitung zu kennzeichnen. Loch (1969, S. 147) übernimmt den Begriff „Prisma-Effekt", um zu beschreiben, daß der Fall durch die Voten der Teilnehmer wie in einem Prisma zerlegt wird. Das „Konzept der Resonanz" wird von Searles (1955) und von Foulkes (1974, S. 31) verwendet. Einen Vergleich zur Traumdeutung in der psychoanalytischen Einzeltherapie zieht Loch (1969, S. 147), er vergleicht die Erzählung des Arztes mit der „Traumerzählung" und die Bearbeitung der Erzählung mit der Rekonstruktion von „latenten Traumgedanken". Die gleiche Analogie findet man bei Balint. Die Erzählung ist für ihn der „manifeste Trauminhalt" und die Beiträge der Gruppe die „freien Assoziationen", in denen sich die „den Traum gestaltenden dynamischen Faktoren externalisieren" (Balint 1976, S. 401).

---

[15] Bei der Darstellung der Aktivitäten des Leiters in Abschn. 3.3.2 habe ich bereits darauf hingewiesen, daß es zu den wesentlichen Aufgaben des Leiters gehört, diese Spiegelungen zu erkennen und zu deuten (vgl. S. 61.)

In klassischen Balint-Gruppen arbeitet man mit der Spiegelung psychischer Strukturen des Umweltsystems: Professional-Klient-Beziehung *in den Balint-Gruppen.* Beide Systeme emergieren als Interaktionssysteme und ihre Mitglieder als psychische Systeme. Es gibt allerdings verschiedene Auffassungen darüber, wieviele Typen von psychischen Systemen man annehmen sollte, die sich ineinander spiegeln können: Personalsysteme in Personalsystemen, dyadische Systeme in dyadischen Systemen oder Kleingruppen in Kleingruppen (Rappe-Giesecke 1989, S. 85).

Diese verschiedenen Auffassungen werden in der Auflistung der Definitionen deutlich. Es gibt noch eine weitere zentrale Annahme über Spiegelungsphänomene in Balint-Gruppen:

In der klassischen Balint-Gruppenarbeit gibt es nur einen Spiegel – die Balint-Gruppe – der Fall ist lediglich das gespiegelte Objekt. Man reduziert die prinzipiell viel komplexeren Beziehungen zwischen zwei Systemen auf eine lineare Verbindung . . .
Sicher wissen die Gruppenleiter um die zirkuläre Beziehung zwischen Fall und Gruppe: Die Gruppendynamik beeinflußt die Fallauswahl, und die Bearbeitung des Falls in der Gruppe vermittels der Spiegelung und ihrer Deutung beeinflußt wiederum die Gruppendynamik usw. Da man aber nur den Fall und nicht die Gruppe zum Thema machen will, geht man weiterhin von der „Ein-Spiegel-Theorie" aus. Kutter versucht, diese wechselseitige Beziehung zwischen Fall und Gruppe zu beachten, er spricht vom „umgekehrten Spiegelphänomen", wenn der Fall das Geschehen der Gruppe spiegelt, schränkt aber wieder dann ein, daß dies Phänomen wohl als Symptom dafür anzusehen sei, daß es sich nicht mehr um klassische Balint-Gruppenarbeit handelt, und bestätigt damit die für diese Methode typische Komplexitätsreduktion (Rappe-Giesecke 1989, S. 86f.).[16]

Aus kommunikationswissenschaftlicher Sicht gesehen sind Spiegelungen:

. . . Repräsentationen des Umweltsystems im Bezugssystem. Während durch die Erzählung interaktive Ereignisse oder, man könnte auch sagen, Phänomene repräsentiert werden, werden durch Spiegelungen Strukturen des Umweltsystems repräsentiert, die diesem selbst nicht reflexiv verfügbar sind. Durch Spiegelungen werden die Strukturen des Bezugssystems zeitweilig suspendiert, und es werden an ihre Stelle die Strukturen des Umweltsystems gesetzt (Rappe-Giesecke 1989, S. 88).

Ich schließe mich an die Auffassung der Balint-Gruppenleiter an, daß sich – in meiner Terminologie umformuliert – Strukturen psychischer Systeme spiegeln, wenn man Fallbearbeitung in Anlehnung an Balint in Supervisionsgruppen betreibt. Man kommt dann zu folgender Definition:

Spiegelungsphänomene klassischer Art sind also Repräsentationen von Strukturen psychischer Systeme – als die die Professional-Klient-Beziehung aufgefaßt wird – im System Balint-Gruppe, das sich ebenfalls als ein psychisches System typisiert (oder als eine Anzahl von psychischen Systemen) (Rappe-Giesecke 1989, S. 90).

Die Spiegelung dieser fokussierten Umwelt in der Supervisionsgruppe wird nun vom System in selbstregulativer Weise genutzt, um Krisen, die bei der Bearbeitung dieser Beziehung auftreten, zu lösen. Krisen in der Fallbearbeitungsphase werden dadurch gelöst, daß sich die Supervisionsgruppe selbst thematisiert, insoweit sie den fokussierten Teil ihrer Umwelt, die Professional-Klient-Beziehung spiegelt.

Was sich spiegelt und was im Rahmen des Inszenierungsmodells bearbeitet wird, ist das der professionellen Beziehung zugrundeliegende unbewußte Beziehungsmuster mit

---

[16] Vgl. Kutter et al. 1977, S. 36f., und Kutter 1981, S. 107.

seinen komplementären Positionen, den dazugehörenden Affekten, Phantasien und Problemen. Wobei die Wiederholung der Position des Musters meist spiegelverkehrt stattfindet: Der Falleinbringer übernimmt meist die Position seines Klienten und die Gruppenmitglieder seine Position. Die verschiedenen Aspekte des psychischen Geschehens der beiden Interaktionspartner können auch von mehreren Personen verkörpert werden. Die Beziehungsmuster, die man rekonstruiert, hängen von der psychologischen Theorie ab, der der Supervisor anhängt. In diesem an der Psychoanalyse orientierten Supervisionsmodell dienen die für die frühkindliche Sozialisation typischen Entwicklungsphasen und ihre charakteristischen Muster als Grundlage für die Typisierung der Beziehungen. Bleibt man auf der eher manifesten denn unbewußten Ebene der Spiegelung, kann man auch Muster aus der sekundären Sozialisation wie Lehrer-Schüler, Vorgesetzter-Untergebener etc. zur Interpretation heranziehen.

Unter welchen Bedingungen kann sich ein Beziehungsmuster einer Professional-Klient-Beziehung in der Supervisionsgruppe spiegeln? Die erste Bedingung ist, daß bereits ein Fall eingebracht worden ist und daß sich die Gruppe in der Phase der Fallbearbeitung befindet (Phase 4 des Ablaufschemas). Wenn es nun bei der Bearbeitung zu Schwierigkeiten kommt, die sich darin äußern, daß die Arbeitsaufgaben wie „Rekonstruktion des Erlebens" (Sequenz 4.2) nicht von der Gruppe bewältigt werden können, dann kann man davon ausgehen, daß sich eine Inszenierung entwickeln wird. Diese Schwierigkeiten können sich so manifestieren: Es finden Abweichungen von der Normalform statt, die Gruppe spricht über abweichende Themen, es stellen sich auffällige Beziehungen zwischen den Gruppenmitgliedern her oder die Gruppe schafft den Übergang von einer Sequenz zur nächsten nicht, meist ist es der Übergang von 4.1 zu 4.2. Auch Regulationsversuche des Supervisors, der auf die anstehenden Aufgaben hinweist, scheitern, so daß die Abweichungen nicht korrigiert werden können und die Gruppe nicht zur Arbeit nach der Normalform zurückkehren kann.[17] Diese Abweichungen kann man als Versuch der Gruppe verstehen, die Probleme in selbstregulativer Weise zu lösen: Was sie nicht durch sprachlich-begriffliche Verständigung erreichen kann, nämlich die Rekonstruktion der Beziehung zwischen Professional und Klient in ihren emotionalen und unbewußten Aspekten, versucht sie durch die „Inszenierung des Falls", sie spielt den Fall mit verteilten Rollen durch. Die Inszenierung des Falls wird aber nicht etwa bewußt eingeleitet, sondern setzt sich „hinter dem Rücken" der Beteiligten durch, ihre Identifikation mit den Personen des Geschehens bleibt ihnen zunächst unbewußt. Diese Selbstregulation kann weder durch den Leiter noch durch ein Mitglied der Gruppe initiiert werden, es handelt sich um eine Systemleistung, an der alle Elemente beteiligt sind.

Noch einmal zusammengefaßt sind die Voraussetzungen für eine Inszenierung des Falls die folgenden:

- Es ist ein Fall eingebracht worden.
- Arbeitsaufgaben der Sequenzen 4.1, 4.2 oder 4.3 können nicht gelöst werden.
- Einfache Formen der Regulation von Abweichungen greifen nicht.
- Die fokussierte Umwelt spiegelt sich in der Supervisionsgruppe.

---

[17] Leiterinterventionen zur Regulation von Abweichungen vgl. in Rappe-Giesecke 1983b, S. 75 und 79–82 und Giesecke und Rappe-Giesecke 1994, Abschn. 6.1: Die Aufgaben des Leiters.

Sind die Ursachen für die Krise mit Hilfe der Inszenierung bearbeitet worden, kann die Gruppe an der Stelle des Ablaufschemas wieder weiterarbeiten, an der es zu Abweichungen gekommen ist, und die weiteren Sequenzen nacheinander durchlaufen.

Nun gibt es neben dieser klassischen Spiegelung noch einen *zweiten Typus* von Spiegelung, der in der an Balint orientierten Fallarbeit meist unbeachtet bleibt: die *Spiegelung sozialer Strukturen* der Professional-Klient-Beziehung (vgl. dazu Rappe-Giesecke 1989). Daß diese Spiegelung nicht beachtet wird, hängt von der für Balint-Gruppen typischen Komplexitätsreduktion ab: Sie verstehen sich als Gruppen, als psychische Systeme oder höchstens einfache Sozialsysteme und nicht als organisierte Sozialsysteme, wie das bei diesem Supervisionsmodell der Fall ist (diese Selbsttypisierung und ihre Folgen habe ich 1988b beschrieben). Da das gesetzte Ziel der Arbeit die Veränderung von Strukturen psychischer Systeme ist, vernachlässigen sie, daß die psychischen Systeme Professional und Klient gleichzeitig auch Teile organisierter Sozialsysteme sind. In diesem Supervisionsmodell wird mit der Spiegelung sozialer Strukturen gearbeitet, wenn im Programm Fallarbeit das Setting der professionellen Beziehung, also seine sozialen Strukturen äußerst problematisch sind und neben der Psychodynamik einen wesentlichen Anteil am Fallproblem haben, und wenn sie sich zweitens bereits in der Supervision spiegeln.[18] Im Programm Institutionsanalyse wird systematisch mit der Spiegelung der Strukturen des Sozialsystems Team in der Supervision gearbeitet. In diesem Zusammenhang werde ich auch noch einmal auf die Spezifik des zweiten Spiegelungstypus in Abschn. 5.4.1 näher eingehen.

Das Modell des Ablaufs der Inszenierung habe ich aus den Transkriptionen von Sitzungen mehrerer Supervisions- und Balint-Gruppen rekonstruiert.[19] Es beansprucht Gültigkeit für alle psychoanalytisch orientierten Fallsupervisionen, die nach der Normalform der Fallarbeit verlaufen. Man kann die Inszenierung wie die Fallarbeit als eine Aufeinanderfolge von Phasen und Sequenzen, die durch Arbeitsaufgaben gekennzeichnet sind, beschreiben. Ich möchte dies zunächst in Form einer Skizzierung der Phasen tun und dann in Form einer Tabelle, die die dynamische Dimension der Inszenierung und deren kooperative Struktur enthalten. Es handelt sich um fünf Phasen des Ablaufs, zu deren Benennung ich Kurzcharakterisierungen gefunden habe, die als Überschriften in der nun folgenden Beschreibung und in den Tabellen wieder auftauchen. Bis auf die Phase 3 „Reflexion der Inszenierung" gleichen sich die Phasen der Arbeit mit Spiegelungsphänomenen klassischer Art und Spiegelungen der sozialen Struktur. Ich werde dies an entsprechender Stelle anmerken.

---

[18] An einer Balint-Gruppensitzung habe ich untersucht, wie sich neben der klassischen Spiegelung auch die Spiegelung der sozialen Strukturen unbeachtet entwickelte. Man kann dort sehr schön sehen, wieviel eine Arbeit mit der zweiten Spiegelung zum Verstehen des Falls genutzt hätte. Vgl. Giesecke und Rappe-Giesecke 1994, Abschn. 6.3: Die Inszenierung des Falls.

[19] Mein Datenmaterial bestand aus mehreren Sitzungen der Balint-Gruppe Daume mit Lehrsupervisoren (vgl. Preprint 1 und 2 des Forschungsprojekts in Kassel), aus mehreren Sitzungen einer Fallsupervision mit dem therapeutischen Team einer Klinik für Suchterkrankungen (vgl. Preprint 3 und 11) und einer Supervision mit in Ausbildung befindlichen Supervisoren (Preprint 4), mehreren Supervisionssitzungen einer Gruppe für Berater nach dem Konzept von Argelander (Preprint 10) und verschiedenen Gruppen mit Psychiatern. Diese Sitzungen wurden transkribiert, aber nicht veröffentlicht.

0. Phase: **Präsentation des Falls**

Damit sich in der Supervisionsgruppe etwas spiegeln kann, d.h. erneut zeigen kann, muß dasjenige, von dem die Spiegelung ein Abbild darstellt, zunächst in irgendeiner Form präsentiert werden. In Supervisionsgruppen geschieht dies in Form einer Erzählung über eine als problematisch erlebte Beziehung zwischen einem Professional und seinem Klienten. In dieser Erzählung wird die Situation, das Setting, der Ablauf der Interaktion, das Erleben und Verhalten der Beteiligten mehr oder weniger vollständig geschildert. Bei dieser Schilderung teilen sich den Zuhörern die Gefühle, Phantasien und Irritationen des Erzählers unwillkürlich mit, auch wenn er sie nicht sprachlich-begrifflich präsentieren kann. Ist die Erzählung soweit vervollständigt, daß sich die Zuhörer ein Bild von der Situation machen können, beginnt die Bearbeitung der Erzählung, die zum Ziel hat, das Problem des Erzählers zu verstehen.

1. Phase: **Inszenierung des Falls**

Die Gruppe versucht, das Problem des Erzählers zu rekonstruieren. Bei der Bearbeitung des Geschehens tauchen aber Schwierigkeiten auf, z.B. kann der Erzähler Fragen der Gruppe nach dem Ablauf der Interaktion oder nach seinen Gefühlen nicht beantworten. Oder es gibt Verständigungsprobleme zwischen den Gruppenmitgliedern: Man weicht vom Thema ab, und es entsteht der Eindruck, daß „irgend etwas nicht stimmt". Indikator dafür, daß etwas „nicht stimmt", können für den mit dieser Sichtweise vertrauten Gruppenleiter sein, daß es zu Abweichungen von der Normalform in den ersten Sequenzen der Bearbeitungsphase kommt. So kann meist die „Rekonstruktion des Erlebens des Erzählers und der Figuren der Erzählung" (4.2) nicht gelöst werden. Die Gefühle und Irritationen, die der Erzähler nicht benennen konnte, können auch von den Gruppenmitgliedern nicht formuliert werden, weil sie bereits mit den Beteiligten identifiziert sind. Diese Identifizierungen setzen sich – für die Beteiligten selbst – unmerklich durch und bestimmen von nun an das Gruppengeschehen. Die Gruppe ist meist in zwei Lager geteilt, das der Inszenierenden und dasjenige der Beobachter des Geschehens, die aufgrund eigener psychischer Besonderheiten sich nicht mit einer Person identifizieren konnten. Oft ist es auch für die Beobachter nicht erkennbar, daß es sich um eine Inszenierung des Falls handelt, sie merken jedoch, daß etwas Auffälliges vor sich geht. Das Erkennen von Spiegelungen erfordert eine längere Gruppenerfahrung und eine Vertrautheit mit dem psychoanalytischen Denken.

2. Phase: **Stoppen der Inszenierung**

Die Inszenierung des Falls wird vom Leiter oder von einem Gruppenmitglied, das zur Gruppe der Beobachter gehört, gestoppt. Die Beobachter äußern sich meist so: „Hier sei doch etwas komisch, man solle doch mal gucken, was hier gespielt würde." Diese Äußerungen haben die Funktion, von der Phase der Inszenierung zur Reflexion dieser Inszenierung umzuschalten. Sie machen außerdem deutlich, daß die vergangene Interaktion als auffällig und abweichend empfunden worden ist. Oft enthalten die Aufforderungen des Leiters, die Inszenierung zu stoppen, auch schon Hinweise darauf, was inszeniert worden ist: „Jetzt müssen wir aber aufpassen, daß wir hier den Herrn X nicht genauso unterbrechen, wie es dort geschehen ist." Oft gelingt es den „Spielern" nicht, die Inszenierung zu unterbrechen und sich selbstreflexiv zu ihrer Rolle zu verhalten, dann muß das Stoppen der Inszenierung noch mehrmals wiederholt werden. Es kann auch zu Diskussionen zwischen Spielern und Beobachtern darüber kommen, ob die vergangene Interaktion nun als abweichend zu bewerten sei oder nicht. Für die Spieler ist es recht schwer, sich von der Position, die sie übernommen haben, zu distanzieren, weil dies für sie unmerklich war und auch mit emotionalem Engagement verbunden war.

3. Phase: *Reflexion der Inszenierung*

Nun geht es darum, den Zusammenhang zwischen den vorangegangenen Interaktionssequenzen und dem Fall zu verstehen. Die an der Inszenierung beteiligten Gruppenmitglieder schildern ihr Erleben in der Position, die sie gespielt haben, und ihr Erleben der jeweils anderen Spieler. Die Beobachter bewerten und beschreiben den Ablauf der Interaktion. Der Leiter hat jetzt die Aufgabe, eine Beziehung zwischen Fall und Inszenierung herzustellen, indem er das beiden Interaktionen zugrundeliegende Beziehungsmuster typisiert. Er zeigt die komplementären Positionen des Musters, verweist auf die Gefühle, die man mit Hilfe der Spieler rekonstruiert hat, und typisiert das Problem, das strukturell zu diesem Muster gehört. Man kann sagen, daß damit die Arbeitsaufgabe „Typisierung des Problems" (Sequenz 4.3 der Normalform der Fallarbeit) gelöst ist, das Problem der Erzählung wurde verstanden und typisiert.

Spiegelt sich neben dem Beziehungsmuster auch die soziale Struktur, das Setting der Professional-Klient-Beziehung in den Strukturen des Supervisionssystems, dann wird der Leiter an dieser Stelle einen Strukturvergleich vornehmen, also die Spiegelung des zweiten Typs interpretieren. Er benutzt dabei das systemtheoretische Relevanzsystem und zeigt, wie die für die Supervision typischen Rollen, Asymmetrien, Aufgaben und Ziele des Systems durch diejenigen des Professional-Klient-Systems überlagert wurden, welche Schwierigkeiten diese Modifikation mit sich gebracht hat und was diese rekonstruierten Besonderheiten und ihre Folgen für das Professional-Klient-System bedeuten.

4. Phase: *Programmwechsel* – *Umschalten auf Fallarbeit*

Nach dieser zusammenfassenden Interpretation der Inszenierung und ggf. einer Diskussion darüber kann die Gruppe zur Arbeit nach der Normalform zurückkehren. Der Abschluß dieses Schemas wird mehr oder weniger explizit ratifiziert, und es wird meist auf Sequenz 4.4 „Rekonstruktion der Bedeutung des Problems a) für den Erzähler selbst und b) für die professionelle Praxis der Gruppenmitglieder" oder auf Sequenz 4.5 „Selbstreflexion des Sitzungsablaufs" zurückgeschaltet. Bei der Bearbeitung der Sequenz 4.4 kann man auf die Inszenierung zurückgreifen und die unterschiedlichen Reaktionen der einzelnen „Spieler" miteinander kontrastieren und ihre Spezifik und auch ihre Folgen für die professionelle Interaktion herausarbeiten. Man kann z.B. fragen, was es für den Erzähler bedeutet, daß er sich mit dieser Haltung seines Klienten identifiziert hat, und was es für ihn bedeutet, daß ein Gruppenmitglied in seiner Position ganz andere Dinge wahrgenommen hat.

Tabelle 8 gibt eine Übersicht über die Strukturen der dynamischen Dimension von Inszenierungen. In der 1. Spalte wird die Kurzbezeichnung der jeweiligen Phase notiert, in der 2. Spalte werden wie bei der Normalform der Fallarbeit die kooperativen Probleme, in der dritten die kommunikativen Probleme und in der letzten die interaktiven Probleme charakterisiert. Tabelle 9 differenziert die kooperative Struktur der dynamischen Dimension von Inszenierungen weiter aus. Auch hier werden zur besseren Orientierung in der 1. Spalte die Kurzbezeichnungen der Phasen wiederholt. Aus Platzgründen konnte ich die kooperativen Probleme, zu denen nun die Beiträge der Elemente des Systems folgen,

Tabelle 8. Übersicht über die Strukturen der dynamischen Dimension von Inszenierungen. *G* Gruppe, *Erz* Erzähler, *GM* Gruppenmitglied(er)

Phase	Kooperative Probleme	Kommunikative Probleme	Interaktive Probleme
Präsentation des Falls (0. Phase)	Herstellen eines kollektiven Phantasmas über einen Ausschnitt aus der Biographie/beruflichen Interaktion eines GM	Verständigung über ein biographisches (berufsabhängiges) Problem eines GM, welches dieses beschäftigt und von ihm nicht verarbeitet werden konnte	Herstellen der für das Erzählen typischen verschiedenen (asymmetrischen) komplementären Interaktionsbeziehungen
1. Inszenierung des Falls	Rekonstruktion des Verhaltens und Erlebens der Figuren der Erzählung durch den Spielern unbewußt bleibendes Nachspielen mit verteilten Rollen	Verständigung zwischen G und Erz über ein nicht sprachlich-begrifflich repräsentierbares Erleben des Erz und das vermutete Erleben des Klienten	Differenzierung der G in „Spieler" mit erlebender und „Beobachter" mit betrachtend bewertender Perspektive auf das Gruppengeschehen. Herstellen von asymmetrischen/komplementären Beziehungen zwischen den Spielern, die typisch für die erzählte Professional-Klient-Interaktion sind
2. Stoppen der Inszenierung	Einigung über den Abschluß/Abbruch der Inszenierung und Einigung darüber, daß es sich bei der vergangenen Interaktion um eine Inszenierung gehandelt hat	Verständigung über die aktuelle Gruppensituation unter selbstreflexiver Perspektive	Konstituierung einer Asymmetrie zwischen Spielern und Beobachtern der Inszenierung
3. Reflexion der Inszenierung	Rekonstruktion des Zusammenhangs zwischen Inszenierung und Fall. Herausarbeiten a) des beiden zugrundeliegenden Beziehungsmusters, b) der identischen sozialen Strukturen	Weiterverarbeitung der aus der Inszenierung gewonnenen informativen Daten in einem anderen Relevanzsystem: a) dem psychoanalytischen und b) dem systemtheoretischen	Reduktion der Asymmetrie zwischen Spielern und Beobachtern durch die Reflexion der gespielten Rolle und das Mitteilen von Beobachtungen
4. Programmwechsel: Umschalten auf Fallarbeit	Einigung über den Abschluß der Inszenierung und die Rückkehr zur Fallarbeit	Verständigung über den Wechsel der Programme, die Selbstregulation des Ablaufs	Herstellen der für die Selbstregulation typischen Beziehungen und danach der für die Fallbearbeitung typischen Asymmetrien

Tabelle 9. Die kooperative Struktur der dynamischen Dimension von Inszenierungen. *G* Gruppe, *Erz* Erzähler

Phase	Beiträge des Erzählers	Beiträge der Gruppe	Beiträge des Leiters
Präsentation des Falls (0. Phase)	Abwicklung des Erzählschemas	Zuhören, Rezeptionssignale geben, kurze Nachfragen stellen	
1. Inszenierung des Falls	Rolle aus der erzählten Interaktion spielen (meist spiegelverkehrt den Klienten)	Rolle aus dem erzählten Geschehen spielen (Erz, Klient, andere Personen), Interaktion in der G beobachten	Interaktion in der G beobachten. Aufmerksamkeit auf strukturelle Ähnlichkeiten zwischen Inszenierung und Fall richten
2. Stoppen der Inszenierung	Verständigung darüber, daß der Fall inszeniert wurde und daß man die vergangene Interaktion als Spiegelung des Falls in der G auffassen kann. Anhalten der Inszenierung	Umschalten von der Inszenierung auf die Reflexion der Inszenierung	
3. Reflexion der Inszenierung	Spieler: Darstellen von eigenem Erleben in der Rolle X und der Wahrnehmung der anderen Spieler aus dieser Position heraus	Beobachter: Wahrnehmung der Spieler Interpretation von deren Verhalten, Assoziieren, Probeidentifikationen	Schildern von Beobachtungen
	Aufzeigen von Parallelen zwischen dem Fall und dem Gruppengeschehen		Typisieren a) des Beziehungsmusters, das beiden Interaktionen zugrunde lag, mit Hilfe des psychoanalytischen Relevanzsystems und b) der sozialen Strukturen beider Systeme mit Hilfe des systemtheoretischen Relevanzsystems
4. Programmwechsel: Umschalten auf Fallarbeit	Ratifizieren des Programmwechsels	Ratifizieren des Programmwechsels	Initiieren des Programmwechsels: Der Rückkehr zu Phase 4.4 oder 4.5 der Fallarbeit. Überprüfung der Ratifizierung und Umschalten

nicht aufnehmen. Ich unterscheide hier zwischen den Beiträgen des Erzählers (2. Spalte), denen der Gruppenmitglieder (3. Spalte) und denen des Leiters (4. Spalte). Nicht in jeder Phase haben die Elemente unterschiedliche Aufgaben, so sind in der ersten Phase die Beiträge des Leiters und der Gruppenmitglieder identisch, in der 3. Phase im ersten Teil die Beiträge des Erzählers und der Gruppenmitglieder, die sich an der Inszenierung des Falls beteiligt haben, ebenfalls. Innerhalb der Beiträge der Gruppe gibt es in der 1., 2. und 3. Phase die Unterteilung in Spieler und Beobachter, die am Ende der 3. Phase wieder aufgehoben wird. In Phase 3 wird in beiden Tabellen zwischen der Reflexion über die Spiegelung des Beziehungsmusters und der sozialen Struktur, des Settings der Professional-Klient-Beziehung unterschieden.

Auch von dieser Normalform wird bei jeder Inszenierung des Falls in einer für die Gruppensituation charakteristischen Weise abgewichen werden. Häufig kommt es vor, daß von der Inszenierung nicht zur Reflexion umgeschaltet werden kann, daß die Gruppe die Versuche, die Inszenierung zu stoppen, „überhört" und die Inszenierung fortsetzt. In den meisten Fällen wird es ausreichen, diese Abweichungen durch Hinweis auf die anstehenden Arbeitsaufgaben zu korrigieren. Es kann aber auch vorkommen, daß sich die Inszenierung scheinbar verselbständigt und nicht mehr für die Bearbeitung des Falls genutzt werden kann. Dann hat man es vermutlich mit einem gruppendynamischen Problem zu tun, das sich vermittelt über die Inszenierung äußert. Der Fall stellt ja immer eine indirekte Thematisierung des Problems und des Standes der Entwicklung der Supervisionsgruppe dar. Vermittelt über die Bearbeitung des Fallproblems erfährt die Gruppe auch etwas über ihren eigenen Gruppenprozeß. Handelt es sich um ein für die Gruppe recht prekäres Problem, das der Fall indirekt anspricht, dann kann durch das Nachspielen der Positionen, was auch ein Nachspielen der eigenen Positionen ist, wenn auch ein zweimal modifiziertes, sich die Inszenierung verselbständigen, und die Inszenierung kann dann nicht mehr in „den Dienst der Fallarbeit" treten. In einem solchen Fall müßte erwogen werden, zum Programm Selbstthematisierung umzuschalten und dort das Problem der Gruppe direkt zu thematisieren. Indikatoren für Krisen dieser Art sind Abweichungen vom Inszenierungsmodell, die sich nicht durch einfache Regulationsversuche korrigieren lassen, und die Feststellung, daß die Inszenierung nicht mehr ihre Funktion für die Fallarbeit erfüllen kann.

5.3 Normalform des Ablaufs der Selbstthematisierung

Dieses Ablaufmuster umfaßt den zeitlichen Rahmen einer Gruppensitzung. Anders als die Fallarbeit beginnt es jedoch nicht immer am Anfang einer Gruppensitzung, sondern es kann auch im Laufe der Sitzung auf dieses Programm umgeschaltet werden. Einige Bemerkungen zu dieser besonderen Einbettung des Programms in den Gruppenprozeß: Die Gruppe kann sich im Rahmen der Fallarbeit oder der Institutionsanalyse einigen, daß man ein entstandenes Problem, das nur angedeutet und aufgrund des zeitlichen Ablaufs nicht mehr bearbeitet werden konnte, in der nachfolgenden Sitzung im Rahmen der Selbstthematisierung bearbeiten will. Die erste Phase des Ablaufs: „Programmwechsel" findet also schon in dieser Sitzung statt und müßte in der dann folgenden nur noch einmal kurz durchlaufen werden in dem Sinne, daß die Ratifizierung des Programmwechsels noch einmal überprüft wird. Häufig wird aber auch schon zu Beginn der Fallarbeit oder

der Institutionsanalyse deutlich werden, daß die Gruppe nicht in der Lage ist, in diesem vereinbarten Programm zu arbeiten, und es wird ein Programmwechsel in der laufenden Sitzung nötig werden. Stellen in der Fallarbeit, an denen ein solcher Programmwechsel noch möglich ist, sind der Übergang von der Vorphase zur Aushandlung des Falls, krisenhafte Situationen in der Aushandlungsphase und der Übergang von der Aushandlungs- zur Falleinbringungsphase. Dies sind „Schaltstellen" innerhalb der Fallarbeit, an denen entweder zur nächsten Phase des Programms oder zum Programm Selbstthematisierung umgeschaltet werden kann (zu den Schaltstellen vgl. Rappe-Giesecke 1983b, S. 76, und Abschn. 6.2 dieser Arbeit). Innerhalb der Institutionsanalyse gibt es keine solchen Schaltstellen, es ist prinzipiell an jeder Stelle des Ablaufs möglich, zur Selbstthematisierung umzuschalten, wenn es sich zeigt, daß das behandelte Problem zunächst durch Selbstthematisierung geklärt werden muß, bevor man sich an die Analyse der rationalen und funktionalen Aspekte des Problems machen kann. Diese Besonderheit hängt u. a. damit zusammen, daß die Institutionsanalyse nicht auf eine Sitzung hin konzipiert ist, sondern den zeitlichen Rahmen von mehreren Sitzungen umfassen kann.[20]

Da also der Beginn der Arbeit in diesem Programm nicht notwendig mit dem Beginn einer Sitzung zusammenfallen muß, gibt es auch nicht wie bei der Fallarbeit immer eine Vorphase (Sequenz 1.1, 1.2 und der erste Teil der Sequenz 1.3), in der sich die Gruppe konstituiert, man die Zusammensetzung der Gruppe klärt und die Rahmenbedingungen der nächsten Gruppensitzungen bespricht. Die „Vorphase 0" mit den Sequenzen 0.1 „Konstitution der Gruppe", 0.2 „Klärung der (voraussichtlichen) Zusammensetzung der anstehenden Gruppensitzung" und 0.3 „Klärung von organisatorischen Fragen des zukünftigen Gruppenprozesses" ist hier fakultativ.

Üblicherweise kann man davon ausgehen, daß die Selbstthematisierung in einer Sitzung abgeschlossen werden kann. Ist dies nicht der Fall, wird man sich in der Abschlußphase (Phase 8 „Programmwechsel") darauf einigen, in der nächsten Sitzung noch einmal in diesem Programm zu arbeiten. Soviel zum Anschluß dieses Teilsystems an die anderen Elemente des Gruppenprozesses.

Man kann den Ablauf der Selbstthematisierung in neun Phasen unterteilen.[21] Ich möchte diese Phasen zunächst in weniger formalisierter Weise beschreiben und sie dann in Form von Tabellen charakterisieren.

1. Phase: *Programmwechsel*

In der ersten Phase findet eine Einigung über den Wechsel von der Fallarbeit oder der Institutionsanalyse zu diesem Programm statt. Vorausgegangen sein müssen Abweichungen von der Normalform dieser Programme, die nicht durch Regulationen korrigiert werden konnten. In dieser krisenhaften Situation tritt der Supervisor als Repräsentant des Sy-

---

[20] Zu den Bedingungen des Umschaltens von der Institutionsanalyse zur Selbstthematisierung vgl. ebenfalls Abschn. 6.2 dieser Arbeit.

[21] Dieses Ablaufschema habe ich in vorläufiger Form in Rappe-Giesecke 1986 beschrieben. Ich nannte es damals noch „Gruppendynamikschema", eine Begriffswahl, die zu Mißverständnissen Anlaß gab und die ich verändert habe. Das Schema enthielt damals nur fünf Phasen. Durch den Einbau in dieses Supervisionsmodell sind Phasen hinzugekommen, in denen der Anschluß an die anderen Elemente des Systems geregelt wird. Außerdem hat die Selbstthematisierung hier nicht nur eine Funktion für die Fallarbeit, sondern auch für die Institutionsanalyse. Vgl. dazu auch Giesecke und Rappe-Giesecke (1994, Abschn. 6.2: Das Programm Selbstthematisierung).

stems auf, er steigt aus dem laufenden Programm aus und fordert die Gruppe auf, das gleiche zu tun.

Ein Beispiel: In dem folgenden Transkriptionsausschnitt fordert der Leiter die Gruppe zunächst auf, einen Falleinbringer auszuhandeln. Die Gruppe schweigt einige Zeit. Der Leiter unterbricht das Schweigen und bietet der Gruppe an, die Schwierigkeiten zu thematisieren, die es verhindern, daß mit der Fallarbeit begonnen werden kann.

Leiter 1   ja (,) . . (leise) was wollen wir dann (') (Räuspern)
            (Pause)
            tja, zu irgendwas werden wir uns entschließen müssen (,) . . . wenn wir nichts anderes haben/dann sollten wir darüber sprechen/was wir für Schwierigkeiten (.) haben (,) (Rappe-Giesecke 1983b, S. 80)

Es findet eine Verständigung darüber statt, daß es sich bei der vergangenen Interaktion um Abweichungen handelt und daß die Gründe für die Unkorrigierbarkeit dieser Abweichungen in einem Problem der Gruppe zu suchen sind, das ihre Arbeitsfähigkeit beeinträchtigt. Ist über diese Punkte Einigkeit hergestellt, dann muß die Gruppe die Frage klären, ob es ihr aussichtsreich erscheint, dieses Problem im Rahmen der Fallarbeit als Inszenierung zu bearbeiten oder im Rahmen der Institutionsanalyse im laufenden Programm zu bewältigen, oder ob es aussichtsreicher erscheint, zum Programm Selbstthematisierung umzuschalten. Hat sich die Gruppe für einen Programmwechsel entschieden, ist diese Phase beendet, und man kann zur nächsten innerhalb dieses Programms weitergehen.

2. Phase: *Aushandlungsphase*

In dieser Phase hat die Gruppe die Aufgabe, ein Arbeitsthema, also eine vorläufige Formulierung des Gruppenproblems, zu finden. Dies ist nicht ganz einfach, da diese Reflexion eine Distanzierung von den zuvor eingenommenen Standpunkten und den vorherrschenden Beziehungen voraussetzt. Es wird in der Aushandlungsphase immer wieder Fortsetzungen der konflikthaften Interaktionen geben, die dann vom Leiter gestoppt werden müssen. Gerade an der Auswahl eines „Repräsentanten des Problems" und damit eines Beitrags zur Bearbeitung des Gruppenproblems werden sich erneute Wiederholungen der problematischen Interaktionen festmachen, und die Beziehungen aus dem vorigen Programm werden in dieses interferieren.

Die Notwendigkeit, einen *Repräsentanten des Problems* zu finden und Material zu produzieren, erscheint vielleicht nicht unmittelbar einsichtig, da doch alle Gruppenmitglieder an der problematischen Interaktion beteiligt oder zumindest anwesend waren. Diese Materialproduktion hat die Funktion, einen gemeinsamen Wissensraum zu schaffen, ein „kollektives Phantasma" zu etablieren, auf das alle Gruppenmitglieder referieren können.[22] Die Materialproduktion hat auch die Aufgabe, ein neues System zu etablieren und es von der Arbeit in den kritisch gewordenen Programmen abzugrenzen. Einen Repräsentanten des Problems wählt man aus, weil die Verständigung über die krisenhafte Situation erleichtert wird, wenn eine Sichtweise des Problems erst einmal ausführlich dargestellt worden ist. Ohnehin haben sich meist ein oder mehrere Gruppenmitglieder in

---

[22] Zum Begriff des „kollektiven Phantasmas" vgl. S. 123.

diesem Konflikt schon exponiert und sich zum Repräsentanten des Gruppenproblems gemacht. Ein weiteres Argument für die ausführliche Darstellung einer oder mehrerer Sichtweisen des Problems ist, daß zwar alle Gruppenmitglieder an der krisenhaften Situation teilhatten, aber das Erleben und die Bewertung der anderen von dieser Situation nicht kennen können, da dies im Rahmen der anderen Programme nicht ausführlich thematisiert werden kann. Daß die Gefahr besteht, daß die exponierten Gruppenmitglieder bzw. die Repräsentanten des Problems zum „Problemfall" gemacht werden, ist gegeben. Der Leiter muß durch Hinweise auf die Normalform der Bearbeitung von Gruppenproblemen in diesem Programm verhindern, daß das Gruppenproblem an einem Stellvertreter abgehandelt wird.[23] Im Laufe der Gruppenentwicklung wird sich aber die Normalformerwartung, daß der Repräsentant lediglich eine Vorleistung für die gesamte Gruppe erbringt und daß immer die ganze Gruppe der „Problemträger" ist, durchsetzen.

Diese Phase endet damit, daß genau wie bei der Aushandlung des Falleinbringers die Vertrauensbasis in der Gruppe für die Behandlung dieses Problems, bzw. dort des Falls, geprüft wird. Die Gruppe verdeutlicht noch einmal ihr Interesse an diesem Beitrag und daran, daß sich dieses Gruppenmitglied zum Repräsentanten des Problems erklärt. Der Repräsentant prüft noch einmal für sich, ob er Interesse hat, daß sein Beitrag bearbeitet wird und ob ihm die Interessensbekundungen der Gruppe und sein Vertrauen in sie ausreichend erscheinen, um sich derart zu exponieren. Der Gruppenleiter prüft von der Position des Repräsentanten dieses Teilsystems aus, ob alle Positionen ratifiziert worden sind: das Arbeitsthema, der Problemrepräsentant und sein Beitrag. Ist dies der Fall, so wird zur Materialproduktion umgeschaltet. Ist dies nicht der Fall, fordert er die Gruppe auf, den betreffenden Punkt eindeutig zu ratifizieren oder die Aushandlung zu wiederholen und einen anderen Repräsentanten, ein anderes Arbeitsthema und einen anderen Beitrag auszuwählen.

3. Phase: *Materialproduktion*

Diese Phase ist gekennzeichnet durch ein extensives Rederecht des ausgewählten Problemrepräsentanten. Wie auch der Falleinbringer kann er sein Erleben und seine Bewertungen des Gruppengeschehens eingehend darstellen und Interaktionssituationen, die ihm als konfliktauslösend erscheinen, aus seiner Sicht noch einmal schildern. Im Idealfall wird er eine Erzählung und keine Beschreibung der Vorgänge abliefern.[24] Es wird sicher bei den ersten Sitzungen, in denen nach diesem Programm gearbeitet wird, nötig sein, den Materialproduzenten darauf hinzuweisen, daß es auf die Schilderung seines Erlebens ankommt, und daß er die Vorgänge, obwohl sie allen bekannt sind, aus seiner Perspektive noch einmal schildern soll. Zunächst wird er vermutlich mit Interpretationen des Geschehens und mit Kurzrepräsentationen aufwarten, bei denen er einen bewertenden, distanzierten Standpunkt zum Geschehen einnimmt. Hier ist der Leiter gefragt, mit Hilfe von Nachfragen und Hinweisen die Durchsetzung der „Normalform von Erzählungen" zu un-

---

[23] Ich greife hier auf die in Abschn. 2.2.3 dargestellten Auffassungen zurück, daß Gruppen eine Arbeitsteilung auch im psychischen Sinne haben. Sie sind als ein psychisches System zu betrachten, das eine interne Differenzierung hat. Ein Element allein kann nie Ursache für Störungen im System sein. Zur gruppenanalytischen Sichtweise dieses Problems vgl. Foulkes 1974, S. 31. Er benutzt in diesem Zusammenhang die Begriffe „Polarisierung" und „Gruppenmatrix".

[24] Zur Unterscheidung zwischen Erzählungen und Beschreibungen vgl. Kallmeyer u. Schütze 1977 sowie Giesecke 1979, S. 167ff.

terstützen.[25] Ebenso wird er darauf hinwirken müssen, daß das extensive Rederecht des Materialproduzenten gewährleistet wird. Vermutlich werden andere Gruppenmitglieder, deren Sichtweise sich von der des Materialproduzenten unterscheidet, dazu neigen, mit ihm zu diskutieren und ihre Auffassungen darzustellen. Hier muß der Leiter darauf hinweisen, daß dafür in der nachfolgenden Bearbeitungsphase Platz ist und daß jedes Gruppenmitglied das Recht hat, seine Perspektive darzustellen.

Hat sich die Gruppe auf mehrere Repräsentanten des Gruppenproblems geeinigt, in der Regel werden es zwei Antagonisten sein, aber mehr als drei sollten es nicht sein, dann muß beiden extensives Rederecht eingeräumt werden, und der Leiter muß darauf achten, daß diese beiden Erzähler nicht schon ins Argumentieren kommen und das Rederecht des einen dadurch beschnitten wird.[26]

Am Ende der Materialproduktion initiiert der Leiter, falls es notwendig erscheint und die Gruppe es nicht schon allein tut, den Übergang zur Bearbeitung des Gruppenproblems. Erscheint ihm das vorgebrachte Material zu fragmentarisch, wird er den Materialproduzenten auffordern, fehlende Teile nachzuliefern, ehe man mit der Bearbeitung beginnen kann.

4. Phase: *Problembearbeitung*

Die erste Aufgabe der Gruppe besteht darin, sich über das Erleben und die Bewertungen der Gruppensituation durch den Repräsentanten des Problems zu verständigen. Im zweiten Teil dieser Phase stellen dann alle Gruppenmitglieder, einschließlich des Leiters, ihre Sichtweise des Gruppenproblems und ihr Erleben der kritischen Situation dar. Eine Maxime für die Bearbeitung des Gruppenproblems ist, daß alle Gruppenmitglieder und auch der Leiter am Problem der Gruppe beteiligt sind und daß deshalb alle einen Beitrag zum Gruppenthema bringen können und sollen. Auch diejenigen Gruppenmitglieder, die scheinbar nicht am Konflikt beteiligt sind, haben im Rahmen der unbewußten Gruppendynamik eine Funktion und sind in der Lage, etwas zum Verstehen des Konflikts beizutragen.

In dieser Phase kann es auch zu *Reinszenierungen des Gruppenproblems* kommen: Die Gruppenmitglieder spielen mit verteilten Rollen das problematische Geschehen noch einmal vor. Diese Inszenierung wird sich als Abweichung von der Normalform der Selbstthematisierung manifestieren, die nicht durch einfache Hinweise auf die anstehenden Aufgaben korrigiert werden kann (vgl. Anm. 17, S. 131). So ist es z.B. möglich, daß einige Gruppenmitglieder nicht in der Lage sind oder sich weigern, ihre Sicht des Problems darzustellen und darauf beharren, daß es sich um ein Problem der beiden Repräsentanten handelt. Oder die Gruppe ist nicht in der Lage, das Erleben der Protagonisten nachzuvollziehen, und argumentiert beharrlich mit ihnen über die Unmöglichkeit, die Dinge so zu sehen, wie sie es tun. Wie bei der Inszenierung des Falls muß diese Wiederholung gestoppt werden und als Inszenierung bewertet werden. Mit Hilfe der Spieler und der Beobachter kann man dann die typischen Beziehungsmuster, die der Inszenierung

---

[25] Zur Normalform von Erzählungen vgl. Giesecke u. Rappe 1981 und 1994, Abschn. 4.1, sowie Rappe-Giesecke 1983a und Abschn. 5.2.1, S. 120f.

[26] Ich denke, daß man sowohl zwei Erzählungen aneinanderreihen kann, daß die beiden Repräsentanten aber auch gemeinsam erzählen können. Bei einer gemeinsamen Erzählung ist allerdings die Gefahr gegeben, daß sich Argumentationen zwischen den beiden Materialproduzenten entwickeln statt einer Erzählung. Zur Problematik von gemeinsamen Erzählungen vgl. Quasthoff 1980.

und dem zu bearbeitenden Gruppenproblem zugrunde liegen, rekonstruieren. Der Effekt der Wiederholung des Problems in einem anderen „Setting" als dem, in dem der Konflikt entstanden ist, ist, daß sich eine gewisse Entfremdung und Distanz gegenüber der vergangenen krisenhaften Interaktion in der Gruppe entwickeln kann. Die Beziehungsmuster und Positionen werden als auffällig und befremdlich erlebt, wenn es gelingt, die Inszenierung zu stoppen und zur Selbstreflexion umzuschalten.

Sind mit Hilfe der Inszenierung des Problems und der Beiträge der einzelnen Gruppenmitglieder und des Leiters zur Lösung der Aufgaben die Anteile aller Gruppenmitglieder am Problem rekonstruiert, dann kann man zur nächsten Phase des Ablaufs übergehen. Worauf der Leiter besonders achten sollte, ist, ob sein Beitrag zum Gruppenproblem von der Gruppe eingefordert und rekonstruiert worden ist. Es muß sich im Laufe der Gruppenerfahrung erst die Erwartung stabilisieren, daß er hier auch als ein Element der Gruppe auftritt und als solches auch einen Anteil am Problem hat.[27]

5. Phase: Typisierung des Problems

In der Aushandlungsphase hat man sich ja zu Beginn der Sitzung auf ein Arbeitsthema, eine vorläufige Formulierung des Problems der Gruppe, geeinigt. Nach einer gelungenen Bearbeitungsphase wird die Gruppe in der Lage sein, diese vorläufige Formulierung des Themas zu präzisieren und auch umzuformulieren. Die Gruppe hat neue Aspekte des Problems gefunden, Zusammenhänge rekonstruiert, sich über ihr Erleben verständigt und die Beziehungen in der Gruppe typisiert. Das Thema hat sich im Laufe der Bearbeitung verändert und wird nun als eine Art Ergebnissicherung neu formuliert. Die Gruppe nimmt dabei selbstreflexive und bewertende Standpunkte ein und betrachtet ihr Problem und dessen Bearbeitung von einem außenstehenden Standpunkt aus. Sie benutzt zu dieser Typisierung Kategorien aus verschiedenen Gruppentheorien, soweit sie ihr bekannt sind, oder alltagsweltliche Formulierungen, wie „Rivalität", „Nähe und Distanz", „Abhängigkeit und Unabhängigkeit".

6. Phase: Verständigung über die Bedeutung des Problems

Die Gruppe beschäftigt sich jetzt mit der Relevanz des rekonstruierten Problems: einmal für die Beziehungen in der Gruppe und zum anderen für den krisenhaften Ablauf in der Fallarbeit bzw. der Institutionsanalyse. In dieser Phase ist der Leiter als „Fachmann für Psychodynamik und Gruppendynamik" gefragt. Er bringt hier den größten Beitrag zur Lösung dieser Arbeitsaufgabe. Aufgabe der Gruppe ist es, sich über seine Deutungen zu verständigen, Kommentare dazu abzugeben und ihre Relevanz zu prüfen. Es wird, nachdem der Leiter zuvor als Element der Gruppe emergiert, hier wieder die konstitutive Asymmetrie zwischen ihm und den Gruppenmitgliedern hergestellt. Die Gruppenmitglieder können in der Regel diese Position des psychoanalytisch und gruppendynamisch ausgebildeten „Deuters" nicht übernehmen.

Der Leiter untersucht die Pychodynamik der Gruppe, die verantwortlich für das Entstehen dieses schon typisierten Gruppenproblems war. Er stellt das vorherrschende Beziehungsmuster zwischen den Gruppenmitgliedern heraus und analysiert die Anteile der

---

[27] Vgl. die Fallstudie in Rappe-Giesecke 1986, S. 32ff. In dieser Balint-Gruppe hatten sich die Gruppenmitglieder über weite Strecken der Selbstthematisierung ihres Problems geweigert, das Angebot des Leiters, seine Rolle zu thematisieren, aufzugreifen. Erst am Ende des Ablaufs wird sein Anteil am Gruppengeschehen rekonstruiert.

einzelnen Subgruppen oder der exponierten Mitglieder an diesem Problem. Wie weit der Leiter bei der Interpretation des unbewußten Geschehens in der Gruppe geht, hängt zum einen von der Vertrautheit der Gruppe mit dieser Sichtweise ab, zum anderen von seiner Einschätzung des Verhältnisses von Abwehr und Einsicht, das in der Gruppe vorherrscht.

Hat sich die Gruppe über diese Deutung verständigt, dann kann man dazu übergehen, die „Bedeutung des Gruppenproblems für den krisenhaften Ablauf der Fallarbeit/alternativ für die Krisen in der institutionsanalytischen Arbeit" zu klären. Der Leiter wird den Zusammenhang zwischen Gruppenproblem und dem Problem der nicht bearbeitbaren Fälle bzw. den nicht bearbeitbaren institutionellen Problemen zunächst in Form einer Deutung oder Zusammenfassung interpretieren. Wie schon in der Phase zuvor, werden die Gruppenmitglieder diese Zusammenfassung kommentieren und ihre Relevanz für die Erklärung des krisenhaften Geschehens prüfen. Ein möglicher Zusammenhang zwischen den nicht bearbeitbaren Fällen und dem rekonstruierten Gruppenproblem ist folgender: Das beiden zugrundeliegende Problem war das gleiche. Da die Gruppe das Problem nicht für sich lösen konnte, konnte sie es auch nicht bei der Bearbeitung der Fälle lösen und umgekehrt. Das Thema der Institutionsanalyse, das man nicht bearbeiten konnte, ist, so nimmt man an, strukturell identisch mit dem Gruppenproblem, das man rekonstruiert hat. Die problematischen Beziehungen zwischen den Teammitgliedern in der Supervision kann man als Spiegelung der problematischen Beziehungen in der Institution verstehen. Hierbei muß das Team abweichend von der üblichen Sichtweise als Gruppe – als psychisches System – und nicht als Subsystem einer Organisation aufgefaßt werden. Die Psychodynamik dieser Gruppe überlagert die funktionalen und rollenmäßig festgelegten Beziehungen zwischen den Teammitgliedern, so daß es zunächst im Team und dann auch in der Supervision zu gruppendynamischen Konflikten kommt, die eine Orientierung an den Arbeitsaufgaben stören oder gar verhindern.

7. Phase: Selbstreflexion des Ablaufs
Die Gruppe verständigt sich in dieser Phase über die Bedeutung dieser Sitzung und des damit verbundenen Programmwechsels für den Gruppenprozeß. Der Leiter ordnet das Problem, das bearbeitet wurde, in den Entwicklungsprozeß der Gruppe ein, zeigt Unterschiede zu vorangegangenen Themen der Gruppenarbeit auf und macht auf die Brisanz dieses Themas aufmerksam, das nicht im Rahmen der Fallarbeit oder der Institutionsanalyse angegangen werden konnte, sondern einen Programmwechsel erforderlich macht. Die Gruppe stellt ihre Einschätzung des Erfolgs dieser Sitzung und des Nutzens für die Arbeit in den anderen Programmen dar und nimmt zur Interpretation des Leiters Stellung.

8. Phase: Programmwechsel
Damit ist die Arbeit abgeschlossen, und man kann sich nun auf den Wechsel zum zuvor verlassenen Programm einigen. Der Leiter muß hier darauf achten, daß der Wechsel von der ganzen Gruppe ausdrücklich ratifiziert worden ist und daß nicht unklar bleibende Vereinbarungen als Widerstand gegen die Fallarbeit oder die Institutionsanalyse benutzt werden können.

9. Phase: Abschlußphase
Diese letzte Phase hat die Funktion, die Gruppensitzung aufzulösen und den Übergang von der Supervision zum professionellen Alltag zu schaffen.

Tabelle 10. Strukturen der dynamischen Dimension der Selbstthematisierung. *GM* Gruppenmiglied(er), *G* Gruppe, *Erz* Erzähler, *präs.* Präsens, *fut.* Futur, *imp.* Imperfekt, *hist.* historisch

Phase	Kooperative Probleme	Kommunikative Probleme	Interaktive Probleme
[Vorphase[a]] (0. Phase)			
1. Programmwechsel	Einigung über die Notwendigkeit eines Programmwechsels zur Selbstthematisierung	Verständigung über die Bewertung der vorangegangenen Interaktion als krisenhafte. Fokussierung der Strukturen des Systems (Programmwechsel und Selbstregulation)	Verlassen der für das vorangegangene Teilsystem typischen Rollen und Beziehungen und die Einnahme von selbstreflexiven Standpunkten, die für die Selbstregulation des Systems durch seine Elemente typisch sind
2. Aushandlungsphase	Einigung auf ein Arbeitsthema, eine vorläufige Formulierung des Problems der G, auf einen oder mehrere Repräsentanten des Problems und einen oder mehrere Beiträge zu diesem Thema Sondieren der Vertrauensbasis in der G für die Behandlung dieses Problems	Verständigung über das der vergangenen Interaktion zugrundeliegende Problem der G und darüber, welches GM sich als Repräsentant des Problems eignet Verständigung darüber, ob die Entscheidung für ein Problem, einen Repräsentanten und einen Beitrag von letztem von der ganzen G getragen wird	Herstellen der typischen Asymmetrie zwischen Materialproduzent, zuhörenden GM und dem Leiter, der als Repräsentant dieses Systems auf die Einhaltung von dessen Strukturen achtet Ratifizieren der Asymmetrie
3. Materialproduktion	Herstellen eines kollektiven Phantasmas über eine oder mehrere Sichtweisen der Gruppensituation (imp. präs. fut.)[b]	Repräsentation des Erlebens der problematischen Gruppensituation vom Standpunkt eines oder mehrerer GM aus	Herstellen der für das Erzählen typischen Asymmetrie zwischen einem Erz mit extensivem Rederecht und der zuhörenden G
4. Problembearbeitung	Rekonstruktion des Erlebens der kritischen Gruppensituation durch alle GM und ihre Bewertungen einschließlich der des Leiters	Verständigung über die unterschiedlichen Perspektiven auf die Gruppensituation	Auflösen der Asymmetrie zwischen Erz und Zuhörer. Alle nehmen den Standpunkt des am Problem Beteiligten ein, auch der Leiter
5. Typisierung des Problems	Einigung auf eine Typisierung des (durch die Bearbeitung veränderten) Problems der G	Verständigung über die Bearbeitungsphase, insofern sie das vorläufig vormulierte Arbeitsthema präzisiert hat	Verlassen der selbstreflexiven, erlebenden Standpunkte des Elements einer selbstanalytischen Gruppe und Einnahme eines außenstehenden Standpunkts mit bewertender Perspektive

6. Verständigung über die Bedeutung des Problems	Verständigung über die Bedeutung des Problems für: 1. die Beziehungen in der G, 2. den krisenhaften Ablauf der Fallarbeit/alternativ die Krisen bei der institutionsanalytischen Arbeit	Repräsentation des psychodynamischen und gruppendynamischen Aspekts der Beziehungen in der Gruppe, wie sie sich 1. in dieser Sitzung, 2. in der vorangegangenen Fallarbeit/alternativ bei der Institutionsanalyse entwickelt haben	Herstellen der Asymmetrie zwischen dem deutenden Leiter und den GM als Lernenden in Sachen Psychodynamik und Gruppendynamik
7. Selbstreflexion des Ablaufs	Verständigung über die Bedeutung dieser Sitzung/des Programmwechsels für den hist. Gruppenprozeß	Repräsentation des Ablaufs dieser und der vorangegangenen Gruppensitzungen	Herstellen der Asymmetrie zwischen dem deutenden Leiter und den GM als Elementen einer selbstanalytischen Gruppe
8. Programmwechsel	Verständigung über den Abschluß dieses Programms und den Wechsel zur Fallarbeit/Institutionsanalyse bzw. Wahl dieses Programms für die nächste Sitzung	Fokussierung der Strukturen des Systems (verschiedene Programme und der Programmwechsel)	Verlassen der für die Deutungen typischen asymmetrischen Positionen und Einnahme von selbstreflexiven Positionen, die für die Selbstregulation typisch sind
9. Abschlußphase	Auflösung der Gruppensitzung	Fokussierung der Grenzen des Systems	Auflösung der räumlichen Beziehungskonstellation

[a] Die Vorphase ist fakultativ, sie wird lediglich dann notwendig, wenn der Beginn des Programms mit dem Sitzungsbeginn zusammenfällt. Zu den Aufgaben der Vorphase vgl. meine Erläuterungen auf S. 119 und 137f.

[b] Zum Begriff des kollektiven Phantasmas vgl. S. 123.

Tabelle 11. Die kooperative Struktur der dynamischen Dimension der Selbstthematisierung. *GM* Gruppenmitglied(er), *G* Gruppe, *Erz* Erzähler

Phase	Beiträge der Gruppe	des Repräsentanten des Problems	Beiträge des Leiters
[Vorphase] (0. Phase)			
1. Programmwechsel	Kommentare zur krisenhaften Situation, Stellungnahmen zum Wechsel des Programms und zur Art des Problems (Problem der G, von einzelnen GM, der Institution, des Falls) Ratifizierung des Programmwechsels		Stoppen der Interaktion, Aufforderung, sich für das Programm zu entscheiden, in dem man das Problem bearbeiten will Überprüfung der Ratifizierung Initiieren des Übergangs zur Phase 2
2. Aushandlungsphase	Vorschläge für die Formulierung eines Arbeitsthemas, für einen oder mehrere Repräsentanten des Problems und für einen oder mehrere Beiträge zum Gruppenthema Relevanz prüfen, nachfragen — Interesse am Beitrag bekunden, ratifizieren	Beitrag ankündigen, Relevanz andeuten, Problem formulieren, kurze Orientierung geben — Sondieren der Vertrauensbasis in der G, eigenes Interesse an Bearbeitung des Beitrags prüfen, ratifizieren	Ratifizierung aller Positionen prüfen Übergang zu Phase 3 initiieren
3. Materialproduktion	Zuhören, Rezeptionssignale geben, kurze Nachfragen stellen	Abwicklung einer Erzählung über das eigene Erleben einer kritischen Gruppeninteraktion	Zuhören, Rezeptionssignale geben, kurze Nachfragen stellen Prüfung der Bearbeitbarkeit der Erzählung (auf Vollständigkeit) ggf. Auffordern zur Vervollständigung der Erzählung Initiieren des Übergangs zu Phase 4
4. Problembearbeitung	Nachfragen stellen, Rekonstruktion des Erlebens und der Bewertungen des Problems und der Gruppensituation durch den Erz	Nachliefern von situationsgebundenen und nachträglichen Interpretationen eigenen und fremden Verhaltens und Erlebens	

	Beiträge aller GM und des Leiters zu ihren situationsgebundenen und nachträglichen Interpretationen des Geschehens und von weiteren in diesem Zusammenhang relevanten Gruppensituationen. Darstellung von eigenem Erleben und Vermutungen über das Erleben der anderen (Probeidentifikationen), Beobachtungen und Bewertungen eigenen und fremden Verhaltens	
	Nachfragen nach neuen Aspekten, Nachliefern von weiterem Material. Inszenieren des Gruppenproblems in der momentanen Gruppensituation und Interpretieren dieser Inszenierung. Darstellung ausgelöster Gefühle und Assoziationen, Konstruktion alternativer Verhaltens- und Erlebensmöglichkeiten	
		Initiieren des Übergangs zu Phase 5
5. Typisierung des Problems	Vorschläge zur Typisierung der Beziehungen in der G, Beschreiben und Paraphrasieren des Problems der G, Reformulieren des Arbeitsthemas, Argumentationen über diese Vorschläge	Typisierungsvorschläge machen
6. Verständigung über die Bedeutung des Problems	Ratifizierung der Deutung und Darstellung eigener Interpretationen des Geschehens	Zusammenfassen der ausgehandelten Problematik. Deutung des gruppendynamischen und psychodynamischen Aspekts der Beziehungen in der G
	Ratifizierung der Interpretation, Darstellung eigener Wahrnehmungen und Interpretationen	Interpretation des Zusammenhangs zwischen dem Problem der G und der Krise bei der Fallarbeit/bei der Institutionsanalyse
7. Selbstreflexion des Ablaufs		Kommentieren der Arbeit der G und Interpretation der Funktion dieser Sitzung und des Programmwechsels für den (unbewußten) Gruppenprozeß
8. Programmwechsel	Ratifizierung des Abschlusses der Problembearbeitung und eines Programmwechsels	Beendigung der Bearbeitung des Gruppenproblems vorschlagen
		Überprüfung der Ratifizierung
9. Abschlußphase	Verabschieden und Verlassen der Sitzung	Beenden der Sitzung

Soweit die ausführliche Darstellung der Phasen des Ablaufs der Selbstthematisierung.[28] Ich möchte nun Tabelle 10 vorstellen, in der die eben schon charakterisierten kooperativen, interaktiven und kommunikativen Probleme der einzelnen Phasen vollständig dargestellt sind. Die Tabelle ist genauso aufgebaut wie die beiden vorangegangenen.

Die Ausdifferenzierung der kooperativen Probleme folgt in Tabelle 11. Die „Beiträge der Gruppe zur Lösung der kooperativen Probleme" werden aufgegliedert in die „Beiträge der Gruppe" und die „Beiträge des Repräsentanten des Problems". Die Herausbildung der Rolle des Repräsentanten findet in der 2. Phase statt und wird im Laufe der 4. Phase wieder aufgehoben. Eine Besonderheit der Selbstthematisierung ist es, daß es im zweiten Teil der Bearbeitungsphase keine Unterscheidung zwischen den Beiträgen des Leiters und der Gruppe gibt, darauf habe ich schon bei der Beschreibung dieser Phase hingewiesen (vgl. S. 115f.). Die zeitliche Abfolge von Beiträgen innerhalb einer Phase wird durch ihr Höher- oder Tiefersetzen markiert.

5.4 Normalform des Ablaufs der Institutionsanalyse

Bei der Rekonstruktion dieses Normalformmodells habe ich mich nicht wie in den anderen beiden Fällen auf eine breite empirische Datenbasis stützen können. Zwar habe ich vielfältige Erfahrungen mit Institutionsanalyse, aber ich verfüge nicht über Transkriptionen von Supervisionssitzungen, in denen nach diesem Programm gearbeitet wird. Insofern unterscheidet sich diese Rekonstruktion auch im Hinblick auf ihre empirische Überprüfbarkeit von den anderen Normalformmodellen.[29] Da es sich um den Forschungsgegenstand handelt, dem ich mich zuletzt zugewandt habe, ist die Rekonstruktion auch noch nicht ganz vollständig. Es fehlt die formalisierte Übersicht über die „Strukturen der dynamischen Dimension der Institutionsanalyse".

5.4.1 Ablauf der Institutionsanalyse

Dieses Ablaufschema umfaßt nicht wie die beiden vorangegangenen den zeitlichen Umfang einer Sitzung, sondern ist auf mehrere Sitzungen hin angelegt. Dieser Umstand wird zur Folge haben, daß der Leiter häufiger als bei der Fallarbeit oder der Selbstthematisierung als Repräsentant dieses Teilsystems auftreten muß. Er wird z.B. häufig zeigen müssen, an welcher Stelle des Ablaufs man sich befindet, welches die anstehenden Arbeitsaufgaben sind, und er wird Ergebnissicherung betreiben müssen, auch in schriftlicher Form.

Eine Besonderheit des Prozesses der Institutionsanalyse ist es, daß der normale Ablauf prinzipiell an jeder Stelle unterbrochen werden kann und man ggf. den Prozeß des Daten-

---

[28] Um sich ein besseres Bild vom Ablauf der Selbstthematisierung machen zu können, kann man die Analyse einer Balint-Gruppensitzung nach diesem Ablaufmuster in Rappe-Giesecke 1986 und in Giesecke und Rappe-Giesecke 1994 (Abschn. 6.2) nachlesen.

[29] Dieses Problem behandle ich auch im Kap. 7, S. 202. Die Normalformrekonstruktion tritt an dieser Stelle in den Dienst der Etablierung eines neuen Supervisionmodells. Das ist die Ursache für diese methodische Abweichung.

sammelns, des Datenfeedbacks und der Datenauswertung – Phasen 2, 3 und 4.1 – erneut durchlaufen kann. Dies kann nötig sein, wenn sich eine Fragestellung präzisiert hat und man noch nicht genug Informationen über die Einschätzungen des Teams hat.

Ich werde die einzelnen Phasen zunächst ausführlich beschreiben, wobei ich zur Schilderung des Ablaufs der Datensammlung und des Datenfeedbacks auf die Darstellung der entsprechenden Phasen in der Vorphase der Problemdiagnose zurückgreife (vgl. S. 115f.). Im zweiten Schritt wird der Ablauf in komprimierter Form in einer Tabelle dargestellt.

0. Phase: *Vorphase*

Fällt der Beginn der Arbeit in diesem Programm mit dem Beginn einer Sitzung zusammen, so wird wie bei der Fallarbeit und der Selbstthematisierung eine Vorphase vor die Arbeit im Programm geschoben. Ihre Funktion ist es auch hier, die Gruppe zu konstituieren, den Übergang vom professionellen Alltag zur Supervision zu schaffen, die Zusammensetzung der Gruppe festzustellen und, falls es nötig ist, die Rahmenbedingungen der nächsten Sitzungen zu klären. Da sich die Institutionsanalyse über mehrere Sitzungen erstreckt, wird diese Vorphase zu Sitzungsbeginn vor die jeweilige Phase des Ablaufs, in der man weiterarbeiten wird, gesetzt.

1. Phase: *Programmwahl oder -wechsel*

In der ersten Phase des Ablaufs wird eine Entscheidung über die Wahl dieses Programms bzw. den Wechsel von der Fallarbeit oder der Selbstthematisierung zu diesem Programm getroffen. Hat man sich im Kontrakt darauf geeinigt, mit der Institutionsanalyse zu beginnen, hat diese Phase die Funktion, die kollektive Ratifizierung dieser Entscheidung noch einmal zu überprüfen, bevor man mit der Arbeit beginnt. Auch die Wahl des Arbeitsthemas, das man in der Vorphase der Problemdiagnose rekonstruiert hat, muß erneut ratifiziert werden. Findet im laufenden Supervisionsprozeß ein Wechsel von der Fallarbeit zur Institutionsanalyse statt, so wird sich die Gruppe über die Notwendigkeit dieses Wechsels verständigen: Entweder interferierten institutionelle Probleme so stark in die Fallarbeit, daß eine Konzentration auf die Professional-Klient-Beziehungen stark beeinträchtigt war, oder es wurde im Laufe der Fallarbeit deutlich, daß die Beziehungen zu Klienten durch institutionelle Rahmenbedingungen gestört werden, die einer eingehenden Analyse bedürfen. Auch hier wird die Ratifizierung des Programmwechsels noch einmal eingefordert und geprüft. Findet ein Wechsel von der Selbstthematisierung zur Institutionsanalyse statt, wird man sich in dieser Phase darüber verständigen, daß die Bearbeitung der emotionalen und gruppendynamischen Probleme der Gruppe soweit abgeschlossen zu sein scheint, daß man sich nun der Analyse der Rollen und Funktionen im Team zuwenden kann. Die Ratifizierung dieses Programmwechsels wird ebenfalls eingefordert und geprüft. Der Leiter tut dies in seiner Funktion als Repräsentant des Systems, er achtet darauf, daß die Programmwahl bzw. der -wechsel von allen Gruppenmitgliedern getragen wird und daß die Entscheidung unmißverständlich ist.

2. Phase: *Datensammlung*

Die kooperative Aufgabe besteht darin, einen kollektiven Wissensraum zu schaffen, eine Datenbasis, auf die sich alle Gruppenmitglieder beziehen können. Man geht dabei wie in Phase 1 „Datensammlung" der Vorphase vor. Das Thema der Datensammlung ist durch die vereinbarten Arbeitsthemen vorgegeben. Hat die Gruppe Probleme mit Entscheidungsprozessen im Team, dann wäre zunächst eine Selbsteinschätzung der Gruppe zu diesem Thema zu erheben, etwa unter der Fragestellung: „Wie geht die Gruppe mit getroffenen Entscheidungen um?". Alle Teammitglieder beantworten die Frage zunächst schriftlich für sich allein, um eine von der Gruppenmeinung möglichst unbeeinflußte Einschätzung zu bekommen. Ist die Datensammlung abgeschlossen, geht man zur Phase des Datenfeedbacks über.

3. Phase: *Datenfeedback*

Das Vorgehen bei der „Veröffentlichung" der Voten der Teammitglieder ist das gleiche wie in Phase 2 der Vorphase der Problemdiagnose (vgl. S. 116). Ohne Bewertung und Diskussion durch die Gruppe werden die Beiträge der Gruppenmitglieder an einer Wandzeitung für alle sichtbar gesammelt und möglichst wortgetreu notiert. Falls die Gruppenmitglieder nicht in der Lage sind, ihr Votum auf den Punkt zu bringen, kann der Supervisor beim Formulieren helfen, bis man eine Fassung gefunden hat, der das Teammitglied zustimmt. Auch hier müssen die Beiträge aller Teammitglieder gesammelt werden, weil ansonsten die Selbstbeschreibung des Teams nicht vollständig ist. Diese Datensammlung wird abgetippt und dem Team und dem Supervisor als Protokoll zur Verfügung gestellt.

4. Phase: *Problembearbeitung*

Diese vierte Phase läßt sich in vier Sequenzen untergliedern: In der ersten Sequenz *Rekonstruktion der Selbstbeschreibung des* Teams[30] geht es darum, die erhobenen Daten noch einmal dahingehend zu untersuchen, was sie über das zum Arbeitsthema erhobene Problem der Gruppe aussagen. Hierbei wird besonderes Augenmerk auf die Selbsteinschätzung gelegt. Rekonstruktion der Selbstbeschreibung meint nicht die Erhebung objektiver und faktischer Tatsachen, sondern die Erhebung bei der den Mitgliedern repräsentierten Wirklichkeit des Teams mit seinen ideologischen und realitätsadäquaten Anteilen.[31] Diese „Konstruktion der Wirklichkeit" des Teams kann mehr oder weniger mit selbstgesteckten oder vorgegebenen Normen und Zielen übereinstimmen.

Die „Analyse der a) *von der Umwelt vorgegebenen oder selbstgesetzten Strukturen des Teams* und b) *faktisch vorfindlichen Strukturen*" schließt hier unmittelbar an (Sequenz 4.2). Beim ersten Teil der Analyse handelt es sich um eine rationale und beschreibende Zusammenfassung aller kodifizierten und nichtkodifizierten, aber „ungeschriebenen" Regeln und Gesetze. Vermutlich muß man hierzu eine erneute Datensammlung durchführen. Dem Supervisor kommt hier sein Wissen über organisatorische Abläufe und gesetzliche Regelungen zugute, das Edding (1985, S. 15 und 21) bei einem guten Supervisor voraussetzt, um die Vollständigkeit der Datensammlung beurteilen zu können. Die Kenntnis der vorgegebenen Rahmenbedingungen ist Voraussetzung für die weitere Analyse. Davon zu unterscheiden sind Rahmenbedingungen, die sich das Team einmal selbst gesetzt oder die sich im Laufe der Zeit „hinter dem Rücken der Beteiligten" durchgesetzt haben, dem Team aber vielleicht als unveränderbare Realität erscheinen, die sich unabhängig von ihren Motiven und Intentionen eigendynamisch entwickelt haben.

---

[30] Zum Begriff der Selbstbeschreibung vgl. Abschn. 2.1, S. 15f.

[31] Dieser Unterscheidung liegt die aus der Wissenssoziologie stammende Auffassung zugrunde, daß man nicht die Wirklichkeit an sich, sondern nur „Konstruktionen" derselben untersuchen kann (vgl. dazu Berger u. Luckmann 1966).

Die Analyse der „faktisch vorfindlichen Strukturen" wird hier gesondert durchgeführt, weil die Einschätzung des Teams von den vorfindlichen Realitäten meist durch ideologische Momente beeinflußt wird, die den Blick für andere offensichtliche Probleme trüben. So kann sich die Auffassung eines Teams, eine optimale Arbeitsteilung zu praktizieren, bei genauerem Hinsehen als Fehleinschätzung herausstellen, da die Arbeitsbereiche völlig dysfunktional aufgeteilt oder überhaupt nicht voneinander zu unterscheiden sind. Anders herum kann die Selbstbeschreibung, „daß hier alles völlig chaotisch sei", den Blick dafür verdecken, daß sich hinter dieser „chaotischen Fassade" eine am klassischen Verwaltungsmodell orientierte Aufgaben- und Kompetenzverteilung versteckt. Aufgrund ideologischer Bedenken darf es eine solche hierarchisch strukturierte Arbeitsteilung aber nicht geben, obwohl sie im „Geheimen" recht gut funktioniert.

Die dritte Sequenz dieser Phase hat die *Analyse der vom Team angestrebten Strukturen* zum Gegenstand (Sequenz 4.3). Hier wird nicht mehr der, wenn auch verzerrt wahrgenommene, Ist-Zustand des Teams untersucht, sondern die Utopie des Teams. Dazu wird wieder eine Datensammlung durchgeführt werden müssen, die vom Team gemeinsam ausgewertet wird. Ist das Thema der Umgang mit der Leitung im Team, kann man die Frage an die Teammitglieder stellen: „Was erwarte ich vom Leiter, damit ich gut und produktiv arbeiten kann?" und an den Leiter: „Was erwarte ich von den Teammitgliedern, damit ich gut und produktiv arbeiten kann?" Die gesammelten Daten werden zurückgekoppelt und ausgewertet. Dies hat einmal die Funktion, einen Austausch unter den Gruppenmitgliedern über gewünschte Veränderungen oder die Beibehaltung alter Strukturen zu initiieren, der an die Stelle von Vermutungen, Vorurteilen und Gerüchten tritt. Zum anderen hat die Datensammlung die Funktion, bisher nicht bekannte unkonventionelle, aber auch realisierbare Vorstellungen zu sammeln.

In der vierten Sequenz, die eine Art Ergebnissicherung aller vorhergehenden Arbeitsergebnisse in den einzelnen Sequenzen darstellt, werden die verschiedenen Analyseergebnisse miteinander verglichen. Das Ziel ist die *Erarbeitung einer funktionalen Selbstbeschreibung der Strukturen des Teams* (Sequenz 4.4). Die angestrebten Bedingungen werden mit den vorgegebenen Rahmenbedingungen, der faktisch vorfindlichen Praxis und den ideologischen Vorstellungen über die Realität der Teamarbeit verglichen. Anhand dieser Gegenüberstellung werden Realisierungsmöglichkeiten gewünschter Veränderungen geprüft und bewertet. Die Durchsetzbarkeit gegenüber der vorgesetzten Organisation, aber auch gegenüber den eigenen ideologischen Vorstellungen und dem faktischen Verhalten werden analysiert. Ein mögliches Ergebnis dieser Prüfung kann aber auch eine realistische Selbsteinschätzung und die Entwicklung einer für alle erträglichen Einstellung zu „Nichtveränderbarem" sein (vgl. dazu Edding 1985, S. 18).

Ich habe zunächst die kollektiven Arbeitsaufgaben beschrieben, die in diesen Sequenzen zu lösen sind, nicht aber, mit welchen Beiträgen der Gruppenmitglieder und des Supervisors sie zu bearbeiten sind. Zum einen kann immer wieder der *Prozeß des Datensammelns, des Datenfeedbacks und der Datenauswertung* durchlaufen werden, wenn zu einem Thema Selbstbeschreibungen des Teams nötig sind.

Der zweite Typus von Beiträgen ist die *Inszenierung des zu bearbeitenden Problems in der Supervision* und deren Interpretation.[32] Diese Inszenierung beruht auf der Spiegelung sozialer Strukturen des Teams in der Supervision, des zweiten Typus von Spiegelung (vgl. S. 132 sowie Rappe-Giesecke 1988b, 1989). So wie sich bei der Fallarbeit der

---

[32] Zum idealen Ablauf von Inszenierungen vgl. Abschn. 5.2.2.

Fall in der Gruppe spiegelt und man aus der Deutung der Spiegelung Nutzen für das Verstehen des Falls ziehen kann, so kann sich hier dasjenige Problem des Teams, über das man gerade spricht, z. B. die Unfähigkeit, Entscheidungsprozesse optimal zu organisieren und alle an der Entscheidung zu beteiligen, in der Supervision wiederholen: Die Gruppe ist nicht in der Lage zu entscheiden, ob man zu diesem Thema eine erneute Datensammlung durchführen sollte. Es ist nicht klar, ob alle Gruppenmitglieder dagegen sind, man weiß auch nicht, auf welcher Grundlage die Meinungen für oder gegen eine Datensammlung getroffen werden, und es breitet sich eine unzufriedene Stimmung aus, in der dann nur noch gewartet wird, bis jemand sagt, was jetzt passieren soll. Hier ist es die Aufgabe des Supervisors, die Inszenierung an einem bestimmten Punkt zu stoppen, sie zu thematisieren, z. B. mit der Frage: „Was ist denn gerade hier abgelaufen?", und die Gruppe dazu zu bewegen, selbstreflexive Standpunkte einzunehmen. Ist akzeptiert worden, daß es sich bei der vorangegangenen Interaktion um eine Inszenierung des Problems handelte, über das man sich nicht sprachlich begrifflich verständigen konnte, dann kann man die Inszenierung als gemeinsamen Wissensraum der Gruppe benutzen, um daran gemeinsam die Strukturen des abgelaufenen Prozesses zu analysieren und die Erlebnisse und Gefühle der einzelnen, die sie in ihren Positionen hatten, sammeln. Daraus kann man die Besonderheiten der Gruppe beim Umgang mit Entscheidungen z. B. rekonstruieren und die Folgeprobleme verdeutlichen. Man kann prognostizieren, daß eine Entscheidung, die so zustande gekommen ist wie die oben beschriebene, nicht von der Gruppe getragen wird und bei nächster Gelegenheit unterlaufen werden wird. Derjenige, der schließlich die Entscheidung stellvertretend für die Gruppe getroffen hat, wird vermutlich auch zum Schuldigen werden, wenn es sich herausstellt, daß die Entscheidung nicht zu praktizieren ist, weil man viele Voraussetzungen gar nicht bedacht hat. Wenn die Selbstreflexionsfähigkeit der Gruppe relativ hoch ist, dann kann der Leiter zum Abschluß dieser Inszenierung des Problems noch eine Deutung zu den gruppendynamischen Hintergründen des inszenierten Problems geben und dabei auf das Erleben einzelner Teammitglieder bei der Inszenierung in der Supervision zurückgreifen und verweisen. Im beschriebenen Fall wäre auf die Abhängigkeit der Gruppe von einem Leiter, der dann doch nicht akzeptiert wird, hinzuweisen, also auf eine ambivalente Haltung, die vermutlich daraus resultiert, daß sich die Teammitglieder untereinander nicht als kompetente, gleichberechtigte und individuierte Partner erleben können.

Der dritte Typus von Beiträgen ist zum einen das Anbieten und zum anderen das Erlernen von *Verfahren der Selbstanalyse und Selbstregulation von Gruppen.* Ein solches Verfahren zur Selbstregulation, das man im zuvor beschriebenen Beispiel anwenden könnte, wäre das ideale Ablaufmuster der Entscheidungsfindung in Gruppen, wie es bei Antons (1976, S. 171–174) zu finden ist. Der Gruppe wird anhand des idealen Ablaufs deutlich, an welchen Stellen sie davon abweicht, welche Phasen sie systematisch überspringt und welche Folgen das für den Fortgang im Entscheidungsprozeß hat. Nach der Inszenierung ihres Problems mit Entscheidungen könnte man anhand einer wirklich anstehenden Entscheidung diesen idealen Ablauf durchexerzieren und dem Team ein ideales Muster zeigen, das im Arbeitsalltag wahrscheinlich nur verkürzt durchlaufen werden kann, aber eine Orientierung bietet.

Verfahren zur Problemlösung, zur Organisation des Informationsaustauschs, zur Herstellung einer wirklichen Kooperation, bei der alle Kräfte der Gruppe nutzbar gemacht werden,[33] zum Aushandeln von Rollen und ihren Aufgaben können in der Supervision am praktischen Beispiel gelernt und von der Gruppe außerhalb der Supervision zur Selbststeuerung eingesetzt werden. Diesem Vorgehen liegt die Idee von der „Hilfe zur Selbsthilfe" oder, anders ausgedrückt, von der Anleitung der Gruppe zu einer funktionalen Selbststeuerung zugrunde.

Neben Verfahren zur Strukturierung von Gruppenprozessen kann es auch sinnvoll sein, den Teammitgliedern Fachwissen über Organisationen und über Gruppenprozesse zu vermitteln. Dies kann in Form von Vorträgen des Supervisors oder durch das gemeinsame Bearbeiten von „Papers", die zur Selbstbeschreibung und Selbsteinschätzung anleiten, geschehen. Diese Verfahren und auch die Papers sind im Rahmen der Gruppendynamik entwickelt und bei Antons (1976) eingehend und gut nachvollziehbar beschrieben worden. Ich möchte hier nicht alle Übungen und Papers dokumentieren, sondern werde gelegentlich auf Antons Darstellung verweisen.[34]

Ich unterscheide folgende Verfahren der Selbstanalyse und Selbstregulation von Gruppen:

1. Verfahren der Selbstanalyse von Wahrnehmungs- und Interpretationsprozessen in Gruppen

Bei diesen Verfahren geht es darum zu trainieren, Wahrnehmungen, Beobachtungen, Interpretationen und daraus abgeleitete Handlungsmaximen voneinander zu unterscheiden. Kooperation in Gruppen wird erleichtert, wenn die Beteiligten sich gegenseitig zunächst ihre Wahrnehmungen und Beobachtungen mitteilen, statt gleich mit Interpretationen und Reaktionen auf Verhalten zu antworten. Gerade bei Verständigungsproblemen, die auf emotionale Blockierungen, Projektionen und Vorurteile zurückgehen, können in der Supervision die folgenden Verfahren angewandt werden, die die Gruppenmitglieder in ihrer alltäglichen Interaktion dann vielleicht nicht in dieser Form, aber in Form von handlungsleitenden Maximen benutzen können:

– das Verfahren des „kontrollierten Dialogs" (Antons 1976, S. 87ff.),
– das „Feedbackverfahren" (Antons 1976, S. 99f.),
– Papers zu den Feedbackregeln (Antons 1976, S. 108–110).

2. Verfahren der Analyse von Führung in Gruppen

Eine Anleitung zur Selbstanalyse bietet die Darstellung der verschiedenen Typen von Führungsstilen bei Antons (1976, S. 92–97). Mit Hilfe dieser Typen kann sich die Gruppe selbst einschätzen. Interessant für Gruppen ohne hierarchische Strukturen sind die Überlegungen von Doppler zum „Führen ohne Weisungsmacht", die entweder in Form eines Papers oder in Form eines Vortrags dargestellt werden können (vgl. Doppler u. Nellessen o. J., S. 31–36).

---

[33] Sehr eindrücklich kann man mit Hilfe des Spiels „Die Kohlengesellschaft" z. B. zeigen, wie wenig die Ressourcen und Informationen aller Gruppenmitglieder genutzt werden, wenn die Kooperation durch Probleme mit der Führung in der Gruppe und der Aufgabenverteilung eingeschränkt wird (vgl. dazu Antons 1976, S. 121ff.).

[34] Weiterhin stütze ich mich hier auf Seminarunterlagen, die von Doppler u. Nellessen (o.J.) für gruppendynamische Trainings erarbeitet wurden, aber nicht in der Form veröffentlicht worden sind.

Da Teams meist formal einen Leiter haben, der sich jedoch nicht wie ein herkömmlicher Leiter verhalten soll und will, kann man eine Analyse der Leiterrolle nach dem Modell der *Rollenanalyse* von French u. Bell (1982, S. 148ff.) durchführen. Da das Team aus der Ablehnung der traditionellen Leiterrolle allein keine neuen Strukturen ableiten kann, entsteht oft eine große Unsicherheit darüber, was der Leiter darf und was er soll. Er gerät oft in paradoxe Situationen, die Gruppenmitglieder erwarten von ihm Schutz und Hilfe einerseits, andererseits weisen sie Einmischungen oder gar Kontrolle ihrer Arbeit empört zurück. Der Sinn der Rollenanalyse ist es, zunächst die gegenseitigen Erwartungen zu klären und dann in einen Aushandlungsprozeß darüber zu treten, welche Erwartungen des jeweils anderen der Leiter und das Team erfüllen können und welche nicht. Man bekommt am Schluß eine Liste von Verpflichtungen des Leiters und der Teammitglieder, die z. B. vom Leiter delegierte Aufgaben übernehmen, die eigentlich zur Leitungsfunktion gehören. Was nicht delegiert werden soll und wie die delegierten Aufgaben kontrolliert werden können, muß dann ebenfalls geregelt werden. Diese Verpflichtungen können sogar in Form eines Vertrages zwischen Leiter und Team festgehalten werden.

Da nicht nur der Leiter Leitungsfunktionen ausüben kann, sollte man auch die Verteilung von Führung in der Gruppe untersuchen. Anhand der *Analyse von „Aufgabenrollen"* und *„Erhaltungs- und Aufbaurollen"* nach Antons (1976, S. 226ff.; Däumling et al. 1974, S. 143ff.) wird man untersuchen, wer in der Gruppe eher strukturierende, die Lösung von Aufgaben forcierende Positionen innehat und wer eher gruppenerhaltende, das affektive Klima der Gruppe beachtende Positionen einnimmt. Hat man die Arbeitsteilung der Gruppe analysiert, kann man in eine Aushandlung darüber eintreten, ob die einzelnen Teammitglieder mit ihrer Position zufrieden sind oder nicht und ob in etwa ein Gleichgewicht zwischen aufgabenbezogenen und gruppenbezogenen Positionen besteht.

Die in den „Phasen der Gruppenentwicklung" von Bennis benannten Führungspositionen von Gruppenmitgliedern können für den Supervisor eine Orientierung sein, die aber aufgrund der in ihr enthaltenen Bewertungen so nicht verwandt werden kann (Dependente, Kontradependente, Personale, Überpersonale) (Bennis 1972, S. 283 und 290f.).

3. Verfahren der Selbstregulation von Gruppenprozessen

Das bei der Inszenierung von Entscheidungsproblemen schon benannte Ablaufmuster der „Schritte beim Entscheidungs- und Problemlösungsprozeß in Gruppen" liefert auch einen idealen Ablauf der Problembearbeitung. Man kann diese einzelnen Schritte anhand eines wirklichen Problems des Teams durchgehen und so in exemplarischer Form eine Problemlösung erarbeiten. Dieses Muster kann im Teamalltag als Orientierung dienen und Maximen liefern, wie man mit Problemen umgehen sollte. Ich möchte an dieser Stelle ein von Nellessen erarbeitetes Ablaufmuster der *Problembearbeitung* dokumentieren, das für Seminarzwecke erarbeitet und verteilt, aber nicht veröffentlicht wurde:

Problembearbeitung

Ziele u. a.:
- Probleme analysieren lernen,
- die verschiedenen Dimensionen eines Problems, z. B. organisatorisch-strukturelle Anteile, gruppale und persönliche Verhaltensanteile und ihre wechselseitige Beeinflussung sehen lernen,

- den eigenen Leitungs-, Problemlösestil und das entsprechende Verhaltensrepertoire überprüfen,
- Verhaltensalternativen suchen und einüben,
- das Prinzip des Verhaltenssteuerung kennenlernen,
- das Problemlösepotential einer Kollegengruppe benutzen lernen.

Durchführung:

1 Der Betroffene beschreibt auf einem Papierbogen die ausgewählte Situation nach folgendem Raster:
   1.1 Welche Personen bzw. Gruppen sind an dem Problem beteiligt?
   1.2 Seit wann besteht das Problem und wie ist es entstanden?
   1.3 Welche Lösungsversuche wurden bisher unternommen, wie und weshalb sind sie gescheitert?
   1.4 Welche Lösung wäre in der Sicht des Betroffenen optimal?
   1.5 Welche konkreten Hindernisse stehen der angestrebten „Wunschlösung" im Wege?

2 Phase der Problemanalyse und Problemberatung durch die Gruppe
   2.1 Überprüfung, ob alle für die Situation relevanten Faktoren genannt sind
   2.2 Herausarbeiten strukturell-organisatorischer Anteile, gruppaler und persönlicher Verhaltensanteile und Analyse ihrer wechselseitigen Beeinflussung
   2.3 Fokussierung auf den Verhaltensanteil und Herausarbeiten von möglichen adäquateren Verhaltensalternativen

3 Bearbeitung der Verhaltensanteile und möglicher Verhaltensalternativen durch Ad-hoc-Rollenspiel(e)
   3.1 Klärung der Ausgangssituation und Festlegung des angestrebten Zieles
   3.2 Lernzielorientierte Verteilung der Rollen (eigentliche Lernrolle, Verhaltenszuträgerrollen, Beobachter)
   3.3 Getrennte zusätzliche Instruktion der Verhaltenszuträgerrollen und der Beobachter
   3.4 Angemessene Vorbereitungszeit
   3.5 Durchführung des Rollenspiels, eventuelle Unterbrechungen mit erneutem Rollenspiel, evtl. mit Rollenwechsel
   3.6 Anspielen und Ausprobieren von in der Auswertungsdiskussion vorgeschlagenen Verhaltensalternativen (s. oben)
   3.7 Auswertung

Um Probleme der Entscheidungsfindung in Gruppen zu bearbeiten, kann man als einen Einstieg ein Spiel anbieten, das keine Regeln hat. Es ist die Aufgabe der Gruppe, diese Regeln selbst zu finden und danach zu spielen. Wie in einem Mikrokosmos finden sich alle relevanten Probleme der Gruppe in dieser Spielsituation wieder, in der es ja darum geht, Entscheidungen zu treffen und deren Praktikabilität zu prüfen und deren Einhaltung zu überwachen. Das Spiel *„Regel Du mir, so regel ich Dir"* ist bei Antons (1976, S. 161f.) zu finden und ähnelt dem bekannten „Malefiz"-Spiel. Man sollte vom Ablauf dieser Regelfindung und vom Spiel eine Tonband- oder eine Videoaufzeichnung machen, um der Gruppe eine distanzierte Betrachtung ihres eigenen „Spiels" zu ermöglichen. Bei der Beobachtung des Spiels kann sich der Supervisor Überlegungen dazu machen, welche auffälligen Strukturen sich bei der Entscheidungsfindung herausgebildet haben, wie die

Gruppe mit Vereinbarungen umgeht und wie flexibel sie einmal gesetzte Regeln handhaben kann, wenn sich im Verlauf des Spiels Schwierigkeiten zeigen. Man kann aus diesem Spiel heraus die wesentlichen Probleme diagnostizieren, die die Gruppe beim Entscheidungsprozeß hat. Hört oder sieht man sich die Aufzeichnung des Spiels an, kann man die gefundenen Auffälligkeiten als Aufhänger für die Diskussion nehmen, wesentlich ist jedoch zunächst, daß die Gruppe selbst Auffälligkeiten feststellt. Der Supervisor hat dann die Aufgabe, diese Auffälligkeiten mit dem idealen Ablauf eines Entscheidungsprozesses zu konfrontieren (mit den von Antons beschriebenen Schritten beim Entscheidungs- und Problemlösungsprozeß) und die Folgen dieser Abweichungen für den weiteren Verlauf aufzuweisen. Eine, wie ich finde, wesentliche Phase, nämlich die Ratifizierung des Abschlusses einer Phase des Ablaufs der Entscheidungsfindung und der gemeinsame Beschluß, zur nächsten überzugehen, findet sich nahezu in keiner Dokumentation eines Spiels. Die Teams gehen, ohne sich ausdrücklich untereinander zu verständigen, von einer Phase zur nächsten über, oder sie gehen davon aus, daß eine Entscheidung getroffen worden ist, ohne sich zu versichern, daß alle diese Entscheidung mittragen. Das Einführen von Ratifizierungsphasen ist m. E. nicht nur in der Normalform des Ablaufs aller Programme sinnvoll, sondern auch bei Entscheidungsprozessen im Team. Ein späteres Reklamieren von Teammitgliedern, z. B. „das wäre zu schnell gegangen" oder „man hätte doch noch gar nicht zugestimmt", führt hingegen zwangsläufig zu Interaktionskrisen.

Man kann zur Diagnose der besonderen Schwierigkeiten der Gruppe beim Finden von Entscheidungen auch folgende Papers nutzen: Antons Typisierung der „Arten und Methoden, Entscheidungen zu treffen" kann der Gruppe bei der Selbsteinschätzung ihres dabei üblichen Vorgehens helfen: Kommen Entscheidungen durch „Mehrheitsbeschluß", „Cliquenbildung", „Ausüben von Druck auf Widerstrebende" oder durch „Übereinstimmung", um einige Arten zu nennen, zustande (Antons 1976, S. 163f.)? „Schwierigkeiten, die einer schnellen und angemessenen Entscheidung entgegenstehen", sind Überlegungen, die als Input in die Gruppe gegeben werden können (Antons 1986, S. 165f.). Das von Antons dargestellte Ablaufmuster „Die einzelnen Schritte, auf denen eine Gruppe zu Entscheidungen auf der Grundlage von Übereinstimmung kommt" (Antons 1976, S. 166ff.) kann in der Supervision angewandt werden und auch als Maxime für das Handeln im professionellen Alltag gelten.

Wie sich die Gruppenmitglieder üblicherweise zu Gruppenentscheidungen individuell verhalten, kann mit Hilfe von Antons Typisierungsvorschlägen zu „individuellen Einstellungen zu Gruppenentscheidungen" analysiert werden (Antons 1976, S. 170f.).

Hat man anhand des „Spiels ohne Regeln" oder des Papers wesentliche Probleme des Teams bei der Durchführung von Entscheidungen diagnostizieren können, kann man jetzt anhand der *„Schritte beim Entscheidungs- und Problemlösungsprozeß"* den idealen Ablauf anhand einer tatsächlich vom Team zu treffenden Entscheidung durchführen. Das Ablaufmuster findet sich bei Antons (1976, S. 171–174). Ich möchte es hier dokumentieren.

Schritte beim Entscheidungs- und Problemlösungsprozeß in Gruppen
Besonders bei komplexeren Entscheidungen in Gruppen, in denen Machtinteressen, persönliche Vorlieben, Sympathien und Antipathien in die sachliche Arbeit eingehen, ist es günstig, die einzelnen Schritte eines Entscheidungsprozesses zu definieren und auseinanderzuhalten. Die im folgenden wiedergegebene Sequenz stellt einen Kreislauf dar, wobei nicht immer unbedingt diese Reihenfolge eingehalten werden muß, Seitenwege und Modifizierungen eingeschlagen werden können.

- *Beschreibung und Analyse des Problems und Definition des Ziels*
  Für wen ist was ein Problem?
  Welcher Art ist das Problem (Verständnisproblem, Zuständigkeitsproblem, Organisationsproblem)?
  Wie klar wird es von den anderen Betroffenen verstanden?
  Wie hoch ist das Problembewußtsein?
  Was ist das zentrale Problem, wo liegen die eigentlichen Schwierigkeiten, was steht auf dem Spiel?
  Was verlangt des Problem von uns?

- *Motivierung der Beteiligten*
  Wie hoch ist die intellektuelle und emotionale Bereitschaft zur Auseinandersetzung?
  Wie hoch ist die Bereitschaft, die Folgen zu tragen?
  Welches sind die Einzelprobleme und wo sind Meinungsverschiedenheiten?
  Wie sind Uninteressierte zu motivieren?
  Wohin gehen die Interessen der einzelnen?
  Wo sind Informationen nachzuholen?

- *Aufstellen von Lösungsmöglichkeiten und Alternativen*
  Was wird von wem gewollt?
  Welche Lösungsmöglichkeiten werden vorgeschlagen?
  Welche Konsequenzen haben die einzelnen Vorschläge?
  Welche Maßnahmen sind zur Durchführung nötig und möglich?
  Wie kreativ und neuartig sind die Vorschläge?
  Welche Kriterien werden aufgestellt, nach denen die Entscheidung gefällt werden soll?
  Inwieweit schließen sich die Lösungsvorschläge aus oder inwieweit ergänzen sie sich?

- *Entscheidung*
  Sind alle Informationen vorhanden?
  Ist man sich über die Eigenart des Problems einig?
  Hat sich jeder frei gefühlt, seine Meinung offen zu sagen?
  Ist es gelungen, die eigentliche Ursache zu bestimmen oder nur Symptome?
  Besteht Klarheit über die Konsequenzen?
  Sind alle Hilfsmittel mobilisiert?
  Sind alle Kriterien benutzt, um die beste Wahl zu treffen?
  Welche Alternativen stehen zur Wahl?
  Besteht Klarheit über die Konsequenzen der einzelnen Alternativen?
  Können alle bei der Entscheidung mitmachen?
  Ist es möglich, die Folgen versuchsweiser Entscheidungen zu prüfen (Vortestung)?
  Welcher Entscheidungsmodus ist erforderlich, daß alle mitmachen können?

- *Handeln*
  Ist der gefällte Entschluß allen Beteiligten klar?
  Sind alle bereit, die Durchführung zu tragen?
  Besteht Klarheit über die Konsequenzen aus der Entscheidung und den daraus folgenden Schritten?
  Welche Reserven sind zu mobilisieren?
  Welcher Plan für die Aktion und die Ausführung ist am geeignetsten?
  Wie geschieht die Durchführung, wer koordiniert?
  Welche Arbeitsteilung ist möglich, wer tut was?

- *Bewertung*
  Ist aus den Erfahrungen zu lernen?
  Was ist verbessert worden?
  Wie genau ist der Erfolg der Entscheidung und des Handelns zu kontrollieren?
  Wie aufrichtig und realitätsnah kann die Bewertung erfolgen?
  Inwieweit war das Vorgehen angemessen?

- *Wünsche und Interessen*
  Was war nicht gut an der Entscheidung, welche neuen Probleme sind festgestellt, die wiederum Änderungen verlangen?

Welche Wünsche und Interessen werden dabei deutlich?
Welche Gefühle spielen dabei eine Rolle?
Wie können die Wünsche artikuliert, anerkannt und berücksichtigt werden?
Für wen ist was welches Problem?

Für die Organisation eines optimalen Informationsaustausches finden sich schon in diesem Ablaufmuster Anleitungen, weitere finden sich bei Edding und Nellessen (zit. nach Doppler u. Nellessen o.J., S. 89–92). Sie formulieren darin Maximen, nach denen sich das Team bei der Organisation des Prozesses richten kann.

Wie ein Gesprächsleiter die Rahmenbedingungen für eine Besprechung organisieren und diese Besprechung strukturieren kann, ist bei Doppler u. Nellessen (o.J., S. 37–50) nachzulesen. Gibt es in Teams eine Vereinbarung, daß jeder einmal eine Teambesprechung leitet, ist es nötig, alle Teammitglieder mit der Strukturierung von solchen Gesprächen vertraut zu machen. Doppler u. Nellessen zeigen auch, wie Gesprächsleiter mit gruppendynamischen Prozessen, die sich störend auf den Ablauf und die Erreichung des Ziels der Besprechung auswirken, umgehen können.

Ein weiteres, wesentliches Verfahren zur Selbstregulation von Gruppenprozessen ist die schon erwähnte *Rollenanalyse,* die nicht nur für die Aushandlung der Rolle des Leiters, sondern auch für die Aushandlung der Rolle und Position jedes Teammitglieds genutzt werden kann.

Die „Rollenanalyse" ist zwar ein in der Organisationsentwicklung für andere Zwecke entwickeltes aufwendiges Verfahren, das man aber in Kurzform, wie es etwa bei French u. Bell (1982, S. 148ff.) beschrieben wird, auch in der Supervision anwenden kann, um die Selbsttypisierung der Rollen und ihrer Aufgaben zu klären. Ich notiere die verschiedenen Phasen des Rollenaushandelns, wie sie die Autoren benannt haben, und füge noch Elemente des Rollenaushandelns, wie sie von Harrison (1977) beschrieben werden, hinzu. Geht man über die Analyse der Rollen, wie sie sich momentan gestalten, hinaus, sollte man klären, ob es im Handlungsspielraum des Teams liegt, Veränderungen am Rollenprofil der einzelnen Mitglieder vorzunehmen, denn man verläßt dann die Ebene der reinen Selbstbeschreibung.

Rollenanalyse nach French u. Bell:

1. Analyse der Brennpunktrolle

> Die Rolle, ihr Platz in der Organisation, der Grund für ihre Existenz und ihre Bedeutung für die gesamtorganisatorischen Ziele werden gleichzeitig mit den besonderen Aufgaben der Stelle untersucht. Die besonderen Aufgaben und Verhalten werden auf eine Tafel geschrieben und von der ganzen Gruppe diskutiert. Verhaltensweisen werden hinzugefügt und gestrichen, bis die Gruppe und der Rolleninhaber mit der vollständigen Definition der Rolle zufrieden sind (French u. Bell 1982, S. 148f.).

Die Gruppenmitglieder und der Rolleninhaber können auch für sich allein die Frage beantworten, welche besonderen Aufgaben diese Rolle hat, und man sammelt dann im nächsten Schritt die Voten aller Teammitglieder. Danach findet dann die Aushandlung statt, und an deren Ende steht eine Liste von besonderen Aufgaben, die diese Rolle erfüllen soll.

2. Erwartungen des Rolleninhabers anderen gegenüber

Beim zweiten Schritt werden die Erwartungen der Fokusrolle untersucht, d. h. die Erwartungen anderen gegenüber. Der Inhaber schreibt auf, was er von anderen Rollen erwartet, die seine eigene Leistung am meisten beeinflussen. Seine Erwartungen werden dann diskutiert, geändert, ergänzt und von der Gruppe akzeptiert (French u. Bell 1982, S. 148f.).

Man kann die Frage „Was erwarte ich von den anderen, damit ich gut und produktiv arbeiten kann?" weiter ausdifferenzieren. Harrison (1977, S. 124) schlägt vor zu fragen, „was der andere mehr und besser tun könnte", „was er weniger oder nicht mehr tun sollte" und „was unverändert bleiben sollte". Auch diese Erwartungen werden für alle sichtbar aufgelistet und dann ausgehandelt. „Welche Erwartungen kann ich erfüllen, welche nicht?", sind hierbei die leitenden Fragestellungen.

3. Was erwarten die anderen von der Brennpunktrolle?

Beim dritten Schritt findet man heraus, was die anderen von der Fokusrolle erwarten, d. h. die Mitglieder der Gruppe beschreiben, was sie vom Inhaber der Fokusrolle verlangen und erwarten. Diese Erwartungen der anderen werden dann diskutiert, geändert und von der Gruppe und dem Rolleninhaber akzeptiert (French u. Bell 1982, S. 149).

Man kann die Sammlung der Erwartungen an die Brennpunktrolle parallel zur Sammlung der Erwartungen des Rolleninhabers an die Gruppenmitglieder laufen lassen. Auch hat es sich als vorteilhaft herausgestellt, beide Listen von Erwartungen gleichzeitig präsent zu haben, wenn man in die Aushandlung geht. Es gibt dann die Möglichkeit, Querverweise zu machen, Verbindungen zu ziehen. Auch bei dieser Sammlung von Erwartungen kann man nach den von Harrison vorgeschlagenen Fragen weiter differenzieren: „Was sollte der Rolleninhaber mehr und besser tun können?", „Was sollte er weniger oder nicht mehr tun?" und „Was sollte er unverändert so tun?"

4. Der Rolleninhaber schreibt das Rollenprofil auf

Es besteht 1. aus einer Reihe von Tätigkeiten, die sich aus unverzichtbaren und sonstigen Elementen der Rolle ergeben, 2. aus der Verpflichtung der Rolle gegenüber jeder anderen Rolle innerhalb des jeweiligen Kontextes und 3. aus den Erwartungen an diese Rolle von seiten anderer Rollen.[35]

Man kann dieses Rollenprofil und die Verpflichtungen, die sich für die anderen Teammitglieder daraus ergeben – Was wird von ihnen erwartet, damit der Rolleninhaber gut und produktiv arbeiten kann? –, als einen Vertrag ansehen, der beide Parteien verpflichtet. Nach einer Weile könnte das Team dann überprüfen, ob sich dieser Vertrag einhalten ließ und wo er zu verändern ist.

Man kann prinzipiell mit jedem Teammitglied eine Rollenanalyse durchführen, das ist allerdings sehr zeitaufwendig. Man braucht für eine Rollenanalyse ca. 3–4 Sitzungen. Oft ist es bei Teams angebracht, die Rolle des Leiters auszuhandeln, die ja meist recht problematisch ist. Der Sinn der Rollenanalyse liegt jedenfalls darin, einen Verständigungs-

---

[35] Dayal u. Thomas (1968) Operation KPE: Developing a new organization. J Appl Behav Sci 4:473–505 (zit. nach Franch u. Bell 1982, S. 149).

prozeß über die Tätigkeiten jedes einzelnen und damit über die Arbeitsteilung der Gruppe in Gang zu setzen, die Verpflichtung, bestimmte Tätigkeiten auszuüben, zu erhöhen und Unzufriedenheit im Team durch ein auf Konsens beruhendes Rollenprofil zu beseitigen. Wenn die Gruppe dieses Verfahren eingehend kennengelernt hat, wird sie es bei Bedarf später selbständig durchführen können.

4. Verfahren zur Analyse und Einschätzung des Gruppenprozesses

Man kann zur Untersuchung dieses Themas auch die Datensammlung durchführen, in der die Gruppenmitglieder Selbsteinschätzungen liefern zu Fragen wie: „Was ist unser Problem, das uns gerade am meisten bewegt?", „Wie weit sind wir mit unserer Arbeit in der Supervision gekommen, was fehlt uns, was war gut?". Man kann auch mit Soziogrammen arbeiten, allerdings meine ich, daß dies die Gefahr birgt, zu sehr in die Selbsterfahrung zu geraten, zu wenig die Rollenhaftigkeit der Beziehungen zwischen den Teammitgliedern zu beachten.[36] Falls sich starke affektive Spannungen in der Gruppe zeigen, die den Prozeß blockieren, sollte man eher auf das Programm Selbstthematisierung umschalten, das eine direkte Thematisierung von Gruppenproblemen ermöglicht. Ob eine Gruppe nach eigener Erfahrung in der Lage ist, dieses Verfahren der Problembearbeitung ohne Anleitung anzuwenden, vermag ich nicht zu sagen. Was sie hingegen selbständig durchführen könnte, ist eine Sammlung von skalierten Fragen zur Prozeßanalyse, die Antons (1976, S. 201ff.) unter der Überschrift „Gruppenprozeß und Verlaufskontrolle" vorgelegt hat. Mit diesen Fragen kann das Gruppenmitglied seinen Standort in der Gruppe und den Entwicklungsstand der Gruppe insgesamt einschätzen.

Auch die Analyse der *Verteilung von aufgabenbezogenen und gruppenbezogenen Positionen* im Team kann zur Selbstanalyse genutzt werden. Welche Gruppenmitglieder übernehmen eher Aufgabenrollen, achten auf den Arbeits- und Diskussionsprozeß und strukturieren ihn, und welche Gruppenmitglieder übernehmen eher Aufbau- und Erhaltungsrollen, beachten das affektive Klima und die Arbeitsfähigkeit der Gruppe? „Wie ist die Verteilung dieser beiden Positionen in der Gruppe, gibt es ein Gleichgewicht zwischen beiden Positionen, oder wird vielleicht die Arbeitsfähigkeit der Gruppe zu wenig beachtet?" sind Leitfragen bei der Analyse des Gruppengeschehens. Nellessen u. Edding (zit. nach Doppler u. Nellessen o. J., S. 71f.) haben eine Liste von Tätigkeiten der Aufgabenrollen und eine 2. Liste mit den Aktivitäten der Erhaltungsrollen angefertigt, die sich zur Selbsteinschätzung für Gruppen eignen. In der dritten Liste führen sie Konflikt und Spannung anzeigende Verhaltensweisen auf. Man kann diese Liste verwenden, wenn es im Team Konflikte gibt und man herausbekommen möchte, wie die Gruppe mit Konflikten üblicherweise umgeht. Führt man eine Selbsteinschätzung mit Hilfe dieser Listen durch, hat man erst die Datenbasis, auf deren Grundlage man diskutieren kann, aber noch kein Ergebnis. Auch hier gilt es, ideologische und realitätsangemessene Selbsteinschätzungen in der Aushandlung zu prüfen und zu einer gemeinsamen Selbstbeschreibung der Gruppe zu kommen. Ich zitiere diese 3 Listen:

---

[36] Antons (1972, S. 205–208) nennt mehrere Fragestellungen, unter denen man ein Soziogramm erheben kann. Eine schnell zu praktizierende Form ist das sog. Schuhsoziogramm, das ohne Vorbereitung durchgeführt werden kann.

I. Aufgabenrollen sind wichtig, um die Arbeit zu erledigen.

„Fakten bitte!"

1. Informationen suchen = ergänzende Informationen oder Tatsachen erbitten und erfragen; genauere Beschreibung von Vorschlägen erbitten.

„Was halten Sie davon?"

2. Meinung erkunden = Einstellungen zu Vorschlägen und Ideen erfragen.

„Wußten Sie das schon?"

3. Information geben = Beisteuern möglichst „harter", d. h. nachprüfbarer Fakten; Bericht über eigene Erfahrungen, die engen Bezug zum Arbeitsinhalt der Gruppe haben.

„Also, ich meine . . ."

4. Meinungen geben = Äußern seiner Meinung, Einstellung oder Überzeugung zur Tauglichkeit der Vorschläge, die gemacht wurden.

„Nun wollen wir das mal durchspielen."

5. Ausarbeiten = die Realisierbarkeit und die Konsequenzen von Vorschlägen durchspielen, unter Einbeziehung aller Informationen, besonders auch der Fakten und Überlegungen, die von anderen stammen.

„Ich entdecke Ähnlichkeiten!"

6. Koordinieren und zusammenfassen = Beziehungen zwischen verschiedenen Ideen und Vorschlägen aufzeigen; Ideen oder Vorschläge zusammenbringen; versuchen, die Aktivität verschiedener Untergruppen oder Mitglieder miteinander zu vereinigen.

„Wie wär's, wenn wir . . ."

7. Lösungen vorschlagen = neue Ideen vorbringen, neue Definition eines gegebenen Problems versuchen; das Problem neu in Angriff nehmen: das Material neu organisieren.

II. Aufbau- und Erhaltungsrollen sind wichtig, um die Gruppe arbeitsfähig zu machen und zu erhalten.

„Was ist los?"

8. Diagnosizieren = bestimmen, wo die Schwierigkeiten liegen und welche die notwendigen nächsten Schritte sind; Analysieren der Haupthindernisse, die sich dem weiteren Vorgehen entgegenstellen. Daher können die Hindernisse auf der Sach- oder auf der Gefühls- und Beziehungsebene liegen.

„Stimmungsbild, bitte!"

9. Übereinstimmung prüfen = versuchsweise die Gruppenmeinung erfragen, um herauszufinden, ob die Gruppe sich einer Übereinstimmung nähert oder ob die Standpunkte noch weit auseinanderliegen. Versuchsballon loslassen, um die Gruppenmeinung zu erfassen.

„Interessanter Vorschlag!"

10. Unterstützen = Unterstützen und Aufgreifen der Meinungen und Ideen anderer. Nachfragen und Auffordern, einen Gedankengang, den jemand begonnen hat, weiterzuentwickeln. Die Aufmerksamkeit der Gruppe auf Ideen anderer lenken. Sich den Ideen anderer anschließen.

„Streitet euch nicht!"

11. Vermitteln = versuchen, die unterschiedlichen Standpunkte miteinander zu versöhnen, Kompromißlösungen vorschlagen.

„Sind wir wirklich so weit auseinander?"

12. Spannungen regulieren = durch Erfragen der Unterschiede Spannungen aufzuheben versuchen; gemeinsamen Nenner finden.

„Wie wollen wir vorgehen?"

13. Arbeitsfähigkeit der Gruppe herstellen = auffordern, über optimale Vorgehensweise bei der Arbeit nachzudenken; Vorschläge zum Verfahren unterbreiten; Die Einhaltung der von der Gruppe aufgestellten Regeln beachten und auf Verstöße hinweisen (evtl. mit der Frage, ob die Regeln noch angemessen seien).

„Wie geht es uns?"

14. Arbeitsklima der Gruppe beachten = welche Stimmung herrscht vor; können sich alle beteiligen; welche Gefühlsreaktionen auf Ideen und Vorschläge sind sichtbar?

III. Konflikt und Spannung anzeigende Verhaltensweisen

Störungen sind Symptome

Es ist wichtig, auch solche Verhaltensweisen ernstzunehmen, weil sie Symptome für Störungen auf der Gefühls- und Beziehungsebene sind.

„Wie kann man nur so blöd sein?"

15. Aggressives Verhalten – jemand versucht, seine Position zu festigen/auszubauen, indem er andere kritisiert und blamiert. Gegen die Gruppe oder gegen einzelne werden feindselige Äußerungen gemacht. Der Wert und das Ansehen anderer Gruppenmitglieder werden herabgesetzt. Jemand versucht ständig zu dominieren.

„Bis hierher und nicht weiter!"

16. Blockieren = die Weiterentwicklung der Arbeit erschweren durch Ausweichen auf Randprobleme der Gruppenarbeit; Einbringen persönlicher Erfahrungen, die nichts mit dem vorliegenden Problem zu tun haben; hartnäckige Argumentation zu einem einzigen Punkt; Zurückweisen von Ideen aufgrund gefühlsmäßiger Vorurteile.

„Woll'n mal sehen, wer hier das Sagen hat!"

17. Rivalisieren = mit anderen um die besten Ideen streiten; kein gutes Haar an den Beiträgen anderer lassen; ständig reden, die Hauptrolle spielen, die Führung an sich reißen.

„Habt mich doch lieb!"

18. Suche nach Sympathie = Versuch, das Mitleid, die Sympathie oder auch nur das Interesse der Gruppenmitglieder für die eigenen Probleme und Mißgeschicke zu gewinnen; die eigenen Ideen schlecht machen, um Widerspruch zu hören; die eigene Situation als schwierig und verwirrend darstellen, um Anteilnahme zu provozieren.

„Ach, wie seid ihr alle komisch!"

19. Clownerie = Jux veranstalten, Witze reißen, ironische Bemerkungen machen; die anderen versuchen, zu arbeiten und werden dabei dauernd durch den Clown unterbrochen. Oft Symptom für nicht ausgetragene Spannungen.

„Hat ja doch alles keinen Sinn!"

20. Sich zurückziehen = überwiegend gleichgültig und passiv, nur körperlich anwesend; Unsinn machen, vom Thema abweichen, träumen. Dieses resignative Verhalten ist oft die Folge davon, daß die Betreffenden (jahrelang) von seiten der Führung nicht an Aufgaben- und Problemlösungen beteiligt wurden, sondern dazu verurteilt waren, stumm dabeizusitzen.

Auch eine Typisierung verschiedener Formen des „Umgehens mit Konflikten in Gruppen" kann ein Einstig in die Auseinandersetzung mit der Frage, welche Formen des Umgehens die Gruppe mit Konflikten entwickelt hat, sein. Antons nennt die „Vermeidung von Konflikten, Eliminierung des Problems, Unterdrückung, Zustimmung, Allianz, den „Kompromiß" und die „Integration", wobei deutlich wird, daß die letzte Form die optimalste im Umgang mit Konflikten ist. Man kann der Gruppe dieses Papier zur Selbsteinschätzung vorlegen und damit eine Diskussion beginnen (Antons 1976, S. 225).

Bei Antons findet man auch eine Anleitung, wie man die Ursachen von Gruppenkonflikten diagnostizieren kann. Er schildert Gründe für typische Gruppenkonflikte und die dazugehörenden beobachtbaren Symptome im Gruppenverhalten. Man sollte diese Aufzählung als Orientierung für den Supervisor benutzen, könnte sie aber auch einer recht fortgeschrittenen Gruppe, die wenig destruktiv ist, als Grundlage für eine Selbsteinschätzung zur Verfügung stellen (Antons 1976, S. 218–224).

Von der Beschreibung der in der Bearbeitungsphase verwendeten Verfahren kehre ich nun zur Darstellung des weiteren Ablaufs der Institutionsanalyse zurück.[37]

5. Phase: *Überprüfung der Problemlösung*

Diese Phase hat die Funktion, die Ergebnisse der Bearbeitung des Gruppenproblems auf ihre Anwendbarkeit im professionellen Alltag und auf ihre Durchsetzbarkeit hin zu überprüfen. Dies kann durch die Simulation von alltäglichen Situationen beispielsweise im Rollenspiel geschehen, indem man mit Hilfe der erarbeiteten Selbstbeschreibung die Probleme anders bewertet und angeht und die Folgen dieser Änderungen durchspielt. Die Gruppe kann sich auch darauf einigen, zu einem späteren Zeitpunkt, wenn genügend Erfahrungen mit diesen Veränderungen in der Praxis gemacht worden sind, diese Phase noch einmal zu wiederholen. In beiden Fällen kann es sich zeigen, daß es nötig ist, noch einmal eine Datenerhebung zu den institutionellen Bedingungen, die auf diese neue Selbstbeschreibung einwirken, zu machen. Die Gruppe wird sich auch darüber verständigen müssen, mit welchen Mitteln sie die neue Selbstbeschreibung gegenüber ihrer alten Selbstbeschreibung stabilisieren kann, die sich immer wieder interferieren wird, wie sie also die neuen Strukturen der selbstreferentiellen Dimension ihres Systems verstärken kann. Hält man die Überprüfung der Problemlösung für ausreichend, kann man zum Abschluß dieses Programms übergehen.

6. Phase: *Programmwechsel*

Die Gruppe einigt sich mit dem Leiter, daß die Arbeit in diesem Programm abgeschlossen ist und daß man nun wieder zur Fallarbeit wechseln kann. Diese Ratifizierung des Wechsels muß von der ganzen Gruppe vollzogen und vom Leiter überprüft werden. Alternativ kann sich die Gruppe darauf einigen, zur Bearbeitung eines anderen institutionellen Problems diesen Programmablauf erneut zu durchlaufen.

7. Phase: *Abschlußphase*

Der Leiter beendet die letzte Sitzung dieses Programms, und die Gruppe schafft gemeinsam den Übergang von der Supervision zum professionellen Alltag.

---

[37] Am Ende dieser Phase hat die Gruppe noch die Aufgabe, die Bearbeitung zu ratifizieren und damit den Übergang zur nächsten Phase zu schaffen. Wird der Abschluß der Problembearbeitung nicht ratifiziert, muß man die entsprechenden Probleme noch einmal ansehen.

Tabelle 12. Die kooperative Struktur der dynamischen Dimension von Institutionsanalyse

Phase	Kooperative Probleme	Beiträge der Gruppe	Beiträge des Leiters
[Vorphase] (0. Phase)			
1. Programmwechsel oder -wahl	Einigung über den Wechsel zu diesem Programm/über die Wahl dieses Programms	Argumentieren über den Sinn dieser Wahl/des Wechsels. Erinnern an frühere Vereinbarungen. Kommentare zur bisherigen Arbeit in den anderen Programmen	Initiieren der Aushandlung der Programmwahl/des -wechsels
		Ratifizierung des Wechsels/der Wahl	Überprüfen der Ratifizierung Initiieren des Übergangs zur Phase 2
2. Datensammlung	Produktion von für das gewählte Arbeitsthema relevanten Selbstbeschreibungen des Teams	Produktion von Daten zum gegebenen Thema	Sammlung der Daten organisieren Fragestellung vorgeben
		Ratifizieren des Übergangs zur nächsten Phase des Ablaufs	
3. Datenfeedback	Herstellen eines kollektiven Wissensraums über die Selbsteinschätzung der Gruppe zum ausgewählten Problem	Veröffentlichen der Daten, Stellungnahmen zu den Selbsteinschätzungen	Sammlung der Daten organisieren, Daten schriftlich fixieren, Diskussion leiten
		Ratifizieren des Übergangs zur nächsten Phase des Ablaufs	
4. Problembearbeitung	4.1 Rekonstruktion der Selbstbeschreibung des Teams	Analyse der produzierten Daten	Anleitung zur Auswertung der Daten, Vorschläge für die Interpretation der Daten
	4.2 Analyse der a) von der Umwelt vorgegebenen oder der selbstgesetzten Strukturen des Teams und b) der faktisch vorfindlichen Strukturen	Alternative Beiträge zur Lösung der Arbeitsaufgaben	
		1. Durchführung einer erneuten Datensammlung und Datenauswertung. Erneutes Durchlaufen der Phasen 2, 3 und 4.1 mit den spezifischen Beiträgen der Gruppe und des Leiters	Anleitung zur erneuten Datensammlung und Datenauswertung unter präzisierten Fragestellungen in den Sequenzen 4.2, 4.3, 4.4.
	4.3 Analyse der vom Team angestrebten Strukturen	2. Inszenierung der problematischen Formen der Selbstregulation in der Supervision selbst	Anleitung zur Analyse der Inszenierung. Deutung der Wiederholung/der Strukturgleichheiten. Nutzen der Inszenierung für das Verstehen des Problems des Teams
	4.4 Erarbeitung einer funktionalen und realitätsangemessenen Selbstbeschreibung der Strukturen des Teams		

	3. Erlernen von Verfahren der Selbstregulation und Selbstanalyse von Gruppenprozessen		Anbieten dieser Verfahren und Anleitung zu ihrer Durchführung und Auswertung geben. Input von Fachwissen über Gruppenprozesse und Organisationen
	Ratifizieren des Übergangs zur nächsten Phase des Ablaufs		
5. Überprüfen der Problemlösung	Verständigung über die Relevanz der Problemlösung für den professionellen Alltag und über Möglichkeiten zur Durchsetzung und Stabilisierung der Lösung	Simulation von Anwendungen der Problemlösung im professionellen Alltag, Rollenspiele. Einigung auf Kontrollmechanismen, Selbstverpflichtung auf das Mittragen der Problemlösung/der Etablierung neuer Strukturen. Überprüfung der Rahmenbedingungen für die Durchsetzbarkeit der Problemlösung. Einschätzen der Erfolgsaussichten	Anleitung zur Simulation der Problemlösung, Anleitung zur Erfolgskontrolle und zur Stabilisierung der neuen Systemstrukturen gegenüber bestehenden
	Ratifizierung der Bearbeitung oder des erneuten Durchlaufens aller Phasen		Initiieren des Übergangs zu Phase 6/alternativ des Durchlaufens aller Phasen des Modells
6. Programmwechsel oder -wahl	Verständigung über den Programmwechsel/die Wahl dieses Programms	Ratifizieren der Beendigung des Programms und des -wechsels/der -wahl	Überprüfen der Ratifizierung
7. Abschlußphase	Auflösung der Sitzung	Verabschieden und Verlassen der Sitzung	Beenden der Sitzung, Verabschieden

Soweit die Erläuterung der Phasen des Ablaufs und der jeweiligen Beiträge der Gruppe und des Leiters. Ich habe die Normalform des Ablaufs der Institutionsanalyse noch einmal in Tabelle 12 zusammengefaßt, die wie alle vorherigen Tabellen über die kooperative Struktur des Ablaufs aufgebaut ist. Eine Differenzierung zwischen verschiedenen Positionen der Gruppe gibt es hier nicht. Es wird immer wieder exponierte Positionen geben, aber nicht so deutliche Differenzierungen wie z. B. zwischen Falleinbringer und Gruppenmitglied in der Fallarbeit. Eine Klärung wird hier die genauere Rekonstruktion der interaktiven Probleme bringen, die noch nicht vorliegt.

5.4.2 Umgang mit Abweichungen von der Normalform der Institutionsanalyse

Es ist sicher deutlich geworden, daß es sich bei der Institutionsanalyse im Vergleich zu den beiden anderen Programmen um eine recht rationale Form der Selbstanalyse handelt, denn die Gruppenmitglieder sollen vorwiegend bewertende und beschreibende Perspektiven auf die Prozesse im Team einnehmen. Es geht hier nicht um die Psychodynamik der Beziehungen im Team und die Einnahme einer erlebenden Perspektive. Daß es unmöglich ist, immer diese rationale Sichtweise zu behalten, ist erwartbar. Häufig werden sich Widerstände dagegen entwickeln, sich selbst als Rollenträger und die Beziehungen untereinander als institutionell geprägte zu sehen. Das Personalisieren und Psychologisieren der Konflikte im Team ist eine häufig zu beobachtende Form der Komplexitätsreduktion, die Teams entwickeln. Auch die unbewußt bleibende Strukturierung der Beziehungen durch Übertragungs- und Gegenübertragungsbeziehungen, durch Kollusionen und Clinchs und durch die Etablierung familienähnlicher Strukturen wirken einer rationalen Analyse der Rollen und Aufgaben entgegen.[38] Daß diese informelle Regulation von Teambeziehungen, die hinter der offiziellen Typisierung durch Rolle, Status und Aufgaben liegt, nicht nur den professionellen Alltag bestimmt, sondern auch in die Supervision interferieren wird, ist mehr als wahrscheinlich. Dann hat man es mit einer Spiegelung dieser sozialen Beziehungen in der Supervision zu tun, mit der Spiegelung des zweiten Typus.

Diese Spiegelung wird sich in Abweichungen von der Normalform der Institutionsanalyse zeigen. Läßt sie sich leicht aufdecken und wird vom Team bemerkt, kann man sie im Rahmen dieses Programms reflektieren. Erweist sich jedoch diese Form der Komplexitätsreduktion als zu starr, und kommt es immer wieder zu derartigen Interferenzen, dann wird man zum Programm Selbstthematisierung umschalten müssen. Das Team wird dort nicht als ein Subsystem einer Organisation betrachtet, sondern als eine Gruppe mit ihren unbewußten und dynamischen Vorgängen und Strukturen. Man führt also zunächst eine Komplexitätsreduktion ein, die eine höhere Stufe als diejenige des Teams darstellt. Man betrachtet das Team als eine Gruppe, nicht aber als Anhäufung von dyadischen Beziehungen oder als eine Familie oder gar als Ansammlung von Individuen, von denen einige

---

[38] Vgl. hierzu auch Edding: „... so ist es auch wichtig, daß bei der Untersuchung der Teambeziehungen nicht ein quasi-familiäres Zusammenleben als geheimes Modell gesetzt wird, sondern daß zum einen die Beziehungen in ihrer vielfältigen Geprägtheit durch Arbeitsteilung, Berufsrollen und institutionelle Einflüsse verstanden werden und daß sie zum anderen stets untersucht werden in ihrer Bedeutung für die Erfüllung der Aufgabe. In der Teamsupervision besteht oft die zentrale Aufgabe darin, überhaupt erst einmal eine gemeinsame Aufgabenorientierung zu entwickeln: ‚Statt der Persönlichkeit einzelner Mitglieder stelle ich die Aufgabe und die Rolle in den Vordergrund' ...“ (Edding 1985, S. 14).

starke persönliche Probleme haben. Ist der psychodynamische und gruppendynamische Aspekt eines Konflikts geklärt, kann man zur Institutionsanalyse zurückschalten und die Komplexität der Betrachtung wieder dadurch erhöhen, daß man nun auch den institutionellen Aspekt des Konflikts rekonstruiert und in Zusammenhang setzt mit dem psychodynamischen Aspekt.

Was sich außerdem in der Supervision spiegeln kann und auch dort nutzbar gemacht werden kann, sind dysfunktionale Formen von Selbstanalyse und Selbstregulation der Gruppe. Auch in der Supervision wird sich zeigen, wie die Gruppe Entscheidungen trifft, wie sie mit Vereinbarungen umgeht, wie sie Informationen sammelt und ob sie die Ressourcen der ganzen Gruppe nutzt. Weiterhin wird deutlich werden, wie sie mit Führung umgeht und welche Rollenverteilung es gibt. Daß diese Prozesse in einem anderen System stattfinden, hat einen gewissen Verfremdungseffekt und hilft so den Beteiligten, ihre Organisation von Gruppenprozessen als auffällig und informativ zu empfinden und darüber zu diskutieren. Der Supervisor hat die Aufgabe, Inszenierungen solcher dysfunktionaler Formen von Selbstregulation aufzuzeigen und sie zum Behandeln des Arbeitsthemas nutzbar zu machen.

Abweichungen von der Normalform – ich fasse zusammen – werden in diesem Programm, wie in den anderen auch, durch Hinweise auf die anstehenden Arbeitsaufgaben zunächst zu korrigieren versucht. Man kann diese Regulation von Abweichungen dann noch ein- oder zweimal wiederholen, falls sich immer wieder Abweichungen entwickeln. Lassen sich die Abweichungen nicht regulieren, kann man versuchen, sie als Symptom für eine *Inszenierung* des besprochenen Problems zu verstehen und, falls dies möglich ist, den Ablauf der Inszenierung mit seinen verschiedenen Phasen zu initiieren. Ist es nicht möglich, Strukturgleichheiten zwischen dem interaktiven Geschehen in der Supervision und dem behandelten Teamproblem zu finden, dann hat der Supervisor in diesem Programm eine weitere Möglichkeit: Er kann *Verfahren anbieten,* um Abweichungen, die sich weder durch Korrektur noch durch das Einsetzen des Inszenierungsmodells regulieren lassen, von der Gruppe selbst analysieren zu lassen. Der Supervisor kann eine Übung anbieten, in der die betreffende Schwierigkeit der Gruppe durchgespielt werden kann. Auch kann man mit Hilfe von Fragestellungen oder Fragebögen eine Selbsteinschätzung der Gruppe zu diesem Problem erheben und auswerten. Die letzte Möglichkeit, wenn alle diese Selbstregulationsversuche nicht greifen, ist ein *Wechsel zum Programm Selbstthematisierung.*

6 Die Selbstregulation des Systems

In den drei vorangegangenen Kapiteln habe ich Phänomene beschrieben, die direkt beobachtbar waren: Aus der Analyse von Transkriptionen von Supervisionssitzungen kann man ableiten, welche Rollen für dieses System typisch sind und welche ihre wesentlichen Aktivitäten sind. Darüber hinaus kann man erfahren, wie sich die Beziehungen zwischen diesen Rollen gestalten (Komplexitätsdimension). Die relevante Umwelt des Systems und die Grenzen des eigenen Systems kann man aus den Beiträgen der Gruppenmitglieder zur Selbstidentifizierung und zur Zuschreibung von Ereignissen zu Umweltsystemen rekonstruieren (Differenzierungsdimension). Den Ablauf der drei Programme erhält man, wenn man die Interaktion sequenziert und nach den wesentlichen kooperativen Aufgaben, den interaktiven Beziehungen und nach den Themen fragt, die in den einzelnen Phasen vom System gelöst, hergestellt und fokussiert werden (dynamische Dimension).

In diesem Kapitel werde ich mich mit Phänomenen beschäftigen, die sich nicht mehr direkt und unmittelbar beobachten lassen, sondern aus dem Datenmaterial und aus den Beschreibungen dieser drei Dimensionen erschlossen werden müssen. Ich untersuche hier die *Selbststeuerung des Systems* und das Selbstbild, das das System von sich hat, *seine Identität*. Die leitende Fragestellung bei dieser Untersuchung ist, wie sich das System für sich selbst und für seine Umwelt repräsentiert. Man kann davon ausgehen, daß das Selbstbild, oder man könnte auch sagen, *das Modell, das das System von sich hat, als eine Art Programm alle Vorgänge im System steuert.* Dieses Modell oder Selbstbild muß deshalb mindestens so komplex sein wie das System selbst, weil es sonst nicht seinen Bestand erhalten könnte. Auch muß das Modell allgemeiner formuliert sein als die Prozesse oder Ereignisse im System, weil es sonst nicht auf alle empirisch vorfindlichen Fälle anzuwenden ist und weil mit einer starken Spezifizierung zuviel festgelegt würde, so daß im Einzelfall dann kein Spielraum mehr zur Verfügung stünde.

Wie sich Systeme selbst steuern, ist eine Frage, auf die die Kybernetik und die Systemtheorie antworten können. Unter kybernetischer Perspektive erscheint die Supervision als ein informationsverarbeitendes System, das eine zirkulär rückgekoppelte Struktur aufweist. Ich unterscheide hier in Anlehnung an Giesecke (1988) vier Formen der Selbststeuerung des Systems:

- *Normalformerwartungen* bei den einzelnen Mitgliedern des Systems. Normalformerwartungen sind Selbststeuerungsprogramme von Elementen (Rollen) von Systemen. Sie werden als „soziale Selbstrepräsentation des Systems" beschrieben. Man fragt, wie die Strukturen des Systems bei den einzelnen Elementen repräsentiert sind, und erhält als Antwort: durch Normalformerwartungen.
- Die zweite Form der Selbststeuerung ist die *Selbstregulation von Prozessen im System.* Hier handelt es sich nicht mehr um Steuerungsmechanismen von einzelnen Elementen des Systems, sondern um grundlegende Selbststeuerungsmechanismen des ge-

samten Systems. Das System steuert seine Prozesse, indem es Teilsysteme ausbildet, die einen bestimmten Beitrag zur Erreichung der Ziele des Systems liefern sollen. Diese Teilsysteme kann man unter kybernetischer Perspektive als „Schaltkreise" betrachten. Man untersucht, wie das System die Schaltkreise aneinanderreiht, wie es den Ausstieg aus einem und den Einstieg in den nächsten Schaltkreis regelt und an welchen Stellen dieser Kreise „Schaltstellen" vorgesehen sind, die einen Einstieg in einen neuen Kreis ermöglichen.

- *Die Steuerung der Informationsverarbeitung* im System ist die dritte Form der Selbstregulation, die hier untersucht wird. Wesentliche Steuerungsmechanismen sind die „Selbstidentifizierung", die „Zuschreibung von Informationen zum eigenen System" und die „Zuschreibung von Informationen zu Umweltsystemen". Jedes System verfügt über bestimmte Zuschreibungsregeln, nach denen es die Informationen zunächst danach differenziert, ob sie Informationen über das eigene System und dessen Strukturen sind oder über angrenzende Umweltsysteme.[1] Damit erhält es seine Identität und zieht die Grenzen zu den es umgebenden Umweltsystemen. Sind die Informationen im ersten Schritt identifiziert worden, dann werden sie entweder weiterverarbeitet, wenn es sich um „informative Informationen" handelt, oder sie werden vernachlässigt, wenn es sich um redundante Informationen, um Informationen über die Strukturen des eigenen Systems handelt. Auch für die Weiterverarbeitung von informativen Informationen hat jedes System Regeln und Maximen ausgearbeitet.
- Ist der Bestand des Systems gefährdet, kann es seine ansonsten latent bleibenden Strukturen, man kann auch sagen, seine Identität thematisieren. Es bilden sich besondere, vom übrigen Ablauf abgegrenzte Teilsysteme aus, die der *Selbstreflexion seiner Strukturen* dienen. Durch diese Thematisierung werden die latenten Strukturen manifest und auch in ihrem Bestand gesichert.

So kann man die Selbstregulation eines Systems erfassen. Wie nun die *Identität* eines bestimmten Systems aussieht, erfährt man, wenn man untersucht, mit welchen „Inhalten" ein System diese selbstregulativen Mechanismen füllt: Welches sind die Normalformerwartungen der Elemente dieses Systems? Welche miteinander vernetzten Teilsysteme bildet es aus und wie organisiert es ihre Verknüpfung? Welche Zuschreibungsregeln hat es ausgebildet, um Informationen zu identifizieren, und welche Maximen für die Weiterverarbeitung von Informationen existieren? Wie organisiert das System die Thematisierung seiner eigenen latenten Strukturen, die Selbstreflexion? Die Beantwortung aller dieser Fragen führt zur Rekonstruktion des Selbstmodells, der Identität des Systems. Hilfreich ist hierbei die Untersuchung von Passagen, in denen das System Selbstreflexion betreibt und eben diese oben genannten Fragen für sich zu beantworten sucht, weil die Selbststeuerung in einem Punkt versagt hat. Selbstreflexion hat ja die Funktion, die Identität des Systems zu sichern, indem sie Teile seiner Identität thematisiert.

---

[1] Ein Beispiel für eine Zuschreibung von Informationen zu angrenzenden Umweltsystemen ist die folgende: „Dies gehört nicht hierher, das ist ein ganz persönliches Problem von dir." Diese Information wird vom System nicht weiterverarbeitet, sondern seiner überkomplexen Umwelt zugeschrieben. Würde das System diese Information über ein Umweltsystem weiterverarbeiten, dann würde die Zuschreibung etwa so aussehen: „Das ist ja nun eine ganz persönliche Einschätzung, was bedeutet sie denn für das Handeln von Herrn X in diesem Fall?"

Die bei einer solchen Analyse ermittelte Identität eines Systems und die erschlossenen Formen seiner Selbststeuerung können nur Hypothesen sein. Diese Hypothesen können aber nicht wie alle bisherigen Hypothesen über die Strukturen der drei anderen Dimensionen am Datenmaterial überprüft werden, sondern nur durch die Praxis der Supervision. Als verifiziert können sie gelten, wenn die Repräsentanten dieses Systems, die Supervisoren, sie als Selbstbeschreibung übernehmen, sie als Versprachlichung und als Systematisierung ihres ohnehin schon vorhandenen, aber latenten Wissens über das System verstehen. Benutzen weniger erfahrene Supervisoren diese Selbstbeschreibung, um ihre Supervision zu organisieren und um sich in den Prozessen dieses Systems zurechtzufinden, dann wird diese Beschreibung zur „externen Strukturverstärkung" – im Gegensatz zur „internen Strukturverstärkung", die durch Reflexion über die latenten Strukturen des Systems zustandekommt (vgl. dazu auch Giesecke 1988, S. 41).

Diese Perspektive auf die Regulation der Prozesse in der Supervision wird üblicherweise kaum eingenommen. Man findet in der Literatur meist Beschreibungen der Regulation der Prozesse durch ein Element des Systems, den Supervisor. Daß er als Repräsentant des Systems die Abläufe sehr gut kennt und die Prozesse wesentlich mitsteuert, wird hier nicht bezweifelt. Nur verführt diese Fixierung auf den Leiter leicht dazu, zu vergessen, daß er nur ein Element des Systems ist, das in komplizierten Wechselwirkungen mit den anderen Elementen steht. Es ist doch eigentlich eher entlastend zu wissen, daß er lediglich Anleitungen geben und nicht allein die Prozesse im System steuern und kontrollieren kann. Hätte er alles in der Hand, käme er ja unter einen enormen Leistungsdruck und müßte sich alle Schwierigkeiten selbst zuschreiben. Diese Einstellung hat auch zur Folge, daß die Fähigkeit der Supervisanden, sich selbst zu regulieren, unterschätzt wird. Hat man es sich zum Ziel der Supervision gesetzt, Hilfe zur Selbsthilfe zu geben, oder anders ausgedrückt, sie zur beständigen Selbstreflexion und Selbstveränderung zu befähigen, dann wäre es kontraindiziert, in der Supervision auf die Regulation aller Prozesse durch den Leiter zu setzen. Ich denke, man kann gerade an dieser Frage der Selbstregulation gut sehen, wie sich die systemtheoretische Perspektive mit den hier postulierten Lernzielen und der Ethik dieses Supervisionskonzepts vereinbaren läßt.

In den folgenden vier Abschnitten werde ich die vier Formen der Selbstregulation untersuchen, wie sie sich in diesem Supervisionssystem darstellen. Zu Beginn jedes Abschnitts werde ich aus Gieseckes Arbeit (1988) die leitenden Fragestellungen zur Untersuchung der jeweiligen Selbstregulationsform zitieren oder sie ggf. kurz zusammenfassen. Daß es bei der Analyse zu Wiederholungen kommen kann, ist prinzipiell unvermeidlich, wenn man alle vier Dimensionen eines Systems untersucht. Man betrachtet die gleichen Strukturen der dynamischen, der Komplexitäts- und der Differenzierungsdimension hier noch einmal unter einer anderen Perspektive. während man z.B. in der Untersuchung der Differenzierungsdimension danach gefragt hat, welches die relevanten Umwelten des Systems sind, fragt man hier, welche Typen von Informationen das System welchen Umwelten zuschreibt und wie es die Verarbeitung von Informationen über relevante Umweltsysteme steuert.

6.1 Gemeinsame Erwartungen aller Beteiligten

In der Theorie sozialer Systeme werden die Erwartungen, die das Handeln der Rollen bzw. der Rollenträger steuern, als soziale Selbstrepräsentation bezeichnet. Das heißt, daß die Strukturen des Systems bei dessen Elementen selbst repräsentiert sein müssen. Eine Definition:

> Unter dem Problem der sozialen Selbstrepräsentation verstehe ich das Problem, daß die Strukturen der drei Dimensionen (Komplexität, Differenzierung und Dynamik) ... den Selektionszentren, den sozialen Rollen verfügbar sein müssen (Giesecke 1988, S. 38).
>
> Die integrierte Repräsentation der Systemstrukturen bei den Rollen nenne ich Normalformerwartungen. Normalformerwartungen sind Programme, die das Verhalten und Erleben der Rollen so steuern, daß sich das System reproduzieren kann. Diese Programme sind überwiegend „latent", aber sie lassen sich prinzipiell sozial thematisieren.
> Ich unterscheide vorläufig vier Typen von Programmen:
> – Situationsdefinitionen (gemeinsame Definitionen von Rahmenbedingungen),
> – Erwartungen über den Ablauf institutioneller Vorgänge (Ablauferwartungen),
> – Erwartungen über Ziele und Funktionen der sozialen Systeme sowie
> – Vorstellungen über den Umgang mit Krisen (Giesecke 1988, S. 38f.)

Will man Normalformerwartungen ermitteln, so kann man sowohl Transkriptionen von Supervisionssitzungen untersuchen als auch Befragungen von Supervisoren und Supervisanden durchführen. Außerdem kann man die Analyseergebnisse der Untersuchung der drei anderen Dimensionen des Systems als Hypothesen über die Normalformerwartungen der Elemente des Systems verwenden. Man nimmt an, „ ... daß die Merkmale dieser Dimensionen bei den Rollen als handlungsleitende und orientierungsrelevante Erwartungen repräsentiert sind" (Giesecke 1988, S. 160). Analysiert man unter dieser Perspektive Transkriptionen, dann werden die interaktiven Ereignisse zu Manifestationen von Normalformerwartungen. Man bildet Hypothesen darüber, wie sich die Beteiligten verhalten müßten, wenn sie nach diesen Erwartungen handeln, und untersucht dann die nachfolgende Interaktion dahingehend, ob diese Hypothesen zutreffen. Handeln die Betreffenden nicht nach diesen Erwartungen, so müßten Korrekturen, zumindest aber Thematisierungen dieser Abweichungen folgen, wenn die unterstellten Normalformerwartungen gelten. Auch wenn Erwartungen immer wieder enttäuscht werden, ist ihre handlungsleitende Funktion nicht außer Kraft gesetzt, denn sie sind „kontrafaktisch stabilisiert".[2] Daß diese Normalformerwartungen den Beteiligten nicht bewußt sind und daß diese oft sogar die Existenz solcher Erwartungen bestreiten, wenn man sie danach fragt, haben wir des öfteren bei Triangulationen feststellen können.[3] Fragt man beispielsweise Supervisanden,

---

[2] Zum Begriff der „kontrafaktischen Stabilisierung" (vgl. Luhmann 1969 und 1975d, S. 62ff.). Der Begriff bedeutet, daß es Erwartungen gibt, die nicht beständig umgestoßen und außer Kraft gesetzt werden, wenn sie enttäuscht werden. So existieren beispielsweise die Verkehrsregeln auch dann weiter, wenn jeden Tag Hunderte von Verkehrsteilnehmern dagegen verstoßen.

[3] Wir haben Triangulationssitzungen mit mehrere Supervisionsgruppen im Rahmen des DFG-Projekts zur Normalform der Fallarbeit durchgeführt. Den Supervisanden und dem Leiter wurden Transkriptionen vergangener Supervisionssitzungen vorgelegt, und man befragte sie dazu (vgl. Giesecke 1979; Bielke 1979; Giesecke u. Rappe-Giesecke 1994, Abschn. 3.5). Es handelt sich hierbei um ein in den Sozialwissenschaften gebräuchliches Verfahren zur Rekonstruktion von Wissensbeständen der Beteiligten.

172

nach welchen Regeln sie an einer bestimmten Stelle in einer vorangegangenen Supervisionssitzung gehandelt haben, so wird meist gesagt, daß es keine Regeln für diese Situation
gebe, es komme auf verschiedene Umstände an, und jede Situation sei anders. Analysiert
man die betreffende Stelle dann mit der Normalformanalyse und weist nach, daß die Betreffenden nach den und den Normalformerwartungen gehandelt haben, dann setzt meist
Erstaunen und Ungläubigkeit ein. Auf dieses Wissen über die zuvor latenten Strukturen
wird dann, so berichteten uns die Leiter, in den nächsten Supervisionssitzungen scherzhaft referiert.

Die Repräsentanten des Systems, in diesem Fall die Supervisoren, haben demgegenüber meist sehr ausgearbeitete und differenzierte Erwartungen über die Abläufe in diesem
System. Diese Erwartungen sind aber auch latent und können selbst bei Befragen oft
nicht sprachlich begrifflich präsentiert werden. Legt man den Supervisoren allerdings die
rekonstruierten Normalformmodelle vor, so können sie oft bestätigen, daß sie sich an diesem Muster orientieren.[4] Normalformerwartungen entwickeln sich durch die Teilnahme
an Supervisionsgruppen. Sie werden nicht gelehrt, sondern in der praktischen Ausbildung
indirekt gelernt. So ist es z. B. die Aufgabe des Leiters, der Supervisoren ausbildet, Nor-
malformverletzungen durch einen Hinweis auf die Normalform des Ablaufs zu korrigieren. Diese Korrekturen tragen zur Etablierung der Normalform in der Gruppe und zur
Stabilisierung der Erwartungen bei den Teilnehmern bei.

Auch die Supervisanden lernen die Normalformerwartungen nicht durch Instruktionen,
die ihnen der Supervisor gibt. Sie werden im Laufe der ersten Sitzungen damit vertraut,
weil der Leiter die Normalform des Ablaufs immer wieder herstellt und Abweichungen
korrigiert. Einzelne Normalformerwartungen, so z. B. über die Rahmenbedingungen der
Arbeit, werden sich bei den Supervisanden schon vor Beginn der Supervision etabliert
haben, weil sie zum allgemeinen Wissen über Supervision gehören.

> Die Analyse ist abgeschlossen, wenn man eine Liste von Normalformerwartungen hat, von der man
> annimmt, daß sie die Mindestvoraussetzungen dafür sind, daß die Rollen sich in den sozialen Systemen
> programmgemäß verhalten können (Giesecke 1988, S. 160).

Ich komme nun zur Darstellung der Analyseergebnisse. Zunächst werden die Normalformerwartungen über die Rahmenbedingungen der Supervision, dann diejenigen über
die Ziele und Funktionen der Supervision, diejenigen über den Ablauf der Supervisionsarbeit und schließlich diejenigen über den Umgang mit Krisen dargestellt. Die nun folgenden Normalformerwartungen sind solche, die von Leiter und Gruppenmitgliedern geteilt werden. Darüber hinaus hat der Leiter noch differenziertere Erwartungen, nach denen er mehr oder weniger bewußt handelt. Ich erläutere diese Erwartungen hier nicht,
sondern weise darauf hin, daß man die Darstellung der drei vorhergehenden Kapitel auch
so lesen kann, daß sie die Normalformerwartungen des erfahrenen Supervisors bilden.

---

[4] Vgl. Eicke 1983, S. 11. Manche Leiter bestreiten aber auch, daß diese Normalformerwartungen eine
Relevanz für sie bei der Leitung haben, und betonen die Bedeutung der Übertragungs- und Gegenüber-
tragungsprozesse für ihre Arbeit.

6.1.1 Normalformerwartungen über die Rahmenbedingungen der Gruppen- und Teamsupervision

Supervision ist ein System, das der Reflexion professioneller Beziehungen zu Klienten, Kollegen, Vorgesetzten, Untergebenen und relevanten Umweltsystemen dient. Es grenzt sich auf der einen Seite gegen therapeutische Institutionen wie Therapie- und Selbsterfahrungsgruppen ab und auf der anderen Seite gegenüber Systemen, in denen Lehrende ihr Wissen in Form von Instruktionen an Lernende weitergeben.

Wie wird nun der Professionelle typisiert, der als Supervisand an einer solchen Gruppe teilnimmt? Bei der Reflexion über seine Beziehungen zu Klienten wird er nicht als Personalsystem in seiner gesamten Komplexität und biographischen Gewordenheit betrachtet, sondern es werden nur diejenigen Anteile seines Personalsystems einbezogen, die störend auf die Interaktion mit seinem Klienten eingewirkt haben. Auch bei der Aufarbeitung von Gruppenkonflikten im Programm Selbstthematisierung wird der einzelne nicht als überkomplexes Personalsystem gesehen, sondern es wird sein – u. a. durch seine Biographie geprägter – Anteil untersucht, den er am Gruppengeschehen hat. Probleme in der Supervisionsgruppe werden bis auf ganz wenige Ausnahmen als Problem der ganzen Gruppe behandelt und nicht als Problem von einzelnen Gruppenmitgliedern.[5]

Gelernt wird in der Gruppe – mit gewissen Ausnahmen im Rahmen der Institutionsanalyse – nicht durch das Vermitteln und Aufnehmen von Fachwissen, sondern durch das gemeinsame Bearbeiten und Verstehen von problematischen Situationen aus dem beruflichen Alltag der Gruppenmitglieder. Dabei spielt das Verstehen des eigenen Erlebens in diesen problematischen Situationen eine große Rolle. Die Gruppenmitglieder lernen ihr eigenes Erleben systematisch mit in das berufliche Handeln einzubeziehen. Der Supervisor „lehrt", indem er praktisch vorführt, wie man eine Situation analysieren und verstehen kann. Er vermittelt Verfahren der Selbstanalyse von Professional-Klient-Beziehungen (Analyse der Übertragungs- und Gegenübertragungsbeziehungen) und von Gruppenprozessen (vgl. Abschn. 5.4.1), gibt aber keine Problemlösungen vor. Er ist „Fachmann" für Psychodynamik und Gruppendynamik und als solcher in der Lage, unbewußte Vorgänge im Fall und in der Gruppe zu verstehen und zu deuten. Die Verantwortung für ihr berufliches Handeln und für das, was sie aus der Supervision in ihre Praxis übernehmen, tragen aber allein die Supervisanden. Er ist nicht der Fachmann für ihre Profession wie etwa der Praxisanleiter in der Sozialarbeit oder der Kontrollsupervisor in der Psychoanalytikerausbildung. Mit der Zeit werden die Gruppenmitglieder einiges von diesem psychodynamischen und gruppendynamischen Wissen des Leiters über ihre eigene emotionale Beteiligung am Gruppenprozeß und deren Reflexion erwerben.

Die letzte Normalformerwartung über das Setting der Supervision, die ich hier aufführen möchte, ist die folgende: Supervision ist ein eigenständiges soziales System, das sich nach außen gegen den beruflichen Alltag seiner Mitglieder abgrenzt. Die in der Supervision besprochenen Dinge werden üblicherweise geheimgehalten, wenn man nicht bei der Supervision von Teams bestimmte Ausnahmen von vornherein vereinbart. Damit verbunden ist die Erwartung, daß alle Supervisanden unabhängig von ihrem beruflichen

---

[5] Eine Ausnahme bildet die Möglichkeit, daß ein Gruppenmitglied psychisch schwer gestört ist und die Belastungen der Selbstreflexion und der Gruppendynamik nicht erträgt. Dies muß dann als individuelles Problem und nicht als Gruppenproblem typisiert werden, und es muß erwogen werden, ob das Mitglied in der Gruppe bleiben kann.

Status und ihrer Professionszugehörigkeit in der Supervision prinzipiell gleich sind. Die Supervisanden typisieren sich hier in erster Linie durch die Aufgaben, die sie in diesem System haben, und nicht durch Merkmale, die für Umweltsysteme relevant sind. Eine prinzipielle Ungleichheit hingegen besteht zwischen ihnen und dem Leiter, die nur an ganz bestimmten Stellen kurzfristig aufgehoben und im Laufe des Prozesses durch die Erfahrungen der Teilnehmer geringer wird.

6.1.2 Normalformerwartungen über Ziele und Funktion der Gruppen- und Teamsupervision

Man kann zwei Ziele der Gruppen- und Teamsupervision unterscheiden. Die Verbesserung der professionellen Kompetenz der Supervisanden im Umgang mit ihren Klienten und die Verbesserung der Kooperation von Teams und damit verbunden die Effektivierung ihrer Arbeit.

Die Verbesserung der professionellen Kompetenz im Umgang mit Klienten wird durch eine begrenzte Selbsterfahrung des Supervisanden erreicht. Der Supervisand lernt, zu welchen Übertragungs-/Gegenübertragungsbeziehungen er neigt, wenn von Klienten entsprechende unbewußte Angebote gemacht werden. Der Supervisand lernt, mit welchem Typus von Klienten er welche Schwierigkeiten hat und wie sich diese auf die Effektivität seiner Bemühungen auswirken. Er lernt seine sog. blinden Flecken kennen. Daß er die Ergebnisse dieser Selbsterfahrung auch außerhalb der professionellen Arbeit anwenden kann, ist ihm unbenommen. Vermittelt über die Fallbearbeitungen lernen die Supervisanden im Laufe des Gruppenprozesses auch grundsätzlich etwas über die Psychodynamik von menschlichen Beziehungen und über das Wirken unbewußter Beziehungsmuster.

Die Supervision hat also eine Funktion sowohl für die Professional-Klient-Beziehungen und für den Professional als auch für das gesamte Team. Durch einen gelungenen Prozeß steigert sich die Effektivität der Klientenbetreuung insgesamt. Vermittelt darüber hat die Supervision dann auch eine Funktion für die übergeordneten Organisationen, denen die Professionellen oder das Team angehören.

Die Verbesserung der Kooperativität im Team ist das zweite Ziel der Gruppensupervision, das im Rahmen der beiden Programme Institutionsanalyse und Selbstthematisierung erreicht werden soll. Die Erhöhung der Arbeitszufriedenheit der Teammitglieder und die Verbesserung des Arbeitsklimas ist die eine Seite dieser Bemühungen, die andere Seite ist die der Effektivierung der Arbeit des Teams. Die leitende Fragestellung bei dem zuerst genannten ist, welche gruppendynamischen und institutionsspezifischen Probleme eine Kooperation behindern, die zweite Frage ist, wie die Informations- und Entscheidungsprozesse so organisiert werden können, daß das Team seine Arbeitsaufgaben optimal erfüllen kann. Die Supervision hat also auch in diesem Bereich eine Funktion für das Team als dem Subsystem einer Organisation und vermittelt darüber auch für die Organisation, die von der Arbeit des Teams profitieren wird.

6.1.3 Normalformerwartungen über den Ablauf der Arbeit

Über den Ablauf des gesamten Supervisionsprozesses bilden sich folgende Erwartungen heraus: Vor Beginn der „eigentlichen Supervisionsarbeit" werden besondere Treffen stattfinden, in denen geklärt wird, ob die Gruppe mit einem bestimmten Supervisor arbeiten will. Ist diese Entscheidung gefallen, verständigt man sich gemeinsam darüber, in welchem Rahmen man welche Probleme bearbeiten will. Diese Einigung wird in Form eines Vertrages festgehalten. Die „eigentliche Supervisionsarbeit" findet dann in einzelnen Sitzungen statt, die zeitlich begrenzt sind. Es wird eine bestimmte Anzahl von Sitzungen festgelegt, oder es wird ein Zeitraum bestimmt, den die Supervision einnehmen soll. Es steht vor Beginn der Arbeit also schon fest, mit welchen Programmen man arbeiten wird: mit der Kombination aus Fallarbeit und Gruppendynamik, mit der aus Institutionsanalyse und Selbstthematisierung oder mit allen drei Programmen. Eventuell einigt man sich noch darauf, besonders markierte Auswertungssitzungen abzuhalten.

Über den Ablauf der Sitzungen im jeweiligen Programm bilden sich dann die jeweils typischen Erwartungen heraus. Ich nehme an, daß die Mindestvoraussetzung, die eine Orientierung der Supervisanden ermöglicht, Erwartungen über die einzelnen Phasen des Ablaufs einer Sitzung und die kooperativen Probleme sind, die in diesen Phasen gelöst werden. Weder müssen die Beiträge, die die einzelnen Rollen zur Lösung dieser Aufgaben bringen, noch die interaktiven und kommunikativen Probleme als Normalformerwartungen vollständig repräsentiert sein, damit sich das System reproduzieren kann. Bearbeitet man eine bestimmte Arbeitsaufgabe, dann muß man zwangsläufig bestimmte Standpunkte einnehmen und damit auch bestimmte Beziehungen zu den anderen Teilnehmern konstellieren (interaktive Probleme), und man muß auch auf bestimmte Themen referieren (kommunikative Probleme). Eine weitere Begründung dafür, daß lediglich die kooperativen Probleme der einzelnen Phasen als Normalformerwartungen bei den Teilnehmern repräsentiert sein müssen, ist die empirische Tatsache, daß der Supervisor bei der Korrektur von Abweichungen von der Normalform immer auf diese kooperativen Probleme hinweist und nicht auf die Beziehungen, die zu konstellieren sind, oder auf die Themen, auf die man referieren soll.[6] Diese Hinweise werden sich bei den Supervisanden in Form von Normalformerwartungen niederschlagen und im Laufe der Zeit zur kontrafaktischen Stabilisierung dieser Erwartungen beitragen und so die Selbststeuerung sicherstellen.

Die Normalformerwartungen über den Ablauf der Fallarbeit sehen so aus: Man kann grob fünf Phasen des Ablaufs unterscheiden: die Vorphase, die Aushandlungsphase, die der Falleinbringung und die der Fallbearbeitung und die Abschlußphase. Die kooperativen Probleme, die in den einzelnen Phasen zu lösen sind, sind die folgenden:[7]

---

[6] Vgl. dazu meine Untersuchungen an Leiterinterventionen, die der Korrektur von Abweichungen dienen (Rappe-Giesecke 1983b, insbesondere Spalte III der Tabelle auf S. 76f. und die Analyse der Transkriptionsausschnitte, S. 79–87, sowie Giesecke u. Rappe-Giesecke 1994, Abschn. 6.1).

[7] Da Normalformerwartungen die Strukturen des Systems sind, die bei den Elementen des Systems repräsentiert sind, kann ich hier aus den rekonstruierten Normalformabläufen die einzelnen Positionen übernehmen (vgl. Tabelle 6, S. 122f.)

Vorphase
1. Konstitution der Gruppe.
2. Klärung der (voraussichtlichen) Zusammensetzung der anstehenden Gruppensitzung.
3. Klärung von organisatorischen Fragen des zukünftigen Gruppenprozesses und Einigung über die Wahl des Programms bzw. den Wechsel des Programms.
4. Beenden der Vorphase und Einigung über den Beginn der Arbeit in diesem Programm.

Aushandlungsphase
1. Einigung auf ein Arbeitsthema und einen Fallvortragenden oder Erzähler.
2. Sondieren der Vertrauensbasis in der Gruppe für das Fallangebot.

Falleinbringungsphase
Herstellen eines kollektiven Phantasmas über einen Ausschnitt aus der Biographie eines Teilnehmers.

Fallbearbeitungsphase
1. Rekonstruktion der Ereigniskette, der Typisierungen der Figuren der Erzählung und ihrer Beziehungen untereinander.
2. Rekonstruktion des (problematischen) Erlebens des Erzählers und der relevanten Figuren der Erzählung.
3. Einigung auf eine allgemeine Typisierung des (veränderten) Problems des Erzählers.
4. Versuch, die Bedeutung des (problematischen) Erlebnisses des Erzählers a) für diesen selbst und b) für das professionelle Handeln der Teilnehmer zu klären.
5. Selbstreflexion des Sitzungsablaufs. Versuch, die Bedeutung der Sitzung für den historischen Gruppenprozeß zu klären.

Abschlußphase
1. Beendigung der Fallarbeit.
2. Einigung auf die Weitergabe in diesem Programm oder auf einen Programmwechsel.
3. Auflösung der Gruppensitzung.

Die Erwartungen über den Ablauf der Sitzungen, die nach dem Programm Selbstthematisierung verlaufen, sehen so aus: Man kann neun Phasen unterscheiden: Programmwechsel, Aushandlung, Materialproduktion, Problembearbeitung, Problemtypisierung, Verständigung über die Bedeutung des Problems, Selbstreflexion des Sitzungsablaufs, Programmwechsel und die Abschlußphase. Die kooperativen Probleme, die bei den Beteiligten sich als Normalformerwartungen über den Ablauf in diesem Programm herausbilden sollten, sind die folgenden (vgl. Tabelle 10, S. 144f.).

Programmwechsel
Einigung über die Notwendigkeit eines Programmwechsels zur Selbstthematisierung.

Aushandlungsphase
1. Einigung auf ein Arbeitsthema, eine vorläufige Formulierung des Problems der Gruppe, auf einen oder mehrere Repräsentanten des Problems und einen oder mehrere Beiträge zu diesem Thema.
2. Sondieren der Vertrauensbasis in der Gruppe für die Behandlung dieses Problems.

Materialproduktion
Herstellen eines kollektiven Phantasmas über eine oder mehrere Sichtweisen der Gruppensituation.

Problembearbeitung
Rekonstruktion des Erlebens der kritischen Gruppensituation durch alle Gruppenmitglieder und ihrer Bewertungen einschließlich des Leiters.

Typisierung des Problems
Einigung auf eine Typisierung des (durch die Bearbeitung veränderten) Problems der Gruppe.

Verständigung über die Bedeutung des Problems
1. für die Beziehungen in der Gruppe,
2. den krisenhaften Ablauf der Fallarbeit oder die Krisen bei der institutionsanalytischen Arbeit.

Selbstreflexion des Ablaufs
Verständigung über die Bedeutung dieser Sitzung und des Programmwechsels für den historischen Gruppenprozeß.

Programmwechsel
Verständigung über den Abschluß dieses Programms und den Wechsel zur Fallarbeit bzw. Institutionsanalyse bzw. erneute Wahl dieses Programms für die nächste Sitzung.

Abschlußphase
Auflösung der Gruppensitzung.

Normalformerwartungen über den Ablauf der Sitzungen im Programm Institutionsanalyse haben folgende Struktur: Es lassen sich sieben Phasen unterscheiden: Programmwechsel oder Programmwahl. Datensammlung, Datenfeedback, Problembearbeitung, Überprüfen der Problemlösung, Programmwechsel und die Abschlußphase. Folgende kooperativen Probleme werden in diesen sieben Phasen zu lösen sein (vgl. Tabelle 12, S. 164f.):

Programmwechsel oder -wahl
Einigung über den Wechsel zu diesem Programm/über die Wahl dieses Programms.

Datensammlung
Produktion von für das gewählte Arbeitsthema relevanten Selbstbeschreibungen des Teams.

Datenfeedback
Herstellen eines kollektiven Wissensraums über die Selbsteinschätzung der Gruppe zum ausgewählten Thema.

Problembearbeitung
1. Rekonstruktion der Selbstbeschreibung des Teams.
2. Analyse der a) von der Umwelt vorgegebenen oder der selbstgesetzten Strukturen des Teams und b) der faktisch vorfindlichen Strukturen.
3. Analyse der vom Team angestrebten Strukturen ihres Systems.
4. Erarbeitung einer funktionalen Selbstbeschreibung der Strukturen des Systems.

Überprüfung der Problemlösung
Verständigung über die Relevanz der Problemlösung für den professionellen Alltag und über Möglichkeiten zur Durchsetzung und Stabilisierung der Lösung.

Programmwechsel
Verständigung über den Programmwechsel.

Abschlußphase
Auflösung der Sitzung.

6.1.4 Normalformerwartungen über den Umgang mit Krisen

Supervisionsgruppen haben mehrere Möglichkeiten, mit Krisen im System umzugehen, entsprechend komplex sind die Normalformerwartungen.

Abweichungen von der Normalform des Ablaufs sind keine Krisen, sie kommen immer wieder vor und werden durch die Rückführung auf die Arbeit nach der Normalform korrigiert. Meist hat der Leiter die Aufgabe, Abweichungen zu regulieren; wenn die Gruppe mit der Zeit die Strukturen des Systems gut kennt, kann sie es selbst auch tun. Abweichungen werden reguliert, indem man auf die in dieser Phase anstehende kooperative Aufgabe hinweist.

Krisen werden in Supervisionsgruppen nicht etwa als vermeidbare Fehler aufgefaßt, sondern als Lernhilfen. Die Bearbeitung von Krisen hat wesentlichen Anteil am Erkenntnisfortschritt der Gruppe. Die Gründe für Krisen werden in emotionalen und unbewußten Vorgängen gesucht, die entweder den Professional-Klient-Beziehungen, den Beziehungen im Team außerhalb der Supervision oder dem unbewußten Gruppenprozeß der Supervisionsgruppe selbst zuzuschreiben sind.

Die Bearbeitung von Krisen ist eine Systemleistung. Sie können nicht allein vom Leiter normalisiert werden wie die einfachen Abweichungen, sondern die ganze Gruppe ist an der Krisenbearbeitung beteiligt. Das System bildet dazu besondere Teilsysteme aus. Eines ist die Arbeit mit Inszenierungen, bei der man folgendermaßen vorgeht: Die Supervisionsgruppe wird als Spiegel betrachtet, in dem sich Probleme aus anderen angrenzenden Systemen zeigen, seien es Professional-Klient-Beziehungen oder Probleme im Team. Die Gruppe thematisiert sich selbst, insofern sich in ihren Strukturen die Strukturen des anderen Systems spiegeln. So werden Krisen der Fallarbeit dadurch bearbeitet, daß man die in der Supervisionsgruppe sich abspielenden Vorgänge als Reflex der Vorgänge in der betreffenden Professional-Klient-Beziehung versteht (vgl. Inszenierungsmodell). In diesem Fall ist kein Programmwechsel nötig, man bleibt im Programm Fallarbeit und bearbeitet die Spiegelung des Falls, oder man bleibt im Programm Institutionsanalyse und rekonstruiert die Spiegelung von Teamproblemen. Zum Programm Selbstthematisierung, das in dieses Modell als zweites Krisenbearbeitungsschema eingebaut ist, kann man in den folgenden Fällen wechseln: Hat man es in der Fallarbeit mit einem Problem zu tun, was nicht aus dem Fall, sondern aus dem unbewußten Gruppenprozeß kommt, dann kann man im Rahmen der Selbstthematisierung die Probleme der Gruppenmitglieder untereinander oder mit dem Leiter direkt thematisieren. Von der Institutionsanalyse zur Selbstthematisierung sollte man wechseln, wenn bei der Arbeit im ersten Programm Probleme deutlich werden, die in der Gruppendynamik des Teams ihre Ursache haben.

Diese emotionalen Probleme können dann im Rahmen der Selbstthematisierung direkt angegangen werden. Hat die Gruppe diese Teilsysteme zur Krisenbearbeitung durchlaufen, kann sie zu dem Punkt des Ablaufs zurückkehren, an dem die Krise aufgetreten ist, die jeweilige Arbeitsaufgabe lösen, die sie aufgrund der Krise nicht bearbeiten konnte, und dann im Ablauf der Sitzung fortfahren.

6.2 Grundlegende Steuerungsmechanismen des Systems

Die Perspektive richtet sich nun nicht mehr darauf, wie sich die Elemente des Systems selbst steuern, sondern nach welchen Programmen das System seine Prozesse selbst steuert. Man betrachtet das soziale System unter kybernetischer Perspektive als „selbstregulatives, flexibel rückgekoppeltes System" (Giesecke 1988, S. 162). Die Teilsysteme, die das System ausbildet, um seine Prozesse zu sequenzieren, werden als „Schaltkreise" betrachtet, als zirkuläre Prozesse also. Es wird untersucht, welche Schaltkreise das System ausbildet, unter welchen Bedingungen von einem Schaltkreis zum anderen umgeschaltet werden kann und an welchen Stellen des Kreises man aus diesem aussteigen und einen neuen Kreis eröffnen kann. Wie weit man als Forscher die Prozesse zerlegt und wie groß die Untersuchungseinheiten gewählt werden, kann nur vom Untersuchungsinteresse bestimmt werden. Theoretisch ist es möglich, jeden Schaltkreis in immer kleinere Kreise zu zerlegen. Man muß also die relevanten Einheiten festlegen.

Man beschreibt zunächst, wie die Selbststeuerung aussieht, wenn man das ideale Setting dieses Supervisionsmodells, den Standardfall, zugrundelegt. Danach kann man untersuchen, wie sich die Prozeßsteuerung verändert, wenn sich die Ausgangsbedingungen verändern. Jede empirisch vorfindliche Supervision wird in bestimmter Weise von diesem konstruierten Idealfall abweichen. Die Frage ist dann, welche Folgen diese Veränderungen des Settings für die Prozesse und ihre Steuerung haben.

> Jede Veränderung eines Strukturelements dieses Systems hat Auswirkungen auf andere Strukturelemente, und diese hat wiederum Folgen für die Strukturen usw. . . .
> Die Frage lautet dann, welche Folgen haben diese veränderten Faktoren für die einzelnen Dimensionen des Systems? Es kann beispielsweise sein, daß eine Änderung der Funktionen (Differenzierungsdimension) zu Veränderungen in der Ablaufstruktur führt, daß Veränderungen des Settings sowohl zu Umstrukturierungen des Ablaufs als auch zu anderen funktionalen Beziehungen führen . . .
> Einzelne dieser Zusammenhänge werden sich in Form von Maximen oder Algorithmen darstellen lassen: „Wenn" im Setting eines bestimmten Exemplars – abweichend vom Standardfall – eine Differenzierung zwischen den Rollen a und b nicht vorgenommen wird, „dann" werden im Ablauf folgende zusätzliche Sequenzen eingeschaltet/folgende Sequenzen ausgespart/umstrukturiert o. ä. (Giesecke 1988, S. 162f.).[8]

---

[8] Ein Beispiel für die Veränderungen in den anderen Dimensionen, die durch Veränderungen z. B. in der Komplexitätsdimension ausgelöst werden, habe ich in einem Exkurs in Abschn. 5.2.1 beschrieben. Bei der Fallarbeit mit Teams findet eine weitere Differenzierung der Rolle des Gruppenmitglieds in die des Fallvortragenden und die der Fallbetroffenen statt. Diese zieht Veränderungen in der dynamischen Dimension, also im Ablauf der Aushandlungs-, Falleinbringungs- und Fallbearbeitungsphase nach sich (vgl. S. 121f.).

Aus den Abweichungen eines Exemplars vom idealen Setting kann der Supervisor dann bei einiger Erfahrung Prognosen über die Veränderung der anderen Strukturen des Systems und über Veränderungen seiner Selbstregulation ziehen.

Nun zur Darstellung der Selbststeuerung des Systems Gruppensupervision. Als Untersuchungseinheit habe ich einmal die drei Programme gewählt. Sie werden jeweils als Schaltkreis beschrieben, der bestimmte Anschlußstellen aufweist, an denen unter bestimmten Bedingungen zu einem anderen Schaltkreis umgeschaltet werden kann.[9] Daneben habe ich noch eine weitere Untersuchungseinheit gewählt: Die großen Schaltkreise, die Programme, zerlege ich weiter in kleinere, die identisch sind mit den Phasen der Ablaufschemen der dynamischen Dimension. Auch hier beschreibe ich die Vernetzungsmöglichkeiten der Schaltkreise, an denen sie miteinander verkoppelt werden können.[10]

Der „Schaltkreis" Institutionsanalyse
Fällt der Beginn der Arbeit in diesem Programm mit dem Beginn einer Sitzung zusammen, ist es notwendig, in der Vorphase die Gruppe zu konstituieren und die Supervision von dem sie umgebenden professionellen Alltag abzugrenzen.

In der ersten Phase des Ablaufs „Programmwahl oder -wechsel" wird der Anschluß an die vorangegangene Sitzung geschaffen. Entweder befindet man sich am Beginn des Gruppenprozesses und ratifiziert noch einmal die in der Vorphase der Problemdiagnose und im Kontrakt getroffene Entscheidung, mit Institutionsanalyse zu beginnen, oder man befindet sich schon mitten im Gruppenprozeß und schließt an Sitzungen des gleichen Programms an oder muß den Programmwechsel von der Fallarbeit oder der Selbstthematisierung zur Institutionsanalyse organisieren. Diese erste Phase kann man als Schaltstelle zwischen den Programmen und als Schaltstelle zwischen den einzelnen Elementen des gleichen Programms, den Sitzungen, bezeichnen.

Die andere Schaltstelle befindet sich am Ende des Ablaufs, die Phase 6 „Programmwechsel". Hier kann zum Programm Fallarbeit umgeschaltet werden, nicht aber zum Programm Selbstthematisierung. Hat man die vorangegangenen Phasen erfolgreich abgearbeitet, ist am Ende des Ablaufs das Umschalten zur Selbstthematisierung nicht mehr erforderlich. An dieser Schaltstelle kann auch wie bei der ersten zu einer weiteren Sitzung nach diesem Programm umgeschaltet werden.

Zum Programm Selbstthematisierung kann innerhalb des Ablaufs beim Übergang zwischen den einzelnen Phasen umgeschaltet werden. Die Bedingung hierfür ist, daß sich Abweichungen vom normalen Ablauf dieses Programms zeigen, die nicht einfach korrigiert werden können und auf gruppendynamische Konflikte hindeuten. Diese Probleme werden dann nicht mehr innerhalb dieses Programms, sondern im hierfür bestimmten Programm Selbstthematisierung bearbeitet.

---

[9] Man hätte auch die „Elemente des zeitlichen Ablaufs", wie ich sie bei der Darstellung der Komplexitätsdimension in Abschn. 3.1 beschrieben habe, als Schaltkreise auswählen können. Ansatzweise habe ich bei ihrer Darstellung die Verkoppelungsmöglichkeiten und die Bedingungen für ein Umschalten zwischen diesen Kreisen beschrieben, so z. B. zwischen den Elementen Erstkontakt, Kontrakt und Sitzung.

[10] Wir haben die Schaltstellen in der Fallarbeit, wie sie sich im Rahmen des klassischen Balint-Gruppensettings darstellt, schon früher an anderer Stelle beschrieben (vgl. Giesecke u. Rappe 1982, S. 221f., und Rappe-Giesecke 1983b, S. 80–87).

Fällt das Ende des Programms mit dem Ende einer Sitzung zusammen, so findet eine Abschlußphase statt, in der die Supervision als System aufgelöst wird und in der man den Übergang zum professionellen Alltag schafft. Diese Abschlußphase kann an jede abgeschlossene Phase des Ablaufs angehängt werden, wenn das Programm nicht in einer Sitzung abgeschlossen werden kann.

Damit bin ich schon bei der internen Regulation innerhalb dieses großen Schaltkreises. Wie werden nun die kleineren Schaltkreise, die Phasen des Ablaufs miteinander verkoppelt? Ich möchte schematisch darstellen, welches die Schaltkreise sind und an welchen Stellen es welche Schaltmöglichkeiten oder Entscheidungsalternativen für das System gibt. Auf die Besonderheit dieses Programms, daß nämlich die Phasen Datensammlung und Datenanalyse immer wieder durchlaufen werden können, habe ich bereits hingewiesen. Hier wird gezeigt, an welchen Stellen man diese „Schleifen" anschließen kann.

1. Phase: Programmwahl oder -wechsel
a) Umschalten vom Programm Selbstthematisierung oder Fallarbeit auf Institutionsanalyse;
b) Umschalten zwischen zwei Sitzungen des gleichen Programms;
c) Zurückschalten auf Programm Selbstthematisierung beim Auftauchen gruppendynamischer Probleme an dieser Stelle;
d) Zurückschalten auf Programm Falleinbringung, wenn die Bearbeitung von Fällen allen relevanter erscheint als die von organisatorisch-strukturellen Problemen;
e) trifft a oder b zu, dann Umschalten auf Phase 2 dieses Programms.

2. Phase: Datensammlung
a) Umschalten zum Programm Selbstthematisierung, wenn sich gruppendynamische Konflikte zeigen;
b) Umschalten auf Phase 3 dieses Programms;
c) Zurückschalten auf Phase 1 und Aushandlung des Wechsels zur Fallarbeit nicht mehr möglich.

3. Phase: Datenfeedback
a) Umschalten zum Programm Selbstthematisierung bei gruppendynamischen Konflikten oder zur Bearbeitung psychodynamischer Aspekte von organisatorisch-strukturellen Konflikten;
b) Zurückschalten auf Phase 2 dieses Programms und Durchlaufen der Phasen 2 und 3 mit der Möglichkeit, zwischen diesen Phasen auf das Programm Selbstthematisierung umzuschalten;
c) nach Durchlaufen der Möglichkeiten a oder b oder bei unproblematischem Verlauf sofort Umschalten zur Phase 4 dieses Programms.

4. Phase: Problembearbeitung
a) Umschalten auf das Programm Selbstthematisierung bei gruppendynamischen Konflikten oder zur Bearbeitung psychodynamischer Aspekte von organisatorisch-strukturellen Konflikten;
b) Zurückschalten auf die Phase 2 dieses Programms. Erneutes Durchlaufen der Phasen 2, 3 und 4 mit der Möglichkeit, an den Schaltstellen zwischen diesen Phasen auf das Programm Selbstthematisierung umzuschalten;

c) Umschalten auf das Teilsystem dieser Phase: Reflexion von Inszenierungen des institutionellen Problems in der Supervisionsgruppe selbst;

d) nach Durchlaufen der Möglichkeiten a, b oder c oder bei unproblematischem Ablauf sofort Umschalten zur Phase 5 dieses Programms.

5. Phase: Überprüfen der Problemlösung

a) Umschalten auf das Programm Selbstthematisierung, s. 4a;

b) Zurückschalten auf Phase 2 dieses Programms und Durchlaufen der Phasen 2–5 mit allen dort angegebenen Umschalt- und Zurückschaltungsmöglichkeiten;

c) nach Durchlaufen der Möglichkeiten a und b oder bei unproblematischem Verlauf sofort Umschalten zu Phase 6 dieses Programms.

6. Phase: Programmwechsel oder -wahl

a) Umschalten auf das Programm Fallarbeit, wenn die Arbeit in diesem Programm den Beteiligten abgeschlossen erscheint;

b) Umschalten auf weitere Sitzungen, die nach diesem Programm verlaufen, wenn die institutionsanalytische Arbeit an einem anderen Problem fortgesetzt werden soll.

Der „Schaltkreis" Fallbearbeitung

In der Vorphase dieses Programms wird auch hier der Anschluß an die anderen Programme oder Schaltkreise organisiert. Befindet man sich am Anfang des Gruppenprozesses, so wird hier die Wahl dieses Programms, die man zuvor in der Vorphase der Problemdiagnose und im Kontrakt vereinbart hat, bestätigt. Ist man mitten im historischen Gruppenprozeß, so kann an dieser Stelle der Wechsel vom Programm Selbstthematisierung oder Institutionsanalyse reguliert werden. Oder man schafft den Anschluß an ein anderes Element dieses Programms. Die Vorphase ist auch hier die Schaltstelle zwischen den Programmen oder zwischen den einzelnen Sitzungen des gleichen Programms.

Es ist in dieser Vorphase auch noch möglich, daß man auf eines der beiden anderen Programme umschaltet, wenn keine Einigung auf dieses Programm zustandekommt. Möglicherweise zeigen sich schon an dieser Stelle gruppendynamische Schwierigkeiten, die eine Konzentration auf die Fallarbeit als nicht wahrscheinlich erscheinen lassen. Oder es zeigt sich, daß zuvor bearbeitete gruppendynamische Probleme doch nicht hinreichend gelöst worden sind. Es kann auch vorkommen, daß es aktuelle institutionelle Probleme im Team gibt, die nicht vorhersehbar waren und die ebenfalls die Beschäftigung mit Fällen als wenig effektiv erscheinen lassen. In allen diesen Fällen kann sich die Gruppe mit dem Supervisor einigen, nicht mit der vorgesehenen Fallarbeit zu beginnen, sondern zu einem anderen Programm umzuschalten. Zu den Modalitäten des Programmwechsels werde ich mich noch einmal am Schluß dieses Abschnitts äußern.

Die Abschlußphase dieses Programms hat ebenfalls die Funktion einer Schaltstelle zwischen den Programmen oder zwischen den einzelnen Sitzungen in einem Programm. Allerdings ist der Wechsel zum Programm Selbstthematisierung auch hier eher unwahrscheinlich, denn ein Abschluß der Fallarbeit setzt voraus, daß sich die gruppendynamische Situation nicht störend auf die Arbeit ausgewirkt hat. Gewechselt werden kann nach diesem Programm zur Institutionsanalyse.

Zum Programm Selbstthematisierung kann innerhalb des Ablaufs des Programms an drei Stellen umgeschaltet werden. Es sind die eben schon beschriebene Sequenz 1.3 „Programmwahl oder -wechsel", und es ist die Schaltstelle zwischen der Vorphase und der Aushandlungsphase: Hat sich die Gruppe auf die Arbeit in diesem Programm geeinigt und schafft es aus irgendwelchen Gründen nicht, die Vorphase zu beenden und einen Falleinbringer auszuhandeln, dann kann man zum Programm Selbstthematisierung umschalten, um die dahinter liegenden gruppendynamischen Probleme zu bearbeiten. Die dritte Stelle im Ablauf ist die Schaltstelle zwischen der Fallaushandlung und der Falleinbringung. Typische Probleme sind, daß der ausgehandelte Falleinbringer seinen Fall zurückzieht oder daß mehrere konkurrierende Fallangebote bestehen, zwischen denen sich die Gruppe nicht entscheiden kann.

Eine Form der internen Regulierung besteht darin, zum Teilsystem „Inszenierung des Falls" in den Sequenzen 4.1 oder 4.2 der Fallbearbeitung umzuschalten, wenn sich Krisen bei der Bearbeitung des Falls zeigen. Die Krisen, die zu diesem Zeitpunkt auftauchen, wenn ein Fall eingebracht worden ist, werden nicht mehr durch Programmwechsel, sondern durch das Ingangsetzen dieses Teilsystems zur Krisenbearbeitung bearbeitet.

Wie die Steuerung der Prozesse innerhalb des „großen Schaltkreises" Fallarbeit aussieht, zeigt die folgende schematische Darstellung.

Phase 1: Vorphase

a) Umschalten vom Programm Selbstthematisierung oder Institutionsanalyse auf Fallarbeit;

b) Umschalten zwischen zwei Sitzungen des gleichen Programms;

c) Zurückschalten auf das Programm Selbstthematisierung beim Auftauchen gruppendynamischer Probleme;

d) Zurückschalten auf das Programm Institutionsanalyse, wenn sich starke Konflikte institutioneller Art zeigen;

e) trifft die Alternative a oder b zu, dann Umschalten auf Phase 2 dieses Programms.

Phase 2: Aushandlung

a) Zurückschalten auf die Sequenzen der Vorphase:

– auf die Sequenz 1.2, wenn Zuspätkommer eintreffen,

– auf die Sequenz 1.4, wenn die Ratifizierung des Wechsels nicht ausreichend erscheint

(Umschalten auf 1.3 ist nicht mehr möglich – man kann hier nicht mehr zum Programm Institutionsanalyse wechseln);

b) Umschalten auf das Programm Selbstthematisierung, wenn sich gruppendynamische Schwierigkeiten zeigen, die eine Auswahl des Falleinbringers verhindern;

c) Umschalten zur Phase 3 dieses Programms.

Phase 3: Falleinbringung

a) Zurückschalten auf die Sequenz 2.1, wenn der Falleinbringer z. B. sein Fallangebot zurückzieht;

b) Zurückschalten auf Sequenz 2.2, wenn die Falleinbringung von der Normalform abweicht oder die Ratifizierung des Falls durch die Gruppe problematisch erscheint (Zurückschalten auf die Phase 1 nicht mehr möglich);

c) Umschalten zum Programm Selbstthematisierung, wenn sich starke gruppendynamische Probleme zeigen, die durch das erneute Durchlaufen der Alternativen a und b nicht geklärt werden können;

d) nach Durchlaufen der Alternativen a, b und c oder nach unproblematischem Verlauf: Umschalten zu Phase 4 dieses Programms.

Phase 4: Fallbearbeitung

a) Zurückschalten auf Phase 2, wenn sich der Fall als nicht bearbeitbar erweist, und erneutes Durchlaufen der Phasen 2 und 3;
b) Zurückschalten auf Phase 3, wenn die Falleinbringung so unvollständig ist, daß der Erzähler noch einiges Material nachliefern muß;
c) Umschalten auf das Teilsystem „Inszenierung des Falls", wenn sich Krisen zeigen, die durch die Korrektur von Abweichungen nicht gelöst werden können. Meist kommt es zu Abweichungen in den Sequenzen 4.1 oder 4.2;
d) nach Durchlaufen der Alternativen a, b oder c oder bei Ablauf nach der Normalform sofort Umschalten auf Phase 5 dieses Programms.

Phase 5: Abschlußphase

a) Zurückschalten auf die Sequenz 4.5, wenn die Reflexion der Bearbeitung des Falls der Gruppe abgebrochen und nicht abgeschlossen erscheint
(Zurückschalten auf frühere Sequenzen oder Phasen ist nicht mehr möglich);
b) Umschalten auf eine weitere Sitzung nach dem Programm Fallarbeit;
c) Umschalten auf das Programm Institutionsanalyse.

Der „Schaltkreis" Selbstthematisierung

Fällt der Beginn der Arbeit in diesem Programm mit dem Sitzungsbeginn zusammen, so hat die Vorphase die Funktion, das System Gruppensupervision zu konstituieren und es von der Umwelt abzuheben. Das ist bei diesem Programm aber nicht notwendigerweise der Fall. Wie bei der Beschreibung der Selbstregulation in den beiden vorangegangenen Programmen deutlich wurde, kann innerhalb einer Sitzung von der Institutionsanalyse oder der Fallarbeit zur Selbstthematisierung umgeschaltet werden.

Die Phase Programmwechsel ist immer eine Schaltstelle zwischen zwei Programmen, ihr gehen notwendigerweise immer krisenhafte Situationen in einem anderen Programm voraus. Innerhalb des Ablaufs dieses Programms kann nicht zu anderen Programmen umgeschaltet werden, wie dies bei den beiden anderen der Fall ist. Die nächste Schaltstelle, die einen Wechsel der Programme vorsieht, ist die Phase 8 „Programmwechsel". Hier wird zu dem zuvor verlassenen Programm zurückgeschaltet.

Eine Möglichkeit der internen Regulation von Krisen, die dieses Programm wie auch die beiden anderen hat, ist das Umschalten zu dem Teilsystem der „Inszenierung des Problems" in der Supervisionsgruppe und dessen Reflexion. Dieses Teilsystem folgt mit gewissen Modifikationen dem beschriebenen Ablauf der Inszenierung des Falls.

Im einzelnen sehen die Möglichkeiten der Selbstregulation innerhalb des „großen Schaltkreises" Selbstthematisierung so aus:

Phase 1: Programmwechsel

a) Umschalten vom Programm Institutionsanalyse oder Fallarbeit auf Selbstthematisierung
(Zurückschalten auf diese beiden Programme nicht möglich);
b) wenn a durchgeführt, dann erfolgt das Umschalten auf Phase 2 dieses Programms.

Phase 2: Aushandlungsphase
a) Zurückschalten auf Phase 1, Alternative b, wenn die Ratifizierung der Gruppe nicht ausreichend erscheint – erneute Einforderung von Ratifizierungen des Programmwechsels;
b) nach a oder bei Normalform des Ablaufs Umschalten zur Phase 3 dieses Programms.

Phase 3: Materialproduktion
a) Zurückschalten auf Phase 2 bei Krisen – entweder müssen Ratifizierungen der Beiträge und des Materialproduzenten nachgeholt werden, oder man muß die Aushandlung erneut durchlaufen und einen anderen Beitrag aushandeln, wenn es nicht zu einer Materialproduktion nach der Normalform kommt
(Zurückschalten auf die Phase 1 nicht mehr möglich);
b) nach Durchlaufen von Alternative a oder bei normalem Ablauf sofort Umschalten zur Phase 4 des Programms.

Phase 4: Problembearbeitung
a) Zurückschalten auf die Phase 2, wenn sich das Material als zu unvollständig und nicht bearbeitbar erweist – erneutes Durchlaufen von Phase 2 und 3;
b) Zurückschalten auf Phase 3, wenn der Erzähler noch einiges Material nachliefern muß, der Beitrag aber bearbeitbar erscheint;
c) Umschalten zum Teilsystem „Inszenierung des Problems", wenn sich bei der Bearbeitung des Beitrags Krisen zeigen, die nicht einfach korrigiert werden können;
d) nach Durchlaufen von a, b oder c oder nach unproblematischem Ablauf: Umschalten zur Phase 5 dieses Programms.

Phase 5: Typisierung des Problems
a) Zurückschalten auf Phase 4, wenn es sich zeigt, daß das Problem noch nicht so weit rekonstruiert wurde, daß man es typisieren kann
(Zurückschalten auf die vorhergehenden Phasen nicht mehr möglich);
b) nach Durchlaufen von Alternative a oder nach normalem Ablauf: Umschalten zur Phase 6.

Phase 6: Verständigung über die Bedeutung des Problems
a) Zurückschalten auf Phase 5, wenn die Problemformulierung als nicht genau oder zutreffend genug erscheint;
b) Zurückschalten auf Phase 4, wenn man feststellt, daß aufgrund des durch die Bearbeitung veränderten Themas oder Problems Teile der Bearbeitungsphase fehlen, weil man auf eine andere Perspektive fixiert war
(Zurückschalten auf Phase 3 oder 2 nicht mehr möglich);
c) nach Durchlaufen der Alternativen a und b oder nach normalem Umlauf: Umschalten zur Phase 7.

Phase 7: Selbstreflexion des Ablaufs
a) Zurückschalten auf Phase 6, wenn man die Bedeutung dieser Sitzung noch nicht auf den Begriff bringen kann
(auf die früheren Phasen zurückzuschalten ist nicht mehr möglich);
b) nach Durchlaufen der Alternative a oder nach normalem Ablauf dieser Phase: Umschalten auf Phase 8.

Phase 8: Programmwechsel

a) Zurückschalten auf Phase 7, wenn es sich zeigt, daß die Reflexion noch nicht abgeschlossen, sondern abgebrochen erscheint
(Zurückschalten auf frühere Phasen nicht mehr möglich);

b) nach Durchlaufen von Alternative a oder nach normalem Ablauf dieser Phase: Umschalten zum zuvor verlassenen Programm.

Bei der Analyse von empirisch vorfindlichen Gruppensitzungen, die nach diesem Programm verlaufen, kann man häufig feststellen, daß die Gruppenmitglieder dazu neigen,
ganze Phasen zu überspringen. So wird häufig sofort mit der Bearbeitung des Problems
begonnen, bevor man einen Repräsentanten des Problems oder Materialproduzenten ausgewählt hat und bevor Material produziert wurde (vgl. dazu die Fallstudie in Rappe-Giesecke 1986, S. 32ff.). Das liegt sicher zum einen an der Nichtvertrautheit mit dieser Art,
Gruppenprobleme zu bearbeiten, sicher aber auch an der emotionalen Brisanz, die diese
Themen für die Gruppen haben. Der Leiter muß hier als Repräsentant des Systems auftreten und die Selbststeuerung des Systems sichern, weil die Teilnehmer aufgrund ihrer affektiven Belastung zu dieser Leistung häufig nicht in der Lage sind.

Ich möchte anschließend an diese Überlegungen zur Selbststeuerung des Systems noch
etwas über die *Handhabung des Programmwechsels* in diesem Modell sagen. Bisher habe ich lediglich beschrieben, welche Möglichkeiten das System hat, zwischen den einzelnen Programmen zu wechseln und an welchen Stellen Wechsel zu welchen Programmen möglich sind. Ob und wann das System diese Alternativen nutzen sollte, ist eine
Frage, für die sich sicher keine allgemeingültigen Maximen formulieren lassen. Man
kann vielleicht sagen, daß der Programmwechsel funktional für die Erreichung der Ziele
der Supervision und des jeweiligen Programms sein sollte (vgl. Abschn. 4.2). Hier hat der
Supervisor als Repräsentant des Systems die Aufgabe, die Funktionalität des Wechsels
zu prüfen und zu beurteilen, ihn entweder vorzuschlagen, ihn zu befürworten oder bei der
Aushandlung dieses Problems dagegen zu argumentieren. Er kann natürlich nicht bestimmen, was zu tun ist, kann aber der Gruppe die Entscheidungsalternativen zeigen und
seine Auffassung darlegen. Welche Form der Selbststeuerung die Gruppe schließlich
wählt, ist eine Entscheidung des gesamten Systems.

Daß nicht immer ein Programmwechsel nötig ist, wenn Probleme auftauchen, und ein
Programmwechsel auch möglich ist, möchte ich mit einer Idee belegen, die aus der Systemtheorie stammt, die Idee der *Emergenz* (vgl. Giesecke 1988, S. 20 und 99–103).

Ein Thema oder Problem, das die Gruppe beschäftigt, wird sich zunächst auf einer
ganz bestimmten Ebene, genauer gesagt in einem Subsystem manifestieren. Schaut man
jedoch genauer hin, so stellt man fest, daß es auch auf anderen Ebenen erscheint, d. h.
emergiert. Ich möchte dies an einem konstruierten Beispiel erläutern: Zunächst fällt auf,
daß sich zwischen zwei Gruppenmitgliedern eine äußerst angespannte Situation entwik-
kelt hat, die sich in gegenseitigem Mißverstehen und Beschuldigungen äußert. Dieses
Problem emergiert aber bei genauerem Hinsehen auch auf anderen Ebenen als nur auf der
dieser dyadischen Beziehung, so z.B. auf der Ebene von Personalsystemen: Ein drittes
Gruppenmitglied fühlt sich von diesem Streit „betroffen" und möchte darüber reden, welche emotionalen Schwierigkeiten es mit diesem Typ von Situationen überhaupt hat. Die
Supervisionsgruppe steht außerdem an einem Punkt der Entwicklung ihres unbewußten
Gruppenprozesses, dem das gleiche Problem zugrunde liegt wie dieser dyadischen Bezie-

hung. Das Problem emergiert auch auf der Ebene des Systems. So werden z. B. im Kontrakt vereinbarte Regeln nicht eingehalten, das Setting der Supervision wird verletzt. Es gibt keine Einigkeit mehr darüber, daß man diese Regeln vereinbart hat, und es tauchen jede Menge Mißverständnisse über die doch eigentlich unmißverständlichen Regelungen des Kontrakts auf. Man kann annehmen, daß das Problem auch in dem Umweltsystem Team emergiert, wenn die Teammitglieder über Probleme in den Teamsitzungen berichten, die den Settingproblemen in der Supervision strukturell ähnlich zu sein scheinen. Das Thema emergiert also, so kann man bei einiger Übung feststellen, auf allen Ebenen. Wo es seinen Ursprung hat, ist m. E. an dieser Stelle eine Frage von sekundärer Bedeutung. Irgendwo ist das Problem aufgetaucht und hat sich, da alle die beschriebenen Systeme miteinander vernetzt sind, überall niedergeschlagen. Diese wechselseitige Abhängigkeit der Personalsysteme, des Sozialsystems Supervision, der Gruppe als einfachem Sozialsystem und auch der Professional-Klient-Beziehung, die ich eben bei meiner Aufzählung noch nicht erwähnt habe, des Umweltsystems Team und des einfachen Sozialsystems, das diese dyadische Beziehung zwischen den beiden Gruppenmitgliedern darstellt, kann man sich nun bei der Analyse zunutze machen. Breitet sich das Problem „ansteckungsartig" in diesen vernetzten Systemen aus, wird sich die Lösung des Problems ebenso verbreiten. Auf welcher Ebene man nun mit der Problembearbeitung beginnt, ob auf der, wo sich das Problem am auffälligsten manifestiert hat, oder auf der Ebene, auf der man sich ohnehin gerade befindet, z. B. bei der Analyse von Teamproblemen, ist eine Frage, für die es keine einfache Regel als Antwort geben kann. Deutlich geworden ist aber sicherlich, daß man nicht jedes gruppendynamische Problem durch Programmwechsel zur Selbstthematisierung lösen muß. Man kann es auch, wie es in der klassischen Balint-Gruppenarbeit praktiziert wird, „am Fall abhandeln". Dort ist es allerdings die einzige Lösungsmöglichkeit, eine Thematisierung der gruppendynamischen Situation steht dort nicht als Alternative zur Verfügung.[11] Was jedoch bei all dieser Vielfalt von alternativen Möglichkeiten beruhigend wirken kann, ist die Einsicht, daß eine optimale Bearbeitung des Problems auf einer Ebene auch Auswirkungen auf die anderen Ebenen haben wird.

Offen geblieben ist noch die Frage, was dasjenige ist, das offenbar in allen diesen Fällen, die ja ganz verschieden erscheinen, strukturell identisch ist. Dasjenige, was emergiert, muß auf einem anderen logischen Niveau als seine Erscheinungsformen liegen und allgemeiner sein. Ich nehme an, daß es Beziehungsmuster sind, die sich auf den verschiedenen Ebenen unterschiedlich manifestieren. Wieviele es gibt und welche es sind, kann ich nicht sagen. Zu ihnen gehören sicher die aus der psychoanalytischen Theorie der frühkindlichen Entwicklung abgeleiteten Beziehungsmuster oraler, analer und ödipaler Natur und die aus den Kategorien Bions abgeleiteten Beziehungsmuster von sozialen Gruppen. Hier ist man bei dem schwierigen und ungelösten Problem angelangt, wie unterschiedliche Typen von Systemen, z. B. Personalsysteme, organisierte Sozialsysteme

---

[11] Vgl. z.B. Loch u. Luban-Plozza: „Was auch der Gruppe geschehen mag, schlußendlich wird ‚regelgerechtes' Vorgehen des Leiters vorausgesetzt, das Geschehen die Problematik zwischen Arzt und Patient reflektieren bzw. deren Komponenten ans Licht bringen. Allerdings ist aber dabei gar nicht so selten in Rechnung zu stellen, daß die Gruppendynamik womöglich von gruppeneigenen Faktoren bestimmt wird oder von der Beziehung zwischen Gruppe und Gruppenleiter, wobei man vor allem auf die benannten Bionschen Kategorien achten muß. Aber auch dann läßt sich zumeist demonstrieren, daß z. B. das Verhältnis Leiter-Gruppe doch wiederum mit dem referierten ‚Fall' zu tun hat" (Loch u. Luban-Plozza 1980, S. 67).

und einfache Sozialsysteme und psychische Systeme, aneinander anschließen können.[12] Dies ist nicht nur ein theoretisches Problem vom Systemtheorien, sondern auch ein praktisches für Supervisoren, wenn sie die Verbindung zwischen Supervisionsgruppe und dem Team als Subsystem einer Organisation herstellen wollen, z. B. durch die Annahme von Spiegelungen des organisierten Sozialsystems im psychischen System Gruppe.

6.3 Die Steuerung der Informationsverarbeitung im System

In dieser Phase [der Analyse des Systems] wird das Sozialsystem von einem informationstheoretischen Standpunkt als informationsverarbeitendes, bestandsgefährdetes System betrachtet. Die einzelnen Selektionen [interaktiven Ereignisse] erscheinen als Informationen. Diese Informationen werden entweder als „redundant" oder als „informativ" behandelt. Redundante Informationen werden dem System zugeschrieben. Sie gefährden den Bestand des Systems nicht und sind für die weitere Analyse nicht mehr wichtig. Informative Informationen sind solche, die vom System als Differenz behandelt werden ... Informative Informationen werden entweder anderen Systemen zugeschrieben, oder das System muß sich selbst differenzieren und ein Teilsystem ausbilden, dessen Funktion die Verarbeitung dieser auffälligen Informationen ist (Giesecke 1988, S. 162).

Ich möchte dieses Zitat noch etwas erläutern. Man beschäftigt sich also mit dem System als einem bestandsgefährdeten Gebilde, das dauernd seine Grenzen und seine Identität sichern muß. Es tut dies u. a., indem es Unterscheidungen trifft, was an interaktiven Ereignissen ihm selbst zuzurechnen ist und was seiner Umwelt zugerechnet werden muß. Es identifiziert sich beständig selbst. Würde es das nicht tun, so wäre jede Abweichung eine Gefährdung seines Bestandes. Hat es ein interaktives Ereignis als Abweichung von seinen Strukturen identifiziert, so kann es Maßnahmen zur Korrektur dieser Abweichungen einleiten. Die Selbstidentifizierung ist also eine Kodierung von interaktiven Ereignissen, die nach dem Muster arbeitet: Handelt es sich um eine redundante Information oder um eine informative Information, die dieses Ereignis liefert? Als *redundante Informationen* werden solche kodiert, die Informationen über die eigenen Systemstrukturen beinhalten. Man schreibt solche Ereignisse dem eigenen System zu. Einige Beispiele dazu: Interaktive Ereignisse werden dahingehend betrachtet, ob sie der Normalform des Ablaufs entsprechen: Sind es Beiträge zur Löschung der kooperativen Aufgabe, entsprechen die Beziehungen zwischen den Interaktionspartnern den für diese Phase des Ablaufs typischen Asymmetrien, und wird auf Themen referiert, die für diese Phase als Referenzräume angegeben sind? Dann werden diese interaktiven Ereignisse, wenn sie die Normalform bestätigen, als redundante Informationen klassifiziert. Nicht nur Strukturen der dynamischen Dimension werden auf diese Weise identifiziert, sondern auch die der Differenzierungs- und der Komplexitätsdimension. So kodiert das System z. B. auch, ob Elemente des Systems vom Standpunkt ihrer Rolle oder von einem systemfremden Standpunkt aus interagieren. Redundante Informationen werden vom System unter dieser informationstheoretischen Perspektive nicht weiter beachtet, unter anderen Perspektiven wie der Regulation der Prozesse oder der Aufgabenerfüllung wird natürlich weiterhin auf sie referiert.

---

[12] Diese Fragen werden in der Systemtheorie im Rahmen der Interferenztheorien abgehandelt (vgl. dazu u. a. Giesecke 1988, S. 95f.; Luhmann 1981b; Giesecke u. Rappe-Giesecke 1994, Abschn. 5.1: Die Supervision als vierdimensionales System, und auch Abschn. 4.1.10 dieser Arbeit).

Alle Ereignisse, die nicht als redundante Informationen kodiert werden können, werden vom System als *informative Informationen* behandelt und in folgender Weise weiter bearbeitet: Das System versucht, diese Ereignisse seinen Umweltsystemen zuzuschreiben, was voraussetzt, daß es die betreffenden Umweltsysteme, deren Strukturen sich in dem interaktiven Ereignis niederschlagen, identifizieren kann. Das System unterscheidet hierbei zwei Typen von Umweltsystemen, diejenigen, zu denen es funktionale Beziehungen unterhält (die in Abschn. 4.1 aufgeführt sind), und diejenigen, die nicht zu seiner relevanten Umwelt gehören und zu denen es keine funktionalen Beziehungen unterhält. Ist ein interaktives Ereignis dem letzten Typus zuzurechnen, dann manifestiert das System diese Zuschreibung etwa in der Form: „Das gehört nicht hierher, das ist ein Problem, das dort behandelt werden sollte" und zieht damit die Grenze zu diesem Umweltsystem. Ist jedoch ein Umweltsystem des ersten Typs identifiziert worden, so kann auf zwei Weisen mit den informativen Informationen verfahren werden: Entweder können sie weiterverarbeitet werden, wenn es sich um Umweltsysteme handelt, deren Interferenz in das betreffende Programm, in dem die Abweichung stattfindet, funktional ist. Funktional wäre z.B. die Interferenz von Professional-Klient-Beziehungen im Programm Fallarbeit, aber nicht im Programm Institutionsanalyse. Oder die informative Information wird zwar als funktional für das Gesamtsystem, nicht aber für dieses Programm beurteilt und zur Weiterverarbeitung auf das betreffende Programm verwiesen und damit aufgeschoben. Wie diese Weiterverarbeitung aussieht, werde ich gleich für die drei Programme beschreiben.

Noch einmal zusammengefaßt, kann man zwei Typen von Umweltsystemen unterscheiden, solche, zu denen das System funktionale, und solche, zu denen das System keine funktionalen Beziehungen unterhält. Beide Umweltsysteme sind zwar nicht Teil des Systems, aber die Bearbeitung von informativen Informationen, die aus der Interferenz von Umweltsystemen herrühren, zu denen das System funktionale Beziehungen unterhält, gehören zur Identität des Systems dazu. Die Begründung hierfür ist, daß jedes System aus der unendlichen Vielzahl von Umwelten Umweltsysteme selektieren muß, die für es selbst relevant sind, und den Anschluß an diese Systeme in der dynamischen Dimension in Prozesse umarbeiten muß. Die betreffenden Systemstrukturen, mit denen dies geschieht, gehören zur Identität des Systems dazu.

Ich möchte nun beschreiben, wie das System in den einzelnen Programmen mit informativen Informationen umgeht, die als Strukturen von Umweltsystemen identifiziert werden konnten, zu denen es funktionale Beziehungen unterhält. Die Umweltsysteme, zu denen es funktionale Beziehungen unterhält, habe ich bei der Analyse der Differenzierungsdimension aufgeführt. Diese Aufzählung übernehme ich hier bis auf zwei Ausnahmen: „Die Kontrollsupervision des Supervisors" und das „Ausbildungssystem, dem Supervisanden angehören". Die Begründung hierfür ist, daß es sich zwar um Systeme handelt, zu denen die Supervision funktionale Beziehungen unterhält und die auch in die Supervision interferieren können, daß ich aber nicht als Aufgabe der Supervision, sondern als Aufgabe dieser Umweltsysteme ansehe, diese Interferenzen zu bearbeiten. Es wird also zunächst ein Umweltsystem benannt, das interferieren kann, und dann wird beschrieben, in welcher Weise mit informativen Informationen über dieses Umweltsystem umgegangen wird.

Weiterverarbeitung von informativen Informationen im Programm Fallarbeit

1. Personalsystem des Falleinbringers
Die Gruppe wägt ab, ob die Informationen über das Personalsystem des Erzählers für die Klärung der Professional-Klient-Beziehung ist und ob sie etwas zum Verstehen der Psychodynamik dieser Beziehung beiträgt. Ist dies der Fall, dann können die Informationen in diesem Sinne zur Lösung der Arbeitsaufgaben in den Sequenzen 4.2 und 4.3 des Ablaufs der Fallbearbeitung genutzt werden.

Handelt es sich jedoch um Informationen über die Person des Falleinbringers, die weit über diejenigen zum Verhältnis von professioneller Rolle und den eigenen psychischen Besonderheiten beim Ausüben dieser Rolle hinausgehen, werden diese Informationen nicht weiterverarbeitet (so z. B. über die Biographie des Teilnehmers). Das System grenzt sich dann von diesem überkomplexen Umweltsystem ab.

2. Professional-Klient-Beziehung
Informationen über dieses Umweltsystem werden durch die Ausbildung eines besonderen Teilsystems weiterverarbeitet. Man betrachtet auffällige Ereignisse, die diesem System zugeschrieben werden können, als Inszenierung des Falls und bearbeitet diese Informationen, die nicht sprachlich-begrifflich präsentiert werden können, im Rahmen des Ablaufs der Inszenierung des Falls in der Gruppe. Die systemfremden Strukturen, die sich in der Supervisionsgruppe unbemerkt etabliert haben, werden zum Verstehen der Strukturen dieses Umweltsystems genutzt und begrifflich gefaßt.

3. Unbewußter Gruppenprozeß
Lassen sich die Selbsttypisierungen der Gruppenmitglieder, die vorherrschende Typisierung der Beziehungen in der Gruppe und die emotionale Stimmung in der Gruppe als Wiederholung der Typisierungen und Gefühle der Professional-Klient-Beziehung, also als Spiegelung des Falls in der Gruppe verstehen und deuten, können diese informativen Informationen auch wieder im Rahmen der Inszenierung des Falls zum Verstehen desselben genutzt werden. Dann tritt der unbewußte Gruppenprozeß in den „Dienst der Fallarbeit".

Läßt sich jedoch kein Zusammenhang zwischen dem Fall und dem Gruppenthema herstellen, dann kann das System einen Programmwechsel zur Selbstthematisierung erwägen, um in jenem Rahmen die informativen Informationen über seine eigenen psychischen Prozesse direkt zu thematisieren. Es kann sich jedoch auch entscheiden, diese Informationen „auf Eis zu legen" und sie zu einem späteren Zeitpunkt zu behandeln, wenn die Zeit dafür „reif" ist. Dies setzt allerdings voraus, daß man diese Informationen diesem Umweltsystem zugeschrieben hat und diese Zuschreibung von der Gruppe geteilt wird.

4. Personalsysteme der Gruppenmitglieder und des Supervisors
Insoweit sich Äußerungen der Gruppenmitglieder über Gefühle, psychische Verarbeitungsformen und Wahrnehmungen als Spiegelung der Gefühle und der psychischen Vorgänge der im Fall dargestellten Personen typisieren lassen, werden diese Informationen im Rahmen der Inszenierung des Falls oder im Rahmen der Sequenz 4.2 als Probeidentifikationen weiterverarbeitet.

Handelt es sich nicht um Wiederholungen dieser Art, kann man die Entäußerungen psychischer Vorgänge evtl. in Phase 4.4 als alternative Reaktionsmöglichkeiten auf den

Klienten typisieren und im Kontrast dazu die Besonderheiten der Reaktion des Erzählers herausarbeiten. Kann man die Interferenzen der Personalsysteme nicht in diesen beiden Weisen weiter nutzen, werden sie als Umwelt des Systems typisiert und im Rahmen der Fallarbeit nicht weiter berücksichtigt. Möglicherweise kann im Rahmen der Selbstthematisierung später darauf zurückgegriffen werden, wenn sie sich im nachhinein als Manifestationen von Gruppenproblemen deuten lassen.

5. Das Team als Sozialsystem
Interferenzen, die diesem System zugeschrieben werden, können im Rahmen der Fallarbeit nicht weiterverarbeitet werden. Entweder typisiert sie das System als Umwelt, oder es einigt sich darauf, diese Informationen im Rahmen der Institutionsanalyse zu berücksichtigen, wenn sie ihm als relevant genug erscheinen.

6. Die Organisation, der das Team als Subsystem angehört
Informationen über dieses System werden zunächst darauf abgeklopft, ob sie etwas über die Rahmenbedingungen aussagen, die die Organisation den Professional-Klient-Beziehungen setzt, und die möglicherweise störend in jenes System interferieren. Trifft das zu, wird aber lediglich die Art der Interferenz strukturell-organisatorischer Bedingungen benannt und für den betreffenden Fall in Rechnung gestellt. Eine genauere Analyse der Bedingungen, unter denen in dieser Organisation mit Klienten gearbeitet wird, kann dann im Rahmen der Institutionsanalyse geleistet werden.

7. Die Profession des Falleinbringers
Die Gruppe wägt ab, ob die Informationen über die Selbsttypisierung des Falleinbringers durch seine professionelle Rolle in irgendeiner Weise relevant für das Verstehen der Professional-Klient-Beziehung ist. Möglicherweise interferiert hier die professionelle Rolle in diese Beziehung genauso wie in die Supervision, und es kommen z. B. in der professionellen Sozialisation erworbene Deformationen der Wahrnehmungs- und Erlebnisweisen zum Ausdruck, die eine effektive Arbeit mit dem Klienten behindern. Diese Aspekte können in Sequenz 4.4b der Fallbearbeitung abgehandelt werden.

Hat die Gruppe aber den Eindruck, daß die Thematisierung der Profession eher etwas mit den Beziehungen der Repräsentanten der verschiedenen Professionen in der Gruppe oder im Team zu tun hat, dann wird diese Information hier als Umwelt typisiert und auf das Programm Institutionsanalyse verwiesen.

Weiterverarbeitung von informativen Informationen im Programm Institutionsanalyse

1. Personalsysteme der Gruppenmitglieder und des Supervisors
Informationen dieser Art werden nur dann im Rahmen dieses Programms weiterverarbeitet, wenn strukturell identische Interferenzen im Sozialsystem Team auch zu beobachten sind. Man untersucht dann, wie Kommunikations- und Entscheidungsprozesse von den persönlichen Eigenarten der Mitglieder beeinflußt werden und welchen Einfluß sie auf die Rollen und Position des Betreffenden im Team haben.

Das Personalsystem in seiner ganzen Komplexität ist für dieses Programm Umwelt. Das Personalsystem des Leiters kann auch nur insofern berücksichtigt werden, als es Strukturen der Macht- und Autoritätsverhältnisse im Team reflektiert, wenn er in die Rolle des Leiters oder Vorgesetzten des Teams gebracht wird.

Interferieren die Personalsysteme von mehreren Gruppenmitgliedern und auch vom Leiter, so handelt es sich oft genug um ein Gruppenproblem, das im Rahmen der Selbstthematisierung weiterverarbeitet werden kann.

2. Professional-Klient-Beziehungen

Sofern die Informationen über die Beziehungen etwas über die Funktionalität oder Dysfunktionalität der Organisation des Arbeitsablaufs, der Arbeitsteilung und der Entscheidungsprozesse des Teams aussagen, kann die interferierende Professional-Klient-Beziehung als Symptom für diese Probleme und als Material für dessen Bearbeitung benutzt werden. Die Funktion dieser Bearbeitung kann es dann aber nicht sein, diese Beziehung besser zu verstehen.

Wird die Psychodynamik dieser Beziehung thematisiert und nicht die organisatorisch-strukturelle Ebene, dann wird diese Information als zur Umwelt gehörend interpretiert, und es wird auf die Möglichkeit der Bearbeitung dieser Beziehung im Rahmen der Fallarbeit hingewiesen.

3. Unbewußter Gruppenprozeß

Informationen über die den Beteiligten unbewußten Beziehungsmuster und Affekte können im Rahmen dieses Programms nicht bearbeitet werden, sondern werden als Umwelt typisiert. Das System kann diese Informationen weiterverarbeiten, wenn es auf das Programm Selbstthematisierung umschaltet.

4. Das Team als Sozialsystem

Interferenzen von Rollen, Positionen, Beziehungen und von Kooperations- und Entscheidungsprozessen dieses Umweltsystems in die Supervision können im Rahmen der Inszenierung des Problems bearbeitet werden. Die in der Supervision inszenierten Strukturen des Teams werden im Rahmen dieses Teilsystems sprachlich-begrifflich gefaßt und zum Verstehen der Probleme des Teams genutzt.

Eine Sonderform dieser Interferenz liegt vor, wenn die inszenierten Strukturen ihrerseits schon Spiegelungen anderer Systeme im Sozialsystem Team darstellen. So können z. B. die Sozialbeziehungen im Team – und auch dessen Arbeitsorganisation – geprägt sein von den Sozialbeziehungen, die für das Klientensystem, das dieses Team betreut, typisch sind. Bekannt sind hier Wiederholungen vom Suchtverhalten suchtkranker Klienten durch ein Team (vgl. Abschn. 4.1.3). Diese doppelte Spiegelung kann nicht in diesem Rahmen behandelt werden, da sie starke psychodynamische Aspekte aufweist, sondern im Rahmen der Selbstthematisierung.

5. Die Organisation, der das Team als Subsystem angehört

Interferenzen dieser Art können als Informationen über die System-Umwelt-Beziehungen des Teams behandelt werden. Lassen sich die Informationen nicht in dieser Weise nutzen, müssen sie der Organisation als Umwelt zugeschrieben werden, denn die Organisation selbst ist nicht Gegenstand der Supervisionsarbeit.

6. Die Profession der Supervisanden

Informationen über die Profession der Teilnehmer können weiterverarbeitet werden, indem man die Funktionalität oder Dysfunktionalität von professionstypischen Maximen und Verhaltensweisen für die Organisation der Arbeit, die Beziehungen zu Klienten und für die Kooperation im Team untersucht.

Interferieren hier Beziehungen zwischen Angehörigen verschiedener Professionen im Team, die durch Ressentiments, Vorurteile und emotionale Blockaden bestimmt sind und die weniger aus der Teamarbeit als aus gesellschaftlich vorherrschenden Typisierungen herrühren, werden diese Informationen als zur Umwelt gehörig typisiert werden müssen und evtl. aufgrund ihres psychodynamischen Anteils im Programm Selbstthematisierung bearbeitet werden können, wenn sie für das Team relevant sind.

Die Weiterverarbeitung von informativer Information im Programm Selbstthematisierung

1. Personalsysteme von Gruppenmitgliedern und Supervisor
Informationen über Personalsysteme werden nur insoweit bearbeitet, als sie die Position des betreffenden Mitglieds innerhalb der unbewußten Funktionsverteilung in der Gruppe betreffen. Man kann sich darüber verständigen, welchen Anteil die persönlichen Besonderheiten daran haben, daß dieses Gruppenmitglied sich diese Funktion und Position auswählt und nicht eine andere. Die Bearbeitung hat aber in erster Linie eine Funktion für das Verstehen der Gruppendynamik und nicht für das Verstehen dieses Personalsystems. Das Personalsystem in seiner Komplexität wird auch hier als Umwelt betrachtet, etwa im Gegensatz zur Therapie, wo dies der Gegenstand der Arbeit ist.

2. Professional-Klient-Beziehungen
Informationen über diese Beziehungen werden weiterverarbeitet, wenn, wie ich es eben unter Punkt 4 beschrieben habe, die Struktur des Teams die Struktur des Klientensystems spiegelt. Man rekonstruiert hier zunächst die Psychodynamik, die dieser Typus von Klienten mit Professionellen konstelliert, und untersucht dann, wie sich diese Struktur auf die Beziehungen im Team, auf die Professional-Klient-Beziehungen allgemein, auf die Arbeitsorganisation und das Selbstverständnis des Teams bereits ausgewirkt hat.

Informationen über die Psychodynamik von einzelnen, besonders problematischen Professional-Klient-Beziehungen können im Rahmen der Fallarbeit weiterverarbeitet werden.

Werden organisatorisch-strukturelle Rahmenbedingungen thematisiert, so werden diese hier als Umwelt behandelt und auf das Programm Institutionsanalyse verwiesen.

3. Unbewußter Gruppenprozeß
Es werden nur diejenigen Informationen über den unbewußten Gruppenprozeß weiterverarbeitet, die sich auf Störungen der Fallarbeit oder der Institutionsanalyse durch die Psychodynamik der Gruppe beziehen. Der unbewußte Gruppenprozeß in seiner ganzen Komplexität wird als Umwelt typisiert und kann auch im Rahmen dieses Programms nicht bearbeitet werden, wie es etwa in Therapie- und Selbsterfahrungsgruppen möglich ist.

4. Das Team als Sozialsystem
Soweit es sich um Informationen über die psychodynamischen Beziehungen im Team, wenn man es als Gruppe betrachtet, handelt, können diese im Rahmen der Selbstthematisierung bearbeitet werden. Die Voraussetzung ist die eben benannte Komplexitätsre-

duktion: Das Team wird nicht als Institution, sondern als Gruppe mit ihren psychodynamischen und unbewußten Prozessen betrachtet.

Funktionale und organisatorisch-strukturelle Aspekte der Beziehungen im Team werden hier als Umwelt typisiert, und man delegiert ihre Bearbeitung an die Institutionsanalyse.

5. Die Organisation, der das Team als Subsystem angehört

Hier gilt das gleiche wie für Informationen über das Team. Werden psychodynamische Aspekte dieser System-Umwelt-Beziehung des Teams deutlich, können sie im Rahmen der Selbstthematisierung bearbeitet werden. Weder können funktional-organisatorische Aspekte dieser System-Umwelt-Beziehung hier betrachtet werden, das wäre im Rahmen der Institutionsanalyse möglich, noch kann die Organisation an sich in der Supervision überhaupt analysiert werden. Nur die Selbstbeschreibung der Beziehung, die das Team zu dieser übergeordneten Instanz hat, kann Gegenstand der Arbeit sein.

6. Profession der Supervisanden

Innerhalb der Selbstthematisierung können nur Informationen weiterverarbeitet werden, die das Erleben des eigenen professionellen Verhaltens und des professionellen Verhaltens von Mitgliedern anderer Professionen thematisieren. Funktionale oder dysfunktionale Aspekte von professionellen Maximen und Verhaltensweisen können nur im Rahmen der Institutionsanalyse bearbeitet werden und auch dann nur unter der Bedingung, daß diese Frage relevant für die Kooperation im Team ist.

6.4 Selbstreflexion

Die Selbstreflexion ist „keine permanente Notwendigkeit, sondern eine permanente Möglichkeit", die organisierte Sozialsysteme haben (vgl. Giesecke 1988, S. 41). Man kann hier auch keine Ablaufstrukturen finden, sondern nur Selektionen, soziale Ereignisse, die für die Selbstreflexion kennzeichnend sind. Es sind dies: „Thematisierung", „Reflexionen" oder die „reflexiven Mechanismen", wie Luhmann (1974b) sie nennt (vgl. auch Giesecke 1988, S. 41ff.).

Selbstreflexion hat die Funktion, Strukturen des Systems zu verstärken. *Strukturverstärkung* wird notwendig, wenn der Bestand des Systems durch Krisen oder Interferenzen von Umweltsystemen, die sich nicht in der im vorigen Kapitel beschriebenen Weise normalisieren lassen, gefährdet ist. Thematisiert und reflektiert werden die normalerweise latent bleibenden Strukturen des eigenen Systems. Allerdings werden nicht die Merkmale der drei Dimensionen direkt thematisiert (dynamische Dimension, Komplexitätsdimension und Differenzierungsdimension), sondern die in der selbstreferentiellen Dimension beschriebenen Programme, die das System steuern. Man reflektiert entweder über die Programme, die das Verhalten der Rollen steuern, also die Normalformerwartungen, oder die grundlegenden Steuerungsmechanismen des Systems oder auch die Informationsverarbeitungsprogramme. Die Gruppe verständigt sich also darüber, nach welchen Erwartungen die einzelnen Mitglieder in einer bestimmten Situation gehandelt haben, wie man die Prozesse gesteuert hat und welche Informationen man nach welchen Regeln weiterverarbeitet hat.

Um diese latenten Strukturen thematisieren zu können, muß man aus dem programmgemäßen Ablauf aussteigen und ein *Teilsystem etablieren, das der Selbstreflexion dient.* Von diesem Teilsystem aus betrachtet sich die Gruppe selbst. Die krisenhafte Situation wird dahingehend untersucht, welche Erwartungen bei den Teilnehmern enttäuscht wurden, nach welchen Maximen die Gruppe ihre interaktiven Prozesse reguliert hat und welche Probleme es gab, Informationen dem eigenen System oder den es umgebenden Umweltsystemen zuzuschreiben. Dann rekonstruiert man, wie die idealen Erwartungen in dieser Situation ausgesehen hätten, wie die idealen Prozeßsteuerungen und die Informationsverarbeitung normalerweise abgelaufen wären. Man kontrastiert also das faktische Verhalten und die von der Gruppe geschaffenen Strukturen mit dem programmgemäßen Verhalten und den idealen Strukturen des Systems. Aus dieser Differenz kann man Schlüsse auf die Natur des die Krise auslösenden Problems ziehen und auch Schlüsse auf die Identitätsveränderungen des Systems, die aus den Strukturveränderungen resultieren.

Das System hat jetzt zwei Möglichkeiten: Entweder es benutzt die Versprachlichung von Teilen seiner Programme zur Strukturverstärkung, was zur Folge hat, daß die vormals latenten Strukturen nunmehr zum Wissensbestand Gruppe gehören, auf den sie sich beziehen kann, oder aber man einigt sich darauf, neue Strukturen an die Stelle der alten zu setzen. Dies setzt mehrerlei voraus, zum einen muß man antizipieren, welche Veränderungen die anderen Strukturen, die aufgrund der Vernetzung der Teilsysteme auch von der Veränderung einzelner Strukturen betroffen sein werden, durchmachen werden, zum anderen wird man sich überlegen, wie sich die Identität des Systems verändern würde: Wird man ein neues System schaffen, oder wird es sich nur um Modifikationen handeln, die im Rahmen des alten Systems möglich sind, ohne seine Identität eindeutig zu verändern? Dies würde auf jeden Fall die Etablierung weiterer Teilsysteme erfordern, die sich mit der Systemveränderung befassen.

Die Selbstreflexion ist also eine permanente Möglichkeit, die das System hat, um mit bestandsgefährdenden Krisen umzugehen. *Selbstreflexion* ist aber in diesem Supervisionssystem auch an *bestimmten Stellen des Ablaufs der Programme vorgesehen.* So z.B. hat die Sequenz 4.5 der Fallarbeit die Funktion, sich über Abweichungen und Krisen im Sitzungsablauf zu verständigen und damit verbunden auch die Differenz zwischen den „normalen Strukturen" des Ablaufs und den Abweichungen zu benennen. Auch die Phase 3 der Inszenierung des Falls dient in dieser Weise der Strukturverstärkung, wenn man sich darüber verständigt, in welchen Abweichungen sich die Wiederholung der Professional-Klient-Beziehung in der Gruppe gezeigt hat. Die Phase 7 des Ablaufs der Selbstthematisierung hat dieselbe Funktion.

Die Selbstreflexion hat in diesem System auch eine Funktion für die Erreichung der Ziele des Systems. Anhand des Umgangs mit Krisen und mit der Reflexion der eigenen Strukturen können die Gruppenmitglieder lernen, wie man mit Krisen in den Beziehungen zu Klienten oder im Team umgehen kann, indem man z.B. von der Möglichkeit der Selbstreflexion Gebrauch macht. Diese Form der Selbstregulation wird zur Erhöhung der professionellen Kompetenz der Mitglieder beitragen. Das Erlernen von Selbstreflexion unterscheidet die Supervision von anderen Systemen wie Schulen und Gerichten und verbindet sich mit den ebenfalls auf Selbstreflexion angelegten Systemen wie Therapie- und Selbsterfahrungsgruppen.

196

Ich möchte abschließend ein Beispiel für eine solche Selbstreflexion aus der vierten Sitzung einer Balint-Gruppe mit Supervisoren, die von Eicke geleitet wurde, zitieren.[13]

Herr Gallas hatte in der Aushandlungsphase einen Fall angekündigt, in dem es um die Supervision einer Sozialarbeiterin gehen sollte, die Holländerin ist. Er ließ der Gruppe keine Möglichkeit dazu, sich über seinen Fall zu verständigen, sondern begann gleich mit einer von der Normalform abweichenden Falldarstellung: Er schilderte keine Begebenheit aus der Supervision, sondern stellte allgemeine Überlegungen über die Art der holländischen Sozialarbeit an. In dem Moment, wo der Leiter eine Aushandlung seines Falls und eine Erzählung für den Fall nachfordert, daß die Gruppe mit dieser Falleinbringung einverstanden ist, zieht Herr Gallas sein Fallangebot zurück.

Ich zitiere seine Begründung aus der Transkription dieser Sitzung:

> Mir war eben (.) von Anfang an nicht ganz klar/ was mit der Balint-Gruppe … äh verknüpft werden kann/ wie weit der Rahmen ist in dem man Dinge einbringt/ man kann ja recht unverbindliche Dinge einbringen/ gewissermaßen hergeholte Situationen/ die man dann mit (.) einiger Distanz diskutiert und relativ unberührt auch wieder nach Hause geht/ aber (.) hin und wieder kommen Dinge die einen berühren (.) und die man hier einbringt und da (.) bringt man sich ja selbst mit ein und auch ein Stück (.) des anderen/ der zu einem in Supervision kommt/der .. wird (k) und da gibt's vielleicht eine Grenze ja (.) dessen/ was man dann hier auftischt/ ob man lediglich berufliche Vorzüge (k) Vollzüge dann hier diskutiert oder (.) wie ich's anzureißen versuchte/ das war (k) sollte Signalwirkung haben/ ob nun dieses Problem der Nationalidentität …
> (Er wird durch Nachfragen von zwei Gruppenmitgliedern unterbrochen)
> ob ob man sowas hier rein nimmt oder nicht (Zeile 243–263).

Nachdem die Gruppe dieses Problem eher als ein persönliches Problem dieses Gruppenmitgliedes behandelt – es wird nach seinem Vertrauen in die Gruppe und nach einer latenten Rivalität zwischen den Gruppenmitgliedern gefragt –, beharrt Herr Gallas noch einmal auf dem strukturellen Anteil seines Problems.

> Ich hatte in einer der ersten Sitzungen mal Herrn (.) Eicke gefragt/ was es eigentlich mit der Balint-Gruppe auf sich hat/ ob er mir (.) (k) oder er nicht mal (.) erläutern könnte wie (.) wie äh Herr Balint äh sich die ganze Sache (leise lachend) vorstellt +/ was dahintersteht ja (') und äh … da (.) erfuhr ich also nicht sehr viel/ sondern (.) erhielt gewissermaßen den Rat/ doch das Erleben (.) mit einzubeziehen und aus der Erfahrung zu lernen/ des hat mir also (k) hab ich (.) *verstanden*/ nur gibt's dann ne Unsicherheit und diese Unsicherheit (.) die ist tatsächlich aufgetreten jetzt im Falle von Waltraud/ …
> und das hängt damit zusammen daß ich (.) mir unsicher war äh … wieweit der Rahmen dessen ist/ was (.) eingebracht werden kann und was nicht (Zeile 341–357).

Der Leiter sagt daraufhin, daß seines Erachtens alles eingebracht werden kann, was dem Lernprozeß der Gruppe dient und der Supervision förderlich ist. Wenn private Dinge anstehen, könnte man diese z.B. am Fall abhandeln, das sei eine Frage des methodischen Vorgehens. Die Gruppe diskutiert, ob man private Dinge in der Supervision abhandeln sollte. Daran wird deutlich, daß die Teilnehmer der Gruppe, die alle als Supervisoren arbeiten, unterschiedliche Supervisionskonzepte haben, und daß einige, wie z.B. Herr

---

[13] Die Transkription dieser Sitzung wurde in Preprint 2 des Forschungsprojekts in Kassel veröffentlicht. Hier werden die S. 10f., 14f. und 33 zitiert. Die Transkriptionszeichen bedeuten folgendes: *Schrägstriche* markieren Sinneinheiten, *ein Punkt in Klammern* das Absetzen der Stimme, *zwei Punkte in Klammern* eine kurze Pause, *ein k in Klammern* eine syntaktische Korrektur, *&* einen auffällig schnellen Anschluß, *+* bis hierhin wird in einer vorher charakterisierten Weise intoniert. Zur ausführlichen Darstellung der Transkriptionszeichen vgl. Giesecke 1983c.

Gallas, das Konzept des Leiters, die, wie sie scherzhaft genannt wird, „ominöse Balint-Gruppenarbeit" nicht kennen. Herr Gallas thematisiert nach dieser Diskussion noch einmal die Identität dieses Systems und fragt nach der Abgrenzung dieser Supervisionsform zu anderen Supervisionskonzepten:

> nein/ äh ich war von Anfang an unbefriedigt darüber/ daß ich im Grunde nicht erfahren habe/ was für (k) wie das Endziel aussieht / [Auslassung]
> und diese Unsicherheit ist bis jetzt geblieben und damit die Unsicherheit/ was kann ich einbringen/ wie weit kann ich gehen / warum nennen wir uns dann nicht auch Supervisionsgruppe oder so/ diese (lauter) Unterscheidung hat mich unsicher gemacht/ was soll dann der Name/ wenn wir (.) hier auch nur Supervision betreiben . . . (Zeile 808–820).

Mit dieser letzten Frage thematisiert Herr Gallas die Identität dieses Systems, denn den Namen, den sich ein System gibt, kann man als Kondensierung seiner Selbstbeschreibung verstehen. Es wird deutlich, daß diese Selbstbeschreibung des Systems noch nicht von allen Gruppenmitgliedern geteilt wird. Zentrale Aspekte wie das Ziel der Arbeit, der Arbeitsgegenstand und die Abgrenzung zu anderen Umweltsystemen, zu anderen Supervisionskonzepten, sind noch nicht klar. Insofern kann man dieses zurückgezogene Fallangebot, das sicher auch noch unter der Perspektive der gruppendynamischen Konstellation und der Persönlichkeit des Herrn Gallas zu betrachten ist, auch als einen Beitrag zur Selbstreflexion der Systemstrukturen betrachten: Welche Themen können hier behandelt werden, was ist das Ziel dieses Systems, und wie unterscheidet sich unser Vorgehen von den anderen, den Gruppenmitgliedern bekannten Supervisionskonzepten? Außerdem entwickelt die Gruppe bei dieser Diskussion eine Form der Selbstregulation: Wie kann man hier Fragen bearbeiten, die das Setting der Balint-Gruppe selbst betreffen und nicht nur den einzelnen Fall?[14]

---

[14] Welche Schwierigkeiten diese Art von Selbsttypisierung des Systems für den Ablauf der Gruppenprozesse mit sich bringt, haben wir anhand eines Beispiels in Giesecke u. Rappe-Giesecke (1994, Abschn. 4.4 und 7.2) untersucht.

7 Verwendete Daten und Methoden

Am Schluß dieser Arbeit möchte ich die hier verwandte Untersuchungsmethode, auf die ich schon in Kap. 3–6 referiert habe, kurz charakterisieren. Um dem Leser die Möglichkeit zu geben, die Reichweite der Aussagen dieser Untersuchung abzuschätzen, stelle ich im zweiten Teil dieses Kapitels meine Datenbasis vor.

Aus verschiedenen Gründen habe ich nicht den gesamten Untersuchungsprozeß dargestellt, sondern lediglich dessen Ergebnisse. Die Arbeiten von Giesecke, anderen Mitgliedern des Kassler Forschungsprojekts und mir repräsentieren einen jeweils anderen Stand des Untersuchungsprozesses. Man kann sie als Vorstudien zu dieser Arbeit verstehen.

Das Modell der Gruppen- und Teamsupervision, das ich in den letzten vier Kapiteln unter verschiedenen Perspektiven beschrieben habe, ist das Ergebnis eines Forschungsprozesses, den wir als *Normalformrekonstruktion* bezeichnet haben. Die Normalformrekonstruktion ist ein kommunikationswissenschaftliches Verfahren zur Analyse organisierter Sozialsysteme, das von Giesecke entwickelt wurde. Dieses Verfahren wurde zunächst bei der Untersuchung von Balint-Gruppen erprobt (vgl. dazu u. a. Giesecke u. Rappe-Giesecke 1982, 1983a). Ziel der Normalformrekonstruktion ist die Erstellung eines mehrdimensionalen Modells des betreffenden Sozialsystems, die Konstruktion eines Standardfalls. Man kann den Forschungsablauf mit seinen verschiedenen Phasen folgendermaßen zusammenfassen:[1]

- In einer *Vorphase* wird der Gegenstand der Untersuchung festgelegt, es werden Exemplare des zu analysierenden Sozialsystems ausgesucht, und man erhebt Daten und dokumentiert sie.
- *Identifizierung des Forschungsgegenstandes:* Man knüpft an alltagsweltliches oder professionelles Wissen über das betreffende Sozialsystem – hier die Gruppen- und Teamsupervision – an, um aus der Fülle der empirisch vorfindlichen Systeme dasjenige herauszufinden, das man untersuchen will.
- *Auswahl von Exemplaren:* Man sucht sich mehrere empirisch vorfindliche Exemplare, von denen man annehmen kann, daß sie Vertreter des zu untersuchenden Sozialsystems sind. Sinnvoll ist es auch, sich von den Professionellen Prototypen dieses Systems zeigen zu lassen, also Exemplare, die von ihnen als erfolgreiche und typische Vertreter des Systems bezeichnet werden. Es kann sich im Laufe der Auswertung zeigen, daß man auch Vertreter anderer Sozialsysteme in seine Datenbasis aufgenommen hat, dann muß man diese Vorphase noch einmal wiederholen.
- *Datenerhebung und Datendokumentation:* Die empirische Basis der Normalformrekonstruktion besteht aus folgenden Typen von Datenmaterial:

---

[1] Ich fasse hier das Kapitel „Die dynamische Dimension des Forschungsablaufs" aus Giesecke (1988, S. 139–180) zusammen. Eine detailliertere Beschreibung der Methodologie und eine Illustration des Vorgehens findet sich in Giesecke u. Rappe-Giesecke (1994, Kapitel 3).

- Informationen über die institutionellen Abläufe (dynamische Dimension) in mehreren Exemplaren in Form von Ton- oder Videoaufzeichnungen. Diese Aufzeichnungen werden zumeist verschriftlicht, transkribiert.[2]
- Informationen über die Komplexitätsstruktur und die Umwelt der Institutionen/Exemplare. Diese findet man in den Transkriptionen des institutionellen Ablaufs, in Interviews mit Professionals, in Handbüchern, „Strukturpapieren" der Institutionen u. ä.
- (Selbstreferentielle) Kommentare von den Beteiligten (Professionals und Klienten) zu den Strukturen der Institution/des Exemplars. Solche Kommentare über Rollen, Aufgaben, Krisen, Aktivitäten, Umwelten usw. tauchen in den Ablauftranskriptionen auf und können zusätzlich generiert werden, indem Beteiligte zu den Exemplaren befragt werden.
- (Selbstreflexive) Bewertungen, Beschreibungen und ähnliche „zeigfeldunabhängige" sprachliche Reflexionen von beteiligten Professionals und Klienten sowie von Personen aus der Umwelt der betreffenden Institution.[3] Zu diesem Datentyp gehören auch die Bewertung der ausgewählten Exemplare im Blick auf Prototypen, die Explizierung der Auswahlkriterien sowie die Beschreibung prototypischer Abläufe, personeller Zusammensetzungen, Umwelten usw. Diese Reflexionen können auf verschiedene Weise durch Befragungen, Gruppendiskussion, Triangulationen . . . u. ä. gewonnen werden (Giesecke 1988, S. 146).

Damit ist die Vorphase beendet, und man kann mit der Rekonstruktion der vier Dimensionen des Systems beginnen. Die vier Dimensionen werden nacheinander analysiert. Im nächsten Schritt integriert man die Beschreibungen der vier Dimensionen zu einem Modell des untersuchten Sozialsystems, einem Standardfall.[4] Der Standardfall zeigt, wie die Strukturen der einzelnen Dimensionen optimal miteinander vermittelt werden können. Diese optimale Ausprägung wird man in keinem empirisch vorfindlichen Exemplar dieses Sozialsystems finden, alle weichen in verschiedenen Punkten mehr oder weniger weit von diesem Idealtypus ab. Das Modell ist also eine Konstruktion, die die optimalen Strukturen verschiedener Exemplare aufnimmt und ihre Abweichungen und Fehler vernachlässigt, keine empirische Wirklichkeit. Das Modell kann also nicht einfach dadurch falsifiziert werden, daß man feststellt, daß empirisch vorfindliche Exemplare von diesem Ideal abweichen, sondern nur dadurch, daß die hier postulierten Strukturen nicht als Normalformerwartungen bei den Beteiligten oder als Steuerungsmechanismen des gesamten Systems zu finden sind. Daß die Beteiligten gelegentlich gegen diese Erwartungen verstoßen, heißt ja nicht, daß sie diese Erwartungen nicht trotzdem als handlungsleitend und orientierungsrelevant anerkennen. Mit diesen Überlegungen zur Verifizierbarkeit oder Falsifizierbarkeit sind wir schon beim nächsten Schritt der Normalformrekonstruktion angelangt, dem Normalformtest.

Man testet nun die rekonstruierte Normalform an weiteren Exemplaren, die nicht zum Datenpool der Normalformrekonstruktion gehörten. Weisen sie die gleichen Strukturen auf wie die schon untersuchten Exemplare? Wenn dies nicht der Fall ist, gehören sie nicht zu diesem Typus von Sozialsystem, oder es stellt sich bei genauerer Analyse der schon untersuchten heraus, daß man hier einen Fehler gemacht hat. Auf die besonderen

---

[2] Transkriptionsverfahren werden in Giesecke 1983c beschrieben.

[3] Dieser Ausdruck stammt aus der Sprachtheorie von Bühler. Er grenzt zeigfeldabhängigen und -unabhängigen Sprachgebrauch voneinander ab. Zeigfeldunabhängiger Sprachgebrauch meint, daß sich die Sprecher nicht auf ein beiden zugängliches, sie unmittelbar umgebendes „Feld" beziehen können, sondern daß sie sich mit deiktischen sprachlichen Mitteln auf ein von ihnen gemeinsam konstruiertes Phantasma beziehen. Zum Begriff des Phantasmas vgl. S. 123.

[4] Welche Schritte in dieser Phase des Forschungsablaufs vorgesehen sind, werde ich gleich noch einmal in Form einer Tabelle darstellen. Gleichzeitig weise ich auf die Erläuterungen an den Anfängen der Kap. 3–6 hin.

Bedingungen der Falsifizierbarkeit oder Verifizierbarkeit habe ich schon hingewiesen. Erst wenn man feststellt, daß die Normalformerwartungen sich auf die Dauer nicht durchsetzen, hat man Aussagen des Modells nicht verifiziert, falls es sich wirklich um ein Exemplar dieses Sozialsystems handelt.

Der Normalformtest kann auch so aussehen, daß man einzelne Aussagen des Modells an allen Exemplaren des vorliegenden Datenmaterials prüft. Schließlich kann man auch Experten, Repräsentanten des Systems, zu diesen Ergebnissen befragen und versuchen, herauszufinden, ob die rekonstruierten Normalformerwartungen auch für sie handlungsleitend und orientierungsrelevant sind. Man kann neben Interviews auch Triangulationen und Gruppendiskussionen durchführen.[5] Konnte man die Normalformrekonstruktion verifizieren, ist der Forschungsablauf beendet, ist dies nicht der Fall, muß man noch einmal entweder in die Phase der Datenerhebung einsteigen, wenn es sich herausstellt, daß man ganz untypische Exemplare dieses Sozialsystems ausgewählt hat. Sind lediglich einige Aussagen falsifiziert, beginnt man wieder mit der Rekonstruktion der einzelnen Dimensionen und durchläuft die nachfolgenden Phasen noch einmal.

Etwas anderes ist es, wenn das Normalformmodell vorliegt und man weitere Exemplare dieses Sozialsystems untersucht, nicht um die Normalform zu testen, sondern um etwas über die Besonderheiten dieses Exemplars zu erfahren. Dieses Vorgehen nennt man *Normalformanalyse*. Das Normalformmodell dient dann als Kodierungsraster. Abweichungen werden festgestellt, und man kann sich mit den Ursachen für Abweichungen dann weiter befassen: Man kann z. B. untersuchen, wie die Abweichungen in der dynamischen Dimension mit Abweichungen dieses Exemplars von der idealen Zusammensetzung der Gruppe, der Komplexitätsdimension zusammenhängen.[6]

Den eben skizzierten Forschungsablauf möchte ich abschließend noch einmal in Form einer Übersicht aus der Arbeit von Giesecke zitieren (1988, S. 140f.).

Der Forschungsablauf bei der Normalformrekonstruktion
(die Ordnungszahlen beziehen sich auf die Kapiteleinteilung in diesem Band)

3.5.1   Vorphase
3.5.1.1   Festlegung des Gegenstandes der Modellbildung
3.5.1.2   Auswahl von (prototypischen) Exemplaren
3.5.1.3   Datenerhebung und Dokumentation

3.5.2   Rekonstruktion der Strukturen der dynamischen Dimension
3.5.2.1   Beschreibung der Kooperationsstruktur der Exemplare (Kooperationsanalyse)
3.5.2.2   Beschreibung der Kommunikationsstruktur (Kommunikationsanalyse)
3.5.2.3   Beschreibung der Interaktionsstruktur (Interaktionsanalyse)
3.5.2.4   Vergleich der Strukturbeschreibungen der verschiedenen Exemplare unter Rekurrenzgesichtspunkten
3.5.2.5   Sequentielle Koordination der Strukturen zu einer Normalform des Ablaufs

---

[5] Zu den verschiedenen Verfahren, mit denen man den Normalformtest durchführen kann, vgl. Giesecke 1988, S. 176–180. Eine dokumentierte Triangulation findet sich in Preprint 11 des DFG-Forschungsprojekts in Kassel. Die Mitglieder der Forschungsgruppe konfrontierten die Angehörigen einer untersuchten Supervisionsgruppe mit Ergebnissen der Untersuchung einer Supervisionssitzung und befragten sie zu ihrer Einschätzung dieser Ergebnisse. Ich habe in einem anderen Zusammenhang mit einem Balint-Gruppenleiter mehrere Triangulationen zu einer Balint-Gruppensitzung durchgeführt und transkribiert. Diese Transkriptionen sind nicht veröffentlicht.

[6] Zur Normalformanalyse vgl. Giesecke 1988, S. 185–203.

---

[7] In dieser Arbeit habe ich der Medienanalyse keine Aufmerksamkeit gewidmet. Man untersucht hier, welche Medien vorzugsweise in dem betreffenden Sozialsystem benutzt werden. Im Fall der Gruppensupervision ist das die Sprache. Eine Untersuchung der Besonderheiten der Sprachverwendung in der Balint-Gruppe stellt die Arbeit von Giesecke u. Rappe 1981 dar.
Die Einordnung des untersuchten Systems in die Taxonomie der kommunikativen Welt müßte in diesem Fall so aussehen: Gruppensupervision gehört zur Ordnung der organisierten Sozialsysteme, zur Familie der „therapeutischen Institutionen", zur Unterfamilie der Arbeitsgruppen. Sie ist eine Art dieser Arbeitsgruppen neben Balint-Gruppen und Supervisionen anderer Schulen. Diese Art hat drei Varietäten: die Kombination aus Fallarbeit und Selbstthematisierung, die aus Institutionsanalyse und Selbstthematisierung und die Vollform, die Kombination aller drei Programme.
Bei der Optimierungs- und Transformationsanalyse stellt man sich die Frage, welche Strukturmerkmale ideal und optimal aus kommunikationswissenschaftlicher Sicht erscheinen. Bei welchen Ausgangsbedingungen bildet sich am ehesten ein krisenfreier Verlauf heraus? Wann sind am wenigsten Interferenzen von anderen Systemen zu befürchten? Und welche selbstregulativen Mechanismen sind die günstigste Voraussetzung für eine optimale Krisenbewältigung (vgl. Giesecke 1988, S. 175)? Möglich ist, daß man hier andere Strukturen als optimale definiert als diejenigen, die in der Praxis vorfindlich sind, dann ist die Frage, ob man diese Ergebnisse zur Veränderung der Praxis nutzen kann und will.

– Gruppendiskussion und Triangulationen,
– Vergleich mit Ergebnissen von anderen Untersuchungsverfahren,
– modellgeleitete Interventionen in die Praxis,
– linguistische Feinanalysen/Medienanalysen,
– computergestützte Auswertung (größerer Datenmengen) und Modellierung.

Bei meinem Vorgehen in dieser Untersuchung mußte ich an verschiedenen Stellen von diesem idealen Ablauf abweichen. Giesecke beschreibt auch die Forschung in selbstreferentieller Weise als ein Sozialsystem. Der Forschungsablauf ist dann als die dynamische Dimension dieses Systems zu verstehen. Durch die Einbettung dieses Systems in die Umwelt und durch die Funktionen, die es für seine Umweltsysteme hat, können sich interne Veränderungen ergeben. So könnte z. B. im Rahmen einer Auftragsforschung vielleicht nur eine Dimension, z. B. die Differenzierungsdimension, untersucht werden. Dann würde man mit dieser Rekonstruktion beginnen und nicht gleichwertig alle drei anderen Dimensionen nebeneinander untersuchen, sondern deren Rekonstruktion in den Dienst der Rekonstruktion dieser Differenzierungsdimension eines Systems stellen. hier ist die Funktionssetzung die folgende: Diese Untersuchung der Gruppen- und Teamsupervision hat die Funktion, ein neues Konzept von Supervision nicht nur zu beschreiben, sondern auch mitzuentwickeln. Üblicherweise ist das Sozialsystem, das man untersucht, schon institutionalisierte Praxis, und die Normalformrekonstruktion hat nur noch die Funktion, es im nachhinein zu beschreiben und z. B. den Professionellen die Prinzipien ihres Handelns zu zeigen. Hier aber leistet die wissenschaftliche Analyse Hilfestellung zur Institutionalisierung einer bestimmten Form von Gruppensupervision. Dies widerspricht nicht den Zielen der Normalformrekonstruktion, die sich als anwendungsbezogene Forschung versteht und auf interdisziplinäre Zusammenarbeit hin angelegt ist, bringt aber einige Abweichungen vom Forschungsablauf mit sich. Ich möchte diese Abweichungen jetzt benennen.

Da die Kombination von Fallarbeit, Selbstthematisierung und Institutionsanalyse noch keine gängige Praxis ist, liegen mir keine Exemplare von Supervisionssitzungen vor, in denen diese drei Programme kombiniert sind. Es gibt höchstens Supervisionsgruppen, in denen zwei der Programme miteinander verbunden sind. In den Balint-Gruppensitzungen, die vom DFG-Forschungsprojekt in Kassel untersucht und von Eicke geleitet wurden, sowie in den Supervisionsgruppensitzungen, die Gaertner geleitet hat und die dort ebenfalls untersucht wurden, ist die Kombination der Programme Fallarbeit und Selbstthematisierung zu finden.[8] Auf die in diesem Projekt begonnenen und nachher weitergeführten Analysen konnte ich mich in dieser Untersuchung stützen.[9] Die Analyse dieser Varietät des Modells konnte ganz nach den Prinzipien der Normalformrekonstruktion durchgeführt werden, da das entsprechende Datenmaterial vorlag. Anders ist es nun bei der Vollform dieses Supervisionsmodells und bei der Kombination von Institutionsanalyse und Selbstthematisierung. Da mir keine Transkriptionen von Supervisionsprozessen, die nach dieser Kombination arbeiten, vorlagen, mußte ich auf andere Typen von Datenmaterial zurückgreifen. Es sind die folgenden:

---

[8] Transkriptionen dieser Sitzungen sind in den Preprints 1, 2, 3 und 11 des DFG-Forschungsprojekts in Kassel veröffentlicht worden. Die Transkription der 1. und 2. Sitzung ist vollständig in Giesecke u. Rappe-Giesecke (1994, Anhang) abgedruckt. Mit diesem Typus von Supervision habe ich mich in der Fallstudie in Rappe-Giesecke 1986 beschäftigt.

[9] Vgl. Giesecke 1979; Giesecke u. Rappe 1981, 1982, 1983a; Rappe-Giesecke 1985, 1986, 1987, 1988a, b, 1989.

- Selbstreferentielle Kommentare der Professionellen zu den Strukturen des Systems, wie es z. B. in der Literatur zur Teamsupervision und zur Organisationsentwicklung z. B. bei French u. Bell (1982) zu finden sind.
- Untersuchungen von Supervisionsgruppen, in denen es zu Krisen kam, die mit den üblichen Programmen (Fallarbeit oder auch Fallarbeit und Selbstthematisierung) nicht mehr gelöst werden konnten. Einerseits konnte ich aus dem Nichtfunktionieren Schlüsse auf Strukturen ziehen, die das System etablieren müßte, um diese Krisen bearbeiten zu können, zum anderen konnte ich die Lösungsversuche der Leiter untersuchen, die Elemente von Institutionsanalyse enthielten. Hierzu standen mir die Prozesse von mehrere Supervisionsgruppen zur Verfügung, die die Datenbasis des DFG-Forschungsprojekts in Kassel bildeten.
- Field manuals, in denen ich meine eigenen Erfahrungen als Supervisorin mit Teamsupervisionen und deren anschließender Weiterverarbeitung in der Kontrollsupervision dokumentiert habe.

Um das Programm Institutionsanalyse vollständig im Rahmen dieses Forschungsablaufs zu überprüfen, müßten mehrere Transkriptionen von Supervisionsgruppen, die nach diesem Programm arbeiten, untersucht werden. Man müßte an ihnen die rekonstruierte Normalform testen und sie ggf. modifizieren. Normalformtests haben wir hingegen schon mit der Normalform der Fallarbeit durchgeführt. Sie wurde an mehreren Gruppen entwickelt, die von Eicke sowie Gaertner und anderen Lehrsupervisoren des Kassler Studiengangs Supervision geleitet wurden, und an Gruppen von Rosin und Luban Plozza getestet. Wir hatten Gelegenheit, unsere Hypothesen bei einer Hospitation bei Loch zu überprüfen, und kontrastierten die ermittelte Normalform der Fallarbeit mit den Strukturen des von Argelander entwickelten Modells der „Beratung unter Supervision"[10] und mit gestalttherapeutisch und psychodramatisch geleiteten Supervisionsgruppen. Kontrastiert haben wir die erhobene Normalform auch mit Strukturen von Therapiegruppen, die wir bei Heigl-Evers, Heigl, Rosin und Sachse beobachten durften. Triangulationssitzungen mit den Mitgliedern von Supervisions- und Balint-Gruppen und deren Leitern fanden mit Gruppen von Rosin und Gaertner statt.

So viel zum Vorgehen bei der Untersuchung und den noch anstehenden Aufgaben. Ich möchte nun zum Abschluß der Arbeit noch einmal darüber reflektieren, welche Ergebnisse diese Untersuchung gebracht hat:

1) Es ist hier ein Supervisionsmodell entwickelt worden, das sehr viel Komplexität verarbeiten kann. Es bietet 3 Perspektiven auf den Supervisionsgegenstand: eine auf die Psychodynamik der Professional-Klient-Beziehung, die zweite auf die institutionellen Strukturen dieser Beziehung und der Beziehungen von Teammitgliedern untereinander und die dritte auf die Psychodynamik der Supervisionsgruppe selbst. Wenn dieses Modell von Supervisoren und Balint-Gruppenleitern vielleicht auch nicht in dieser Form übernommen werden wird, wird es zumindest einen Beitrag zu einer gegründeteren und fruchtbareren Diskussion über Gruppen- und Teamsupervision leisten. Sicher wird es auch dazu beitragen, daß Supervisoren und Balint-Gruppenleiter ihre Erfahrungen systematisch und von einem anderen Standpunkt aus reflektieren können.

---

10 Argelander hat dieses Konzept 1979 veröffentlicht. Dem DFG-Forschungsprojekt hat er mehrere Aufzeichnungen von Sitzungen, die nach diesem Modell arbeiten, zur Verfügung gestellt.

2) Der systemtheoretische Ansatz, so wie er hier vertreten wird, ist geeignet, um Supervision zu analysieren, und es ist sinnvoll, die Supervision selbst als ein soziales System aufzufassen und zu beschreiben.

3) Es ist hier eine von der Sprache der verschiedenen Supervisionskonzepte unabhängige Beschreibungssprache entwickelt worden, die für die Analyse anderer Supervisionskonzepte übernommen werden kann. Hat man mehrere Supervisionskonzepte mit diesem Relevanzsystem untersucht, kann man sie leichter voneinander abgrenzen und auch besser lehren und lernen. Ich hoffe, mit dieser Arbeit einen Beitrag zur Professionalisierung der Supervision geleistet zu haben.

Aber auch Sozial- und Kommunikationswissenschaftler können von dieser Arbeit profitieren. Sie zeigt, wie man soziale Systeme vollständig untersuchen kann. Meines Wissens gibt es kaum detaillierte und umfassende Analysen aller Systemdimensionen. Ein Untersuchungsverfahren, die Normalformrekonstruktion, wird hier am Beispiel dargestellt, und es zeigt sich, daß man mit systemtheoretischen Begrifflichkeiten in der empirischen Analyse produktiv arbeiten kann.

Literatur

Antons K (1976[1] 1973) Praxis der Gruppendynamik – Übungen und Techniken. Verlag für Psychologie, Göttingen Toronto Zürich

Argelander H (1963/64) Die Analyse psychischer Prozesse in der Gruppe. Psyche 17:450–470, 481–515

Argelander H (1972) Gruppenprozesse – Wege zur Anwendung der Psychoanalyse in Behandlung, Lehre und Forschung. Rowohlt, Reinbek bei Hamburg

Argelander H (1973) Balint-Gruppenarbeit mit Seelsorgern. Psyche 27:129–139

Argelander H (1980) Die Struktur der Beratung unter Supervision. Psyche 34:54–77

Balint E (1959) Gruppenmethoden bei der Fortbildung von Sozialfürsorgern. Psyche 13:229–239

Balint M (1955) Psychotherapeutische Ausbildung des praktischen Arztes. Psyche 9:370–389

Balint M (1968) Die Struktur der „Training-cum-research"-Gruppen und deren Auswirkung auf die Medizin. Jahrb Psychoanal 5:125–146

Balint M (1976[1] 1964) Der Arzt, sein Patient und die Krankheit. Klett, Stuttgart

Bardé B , Mattke D (1993) Therapeutische Teams. Vandenhoeck und Ruprecht, Göttingen

Battegay R (1967) Der Mensch in der Gruppe, Bd I–III. Huber, Bern Stuttgart

Battegay R, Shepart MA (1956) A theory of group development. Hum Rel 9:415–437

Belardi N (1992) Supervision – Von der Praxisberatung zur Organisationsentwicklung. Junfermann, Paderborn

Bennis WG (1972[1] 1966) Entwicklungsmuster in T-Gruppen. In: Bradford LP, Gibb JR, Benne DK (Hrsg) Das gruppendynamische Training. Klett, Stuttgart, S 267–300

Berger P, Luckmann T (1966) Die gesellschaftliche Konstruktion der Wirklichkeit – Eine Theorie der Wissenssoziologie. Fischer, Frankfurt am Main

Bernler G, Johnsson L (1993[1] 1985) Supervision in der psychosozialen Arbeit – Integrative Methodik und Praxis. Belz, Weinheim und Basel

Bertelsmann Lexikon (1963) in 4 Bänden, Bd 2. Bertelsmann, Gütersloh

Beugen M van (1972) Agogische Intervention – Planung und Strategie. Lampertus, Freiburg

Bielke E (1979) Die Normalform der Integration von Zuspätkommern in Supervisionsgruppen. In: Gaertner A (Hrsg) Supervision. Gesamthochschule, Kassel (Materialien 7 des Modellversuchs „Soziale Studiengänge" an der Gesamthochschule Kassel, Gesamthochschulbibliothek, S 237–253)

Bion WR (1974[1] 1961) Erfahrungen in Gruppen und andere Schriften. Klett, Stuttgart

Brandau H (Hrsg) (1991) Supervision aus systemischer Sicht. Otto Müller Verlag, Salzburg

Bühler K (1978[1] 1934) Sprachtheorie – Die Darstellungsfunktion der Sprache. Ullstein, Frankfurt am Main Berlin Wien

Caemmerer D von (1970) Praxisberatung. Ein Quellenband. Lambertus, Freiburg

Conen ML (1989) Teamsupervision in alternativen Projektionen. Supervision 15:4–14

Dantlgraber J (1977) Über einen Ansatz zur Untersuchung von „Balint-Gruppen". Psychosom Med 7:255–276

Däumling AM, Fengler J, Nellessen L, Svensson A (1974) Angewandte Gruppendynamik – Selbsterfahrung – Forschungsergebnisse – Trainingsmodelle. Klett, Stuttgart

Deutsche Gesellschaft für Supervision (Hrsg) (1992) Materialien für die Supervisions-Praxis. Ursel Busch Fachverlag, Hille

Doppler K, Nellessen L (oJ) Praxisbezogenes gruppendynamisches Verhaltenstraining – Theorie- und Arbeitspapiere (unveröffentlicht)

Edding C (1985) Supervision – Teamberatung – Organisationsentwicklung. Ist denn wirklich alles dasselbe? Supervision 7:9–24

Edding C, Nellessen L (oJ) Erleichterung und Behinderung des Informationsaustausches in Gruppen. In: Doppler K, Nellessen L (Hrsg) (oJ), S 89–92

Eicke D (1974) Technik der Gruppenleitung von Balint-Gruppen. In: Luban-Plozza B (Hrsg) Praxis der Balint-Gruppen. Lehmanns, München, S 128–137

Eicke D (1983) Geschichte des Projekts zur Erforschung interaktioneller Vorgänge in Supervisions- und Balintgruppen. In: Giesecke M, Rappe-Giesecke K (Hrsg) (1983a), S 9–12

Erger R, Molling M (1991) Der kleine Unterschied – Frauen und Männer in der Supervision. Ursel Busch Fachverlag, Hille

Ezriel H (1960/61) Übertragung und psychoanalytische Deutung in der Einzel- und Gruppen-Psychotherapie. Psyche 16:496–523

Fatzer G (Hrsg) (1993) Organisationsentwicklung für die Zukunft – Ein Handbuch. Edition Humanistische Psychologie, Köln

Fatzer G (Hrsg) (1993[1] 1990) Supervision und Beratung – Ein Handbuch. Edition Humanistische Psychologie, Köln

Fengler J (1984[1] 1979) Die Geschichte der Gruppendynamik in Deutschland. In: Kindlers Psychologie des 20. Jahrhunderts. Sozialpsychologie, Bd 2: Gruppendynamik und Gruppentherapie. Beltz, Weinheim Basel, S 625–634

Fengler J (1988) Ergänzende Bemerkungen zu W. D. Rost. Gruppendynamik 18:189–191

Fengler J (1991) Helfen macht müde. Zur Analyse und Bewältigung von Burnout und beruflicher Deformation. Pfeiffer Verlag, München

Flader D, Giesecke M (1980) Erzählen im psychoanalytischen Erstinterview. In: Ehlich K (Hrsg) Erzählen im Alltag. Suhrkamp, Frankfurt am Main, S 209–262

Foulkes SH (1970) Dynamische Prozesse in der gruppenanalytischen Situation. Gruppenpsychother Gruppendyn 4:70–81

Foulkes SH (1974) Gruppenanalytische Psychotherapie. Kindler, München

Frank K (1986) Die Abstinenz und die Freiheit des Analytikers. Gruppenpsychother Gruppendyn 22: 181–193

French WL, Bell CH Jr (1982[1] 1973) Organisationsentwicklung. Haupt, Bern Stuttgart

Freud A (1968[1] 1965) Wege und Irrwege in der Kinderentwicklung. Huber, Bern Stuttgart

Freud S (1912/13) Totem und Tabu. (Gesammelte Werke, Bd 9; Fischer, Frankfurt am Main, 1966ff., S 1–94)

Frijing Schreuder JCM (1976) Bemerkungen zur Supervision. Psyche 30:125–145

Fürstenau P (1970) Organisationsberatung – Ein neuer Zweig angewandter Sozialwissenschaft. Gruppendynamik 2:219–233

Fürstenau P (1976) Praxeologische Grundlagen der Psychoanalyse. In: Pongratz LJ (Hrsg) Handbuch der Psychologie, Bd 8/1. Verlag für Psychologie, Göttingen, S 847–888

Fürstenau P (1992) Entwicklungsförderung durch Therapie – Grundlagen psychoanalytisch-systemischer Psychotherapie. Pfeiffer Verlag, München

Gaertner A (1982) Teamsupervision. Supervision 2:56–69

Gambaroff M (1984) Frauengruppen und ihre Bedeutung für die weibliche Sozialisation. In: Gambaroff M (Hrsg) Utopie der Treue. Rowohlt, Reinbek bei Hamburg, S 155–168

Gerspach M (Hrsg) (1991) Supervision für soziale Dienste – Am Beispiel der Gemeinde Riedstadt. Matthias Grünewald Verlag, Mainz

Giesecke M (1979) Übersicht über die Grundannahmen und Untersuchungsverfahren in dem Projekt „Erforschung interaktioneller Vorgänge in ausbildungs- und berufsbegleitenden Supervisions- und Balintgruppen". In: Gaertner A (Hrsg) Supervision. Gesamthochschule, Kassel (Materialien 7 des Modellversuchs „Soziale Studiengänge" an der GH Kassel, Gesamthochschulbibliothek, S 152–204)

Giesecke M (1983a) Probleme, Bedingungen und Methoden einer interdisziplinären Erforschung von Therapie- und Balintgruppen. In: Giesecke M, Rappe-Giesecke K (Hrsg) (1983a), S 13–24

Giesecke M (1983b) Phasen im Ablauf einer Balintgruppensitzung. In: Giesecke M, Rappe-Giesecke K (Hrsg) (1983), S 25–38

Giesecke M (1983c) Kleiner Leitfaden zur Anfertigung von Transkriptionen. In: Giesecke M, Rappe-Giesecke K (Hrsg) (1983a), S 121–124

Giesecke M (1988) Die Untersuchung institutioneller Kommunikation – Perspektiven einer systemischen Methodik und Methodologie. Westdeutscher Verlag, Opladen

Giesecke M (1991) Der Buchdruck in der frühen Neuzeit – Eine historische Fallstudie über die Durchsetzung neuer Informations- und Kommunikationstechnologien. Suhrkamp Verlag, Frankfurt am Main

Giesecke M, Rappe K (1981) Rekonstruktion von Bedeutungszuschreibungen mithilfe der Normalform-analyse. In: Frier W (Hrsg) Pragmatik – Theorie und Praxis. Rodopi, Amsterdam, S 343–378 (Amsterdamer Beiträge zur Linguistik)

Giesecke M, Rappe K (1982) Setting und Ablaufstrukturen in Supervisions- und Balintgruppen – Ergebnisse einer kommunikationswissenschaftlichen Untersuchung. In: Falder D, Grodzicki WD, Schröter K (Hrsg) Psychoanalyse als Gespräch – Interaktionsanalytische Untersuchungen über Therapie und Supervision. Suhrkamp, Frankfurt am Main, S 208–302

Giesecke M, Rappe-Giesecke K (Hrsg) (1983a) Kommunikation in Balintgruppen – Ergebnisse interdisziplinärer Forschung. Fischer, Stuttgart (Patientenbezogene Medizin, Heft 6)

Giesecke M, Rappe-Giesecke K (1983b) Bausteine zu einer kommunikationswissenschaftlichen Analyse des „Settings" von psychoanalytisch orientierten Supervisionsgruppen und von Balintgruppen. In: Giesecke M, Rappe-Giesecke K (Hrsg) (1983a), S 103–120

Giesecke M, Rappe-Giesecke K (1994) Supervision als Medium kommunikativer Sozialforschung – Die Integration von Selbsterfahrung und distanzierter Betrachtung in Beratung und Wissenschaft. Suhrkamp Verlag, Frankfurt

Gnädinger H (1990) Teamsupervision und Balintansatz. In: Fatzer G (Hrsg) (1993[1] 1990) Supervision und Beratung – Ein Handbuch. Edition Humanistische Psychologie, Köln

Gosling R (1979) Der Vorgang der Internalisierung der Lehrerhaltung im Verlauf der Berufsausbildung. In: Luban-Plozza B, Loch W (Hrsg) Psychotherapie in der ärztlichen Sprechstunde. Fischer, Stuttgart (Patientenbezogene Medizin, Heft 2, S 54–61)

Harrison R (1977) Rollenverhandeln: Ein „harter" Ansatz zur Teamentwicklung. In: Sievers B (Hrsg) Organisationsentwicklung als Problem. Klett-Cotta, Stuttgart, S 116–133

Hegenscheidt-Renartz M (1986) Spiegelphänomene in einer an Balint orientierten Supervision des Therapeutenteams einer Suchtklinik. Gruppenpsychother Gruppendyn 22:179–190

Heigl F (1970) Einige Gedanken zur Gruppendynamik. Psychosom Med 16:80–98

Heigl-Evers A, Heigl F (1975) Zur tiefenpsychologisch fundierten oder analytisch orientierten Gruppenpsychotherapie des Göttinger Modells. Gruppenpsychother Gruppendyn 9:237–266

Heigl-Evers A, Heigl F (1976) Zum Konzept der unbewußten Phantasie in der psychoanalytischen Gruppentherapie des Göttinger Modells. Gruppenpsychother Gruppendyn 10:6–22

Heigl-Evers A, Heigl F (1984a[1] 1979) Konzepte der analytischen Gruppentherapie. In: Kindlers Psychologie des 20. Jahrhunderts. Sozialpsychologie, Bd 2: Gruppendynamik und Gruppentherapie. Beltz, Weinheim Basel, S 763–777

Heigl-Evers A, Heigl F (1984b[1] 1979) Interaktionelle Gruppenpsychotherapie – Eine gruppenpsychotherapeutische Methode der Psychoanalyse nach dem Göttinger Modell. In: Kindler's Psychologie des 20. Jahrhunderts. Sozialpsychologie, Bd 2: Gruppendynamik und Gruppentherapie. Beltz, Weinheim Basel, S 850–858

Heigl-Evers A, Heringer A (1970) Die Spiegelung einer Patientengruppe durch eine Therapeuten-Kontrollgruppe. Gruppenpsychother Gruppendyn 4:179–190

Horn K (1972) (Hrsg) Gruppendynamik und der „subjektive Faktor" – Repressive Entsublimierung oder politisierende Praxis? Suhrkamp, Frankfurt am Main

Jahrbuch für Supervision und Organisationsentwicklung, Fatzer G (Hrsg.), Looss W und das TRIAS-Netzwerk. Edition Humanistische Psychologie, Köln

Kallmeyer W, Schütze F (1977) Zur Konstitution von Kommunikationsschemata der Sachverhaltsdarstellung. In: Wegener D (Hrsg) Gesprächsanalysen. Buske, Hamburg (IKP Forschungsberichte, Reihe I, Bd 65, S 159–274

Kersting H J (1992) Kommunikationssystem Supervision – Unterwegs zu einer konstruktivistischen Beratung. Schriften zur Supervision Bd. 2 des Instituts für Beratung und Supervision, Aachen

Kersting H J, Krapohl L, Leuschner G (Hrsg)(1988) Diagnose und Intervention in Supervisionsprozessen. Schriften des Instituts für Beratung und Supervision, Aachen

Knoepfel HK (1980) Einführung in die Balint-Gruppenarbeit. Fischer, Stuttgart (Patientenbezogene Medizin, Heft 3)

Königswieser R, Lutz C (Hrsg) (1990) Der neue Horizont für Unternehmer – Das systemisch evolutionäre Management. Orac Verlag, Wien

Kutter P (1971) Übertragung und Prozeß in der psychoanalytischen Gruppentherapie. Psyche 25:856–873

Kutter P (1980) Phasen des Gruppenprozesses – Wahrnehmungsprobleme, theoretische Orientierung, Literaturübersicht und praktische Erfahrungen. Gruppenpsychother Gruppendyn 16:200–208

Kutter P (1981) Zur Praxis der psychoanalytischen Supervisionsgruppe. In: Kutter P, Roth JK (Hrsg) Psychoanalyse an der Universität. Kindler, München, S 97–108

Kutter P (1986) Gibt es typische Verläufe in der psychoanalytischen Gruppentherapie? Gruppenpsychother Gruppendyn 22:1–8

Kutter P, Schäfer A, Roth JK (1977) Erfahrungen und Erfolge mit psychoanalytisch orientierter Supervision nebenberuflicher Studienberater an der Universität Frankfurt am Main. Kooperationssystem Studienberatung, Frankfurt am Main

Lieb H (1993) Supervision – Materialien zur Supervision – Verhaltenstherapeutische Einzelsupervision – Ein Modell in Haupt- und Unterprogrammen. Institut für Fort- und Weiterbildung in Klinischer Verhaltenstherapie (IFKV), Bad Dürkheim

Lieberman MA, Stock Whitaker D, Lakin M (1972) Probleme und Perspektiven psychoanalytischer und gruppendynamischer Theorien für die Gruppenpsychotherapie. In: Horn K (Hrsg) (1972) S 281–292

Loch W (1969) Balint-Seminare: Instrumente zur Diagnostik und Therapie pathogener zwischenmenschlicher Verhaltensmuster. Jahrb Psychoanal 6:141–156

Loch W (1975) Die Balint-Gruppe – Möglichkeiten zum kontrollierten Erwerb psychosomatischen Verständnisses. In: Loch W (Hrsg) Über Begriffe und Methoden der Psychoanalyse. Huber, Bern Stuttgart Wien, S 155–162

Loch W (1979) Aus der Praxis eines Balint-Seminars. In: Luban-Plozza B, Loch W (Hrsg) Psychotherapie in der ärztlichen Sprechstunde. Fischer, Stuttgart (Patientenbezogene Medizin, Heft 2, S 35–40)

Loch W, Luban-Plozza B (1980) Einige Hinweise zur Praxis und Problematik der Balint-Gruppen-Leitung. In: Knoepfel HK (Hrsg) Einführung in die Balint-Gruppenarbeit. Fischer, Stuttgart (Patientenbezogene Medizin, Heft 3, S 65–71)

Loos W (1991) Coaching für Manager – Problembewältigung unter vier Augen. Verlag Moderne Industrie, Landsberg/Lech

Luban-Plozza B (1974) Über die Entwicklung der Balint-Gruppen. In: Luban-Plozza B (Hrsg) Praxis der Balint-Gruppen. Lehmanns, München, S 12–25

Luhmann N (1969) Normen in soziologischer Perspektive. Soz Welt 20:28–48

Luhmann N (1974a) Soziologische Aufklärung, Bd 1: Aufsätze zur Theorie sozialer Systeme. Westdeutscher Verlag, Opladen

Luhmann N (1974b) Reflexive Mechanismen. In: Luhmann N (1974a), S 92–112

Luhmann N (1975a) Soziologische Aufklärung, Bd 2: Aufsätze zur Theorie der Gesellschaft. Westdeutscher Verlag, Opladen

Luhmann N (1975b) Einfache Sozialsysteme. In: Luhmann N (1975a), S 21–38

Luhmann N (1975c) Allgemeine Theorie organisierter Sozialsysteme. In: Luhmann N (1975a), S 39–50

Luhmann N (1975d) Sinn als Grundbegriff der Soziologie. In: Habermas J, Luhmann N (Hrsg) Theorie der Gesellschaft oder Sozialtechnologie. Suhrkamp, Frankfurt am Main, S 25–100

Luhmann N (1981a) Soziologische Aufklärung, Bd 3: Soziales System, Gesellschaft, Organisation. Westdeutscher Verlag, Opladen

Luhmann N (1981b) Interpenetration – Zum Verhältnis personaler und sozialer Systeme. In: Luhmann N (1981a), S 151–169

Mahler E (1974) Die themenbezogene, psychoanalytisch orientierte Selbsterfahrung in der Gruppe. Psyche 28:97–115

Managerseminare – Das Weiterbildungsmagazin. Gerhardt May Verlags KG, Bonn

Mastenbroek WFG (1981) Organisationsentwicklung und Umgang mit Konflikten. Gruppendynamik 12:323–336

Materialien und Reprints des DFG-Forschungsprojekts „Erforschung interaktioneller Vorgänge in ausbildungs- und berufsbegleitenden Supervisions- und Balintgruppen". GH Kassel – Modellversuch Soziale Studiengänge
– Materialien und Reprints 1: Transkriptionen der Balintgruppe Daume, Kassel 1979
– Materialien und Reprints 2: Transkriptionen der Balintgruppe Daume, Kassel 1979
– Materialien und Reprints 3: Transkriptionen der Therapeutengruppe Ammer, Kassel 1980
– Materialien und Reprints 4: Transkriptionen der Kontrollsupervisionsgruppe Lauer, Kassel 1980
– Materialien und Reprints 10: Transkription einer Supervisionssitzung nach dem Konzept von Argelander, Kassel 1980
– Materialien und Reprints 11: Transkription der Therapeutengruppe Ammer, Kassel 1980

Menzies I (1974) Die Angstabwehrfunktion sozialer Systeme – Ein Fallbericht. Gruppendynamik 3: 183–216

Müller H (1983) Über den Umgang mit Transkriptionen und Tonbandaufzeichnungen von Gruppensitzungen. In: Giesecke M, Rappe-Giesecke K (Hrsg) (1983a), S 39–58

Nellessen L (1983) Wie man Institutionen das Laufen lehrt. In: Dribold R (Hrsg) Strafvollzug – Erfahrungen, Modelle, Alternativen. Vandenhoek, Göttingen, S 87–99

Nellessen L (1984) Konzept-Design-Intervention. Drei Schlüsselbegriffe zur Gestaltung der professionellen Arbeitsituation Supervision. In: Kniel A (Hrsg) Sozialpädagogik im Wandel – Geschichte, Methoden, Entwicklungstendenzen. Fachbereich Sozialwesen der GH Kassel, Gesamthochschulbibliothek, Kassel, S 153–182

Nellessen L (1985) Akquisition in der Supervision oder: Von der Nachfrage zur Angebotssupervision. Supervision 7:25–40

Nellessen L (oJ) Kooperation. In: Doppler K, Nellessen L (Hrsg) (oJ)

Nellessen L, Edding C (oJ) Aufgaben- und Erhaltungsrollen in Gruppen. In: Doppler K, Nellessen L (Hrsg) (oJ)

Nellessen L, Schmidt L (1975) Kein Anschluß unter dieser Nummer – Erfahrungen mit Trainings in einer Institution. Gruppenpsychother Gruppendyn 9:276–294

Ohlmeier D, Sandner D (1984[1] 1979) Selbsterfahrung und Schulung psychosozialer Kompetenz in psychoanalytischen Gruppen. In: Kindler's Psychologie des 20. Jahrhunderts. Sozialpsychologie, Bd 2: Gruppendynamik und Gruppentherapie. Beltz, Weinheim Basel, S 812–821

Organisationsentwicklung, Zeitschrift herausgegeben von Braune-Krickau, Doppler K u. a. Verlag für Organisationsentwicklung und Management, Zürich

Pakesch E (1973) Spiegelungsphänomene in Supervisionsgruppen. Gruppenpsychother Gruppendyn 6:277–285

Petzold E (1984) Die Entwicklung der Balint-Arbeit in der Inneren Medizin. In: Petzold E (Hrsg) Klinische Wege zur Balint-Arbeit – die Zugänge zur Balint-Arbeit aus der Inneren Medizin und Chirurgie. Fischer, Stuttgart (Patientenbezogene Medizin, Heft 8, S 1–36)

Pohlen M (1972) Gruppenanalyse – empirische und methodenkritische Untersuchung. Gruppenpsychother Gruppendyn 2 [Beih]

Preprints: Siehe Materialien und Preprints

Pühl H (Hrsg) (1990) Handbuch der Supervision – Beratung und Reflexion in Ausbildung, Beruf und Organisation. Spiess, Berlin

Pühl D, Schmidbauer W (Hrsg) (1991[1] 1986) Supervision und Psychoanalyse – Selbstreflektion der helfenden Berufe. Fischer Verlag, Frankfurt

Quasthoff U (1980) Gemeinsames Erzählen als Form und Mittel im sozialen Konflikt oder Ein Ehepaar erzählt eine Geschichte. In: Ehlich K (Hrsg) Erzählen im Alltag. Suhrkamp, Frankfurt am Main, S 109–142

Rappe-Giesecke K (1983a) Fallerzählung und Themen der Gruppenarbeit. In: Giesecke M, Rappe-Giesecke K (Hrsg) (1983a), S 59–72

Rappe-Giesecke K (1983b) Typen von Leiterinterventionen. In: Giesecke M, Rappe-Giesecke K (Hrsg) (1983a), S 73–88

Rappe-Giesecke K (1985) Regulation und Selbstregulation von Krisen in Balintgruppen. Hausarbeit zur Prüfung für Diplom-Supervisoren, Fachbereich Sozialwesen, GH Kassel (unveröffentlicht)

Rappe-Giesecke K (1986) Gruppendynamik in Balintgruppen? Gruppendynamik 17:25–38

Rappe-Giesecke K (1987) Probleme der Anwendung der Balintgruppenmethode auf Teamsupervisionen. In: Lippenmeier N (Hrsg) Praxis der Supervision – Supervisionskongreß 1987. Gesamthochschulbibliothek, Kassel (Beiträge zur Supervision, Bd 6, S 87–106)

Rappe-Giesecke K (1988a) Möglichkeiten und Grenzen der Balintgruppenarbeit mit Teams. Die Balint-Gruppe in Klinik und Praxis, Bd 1. Springer, Berlin Heidelberg New York Tokyo S 166–181

Rappe-Giesecke K (1988b) Balintgruppen als Interaktionssysteme und Balintgruppen als Institutionen – Konsequenzen für das Spiegelungskonzept. In: Lippenmeier N (Hrsg) Verstehen in Balintgruppen, Supervision, Psychoanalyse und im sozialen Feld. Gesamthochschulbibliothek, Kassel (Beiträge zur Supervision, Bd 7)

Rappe-Giesecke K (1989) Spiegelungsphänomene aus kommunikationswissenschaftlicher Sicht. Die Balint-Gruppe in Klinik und Praxis, Bd 4. Springer, Berlin Heidelberg New York Tokyo

Rappe-Giesecke K (1990) Die Komplexität der Gruppensupervision, Sonderheft der Z Supervision: 75–78

Richter HE (1979) Der Gotteskomplex – Die Geburt und die Krise des Glaubens an die Allmacht des Menschen. Rowohlt, Reinbek bei Hamburg

Richter KF, Fallner H (1989) Kreative Medien in der Supervision und psychosozialen Beratung. Ursel Busch Fachverlag, Hille

Rosin U (1981) Lernbarrieren und Widerstände in der Balint-Gruppenarbeit mit Psychiatern. Gruppenpsychother Gruppendyn 17:360–382

Rosin U, Baur-Morlock J (1984) Zur Sozialisation von Psychiatern in Balint-Gruppen, die von einem Psychoanalytiker geleitet werden. Gruppenpsychother Gruppendyn 20:126–140

Rost WD (1987) Als männlicher Leiter in einer Frauengruppe. Gruppendynamik 18:61–72

Sandner D (1978) Psychodynamik in Kleingruppen. UTB, München Basel

Sandner D (1986) Zur Psychodynamik in Arbeitsgruppen – Ein Beitrag zur Theorie der angewandten Gruppendynamik. In: Sandner D (Hrsg) Gruppenanalyse – Theorie, Praxis und Forschung. Springer, Berlin Heidelberg New York Tokyo, S 101–115

Scobel A (1988) Was ist Supervision? Vandenhoek, Göttingen

Schäfer A (1978) Zum Verhältnis von fallzentrierter Arbeit und unbewußtem Gruppenprozeß. In: Antrag des Forschungsprojekts „Erforschung interaktioneller Vorgänge in ausbildungs- und berufsbegleitenden Supervisions- und Balintgruppen" an die Deutsche Forschungsgemeinschaft (DFG), Schwerpunkt Hochschuldidaktik, Kassel

Schindler R (1960/61) Über den wechselseitigen Einfluß von Gesprächsinhalt, Gruppenposition und Ichgestalt in der analytischen Gruppentherapie. Psyche 14:382–392

Schmidt H (1984) Balint-Arbeit mit den Mitarbeitern einer internistisch-onkologischen Station – Ein Erfahrungsbericht. In: Petzold E (Hrsg) (1984), S 51–74

Schreyögg A (1992) Supervision – Ein integratives Modell – Lehrbuch zu Theorie und Praxis. Junfermann Verlag, Paderborn

Searles F (1955) The informal value of the supervisor's emotional experiences. Psychiatry 18:135–146

Selvini-Palazzoli M, Anolli L, Di Blasio P et al. (1984, [1]1981) Hinter den Kulissen der Organisation. Klett-Cotta, Stuttgart

Sievers B (Hrsg) (1977) Organisationsentwicklung als Problem. Klett Cotta, Stuttgart

Spiess W (Hrsg) (1991) Gruppen- und Teamsupervision in der Heilpädagogik – Konzepte – Erfahrungen. Paul Haupt Verlag, Bern und Stuttgart

Stierlin H, Rücker-Embden I (1977) Das erste Familiengespräch. Klett-Cotta, Stuttgart

Strömbach R, Fricke P, Koch HB (1975) Supervision – Protokolle eines Lernprozesses. Burckhardthaus – Laetare, Gelnhausen, Christopherus, Freiburg

Supervision in alternativen Projekten (1989) Z Supervision 15

Weigand W (1982) Supervision für eine institutionelle Alternative. Supervision 2:38–55

Wellendorf F (1979) Sozioanalyse und Beratung pädagogischer Institutionen. In: Geißler KH (Hrsg) Gruppendynamik für Lehrer. Rowohlt, Reinbek bei Hamburg, S 67–82

Wellendorf F (1986) Supervision als Institutionsanalyse. In: Pühl C, Schmidbauer W (Hrsg) Supervision und Psychoanalyse. Kösel, München, S 157–175

Wimmer R (Hrsg) (1992) Organisationsberatung – Neue Wege und Konzepte. Gabler Verlag, Wiesbaden

Wirsching M, Stierlin H (1983) „Psychosomatische Familien" – Dynamik und Therapie. Psyche 37:596–623

Wittenberger G (1974) Neutralität oder Parteilichkeit in der Supervision. Neue Prax 4:339–343

Wolf A, Schwartz EK (1962) Psychoanalysis in groups. Grune & Stratton, New York

Anschrift des Berufsverbandes:
Deutsche Gesellschaft für Supervision e.V.
Zentrales Sekretariat
Amselstr. 13
32479 Hille

Druck: Weihert-Druck GmbH, Darmstadt
Bindearbeiten: Buchbinderei Schäffer, Grünstadt